兩岸協議紀實

兩岸協議執行前後的整體樣貌，重要七年全記錄

武漢大學兩岸及港澳法制研究中心 編

崧燁文化

目錄

總報告兩岸協議與兩岸關係和平發展框架的構建
一、兩岸協議的制定
二、兩岸協議的生效與適用制度
三、兩岸協議的聯繫主體制度
四、兩岸協議的解釋制度
五、兩岸協議的變更制度
六、兩岸協議體系的構建
七、兩岸協議在兩岸關係和平發展中的作用

第一部分 背景篇
一、兩岸事務性協商的初創
二、兩岸兩會事務性協商機制的建立與中斷
三、兩岸黨際交往的發展與兩岸兩會復談

第二部分 商談篇
一、兩會復談與制度化協商機制的重建
二、兩會事務性商談頻繁舉行與事務性協議的批量簽署
三、「後 ECFA 時代」與兩會事務性商談的平穩發展

第三部分 效果篇
一、2008 年以來兩岸協議執行的總體效果
二、2008 年以來兩岸協議執行的社會效果
三、2008 年以來兩岸協議執行的經濟效果
四、2008 年以來兩岸協議執行的法制效果

第四部分 媒體篇

一、各方媒體對兩岸事務性商談與兩岸協議評價的總體特點

二、兩會領導人再握手，兩岸制度性協商恢復

三、兩岸事務性協商進入高速發展階段

四、兩岸事務性協商的「後 ECFA」時期

五、「服貿之爭」與兩岸事務性協商的「深水區」

第五部分 理論篇

一、以兩岸協議為研究對象的相關理論成果

二、以兩岸關係為研究對象的相關理論成果

三、以台灣內部政治問題為研究對象的相關理論成果

第六部分 大事記

2005 年

2006 年

2007 年

2008 年

2009 年

2010 年

2011 年

2012 年

2013 年

2014 年

附錄：兩岸協議文本（1993—2014）
辜汪會談共同協議
兩會聯繫與會談制度協議
兩岸公證書使用查證協議
兩岸掛號函件查詢、補償事宜協議
海峽兩岸包機會談紀要
海峽兩岸關於大陸居民赴台灣旅遊協議
海峽兩岸海運協議
海峽兩岸食品安全協議
海峽兩岸空運協議
海峽兩岸郵政協議
海峽兩岸空運補充協議
海峽兩岸金融合作協議
海峽兩岸共同打擊犯罪及司法互助協議
海協會與海基會就陸資赴台投資達成共識
海峽兩岸漁船船員勞務合作協議
海峽兩岸農產品檢疫檢驗合作協議
海峽兩岸標準計量檢驗認證合作協議
海協會與海基會就兩岸共同防禦自然災害達成共識
海峽兩岸經濟合作框架協議
海峽兩岸知識產權保護合作協議
海峽兩岸醫藥衛生合作協議
海協會與海基會關於推進兩岸投保協議協商的共同意見
海協會與海基會關於加強兩岸產業合作的共同意見
海峽兩岸核電安全合作協議
海協會與海基會有關《海峽兩岸投資保護和促進協議》
　　人身自由與安全保護共識

兩岸協議紀實
兩岸協議執行前後的整體樣貌，重要七年全記錄

海峽兩岸海關合作協議
海峽兩岸投資保護和促進協議
海峽兩岸服務貿易協議
海峽兩岸氣象合作協議
海峽兩岸地震監測合作協議
參考文獻
後記

總報告　兩岸協議與兩岸關係和平發展框架的構建

　　海峽兩岸協議（以下簡稱「兩岸協議」）是指海峽兩岸間，經大陸的海峽兩岸關係協會（簡稱「海協會」）和台灣的財團法人海峽兩岸交流基金會（簡稱「海基會」）平等協商，簽署的對兩岸均有一定約束力的協議。兩岸協議的實施是指兩岸協議在正式產生法律效力之後，在兩岸域內和兩岸間貫徹和落實的制度的總稱。從兩岸協議的場域而言，兩岸協議的實施包括在兩岸域內的實施和兩岸間的實施。前者是指兩岸協議在各自管轄領域內的實施，目的是透過兩岸協議，對兩岸在制定、修改和解釋相關法律時，產生「緩和的效力」。後者則是指透過和平協議等調整兩岸之間在政治、經濟、文化、社會和有關國際事務中相互往來的過程和狀態。

　　自1993年以來，兩岸共通過兩會協商機制簽署兩岸協議25項，並達成2項共同意見和多項共識，這些協議的調整範圍涵蓋兩岸交通運輸、經濟合作、社會合作等多個領域，對兩岸關係和平發展框架的構建造成了重要推動作用。按照時任海協會常務副會長鄭立中的話來說，過去數年間，兩岸雙方確定了共同的政治基礎，並透過協商達成了多項協議、共識和共同意見，做到了過去60年根本不可能做到的事。法的生命在於實施，兩岸協議的生命也在於實施，因此，構建一套高效、切實的協議實施機制對於兩岸共識落到實處有著重要意義。兩岸協議的實施機制涉及以下六個方面的問題：其一，兩岸協議的制定，即兩岸協議應以何種方式得以創制；其二，兩岸協議的接受，即以何種方式落實的問題；其三，兩岸協議由誰實施，即兩岸協議的實施主體；其四，兩岸協議在實施過程中需要解釋時，由誰解釋，如何

解釋的問題；其五，兩岸協議的變更問題，即協議隨兩岸關係發展的狀況發生變動的過程；其六，兩岸協議的實施機制對解決兩岸法律障礙的作用。基於上述認識，我們對兩岸協議的實施進行論述，將按照制定、接受、主體、解釋和變更五個方面展開，並在此基礎上考察兩岸協議在克服兩岸關係和平發展框架法律障礙方面的作用，最後提出兩岸協議體系的建構。

一、兩岸協議的制定

制定兩岸協議，是兩岸形成共識的主要方式。在程序上，兩岸協議的制定，應由大陸和台灣透過和平協議所規定的兩岸協商機制完成。兩岸協議的制定主體仍應以海協會和海基會為主，但在需要時，兩會可以透過複委託機制，委託其他組織透過協商制定協議。在通過方式上，兩岸協議不同於各國立法中的「多數決」，也不同於歐盟部長理事會的複合決策方式（包括簡單多數決、全體一致決和加權多數決），[1]而只能透過兩岸「高度共識決」的形式通過。「高度共識決」建立在兩岸協商過程中權利義務平等的基礎上。由於海協會和海基會在談判中不具有超出對方的優位地位，所以，兩岸協議只能在兩岸高度共識的基礎上形成，而不可能有「多數決」或其他形式的通過方式。

對於兩岸協議制定程序的具體制度設計，可以參考歐盟晚近流行之治理模式。[2]台灣學者蘇宏達認為，「歐洲治理」的提出，特別強調「EU／EC已經具備傳統國家角色中的某些功能，尤其是規範功能」的假定，所以堅持從制定規範的過程來觀察歐洲整合。為此，蘇宏達認為，治理機制被進一步發展為「多層級治理機制論」（multi-level governance），認為歐洲整合就是同時在多層次上互動並產生規範。[3]大陸學者吳志成認為，歐洲治理可被看成歐洲聯盟成員國之間，尤其

是大國間協議、談判與慣例的產物,它包括多個層次機構或政府的法律規章制度,也涵蓋非政府性機制。後者謀求以它們自己的手段實現其願望和目標。從一定意義上說,歐洲治理既是各個成員國參加國際談判協調的產物,也是個人、壓力集團、政府間組織和非政府間組織形成的混雜聯合的結果。[4]德國學者貝婭特·科勒—科赫在一篇文章中也提出,由於人們普遍認為歐盟的治理不能由歐盟的機構獨自擔當,而應該包括廣泛的社會行為體的參與,歐盟的治理應建立在協商而非談判以及決策基礎之上。據此,貝婭特·科勒—科赫對「歐洲治理」進行了更為明確的定位。她認為,在絕大多數情況下,歐盟內部的決策仍然具有以條約為基礎的「共同體方法」的烙印,而治理則更多的是一種補充,尤其新的治理模式,已經擴展到那些「所有成員國不願意讓渡權力,但又希望加強協調的政策領域」。[5]由此可見,「歐洲治理」其實是一種倡導廣泛參與的政治模式,以彌補「共同體方式」在歐洲決策上的能力欠缺和正當性不足,提高政策的可接受性。

台灣學者張亞中也曾經認為「兩岸治理」應成為兩岸關係發展的新模式。[6]張亞中認為,「歐洲治理」或者是「全球治理」都傳達了一個重要的理念,即歐洲或全球事務的治理,不能期待著先擁有類似傳統國家的中央政府,也不可以完全寄望於民族國家。[7]據此,張亞中希望藉由「兩岸治理」的提出,使大陸和台灣在不需要「統一」或是「獨立」的條件下,「雙方面的政府就可以開始共同合作,經由共同的治理,為兩岸人民創造最大的福祉」,「兩岸的人民即可經由共同參與治理,而建構彼此的共同認同」。[8]張亞中認為,「兩岸治理」的基礎在於大陸和台灣對「整個中國」(the Whole China)的認同,並以國際社會實現「兩岸三席」、「一中兩國」為目的。張亞中認為其所提出的「兩岸治理」既是以「歐洲治理」為思考的藍圖,又是他長久主張「兩岸統合」的另一種實踐。[9]但若考察張亞中的「兩岸治理」理論,可以發現,張亞中的「兩岸治理」只不過是借用了

「歐洲治理」中的「治理」一詞，在實質上則是與「歐洲治理」大相逕庭。「歐洲治理」的理論預設是歐盟已經朝向一個超國家機構發展，[10]而張亞中之「兩岸治理」則認為「兩岸尚未解決『統治』爭議」，而必須長期停留在兩岸間階段。[11]而且張亞中的「兩岸治理」意在倡導兩岸超越「統獨」和「統治權」爭議，在「整個中國」的定位下，開展包括國際層面在內的各個層面的合作，最後透過新功能主義主張的「外溢」，促進兩岸「認同」的建立，進而形成「兩岸共同體」，使兩岸公共政策不因「統治」問題的懸而未決而無法相互接軌，亦可為未來的「統治」創造良好的基礎。[12]因此，在我們看來，張亞中的「兩岸治理」和「歐洲治理」還有著相當的差距，甚至在理論預設上正好相反。

由於大陸透過兩岸協商機制以「高度共識決」的形式達成兩岸協議，所以兩岸協議不僅體現了大陸和台灣各自的利益，也在一定程度上體現了大陸和台灣共同的利益。可以說，雖然兩岸協商機制不具有超兩岸的性質，但其具備同時為兩岸創制規範的功能，為提高兩岸協議在兩岸域內的可接受性，亦應在制定兩岸協議的過程中，對「歐洲治理」中有益做法加以借鑑。具體而言，主要包括兩項制度的引入。

第一，借鑑「歐洲治理」中的公民參與制度，在兩岸協議制定的過程中，建立兩岸民眾參與機制。目前，兩岸透過海協會和海基會的框架進行商談，具有比較濃厚的祕密政治特徵。除了公開簽訂協議的領導人會談以及最後公布的協議文本，普通民眾根本無從知曉兩岸協議商談的過程，更無從參與協議的制定過程並表達意願。雖然兩岸協議在當前的條件下，符合兩岸民眾的共同利益。但是，這種「符合」只是一種淺層次的「符合」。因為在當前的兩岸關係下，只要兩岸能恢復交流、降低敵意，就能為大多數兩岸民眾所接受。這也就可以解釋為何目前的兩岸協議，即便是在沒有公眾參與的情況下，也能獲得兩岸民眾的認同和支持的原因。但是，隨著兩岸事務的增多和相關協

議的細化、深化，兩岸民眾對兩岸協議的利益期望也逐漸提高。在此前提下，繼續以「祕密政治」的思維制定兩岸協議，將有可能降低兩岸協議的可接受性。立基於此認識，有必要吸取「歐洲治理」中廣泛參與的特徵，建立兩岸民眾參與機制，使兩岸各利益團體和一般民眾得以透過對兩岸協議制定過程的參與，表達各自的利益訴求，從而使兩岸協議更能體現兩岸各方面的利益。在具體制度上，可以建立包括定期公布協議立項規劃、公開辯論、協議制定聽證、徵求兩岸民眾意見等。

第二，借鑑「歐洲治理」中的開放式協調法（OMC），實現兩岸間的有效決策和結果趨同。[13]OMC是歐洲治理中的一個新工具，其理念是將所有相關的國家行為體和非國家行為體都納入協調過程，形成共識並相互監督。[14]OMC與傳統治理模式的主要區別OMC是並不試圖產生具有約束力的法規來實現治理，因此，OMC又有著「軟法」（soft law）治理的特徵。[15] 「軟法」雖然不具有拘束力，但根據歐盟的實踐，可以用作解釋歐盟或成員國通過的其他措施具有說服力的指南，甚至可以對歐盟機構和成員國的形成產生影響。而且當某一個一體化領域處於歐共體權能的邊緣時，軟法可以提供歐盟法從形成到演進的一種過渡形式。[16]OMC及其產生的「軟法」，有助於實現歐盟的有效決策和結果趨同。OMC工具在實施中的特徵是在不同決策層次上，由公共和私人行為體進行協商，但有效的政策選擇，則由歐盟成員國自行決定，所有相關行為體都參與政策目標和政策工具的確定過程，而沒有指導主體和指導客體之分。[17]立基於對OMC工具特點的認識，OMC工具亦可適用於兩岸協議的制定中：其一，兩岸協議並不必然體現為具體的規範，也可以是兩岸政策的指導性原則，這些指導原則可以不透過兩岸協議作具體規定，而由兩岸分別在統一的政策框架下予以分別落實；其二，將一部分兩岸暫時無法取得全面共識的內容，以「軟法」的形式提出，供兩岸先行實踐，然後在實踐基礎上進

一步談判,可以使兩岸協議更加具有適應性和針對性。借鑑歐盟有關OMC工具的規定,兩岸間實踐OMC方式的具體步驟為:其一,確定實現政策目標的指導性原則;其二,確定最佳的實踐標準和相應的衡量指標;其三,透過確定具體目標,將共同的指導性原則轉化為兩岸的域內政策;其四,定期的評價和專家評閱。[118]OMC工具的使用,不僅能提高兩岸協議的靈活性,而且還能促進兩岸在一些重大政策和制度上的趨同,有助於兩岸共同政策的形成,從而為大陸和台灣沿著兩岸關係和平發展框繼續深化共識積累條件。

二、兩岸協議的生效與適用制度

　　自1993年「辜汪會談」之後,海峽兩岸透過授權民間團體海協會和海基會簽訂了一系列事務性協議(以下簡稱「兩岸協議」)。這些協議的簽訂與實施對於促進兩岸關係和平發展有著重要現實意義。兩岸協議自簽署到生效,實現從兩個民間組織之間的「私協議」,到對兩岸具有普遍約束力的法律規範的轉變,需要經歷一個複雜過程。在此過程中,大陸和台灣依據各自的有關規定接受(incorporation)[19]兩岸協議,是兩岸協議實施的關鍵步驟。在兩岸語境下,兩岸協議的接受是指兩岸依照各自規定,透過一定方式,使本屬於民間私協議的兩岸協議具有規範意義上的法律效力的過程。[20]在目前的兩岸協議實踐中,協議的生效以兩岸依照各自程序完成相應地接受工作為前提,而協議的實施則是協議生效的法律後果。

　　(一)兩岸語境下的協議接受和生效

　　毫無疑問,兩岸關係不是國際關係,而是一國之內兩個地區之間的關係。然而,由於兩岸分別屬於兩個法域[21],兩岸協議本身具有跨法域的屬性,因此,我們可以在否定台灣「國家」屬性的前提下,單純地從理論層面借鑑國際法學中的條約法知識,對兩岸協議的相關制

度進行分析。按照條約法的相關知識，接受是指各國在國內履行國際義務的一切形式。接受本身可分為兩種：（1）將條約規定轉變（transformation）為國內法；（2）無需轉變而將條約規定納入（adoption）國內法。[22]可以說，國際法在國內得到執行是以其獲得該國接受為前提條件的。

在兩岸語境下，兩岸協議的接受是指兩岸依照各自規定，透過一定方式使本屬於民間私協議的兩岸協議，具有規範意義上的法律效力的過程。這個過程，既可以透過直接賦予協議以法律效力的方式完成，也可以透過依協議主要內容制定新法律或修改原有法律的形式完成。前者類似於國際法中的納入方式，後者則類似於轉化方式。目前，大陸和台灣在兩岸協議的接受上，表現出不同的實際情況。

在大陸，法律並未規定兩岸協議的接受程序，因而在實踐中形成各種複雜與混亂的情況：既出現過部分兩岸協議一經生效即可直接約束公權力機關的情形，也出現過經有關部門透過轉化立法賦予協議以法律效力的情形。以《海峽兩岸知識產權保護合作協議》為例，在該協議的實施過程中，大陸專利局頒布了包含協議主要內容的《關於台灣同胞專利申請的若干規定》，這種立法活動與國際法中的轉化行為類似。而國家工商行政管理總局則又直接依照協議頒布了《台灣地區商標註冊申請人要求優先權有關事項的規定》，這種立法活動則與國際法中納入轉化後的直接適用行為類似。

在台灣，「兩岸人民關係條例」對兩岸協議的接受制度做出了詳盡規定，其接受制度已較為完備。按照「兩岸人民關係條例」之規定，若兩岸協議內容涉及「修法」或「新訂定法律」，需由行政院核轉立法院審議通過後方可生效；若協議內容不涉「修法」或「新訂定法律」，則由行政院核定後，送立法院備查即告生效。[23]這一程序類似於國際法中的「轉化」方式。

（二）大陸的兩岸協議接受和適用實踐

目前，在實踐中，大陸以納入方式接受兩岸協議的情形較多，即協議生效後並不需要經過類似國際法中的轉化程序，直接成為大陸的正式法律淵源。我們在過去曾以兩岸協議在大陸具有「直接適用性」來概括大陸的這種納入接受方式。所謂的直接適用性，是指兩岸協議在依據其自身規定生效後，即成為大陸法律體系的一部分，自然具有法律效力。[24]這種「直接適用」的理論概括，實際上是以兩岸協議為大陸所接受為前提的。而這種直接適用的方式，則從反面印證了兩岸協議在大陸的接受方式是一種納入接受。然而，由於這種納入接受並未像大陸對待國際條約那樣，在法律中明確規定條約對法律的優先地位[25]，而是以一種默認的方式表示接受，因此我們認為，大陸直接適用兩岸協議的實踐，可以被認為是一種對兩岸協議的默示的納入接受。

目前，大陸對兩岸協議這種默示的納入接受，主要表現為大陸有關部門在尚未執行任何協議接受程序時即開始適用協議，具體表現為立法機關直接以兩岸協議為依據進行立法活動、審判機關直接以兩岸協議為依據進行司法裁判活動、行政機關以兩岸協議為依據調整相應的政策等。目前，大陸立法機關以兩岸協議為依據，共制定了14件法律規範，其法律位階主要集中於部門規章一級，也包括兩項司法解釋，制定主體則為國務院各部委和最高人民法院。這種直接在立法活動中適用兩岸協議的立法例主要有兩種，一是明確其立法或釋法目的是「為履行」、「為落實」、「為促進實施」或「為實施」某項兩岸協議，即該項立法或司法解釋是對兩岸協議已經涉及內容的細化規定[26]；二是明確其立法依據是「依照」或「根據」某項兩岸協議，即該項立法或司法解釋是對兩岸協議所涉內容的擴展性規定[27]。近年來，大陸審判機關的裁判活動中直接援引兩岸協議的情形亦有出現，這些司法裁判援引的主要是《兩岸公證書使用查證協議》和《海峽兩岸共

同打擊犯罪和司法互助協議》兩項協議。除了以立法方式和司法方式直接適用兩岸協議外，大陸有關部門還會在兩岸協議正式生效前後，以各種行政措施落實協議的規定。以《海峽兩岸空運協議》為例，儘管大陸沒有依據該協議進行立法，亦沒有根據該協議做出司法裁判，但自兩會簽署協議後，大陸即開始著手準備兩岸直航工作，並依據協議與台灣民航管理部門建立了訊息通報制度和管道。[28]

當然，大陸亦有部分以轉化形式實現對兩岸協議接受的情形，具體表現為大陸有關部門以制定規範性文件的形式，全文轉發有關兩岸協議的主要內容，以完成對協議的接受。如1994年6月，兩岸兩會依據《兩會聯繫與會談制度協議》第五條之規定，以換文形式簽署《兩會商定會務人員出入境往來便利辦法》，1995年3月，國台辦、公安部和海關總署發布《關於印發〈兩會商定會務人員入出境往來便利辦法〉的通知》，將《辦法》全文印發，完成了對該辦法的轉化接受。又如2010年6月，兩岸簽署ECFA後，海關總署根據協議附件二《適用於貨物貿易早期收穫產品的臨時原產地規則》，發布了海關總署公告2010年第86號《關於發布〈海峽兩岸經濟合作框架協議〉貨物貿易早期收穫產品的產品特定原產地規則》，全文轉發了ECFA的附件二，完成了對該附件的轉化接受。

綜上所述，從兩岸協議的接受實踐來看，由於大陸法律並未規定兩岸協議的接受程序，因而在實踐中形成了複雜、混亂的情況，既存在著納入接受的情形，也存在著轉化接受的情形，故我們可將其稱之為一種「混合接受模式」。需要指出的是，這種所謂「混合接受模式」僅僅是筆者基於實踐的一種總結，並非一種現實制度的體現。正是由於缺乏規範的兩岸協議的接受制度，才使協議在大陸地區的適用，出現種種難以自圓其說的問題，也使大陸構建法制化的兩岸協議實施制度出現較大的現實困難。

（三）台灣的兩岸協議接受與生效實踐

與大陸的默示納入接受和併入並行的情形不同，針對兩岸協議的接受問題，台灣有著較為明確的規定。調整兩岸協議審議和接受的主要「法律」條文是「兩岸人民關係條例」第4—1條、第5條和第95條。

按照「兩岸人民關係條例」之規定，兩岸協議的審議和接受方式主要分為兩種情形：一是當兩岸協議內容涉及「修法」或「新訂定法律」時，需由行政院核轉立法院審議通過後方可生效；二是若協議內容不涉「修法」或「新訂定法律」時，則由行政院核定後，送立法院備查即告生效。[29]在前一種情形中，又有一種「法定」的特殊情況，即所謂「推定同意」的決議方式。由於「兩岸人民關係條例」第95條對涉及「台灣地區與大陸地區直接通商、通航及大陸地區人民進入台灣地區工作」的情形，設置了一種「推定同意」的特殊接受方式，即涉及上述問題的兩岸協議須提交立法院審議，但30日內立法院未作出決議的，視為通過。縱觀上述兩種情形下的三種規定方式，我們認為，台灣的兩岸協議接受程序，具有類似於國際法中的「轉化」方式的特點。

需要說明的是，在上述「核轉」、「審議」、「核定」和「備查」四個程序中，「核轉」和「備查」不具有實質性的審查意義，僅具有形式上的「轉交」、「備案」等意義，而「核定」和「審議」則具有實質性的審查意義。[30]換言之，從權力分配的角度來看，台灣的兩岸協議接受制度，以是否需要「修法」或新訂定「法律」為標準，劃定了其行政機關和立法機關的接受權限，即若涉「修法」或新訂定「法律」，則協議必須通過行政院和立法院的雙方審議，反之則只需要經過行政院一方的審查即可。根據「兩岸人民關係條例」第5條第1項之規定，在簽訂兩岸協議前，海基會必須經行政院同意方可簽署協議，因而最終簽署的兩岸協議，在某種程度上代表了台灣行政機構的

立場和態度。因此，若台灣對兩岸協議的接受，適用行政院核定、立法院備查的方式，則被接受的幾率較大，反之則可能受制於立法院內各黨派之間的鬥爭而影響協議的接受。因此，除少數極為明顯地涉及「修法」或新訂定「法律」的問題外，台行政院都以協議「未涉及修法」為由，「僅送立法院查照」。

在2008年6月以來簽署的各項兩岸協議的接受實踐中，因涉及「修法」或新訂定「法律」而提交立法院審議的情形，僅發生過三次，即第二次江陳會談時簽訂的《海峽兩岸海運協議》、第五次江陳會談時簽訂的《海峽兩岸經濟合作框架協議》和《海峽兩岸知識產權合作保護協議》，以及《海峽兩岸服務貿易協議》。具體說來，前兩次立法機構對協議的審議，又分別適用了兩種不同的規定方式。

《海峽兩岸海運協議》的接受，適用了「兩岸人民關係條例」第95條預設的特殊情形。2008年11月4日簽訂的《海峽兩岸海運協議》是自2008年6月兩會復談以來，首個明確涉及修改「法律」的兩岸協議。協議規定，「雙方統一兩岸登記船舶自進入雙方港口至出港期間，船舶懸掛公司旗，船艉及主桅暫不掛旗」[31]，這與台灣「商港法」第45條規定的「船舶入港至出港時，應懸掛中華民國國旗、船籍國國旗及船舶電台呼叫旗」有著明顯的衝突。時任台灣立法院「法制局長」的劉漢庭認為，《海峽兩岸海運協議》第3條的規定，與台灣「商港法」關於「掛旗」的規定相悖。因此，要實施《海峽兩岸海運協議》，必須修改「商港法」的上述規定，或修改「台灣地區與大陸地區人民關係條例」，將「商港法」排除出兩岸關係適用範圍。[32]按照劉漢廷的觀點，《海峽兩岸海運協議》無論如何都涉及台灣有關「法律」的修改，因而必須由行政院核轉立法院審議。[33]然而，由於「兩岸人民關係條例」第95條為「實施台灣地區與大陸地區直接通商、通航及大陸地區人民進入台灣地區工作」的情形，設置了特殊的推定同意的決議程序，即規定「『立法院』如於會期內一個月未為決議，視為同

11

意」。因此，最終行政院以「兩岸人民關係條例」的這一規定為依據，使《海峽兩岸海運協議》繞過了立法院可能進行的冗長審議程序，以「推定同意」方式完成協議的審議和接受程序，並於12月14日按時生效。

《海峽兩岸經濟合作框架協議》和《海峽兩岸知識產權合作保護協議》的接受和審議，則遵循了「兩岸人民關係條例」第4、5條之規定，經二讀通過，完成了接受和審議程序。2010年6月29日，兩岸兩會領導人正式簽署兩項協議，隨後行政院函請立法院審議兩項協議。7月8日，立法院第7屆第5會期第1次臨時會第1次會議審議兩項協議，經「國民黨黨團」提出，「院會」通過，兩項協議繞過「委員會」審查程序，「逕付二讀」。8月17日，兩項協議在民進黨黨團全體退席的情況下，由占到立法院多數席位的國民黨、親民黨等黨團以68票贊成，0票反對，0票棄權，表決通過《海峽兩岸經濟合作框架協議》，並照行政院提案內容通過了《海峽兩岸知識產權保護合作協議》。[34]8月18日，立法院表決通過了與兩項協議相關的「商標法」、「專利法」、「海關進口稅則」等五項「法律」的修正案，完成了協議的接受。可以預見的是，隨著兩岸關係和平發展走向深入，兩岸協議的內容必將越來越多地涉及台灣「法律保留」的事項，類似於ECFA和《海峽兩岸知識產權保護合作協議》接受實踐的情形，也必將越來越普遍。

三、兩岸協議的聯繫主體制度

聯繫主體是兩岸協議的特色，截至2014年6月30日，兩岸協議中的聯繫主體，可整理列表如下：

表1 兩岸協議聯繫主體的基本情況

兩岸協議名稱	協議聯繫主體的規定
兩岸公證書使用查證協議	關於寄送公證書副本及查證事宜，雙方分別以中國公證員協會或有關省、自治區、直轄市公證員協會與財團法人海峽交流基金會相互聯繫；其他相關事宜，由海峽兩岸關係協會與財團法人海峽交流基金會聯繫。
兩岸掛號函件查詢、補償事宜協議	掛號函件之查詢由中國通信學會郵政專業委員會與財團法人海峽交流基金會或其指定之郵件處理中心（航郵中心）相互聯繫。 本協議其他相關事宜由海峽兩岸關係協會與財團法人海峽交流基金會相互聯繫。
海峽兩岸關於大陸居民赴台灣旅遊協議	本協議議定事宜，雙方分別由海峽兩岸旅遊交流協會（以下簡稱海旅會）與台灣海峽兩岸觀光旅遊協會（以下簡稱台旅會）聯繫實施。 本協議的變更等其他相關事宜，由海峽兩岸關係協會與財團法人海峽交流基金會聯繫。
海峽兩岸包機會談紀要	本協議議定事項，由海峽兩岸航空運輸交流委員會與台北市航空運輸商業同業公會相互聯繫。必要時，經雙方同意得指定其他單位進行聯繫。
海峽兩岸空運協議	本協議議定事項，由海峽兩岸航空運輸交流委員會與台北市航空運輸商業同業公會相互聯繫。必要時，經雙方同意得指定其他單位進行聯繫。 本協議其他相關事宜，由海峽兩岸關係協會與財團法人海峽交流基金會聯繫。
海峽兩岸海運協議	本協議議定事項，由海峽兩岸航運交流協會與台灣海峽兩岸航運協會聯繫實施。必要時，經雙方同意得指定其他單位進行聯繫。 本協議其他相關事宜，由海峽兩岸關係協會與財團法人海峽交流基金會聯繫。
海峽兩岸郵政協議	本協議議定事項，由海峽兩岸郵政交流協會與財團法人台灣郵政協會相互聯繫。具體郵政業務由雙方郵件處理中心聯繫實施。 本協議其他相關事宜，由海峽兩岸關係協會與財團法人海峽交流基金會聯繫。
海峽兩岸食品安全協議	本協議議定事項，由雙方食品安全等業務主管部門指定的聯絡人相互聯繫實施。必要時，經雙方同意得指定其他單位聯繫實施。 本協議其他相關事宜，由海峽兩岸關係協會與財團法人海峽交流基金會聯繫。

續表

兩岸協議名稱	協議聯繫主體的規定
海峽兩岸共同打擊犯罪及司法互助協議	本協議議定事項，由各方主管部門指定之聯絡人聯繫實施。必要時，經雙方同意得指定其他單位進行聯繫。 本協議其他相關事宜，由海峽兩岸關係協會與財團法人海峽交流基金會聯繫。
海峽兩岸金融合作協議	本協議議定事項，由雙方金融監督管理機構、貨幣管理機構指定的聯絡人相互聯繫實施。必要時，經雙方同意得指定其他單位進行聯繫。 本協議其他相關事宜，由海峽兩岸關係協會與財團法人海峽交流基金會聯繫。
海峽兩岸空運補充協議	議定事項的實施，由雙方航空主管部門指定的聯絡人，使用雙方商定的文書格式相互聯繫。
海峽兩岸農產品檢疫檢驗合作協議	議定事項，由雙方業務主管部門指定的聯絡人相互聯繫實施。必要時，經雙方同意可指定其他單位聯繫實施。 其他相關事宜，由海峽兩岸關係協會與財團法人海峽交流基金會聯繫。
海峽兩岸漁船船員勞務合作協議	本協議議定事項，由雙方業務主管部門指定的聯絡人相互聯繫實施，經雙方同意可指定其他單位負責實施。 本協議其他事宜，由海峽兩岸關係協會與財團法人海峽交流基金會聯繫。
海峽兩岸標準計量檢驗認證合作協議	本協議議定事項，由雙方業務主管部門指定的聯絡人相互聯繫實施。 本協議其他事宜，由海峽兩岸關係協會與財團法人海峽交流基金會聯繫。
海峽兩岸經濟合作框架協議	與本協議相關的業務事宜由雙方業務主管部門指定的聯絡人負責聯絡。
海峽兩岸知識產權保護合作協議	本協議議定事項，由雙方業務主管部門指定的聯絡人相互聯繫實施。必要時，經雙方同意得指定其他單位進行聯繫。 本協議其他相關事宜，由海峽兩岸關係協會與財團法人海峽交流基金會聯繫。
海峽兩岸醫藥衛生合作協議	本協議議定事項，由雙方相關業務主管部門指定的聯絡人相互聯繫實施。必要時，經雙方同意得指定其他單位進行聯繫。 本協議其他相關事宜，由海峽兩岸關係協會與財團法人海峽交流基金會聯繫。
海峽兩岸核電安全合作協議	本協議議定事項，由雙方核電安全及緊急應變主管部門指定的聯絡人相互聯繫實施。 本協議其他事宜，由海峽兩岸關係協會與財團法人海峽交流基金會聯系。

表1 兩岸協議聯繫主體的基本情況

兩岸協議名稱	協議聯繫主體的規定
海峽兩岸海關合作協議	由兩岸經濟合作委員會海關合作工作小組負責處理本協議及海關合作相關事宜，由雙方海關各自指定的聯絡人負責聯絡，並建立連絡熱線，以保障協議的順利實施。必要時，經雙方同意，可指定其他單位負責聯絡特定事宜。 海關合作工作小組可視需要成立工作分組負責處理本協議有關事宜，並向海關合作工作小組報告。 雙方海關視需要舉行會議，以評估本協議執行情況及研究解決有關問題。
海峽兩岸投資保護和促進協議	由兩岸經濟合作委員會投資工作小組負責處理本協議相關事宜，由雙方業務主管部門各自指定的聯絡人負責聯絡。 投資工作小組設立下列工作機制，處理與本協議相關的特定事項： (一)投資爭端協處機制：協助處理投資者與投資所在地一方的投資爭端，並相互通報處理情況； (二)投資諮詢機制：交換投資訊息，開展投資促進、推動投資便利化、提供糾紛處理及與本協議相關事項的諮詢； (三)經雙方同意的其他與本協議相關的工作機制。
海峽兩岸服務貿易協議	由兩岸經濟合作委員會服務貿易工作小組負責處理本協議及與服務貿易相關事宜，由雙方業務主管部門各自指定的聯絡人負責聯繫，必要時，經雙方同意，可指定其他單位負責聯絡。 服務貿易工作小組可視需要設立工作機制，處理本協議及與服務貿易相關的特定事項。
海峽兩岸地震監測合作協議	本協議議定事項，由雙方地震業務主管部門指定的聯絡人相互聯繫實施。 本協議其他事宜，由海峽兩岸關係協會與財團法人海峽交流基金會聯繫。
海峽兩岸氣象合作協議	本協議議定事項，由雙方氣象業務主管部門指定的聯絡人相互聯繫實施。 本協議其他事宜，由海峽兩岸關係協會與財團法人海峽交流基金會聯繫。

註：本表為作者根據兩岸協議文本自製。

除本表所列兩岸協議外，其餘兩岸協議均未規定聯繫主體。未規定聯繫主體的協議除了《港台海運商談紀要》外，都是兩會框架式的協議，包括《辜汪會談協議》和《兩會聯繫與會談制度協議》。可以說，絕大多數規範兩岸間具體事務的協議，均規定有聯繫主體。由於

表中採取廣義的「聯繫主體」定義，在兩岸協議文本中出現的「聯繫方法」、「聯繫機制」等，已作為聯繫主體列入上表。[35]從表中可見，兩岸協議的聯繫主體可以歸納為三類：

第一類是業務聯繫主體。由於規定有聯繫機制的兩岸協議都是專門規定某一具體事務的協議，所涉事務具有高度的專業性，因此，兩岸協議一般規定由兩岸從事相關業務的組織負責協議的聯繫。業務聯繫主體的特徵是專業性，其所負責聯繫的事項也都是協議所直接規定的事項。

業務聯繫主體是兩岸協議中聯繫主體的主要部分，具體包括四種模式。第一，大陸和台灣的聯繫主體都是從事相關業務的組織。如《海峽兩岸海運協議》因涉及兩岸海航業務，因而規定由海峽兩岸航運交流協會與台灣海峽兩岸航運協會負責聯繫。第二，兩岸中一方的聯繫主體為從事相關業務的組織，另一方的聯繫主體是負責綜合性事務的組織或其指定的組織。如《兩岸公證書使用查證協議》中，大陸方面的聯繫主體是中國公證員協會或有關省、自治區、直轄市公證員協會，而台灣方面的聯繫主體是海基會。再如《兩岸掛號函件查詢、補償事宜協議》，大陸方面聯繫主體是中國通信學會郵政專業委員會，台灣方面的聯繫主體是海基會指定之郵件處理中心。第三，將議定事項和具體業務分開，分別指定聯繫主體。如《海峽兩岸郵政協議》規定，議定事項由海峽兩岸郵政交流協會與財團法人台灣郵政協會負責聯繫，而具體郵政業務則由雙方郵件處理中心聯繫實施。第四，兩會協會採取授權方式，只規定授權單位，而不規定具體的聯繫主體，由授權單位指定聯繫主體，而協議所規定的授權單位，一般是兩岸各自管理協議所涉事項的主管部門。如《海峽兩岸食品安全協議》規定，議定事項由雙方食品安全等業務主管部門指定的聯絡人負責聯繫實施。隨著兩岸事務性交流的不斷深化，採取授權方式、由兩岸有關事務主管部門指定聯絡人的模式，已經為越來越多的兩岸協議

所採用。

第二類是另行指定的業務聯繫主體。包括《海峽兩岸包機會談紀要》在內及其以後簽訂的協議中共有8份兩岸協議,除明確規定業務聯繫主體外,還規定了經雙方同意,兩會可在協議明確的業務聯繫主體之外,另行指定業務聯繫主體。但是,上述兩岸協議並未規定另行指定的業務聯繫主體負責聯繫何種事務。規定另行指定的業務聯繫主體,是兩岸協議所採取的預防措施,目的是防止因明確規定的業務聯繫主體不便聯繫或聯繫不暢,而導致兩岸聯繫中斷的情形發生。協議文本並未對另行指定的業務聯繫主體負責聯繫的事務範圍進行規定。從文本分析角度而言,另行指定的業務聯繫主體被規定在「議定事項」的條款下,因而可以將另行指定的業務聯繫主體理解為業務聯繫主體的一個特例,其所負責聯繫的事務範圍不得超過協議的議定範圍。

第三類是其他相關事宜的聯繫主體。除《海峽兩岸包機會談紀要》《海峽兩岸空運補充協議》和《海峽兩岸經濟合作框架協議》外,17份規定聯繫主體的兩岸協議中,有14份規定了聯繫機制的兩岸協議,都規定海基會和海協會是協議「其他相關事宜」的聯繫主體。兩岸協議並未規定「其他相關事宜」的範圍,但從兩會簽訂協議的目的可知,所謂「其他相關事宜」,是指雖然沒有明確規定在兩岸協議中,但卻是與協議所規定的事項密切有關的事宜。

聯繫主體作為兩岸協議中的一個特有現象,符合兩岸關係發展的現狀,為兩岸協議的貫徹落實提供了有效機制。

四、兩岸協議的解釋制度

除《海峽兩岸空運補充協議》和《海峽兩岸經濟合作框架協議》

外，其餘兩岸協議均沒有協議解釋的直接規定。另有一些兩岸協議包括有「爭議解決」條款，透過「爭議解決」條款的設置，在實質上規定了協議在兩岸間的解釋。

在兩會簽訂的協議中，有14份協議規定有「爭議解決」條款，具體又可分為兩種表述模式。第一種表述模式為「因適用本協議所生爭議，雙方應盡速協商解決」。《兩岸公證書使用查證協議》《兩岸掛號函件查詢、補償事宜協議》《海峽兩岸關於大陸居民赴台灣旅遊協議》《海峽兩岸海運協議》《海峽兩岸空運協議》《海峽兩岸郵政協議》《海峽兩岸食品安全協議》和《海峽兩岸共同打擊犯罪及司法互助協議》等採用了此種模式。第二種表述模式為「因執行本協議所生爭議，雙方應盡速協商解決」。該表述模式僅有《海峽兩岸金融合作協議》採用。在兩岸協議中，儘管對「適用」與「執行」區別使用，但都是為落實協議內容而進行的活動，無論是「適用」還是「執行」，按照解釋學的觀點，其本質都需要對協議進行「解釋」。

在兩岸協議中，「適用」與「執行」的基本依據，都是兩岸協議的文本，因此，「適用」與「執行」的基礎都是對兩岸協議文本的「理解」。據此原理，「適用」和「執行」兩岸協議的過程，實際上包括兩個階段：第一階段為理解文本；第二階段為在對文本理解的基礎上，按照適用者或執行者對文本的理解，做出適用行為或執行行為。適用行為和執行行為是對文本理解的外在表現，對文本的理解是適用行為和執行行為的內在本質。由於理解與解釋的同一性，在解釋學領域內，對兩岸協議的「適用」與「執行」過程，必然存在對兩岸協議的解釋。

按照解釋學的觀點，「適用」與「執行」兩岸協議的主體，就是解釋兩岸協議的主體。因此，兩岸協議的解釋主體出現了多元化的特徵。多元解釋主體在解釋兩岸協議時，必然將產生對兩岸協議不一致

的解釋，此時，就產生了解釋上的爭議。由此可見，所謂「適用」或「執行」中產生的爭議，其本質是解釋上的爭議。對於解釋爭議的解決，關鍵並非在於確定「什麼」（what）是「正確的解釋」。因為按照解釋學的原理，任何解釋者在解釋文本時，都將受到其前理解的支配，並且都會根據自己的利益進行解釋。[36]因此，所謂解釋，不過是圍繞文本所展開的利益博弈。故而，不可能提出一種「正確的解釋」。於是，解釋學的問題從一個本體論問題轉變為一個認識論問題，亦即解決解釋爭議的關鍵，在於確定誰（who）是「有權解釋主體」，然後將該有權解釋主體的解釋作為「正確的解釋」。

根據上述分析，對兩岸協議「適用」或「執行」中爭議的解決，並非是確定兩岸到底誰對誰錯，而是確定何者是有權決定誰對誰錯的主體。顯然，在當前的兩岸局勢下，兩岸只能透過協商，以獲得兩岸對協議文本「共同的解釋」。由此可見，兩岸協議透過設置「爭議解決」條款，形成了對兩岸協議的解釋制度。結合兩岸協議中有關聯繫主體的規定，兩岸協議有關解釋的規定可以概括如下：第一，解釋的原因只能是因「適用」或「執行」兩岸協議中出現爭議，屬於具體解釋，而不包括單純對文本理解不一而與具體事務無涉者；第二，適用「爭議解決條款」解釋兩岸協議的情形，只包括對兩岸協議的兩岸間解釋，而不涉及兩岸協議在兩岸各自領域內的解釋；第三，解釋的主體是「雙方」共同組成的協商機制，這裡的「雙方」，應根據爭議所涉對象所屬的事務範圍決定：若屬於「議定事項」的範圍，應將「雙方」確定為兩岸有關「議定事項」的聯繫主體；若屬於「其他相關事宜」的範圍，應將「雙方」確定為兩岸有關「其他相關事宜」的聯繫主體。

2009年4月簽訂的《海峽兩岸空運補充協議》第13條第2款的規定，是「解釋」一詞在兩岸協議中的第一次出現。該條規定，「雙方對協議的實施或解釋發生爭議時，由兩岸航空主管部門協商解決」。

該條的規定，在兩岸協議解釋制度上有著兩點突破：第一，明確提出「解釋」一詞，使解釋的範圍不限於「適用」或「執行」範圍，亦即將對兩岸協議的解釋從具體解釋擴展到抽象解釋；第二，明確將「雙方」確定為「兩岸航空主管部門」，從而將解釋主體明確化。

2010年6月29日簽訂的《海峽兩岸經濟合作框架協議》第10條規定：一、雙方應不遲於本協議生效後六個月內就建立適當的爭端解決程序展開磋商，並盡速達成協議，以解決任何關於本協議解釋、實施和適用的爭端。二、在本條第一款所指的爭端解決協議生效前，任何關於本協議解釋、實施和適用的爭端，應由雙方透過協商解決，或由根據本協議第十一條設立的「兩岸經濟合作委員會」以適當方式加以解決。在第11條中，賦予由雙方成立的「兩岸經濟合作委員會」以「解釋本協議的規定」和「解決任何關於本協議解釋、實施和適用的爭端」的職能。《海峽兩岸經濟合作框架協議》之所以對解釋問題做出如此明確的規定，並設立了一個獨立的機構進行解釋，是因為較之之前所簽訂的兩岸協議，該協議涉及單位多、內容廣、複雜性高。不僅解釋主體非常明確，且解釋的工作也獨立於「實施」和「適用」而存在，抽象解釋的功能更加突出。

兩岸協議中有關解釋主體的規定，隨著兩岸交流的不斷深入而呈現出明顯的變化。「解釋」這一字眼的從無到有，解釋主體從概括規定到明確授權，解釋手段從「適用」或「執行」中的附帶解釋發展到「專門」解釋，解釋範圍從具體解釋擴展到抽象解釋。

五、兩岸協議的變更制度

兩岸協議的變更，即兩岸協議的修改，是指對兩岸協議文本的增補、刪除和變動。按照兩岸協議的慣例，我們講兩岸協議的修改稱之

為協議的變更。兩岸協議的文本反映出簽訂協議時兩岸關係的發展狀況，隨著兩岸關係和平發展的深化，兩岸協議的文本必將出現與兩岸關係和平發展不相適應的部分。儘管對協議的解釋能夠在一定程度上使協議與兩岸關係的發展保持協調，但這畢竟要求協議文本的文義尚在其文義涉程之內方可。當現實發展超越兩岸協議文本的文義涉程時，協議的變更便成為一種必要的制度。

（一）兩岸協議變更的規範分析

考察兩岸協議的文本，對兩岸協議的變更包括三種形式：一是具體的狹義變更，即在兩岸協議中明確規定可以變更的內容；二是概括的狹義變更，即兩岸協議雖明確規定變更，但未規定變更的內容，從理論上而言，兩岸協議的任何內容都屬於可變更的範圍；三是對未盡事宜的補充，即兩岸協議規定未盡事宜的處理方式。由於後者可以理解為對兩岸協議的增補，因而也納入兩岸協議的變更中一併討論。在兩會簽訂的19份協議中，規定有變更（包括狹義變更和對未盡事宜的補充）的有14份，另有一份是對兩岸協議的增補。考察規定有變更內容的兩岸協議，可以發現，兩岸協議對於狹義變更和對未盡事宜的補充規定，已經形成了固定模式。

第一，兩岸協議中對具體的狹義變更的描述。有三份兩岸協議明確規定了可以變更的具體內容：《兩岸公證書使用查證協議》第2條規定，雙方得根據公證書使用需要，另行商定增、減寄送公證書副本種類；《兩岸掛號函件查詢、補償事宜協議》第1條規定，掛號函件的開辦範圍，雙方得以書面協議增減；《海峽兩岸空運協議》第4條規定，雙方同意盡可能在協議實施半年內，就定期客貨運行作出安排。需要指出的是，有些協議雖然也涉及對協議（或其附件）的變更，如《海峽兩岸空運協議》和《海峽兩岸海運協議》，分別規定可以對附件所列的包機班次和開放港口進行數量上的變動，但我們認為，該規定並

不涉及兩岸協議變更的問題，而僅有對有關協議具體執行方式的規定。

　　第二，兩岸協議中對概括的狹義變更的表述。兩岸協議對於概括的狹義變更共有兩種規定方法。《兩岸公證書查證協議》《兩岸掛號函件查詢、補償事宜協議》和《兩會聯繫與會談制度協議》對概括的狹義變更的規定相同，是兩岸協議中對概括的狹義變更表述的第一種方式。上述三項協議中均將概括的狹義變更規定為「協議變更，……經雙方協商同意」。2008年兩會復談後簽訂的12份協議對於概括的狹義變更的方式在前述三項協議規定的基礎上增加了「並以書面方式確認」的規定，從而將概括的狹義變更的形式進行了明確規定，是兩岸協議對概括的狹義變更表述的第二種方式。由於在公開資料上未見兩會依據概括的協議變更條款變更兩岸協議，因此，僅從協議文本上不能推斷第一種概括的狹義變更，是否意味著兩會可以透過非書面方式確認對兩岸協議的變更。

　　第三，兩岸協議中對未盡事宜的補充的表述。兩岸協議規定未盡事宜的補充的方式只有一種，即規定：「本協議如有未盡事宜，雙方得以適當方式另行商定。」這裡值得討論的問題是兩岸協議的「未盡事宜」與前文討論聯繫主體時所涉及的「其他相關事宜」有何區別。對於此兩種表述的區別，至今尚未見兩岸官方的正式說明，也無學者在公開場合進行過討論。按照我們的理解，「其他相關事宜」是指雖然沒有規定在兩岸協議，但卻是與協議所規定事項有關的事宜。按此理論，「其他相關事宜」實際上是指雖然沒有規定在協議中，但是從協議所確定的事項中可以明確推知的事宜，只要是那些為了實現議定事項，必須落實和聯繫的事宜。因此，對「其他相關事宜」的確定，屬於對兩岸協議的解釋。與此相對，「未盡事宜」是指那些既沒有規定在兩岸協議中，也不能透過協議所確定的事項明確推知的事宜，主要是那些尚未被規定在協議中，但屬於協議應該規定或可以規定的事

宜。對「未盡事宜」的確認，不是透過解釋兩岸協議就可以完成的，因而必須透過對兩岸協議的變更。

（二）兩岸協議變更的實踐敘述

在實踐中，迄今為止，兩岸對於兩岸協議的變更實踐有過多次，其中對協議本身的變更1次，對協議未盡事宜的補充9次，對協議附件的變更2次。

1.兩岸對兩岸協議本身的變更實踐

兩岸對於兩岸協議本身的變更實踐僅出現過1次，即兩岸透過簽署《海峽兩岸空運補充協議》對《海峽兩岸空運協議》部分條款的變更。2009年4月26日，兩會簽署《海峽兩岸空運補充協議》，依據《空運協議》第一條、第三條和第四條之規定，將原有《空運協議》所規定的「客運包機常態化安排」[37]改為「開通兩岸定期客貨運航班」，並在原有協議規定的航線基礎上「開通南線和第二條北線雙向直達航路」[38]，實現了兩岸空運業務正常化。儘管《空運補充協議》名為「補充協議」，但根據其內容判斷，該項協議實際上是對《空運協議》內容的變更。

2.兩岸對兩岸協議未盡事宜的補充實踐

兩岸對於兩岸協議未盡事宜的補充出現過9次，即兩岸對《兩岸公證書使用查證協議》中寄送公證書副本範圍的補充、兩岸對《海峽兩岸空運補充協議》的附件部分「海峽兩岸航路及航班具體安排」的補充和兩岸對《海峽兩岸漁船船員勞務合作協議》的附件「海峽兩岸漁船船員勞務合作具體安排」的補充。

根據《兩岸公證書查證協議》第2條第2項，兩岸有關方面於1994年11月決定擴大寄送公證書副本的範圍，並經兩會確認後生效。從模式上而言，對《兩岸公證書查證協議》的此次變更，是依據上述第一

種模式的變更。[39]在變更程序上，此次變更經歷了兩個階段。第一階段為商談階段，1994年11月21日至28日，兩會副祕書長孫亞夫和許惠佑在南京進行預備性磋商，就包括「擴大寄送公證書副本種類」在內的議題進行商談，初步達成「擴大寄送稅務、病歷及專業證明等四項公證書副本」的共識。[40]第二階段為確認階段，兩會副會長、祕書長級官員在負責人會談上正式達成「關於增加寄送公證書副本種類」的共識後，兩會透過「換文」的形式分別予以確認，「關於增加寄送公證書副本種類」自1995年2月1日正式生效。

2010年11月2日，兩會以換函方式確認《海峽兩岸空運補充協議修正文件一》，對2009年4月簽署的《海峽兩岸空運補充協議》的附件部分「海峽兩岸航路及航班具體安排」進行補充。這份《修正文件》涉及在原有協議的基礎上，補充了「開通台北松山—上海虹橋航線、增加客運航點及班次、增加客運航點及班次、增加不定期旅遊包機、購艙及代號共享、濕租飛機、定期航班管理」等內容。自此之後的4年間，兩會又分別對《海峽兩岸空運補充協議》附件部分進行了6次補充，以換函方式確認了《海峽兩岸空運補充協議修正文件》二至七，對該協議進行了適當的補充和調整。

2011年3月1日，兩會以換函方式確認《海峽兩岸漁船船員勞務合作具體安排修正文件一》，對2008年12月22日簽署的《海峽兩岸漁船船員勞務合作協議》的附件「海峽兩岸漁船船員勞務合作具體安排」進行了補充和修改。這份《修正文件》對原協議「具體安排」部分的第四條「證件查驗」和第七條「接駁船舶」部分進行了修改和補充，將「旅行證件」增補為近海船員領取當地查驗證件的憑證，允許「海峽兩岸海運協議許可的海上客運船舶，可搭載持各自主管部門發給許可/旅行證件的船員，往返兩岸直航港口履行本協議」。

3.兩岸對兩岸協議附件的變更

在實踐中，兩岸對兩岸協議附件的變更共出現過2次，即兩岸對《海峽兩岸關於大陸居民赴台旅遊協議》附件的變更和兩岸對《海峽兩岸漁船船員勞務合作協議》附件「海峽兩岸漁船船員勞務合作具體安排」的變更。

2011年6月21日，兩會透過換函確認《海峽兩岸關於大陸居民赴台灣旅遊協議修正文件一》，將原有協議中「雙方同意赴台旅遊以組團方式實施，採取團進團出形式，團體活動，整團往返」的規定，變更為在此基礎上「開放大陸居民赴台灣個人旅遊」，即開放大陸居民赴台「自由行」。《修正文件一》分別就大陸居民赴台「自由行」的開放區域、開放人數、停留時間、申辦程序、旅行安排、逾期停留和實施方式進行了相應的規定。同時，需要指出的是，《修正文件一》首次援引了原協議第九條的變更條款，明確了該文件與原協議的法理關係。

2011年3月1日，兩會透過換函確認《海峽兩岸漁船船員勞務合作具體安排修正文件一》的方式完成了對《海峽兩岸漁船船員勞務合作協議》附件「海峽兩岸漁船船員勞務合作具體安排」的變更。該《修正文件一》對原有「具體安排」第四條證件查驗的規定進行了變更，將原有規定的「近海船員須持登輪作業證件領取當地查驗證件」變更為「近海船員須持登輪作業證件或旅行證件領取當地查驗證件」；對第七條接駁船舶的規定進行了補充，新增了一款規定：「雙方同意海峽兩岸海運協議許可的海上客運船舶，可搭載持各自主管部門發給許可／旅行證件的船員，往返兩岸直航港口履行本協議。」

六、兩岸協議體系的構建

至2014年6月底，兩岸透過海協會和海基會構成的兩會事務性商談

機制簽署了21項協議透過規範化的協議形式表達了兩岸開展事務性合作的共識,並規範了合作的範圍、形式和程序。兩岸協議在兩岸關係和平發展發展框架中具有重要的地位,起著固化與表達兩岸共識、引導與規範合作行為的關鍵作用。作為唯一的效力能夠涵蓋兩岸的規範性文件,兩岸協議是兩岸關係和平發展法治化的一種表現形式,它透過規範化的形式對兩岸間形成的共識加以固化,從而實現對兩岸共同事務的調整。從結構上講,兩岸協議與兩岸涉對方事務法制體系一道,構成了兩岸法制的兩種表現形態,共同發揮著保障兩岸關係和平發展制度化的作用。然而,兩岸涉對方事務法制在本質上仍是兩岸依循各自域內的立法機制所構建的兩岸法制,因而不具有「兩岸性」,是兩岸法制的初級形態。而兩會協議是兩岸經由制度化的商談機制形成的「兩岸間」規範,因而屬於兩岸法制的進階形態。

目前,兩岸協議在數量上已經有了較多累積,但體系化的程度並不高。而體系化的兩岸協議,對於提高兩岸關係和平發展的法治化程度,進而推動兩岸關係和平發展框架的構建,有著重要的意義。對於兩岸協議及其所形成的體系,有下列問題值得研究。我們認為,兩岸協議的制定依據是和平協議,而兩岸協議根據其內容和產生機制的不同,又可以分為事務性協議和政治性協議。前者是由兩岸事務性協商機制產生,其規定的內容主要是兩岸事務性事項,兩岸事務性協議構成兩岸協議的主幹;後者是由兩岸政治性協商機制產生,兩岸間政治性事務形成的共識。事務性協議和政治性協議共同構成兩岸協議體系。

(一)兩岸協議體系化的實證分析

雖然兩岸協議並未形成體系,但是兩岸協議仍有著體系化的實踐。1993年4月,當時海協會和海基會負責人汪道涵和辜振甫達成《辜汪會談共同協議》。根據該協議的定性,兩會此次會談是「民間性、經濟性、事務性與功能性之會談」。[41]這一定性不僅僅是迴避政治議

題的需要,而且是兩岸試圖對兩岸協議進行體系化的嘗試。根據協議的有關內容,兩會擬在1993年度內,就多項功能性議題達成協議,而進入《辜汪會談共同協議》的功能性議題包括「違反有關規定進入對方地區人員之遣返及相關問題」「有關共同打擊海上走私、搶劫等犯罪活動問題」「協商兩岸海上漁事糾紛之處理」「兩岸智慧財產權(知識產權)保護」「兩岸司法機關之相互協助(兩岸有關法院之間的聯繫與協助)」等。

解讀《辜汪會談共同協議》開列當年擬討論議題的做法,一方面固然是將這些議題確定下來,作為當年兩會協商的重點內容;另一方面也可以解讀成兩會意圖將《辜汪會談共同協議》作為兩岸事務性協議的一份「總綱領」,並透過該「總綱領」安排後一階段兩會談判的議題,進而按照該安排分別透過談判制定兩岸協議。由此,《辜汪會談共同協議》雖然在規範意義上並不是這些按照其安排制定的兩岸協議的依據,但在政治意義上構成了這些兩岸協議的來源。圍繞《辜汪會談共同協議》,兩岸協議進行了初步的體系化嘗試。可惜的是,由於種種原因,《辜汪會談共同協議》所列的議題都沒有形成協議,以《辜汪會談共同協議》為核心的兩岸協議體系並未形成。[42]

1993年4月簽訂的《兩會聯繫與會談制度協議》,以及1994年依據其制定的《兩會商定會務人員入出境往來便利辦法》,形成了一個小的兩岸協議體系。依據《兩會聯繫與會談制度協議》第5條之規定,兩會同意就兩會會談、事務協商、專業小組工作、緊急聯繫等事由,相互給予經商定之兩會會務人員適當之入出境往來與查驗通關等便利。但《兩會聯繫與會談制度協議》第5條,並未規定哪些人員係屬「經商定之兩會會務人員」,亦未對「適當之入出境往來與查驗通關等便利」的具體涵義作出說明,而是規定「具體辦法另行商定」,亦即由兩會另外協商制定實施辦法。1994年1月,兩會副會長、祕書長級負責人焦仁和和唐樹備為落實《兩會聯繫與會談制度協議》第5條之規定,

在北京進行商談，確定《兩會商定會務人員入出境往來便利辦法》。[43]在該辦法中，《兩會聯繫與會談制度協議》第5條中的商定會務人員範圍、具體便利等內容，都被加以詳細而具體的規定。[44]而且《兩會商定會務人員入出境往來便利辦法》在第1條還明確表示，「本辦法依《兩會聯繫與會談制度協議》第五條訂定」。由此可見，在《兩會聯繫與會談制度協議》和《兩會商定會務人員入出境往來便利辦法》之間，前者是後者制定的依據，兩者共同構成了一個小的兩岸協議體系。這個小的兩岸協議體系雖小，但卻是兩岸唯一一個規範意義上的兩岸協議體系。

2008年11月，海協會和海基會負責人陳雲林和江丙坤在台北簽訂《海峽兩岸空運協議》《海峽兩岸海運協議》和《海峽兩岸郵政協議》，形成了一個兩岸三通協議體系。當然，兩岸三通協議體系並不是規範意義上的，而主要是根據其目的和內容進行的總結。因此，兩岸三通協議並不能被稱之為嚴格意義上的兩岸協議體系。

2008年6月簽訂的《海峽兩岸包機會談紀要》、2008年11月簽訂的《海峽兩岸空運協議》和2009年4月簽訂的《海峽兩岸空運補充協議》，構成了兩岸空運協議體系。2008年6月，海協會和海基會就兩岸常態化包機簽訂《海峽兩岸包機會談紀要》，建立了制度化的兩岸包機直航。2008年11月，海協會和海基會又簽訂《海峽兩岸空運協議》，該協議基本上是參照包機直航制定的。但其中第4條規定，兩岸「應就定期客貨運航班作出安排」，而第8條又規定「客貨運包機等相關事宜，準用《海峽兩岸包機會談紀要》的規定」。根據《海峽兩岸空運協議》第4條和第8條，《海峽兩岸空運補充協議》和《海峽兩岸包機會談紀要》同《海峽兩岸空運協議》一起，構成了兩岸空運協議體系。在這個協議體系中，《海峽兩岸空運協議》借助第4條規定的「具體的狹義變更」和第8條「準用條款」，居於基礎性地位，而其他兩個協議在協議體系中都以《海峽兩岸空運協議》為中心。

以上四次兩岸在兩岸協議體系化的嘗試，除了《兩會聯繫與會談制度協議》和《兩會商定會務人員入出境往來便利辦法》所構成的小兩岸協議體系外，都不能說是嚴格意義上的兩岸協議體系，但也可以為研究兩岸協議體系的構成提供參考。

（二）兩岸協議體系的基礎：和平協議

和平協議是制定兩岸協議的依據，也是兩岸協議的效力來源。和平協議對兩岸協議具有優先性，所有兩岸協議都不得與和平協議——尤其是和平協議所確認的優先性內容——相牴觸。[45]類比以憲法為基礎的內國法律體系，和平協議相當於兩岸協議體系中的「憲法」。和平協議及依據其所產生的兩岸協議，構成了兩岸間的法規範階層。[46]那麼，這是否意味著也應按照內國法律制度上的立法監督制度或違憲審查制度一樣，建立起類似於對兩岸協議的審查機制呢？[47]我們認為，兩岸間建立兩岸協議的審查機制既無必要，也不可能。如前文所述，兩岸協議在制定程序上，與國內立法程序完全不同。兩岸協議的制定，取決於兩岸間的高度共識，而不是依靠類似於普通內國立法機關的「多數決」。在大陸和台灣沒有就重大問題達成新共識之前，和平協議是兩岸能形成協議的最大共識，違反和平協議的一方，將受到其域內和域外兩方面的政治壓力。因此，大陸和台灣在進行協商時，基於自身利益的考量，都不得不選擇和平協議作為制定兩岸協議的依據。而且，內國法律制度上的立法監督制度或違憲審查制度，以權威和強制力為後盾。和平協議所形成的新結構是兩岸間的，大陸和台灣之上沒有「超兩岸」的權威，因此，即便是建立了對兩岸協議的審查制度，也是沒有意義的。但是，這並不意味著和平協議除了透過政治力的作用，使兩岸協議對其產生「路徑依賴」外，無法在規範意義上對兩岸協議產生效力。對於兩岸協議而言，和平協議的優先性也體現為「緩和的效力」，兩岸必須按照和平協議制定、修改和解釋兩岸協議。

（三）兩岸協議體系的主幹：事務性協議

事務性協議是兩岸協議體系的主幹，也是兩岸關係和平發展框架法律機制的重要組成部分。根據兩岸事務性協議的性質，兩岸事務性協議包括三類：

第一，兩岸事務的實體性協議。兩岸事務的實體性協議，是指直接調整兩岸間經濟、社會和文化等事務的協議。兩岸事務的實體性協議，將兩岸間經常發生、雙方域內法律規定基本相同、兩岸能就此達成一致的事項，以實體法的形式規定下來，使兩岸在這些領域的交往中，能直接依據該實體法。兩岸事務的實體性協議規定的一般是兩岸在經濟、文化和社會交往中最為重要的事務，主要包括航運、郵政、經貿合作、旅遊觀光、智慧產權（知識產權）保護、跨海峽婚姻、贍養、收養、繼承、勞務交流等。當然，這裡所謂兩岸事務的實體性協議，並不是代替兩岸域內的實體法，而僅僅在上述事務跨海峽發生時發生效力。

第二，兩岸事務的程序性協議。兩岸事務的程序性協議，是指規定兩岸間合作、聯繫和共同處理某項事務程序的協議。兩岸事務的程序性協議主要適用於在兩岸間雖有開展某項事務的必要，但由於兩岸相關制度區別較大或難以形成共識，只能透過兩岸相互合作、聯繫，或共同處理的事務。由於兩岸域內法律制度大部分區別較大，另外，基於和平協議的兩岸原則和功能原則，大陸和台灣無必要一一達成共識，因此，兩岸事務的程序性協議將構成兩岸事務性協議的主要部分。一般而言，兩岸事務的程序性協議包括兩岸金融、投資、經濟事務的跨海峽監管、打擊跨海峽刑事犯罪、司法協作、相關文書認證等。

第三，兩岸區際法律適用協議。兩岸區際法律適用協議，是指解決兩岸民商事法律適用問題的協議。兩岸民商事法律衝突的問題由來

已久，雖然有學者不斷主張建立所謂區際衝突規範或兩岸適用國際私法來解決民商事法律衝突，[48]但由於種種原因未能成行，其中之一便是台灣法律的地位問題。由於台灣法律的地位長期受到質疑，在實踐中，大陸方面的法官和當事人往往對其採取刻意迴避的態度。[49]但是，大陸方面自1987年後，從未明確規定不准適用台灣法律。以廣東省高級人民法院印發的《關於涉外商事審判若干問題的指導意見》為例，該意見第41條規定：當事人如果選擇適用台灣法律的，在屬於台灣民商事法律、不違反一個中國原則、不違反中國大陸社會公共利益條件下可以適用，但必須稱為「台灣地區某某法」。[50]福建省、江蘇省等涉台案件較多的省份亦有類似規定。另外，中國《民法通則》也未禁止對台灣法律的適用。和平協議簽訂後，基於兩岸原則和功能原則，對於當事人選擇或衝突規範指引的台灣法律，應予以適用，以解決兩岸民商事法律衝突問題。這裡的衝突規範既包括兩岸域內法中的衝突規範，也應包括兩岸區際法律適用協議。對於前者，大陸學者曾指出，台灣用於解決兩岸民商事法律適用問題的「台灣地區與大陸地區人民關係條例」「開放沒到位、限制不放鬆、缺乏前瞻性」。[51]因此，根據具體情況，將具有跨海峽性但又不適於統一實體性協議或程序性協議調整的事務，透過兩岸區際法律適用協議予以調整，應是兩岸在和平協議框架下的最佳選項。具體包括民事主體的行為能力法、侵權行為法、物權法、合約法、公司法以及部分商事法律等。

七、兩岸協議在兩岸關係和平發展中的作用

作為當前兩岸之間開展交往的主要規範形式，兩岸協議在推動兩岸關係和平發展整體趨勢，確認、鞏固和維護兩岸關係和平發展成果和克服兩岸關係和平發展框架法律障礙方面發揮著重要的作用。

（一）兩岸協議推動兩岸關係和平發展整體趨勢方面的作用

自2008年以來，兩岸關係邁入了和平發展的新階段，在大陸和台灣的共同努力下，兩岸用六年時間實現了過去六十年都未能實現的目標。在過去數年間，兩岸事務性協商重點關注和兩岸事務性協議重點規制的領域均取得了重大成就。人員往來方面，自2008年兩岸實現大「三通」以來，兩岸直航每年為上千萬人次往來兩岸提供了便利，兩岸「一日生活圈」已經形成；經濟合作方面，自2008年以來，尤其是2010年兩岸簽署ECFA以來，兩岸貿易額年均增長超過10%，2013年更是同比增長達16.7%，達到1972億美元；社會事務合作方面，兩岸在食品安全、民用核電站安全、醫藥衛生等多個方面建立了訊息通報、標準交流、諮詢互查等重要的合作交流機制，為解決關係到兩岸民眾切身利益的現實問題做出了重要貢獻；法制合作方面，兩岸實現了共同打擊犯罪的協助偵查和人員遣返機制，並同時在送達文書、調查取證、罪贓移交、裁判認可等方面形成了制度化的司法互助機制，為兩岸打擊跨區域犯罪活動、保障兩岸法制秩序提供了制度支持。

在兩岸協議的推動下，兩岸關係和平發展在各個方面均取得了重要進展，兩岸關係也處於60多年來的最好時期。在構建兩岸關係和平發展框架的過程中，大陸和台灣透過平等協商簽訂的兩岸協議，為兩岸在交通運輸、經濟事務、社會事務等多個領域的合作提供了有效的制度安排，使兩岸關係初具制度化的雛形。正是基於兩岸協議對兩岸關係和平發展的重要推動作用，許多學者將2008年以來的兩岸關係發展方式歸納為「協議推動型」發展模式。

（二）兩岸協議確認、鞏固和維護兩岸關係和平發展成果方面的作用

作為兩岸關係和平發展成果的規範形式，兩岸協議透過規範兩岸各主體的交往行為，保障兩岸居民相互往來的基本權益，實現確認、

鞏固和維護兩岸關係和平發展的成果的作用。

第一，兩岸協議有效規範了兩岸各主體的交往行為。從兩岸各層次交往的實踐來看，兩岸協議為兩岸公權力機關間的業務合作和兩岸民眾間的交往活動提供了規範依據和制度保障。在兩岸間尚存在政治分歧的情況下，兩岸協議的簽署和實施為作為相關業務主管部門的兩岸公權力機關的交往與合作提供了制度依據。以兩岸食品安全合作為例，兩岸食品安全業務主管部門依據《海峽兩岸食品安全協議》的相關規定，建立起了訊息通報、協調處理等機制，為兩岸合作解決近年來發生的重大食品安全事件提供了有力保障。在兩岸民間交往日益密切的今天，兩岸協議為兩岸民眾交往活動的有序進行提供了制度保障。以大陸居民赴台旅遊為例，自兩岸簽署《大陸居民赴台灣旅遊協議》以來，在協議的推動和規制之下，大陸居民赴台旅遊人數連年增長，旅遊活動中秩序井然，旅遊安全事故率遠低於其他境外旅遊項目。

第二，兩岸協議有效保障了兩岸居民在交往過程中的基本權益。在兩岸居民交往活動日益密切的情況下，兩岸居民在對方領域內的基本權益問題逐漸引起了雙方的關注。在兩岸的共同促進之下，雙方簽署了多項兩岸協議，對兩岸居民交往活動中基本權益造成了重要保障作用。以《海峽兩岸知識產權保護合作協議》為例，到2013年兩岸在相互承認優先權上，大陸受理台灣優先權主張共15827件，台灣受理大陸優先權主張共11034件，協議的實施有效地保障了兩岸知識產權人的基本權益。

第三，兩岸協議有效確認、鞏固和維護了兩岸關係和平發展的成果。兩岸關係和平發展是兩岸同胞的共同選擇，符合中華民族的共同利益。在兩岸關係和平發展不斷深入的今天，兩岸簽署的各項協議將兩岸共同取得的既有成果以規範性文件的形式固定下來，這既是對兩

岸關係和平發展成果的一種確認,也為兩岸在此基礎上繼續擴大交流、促進合作、共同發展提供了保障。事實證明,在兩岸同胞的共同努力之下,在兩岸協商和兩岸協議的促進和鞏固之下,兩岸關係和平發展已經成為一股不可逆轉的潮流。

(三)兩岸協議克服兩岸關係和平發展框架法律障礙方面的作用

作為協調大陸和台灣兩個法域的規範性文件,兩岸協議為克服兩岸關係和平發展框架中的法律障礙提供了重要支持。大陸和台灣分屬兩個法域,雙方在解決事務性問題時往往會受制於雙方規定的差異與衝突,兩岸協議是目前唯一一種能夠在兩岸兩個法域內同時具有約束力的規範性文件,它在克服兩岸關係和平發展框架的法律障礙方面造成了重要的作用。

第一,兩岸協議為兩岸法律障礙解決提供了一個交流平台。兩岸協議實施機制的建立和完善,打破了原先由個案觸發兩岸法律交流的怪圈,為兩岸法律交流的系統化、常態化搭建了一個平台。在此平台基礎上,兩岸可以透過兩岸協議的方式,掃除不斷變化的兩岸關係中出現的法律障礙。以兩岸共同打擊犯罪為例,《海峽兩岸共同打擊犯罪及司法互助協議》的簽訂使兩岸司法界建立了直接、全面、深度的合作關係,為兩岸民事、刑事領域展開互助搭建了平台,為兩岸法律障礙的解決掃除了障礙。

第二,有的兩岸協議本身就是以解決法律障礙為內容。《兩岸公證書使用查證協議》和《海峽兩岸共同打擊犯罪及司法互助協議》,均是為解決兩岸司法交流中出現的障礙而專門簽訂的協議。大陸方面亦為解決兩岸司法交流中出現的法律障礙相繼制定了一批規範性法律文件。相信在未來,透過兩岸協議共同制定法律規則,將呈現常態化的趨勢。

第三,推動兩岸法學學術界的討論,為兩岸法律障礙的解決提供

理論支撐。兩岸之間簽訂兩岸協議以及實施兩岸協議，在解決實際交流問題的同時，也觸動了兩岸之間的法律問題。這些引發了兩岸學術界對兩岸協議的接受機制、聯繫主體、解釋機制、變更機制等一系列問題的討論。兩岸法學學術界對兩岸法律障礙問題關注和研究的深入，將為兩岸法律障礙的解決提供強大的理論支撐。

注　釋

[1].〔德〕馬迪亞斯·赫蒂根：《歐洲法》，張恩民譯，法律出版社2003年版，第96頁以下。

[2].〔德〕貝婭特·科勒—科赫、貝特霍爾德·里騰伯格：《歐盟研究中的「治理轉向」》，陳新譯，金玲校，《歐洲研究》2007年第5期。

[3]. 蘇宏達：《以「憲政主權建造」概念解釋歐洲統合之發展》，《歐美研究》2001年第31卷第4期。

[4]. 吳志成：《治理創新——歐洲治理的歷史、理論與實踐》，天津人民出版社2003年版，第40頁。

[5].〔德〕貝婭特·科勒—科赫：《對歐盟治理的批判性評價》，金玲譯，《歐洲研究》2008年第2期。

[6]. 張亞中：《全球化與兩岸統合》，聯經出版事業股份有限公司2003年版，第233頁。

[7]. 張亞中：《全球化與兩岸統合》，聯經出版事業股份有限公司2003年版，第233頁。

[8]. 張亞中：《全球化與兩岸統合》，聯經出版事業股份有限公司

2003年版，第233頁。

[9]. 張亞中：《全球化與兩岸統合》，聯經出版事業股份有限公司2003年版，第234頁。

[10]. 蘇宏達：《以「憲政主權建造」概念解釋歐洲統合之發展》，《歐美研究》2001年第31卷第4期。

[11]. 張亞中：《全球化與兩岸統合》，聯經出版事業股份有限公司2003年版，第232頁。

[12]. 張亞中：《全球化與兩岸統合》，聯經出版事業股份有限公司2003年版，第251頁以下。

[13]. [德]貝婭特·科勒—科赫：《對歐盟治理的批判性評價》，金玲譯，《歐洲研究》2008年第2期。

[14]. [德]貝婭特·科勒—科赫：《對歐盟治理的批判性評價》，金玲譯，《歐洲研究》2008年第2期。

[15]. [德]貝婭特·科勒—科赫：《對歐盟治理的批判性評價》，金玲譯，《歐洲研究》2008年第2期；關於歐盟的「軟法」治理，參見曾令良：《歐洲聯盟法總論——以〈歐洲憲法條約〉為新視角》，武漢大學出版社2007年版，第153頁以下；關於「軟法」的形成及其概念，參見翟小波：《「軟法」及其概念之證成——以公共治理為背景》，《法律科學》2007年第2期。

[16]. 曾令良：《歐洲聯盟法總論——以〈歐洲憲法條約〉為新視角》，武漢大學出版社2007年版，第155、156頁。

[17]. 〔德〕貝婭特·科勒—科赫、貝特霍爾德·里騰伯格：《歐盟研究中的「治理轉向」》，陳新譯，金玲校，《歐洲研究》2007年第5期。

[18].［德］貝婭特·科勒—科赫：《對歐盟治理的批判性評價》，金玲譯，《歐洲研究》2008年第2期。

[19].「接受」一詞的用法，參見李浩培：《條約法概論》，法律出版社2003年版，第314頁。

[20]. 周葉中、段磊：《論兩岸協議在大陸地區的適用——以立法適用為主要研究對象》，《學習與實踐》2014年第5期。

[21].「法域」是指一個具有或適用獨特法律制度的區域，與「國家」「主權」等概念無關，一個主權國家也可以有多個法域，因此在此使用「法域」的概念與一個中國原則並無牴觸。本文中多次使用「兩岸各自域內」等概念，均系對「法域」概念的應用。關於「法域」的概念，參見韓德培主編：《國際私法問題專論》，武漢大學出版社2004年版，第117、118頁。

[22]. 李浩培：《條約法概論》，法律出版社2003年版，第314頁。

[23]. 相關規定可參見「兩岸人民關係條例」第4—2條、第5條。

[24]. 按照大陸方面在實踐中的做法，「直接適用」的內涵是廣泛的：其一，在對象上，「直接適用」係指兩岸協議適用於包括公權力在內的所有公民、法人和其他組織；其二，在方式上，「直接適用」不僅是有關部門處理具體案件的規範依據，而且是制定規範性文件的依據。關於兩岸協議直接適用性的論述，參見周葉中、祝捷主編：《構建兩岸關係和平發展框架的法律機制研究》，九州出版社2013年版，第96頁。

[25]. 這種國際條約對國內法的優先地位體現為許多法律中設置的「條約優先」條款上，如《民事訴訟法》第260條、《票據法》第95條、《海商法》第268條等條文，均規定「中華人民共和國締結或者參加的國際條約同本法有不同規定的，適用該國際條約的規定，但中華

人民共和國聲明保留的條款除外」。

[26].　以此類方式表述協議與相關立法關係的部門規章和司法解釋包括：司法部制定的《海峽兩岸公證書使用查證協議實施辦法》，交通運輸部制定的《關於海峽兩岸間集裝箱班輪運價備案實施的公告（2012年第6號）》《關於海峽兩岸海上直航發展政策措施的公告（2012年第41號）》《關於海峽兩岸海上直航政策措施的公告（2011年第37號）》《關於公布進一步促進海峽兩岸海上直航政策措施的公告（2009年第54號）》《關於促進兩岸海上直航政策措施的公告（2009年第21號）》《關於促進當前水運平穩較快發展的通知》，最高人民法院制定的《關於人民法院辦理海峽兩岸送達文書和調查取證司法互助案件的規定》，海關總署制定的《〈海峽兩岸經濟合作框架協議〉項下進出口貨物原產地管理辦法》《關於對海關總署令第200號有關條款使用適宜的解釋》，國家工商行政管理總局制定的《台灣地區商標註冊申請人要求優先權有關事項的規定》，商務部和國台辦制定的《台灣投資者經第三地轉投資認定暫行辦法》等。

[27].　以此類方式表述協議與相關立法關係的部門規章和司法解釋包括：國台辦、公安部和海關總署聯合制定的《兩會商定會務人員入出境往來便利辦法》，交通運輸部制定的《關於台灣海峽兩岸間海上直航實施事項的公告（2008年第38號）》，國家海事局制定的《台灣海峽兩岸直航船舶監督管理暫行辦法》，國家發改委和國家郵政局聯合制定的《關於核定大陸至台灣地區相關郵資業務資費試行標準的通知》，最高人民法院制定的《關於進一步規範人民法院涉港澳台調查取證工作的通知》。

[28].　中國台灣網：《民航局空管局局長蘇蘭根：將全力以赴維護好兩岸直航航線安全飛行》。2008年12月15日，資料來源：http://www.taiwan.cn/wxzl/qtbwwx/gwybwgldgjj/minhang/200812/t200812

最後訪問日期：2014年2月1日。

[29]. 「兩岸人民關係條例」第4—2條、第5條。

[30]. 祝捷：《海峽兩岸和平協議研究》，香港社會科學出版社有限公司2010年版，第359頁。

[31]. 《海峽兩岸海運協議》第三條。

[32]. 《警惕民進黨將兩岸協議扭曲為「兩國條約」》，資料來源：http://www.taiwan.cn/plzhx/hxshp/200811/t20081114_779426.htm，最後訪問日期：2014年2月8日。

[33]. 周葉中、祝捷主編：《構建海峽兩岸和平發展框架的法律機制研究》，九州出版社2013年版，第117頁。

[34]. 關於《海峽兩岸經濟合作框架協議》「二讀」審議的相關情況，參見台灣《立法院公報》第99卷第50期，第2—205頁，其中二讀表決結果見同期《公報》第205頁；關於《海峽兩岸知識產權保護合作協議》（智慧財產權合作保護協議）二讀審議的相關情況，參見台灣《立法院公報》第99卷第50期，第205—212頁，其中二讀表決結果見同期《公報》第212頁。資料來源：台灣立法院議事暨公報管理系統，http://lci.ly.gov.tw/LyLCEW/lcivComm.action#pageName_searchResult=1 最後訪問日期：2014年2月7日。

[35]. 需要說明的是，《海峽兩岸空運補充協議》中有「聯繫機制」一條，但該條所規定的「聯繫機制」，實際上並非是協議的聯繫機制，而是就兩岸航空運輸的相關事宜進行溝通並交換意見的聯繫機制，因而並非是我們在此所言的聯繫機制。

[36]. 關於「前理解」對法解釋的影響，參見祝捷：《通過釋憲的權力控制——一種詮釋學的詮釋》，載肖金明主編：《人權保障與權力制約》，山東大學出版社2007年版。

[37]. 《海峽兩岸空運協議》第六條。

[38]. 《海峽兩岸空運補充協議》第一條。

[39]. 《關於增加寄送公證書副本種類》中明確說明，對公證書副本種類的增加，是依據《兩岸公證書查證協議》第二條。

[40]. 張惠玲：《歐盟「共同外交暨安全政策」之整合談判過程與台灣兩岸協商經驗之比較》，台灣中山大學大陸研究所2002年博士論文，第149頁。

[41]. 《辜汪共同會談協議》（1993年）第1條。

[42]. 張惠玲：《歐盟「共同外交暨安全政策」之整合談判過程與台海兩岸協商經驗之比較》，台灣中山大學大陸研究所2002年博士論文，第141頁。

[43]. 張惠玲：《歐盟「共同外交暨安全政策」之整合談判過程與台海兩岸協商經驗之比較》，台灣中山大學大陸研究所2002年博士論文，第148頁。

[44]. 《兩會商定會務人員入出境往來便利辦法》（1994年）第2條，第3條。

[45]. 注意，此處的「牴觸」不同於普通法律體系中的「牴觸」，後文將詳細說明。

[46]. 「法規範階層」一詞，來源於凱爾森的「規範等級體系」。參見〔奧〕漢斯·凱爾森：《法與國家的一般理論》，沈宗靈譯，中國大百科全書出版社1996年版，第141頁以下。

[47]. 根據凱爾森的觀點，「法規範階層」的建立，必然導致透過某種審查機制來保證該「法規範階層」。參見〔奧〕漢斯·凱爾森：《法與國家的一般理論》，沈宗靈譯，中國大百科全書出版社1996年

版,第175頁以下;黃舒芃:《多元民主中的自由保障——Hans Kelsen的多元主義民主觀暨其對議會與憲法法院的證立》,《政大法學評論》2007年第96期。

[48]. 韓德培主編:《國際私法問題專論》,武漢大學出版社2004年版,第147頁。

[49]. 王建源:《涉台民商事案件法律適用的現狀與展望》,《台灣研究集刊》2007年第4期。

[50]. 《廣東省高級人民法院關於印發〈關於涉外商事審判若干問題的指導意見〉的通知》(2004年)第41條。

[51]. 裴普:《一國兩制架構下海峽兩岸區際私法構想——兼評台灣「兩岸人民關係條例」》,《重慶大學學報》(社會科學版)2004年第2期。

兩岸協議紀實
兩岸協議執行前後的整體樣貌,重要七年全記錄

第一部分 背景篇

　　自1986年以來,兩岸間20餘年的協商談判歷史與同時期兩岸關係發展的歷程緊密連接,在這20餘年間,兩岸關係在曲折中前進,經歷了疾風驟雨,也經歷了和風細雨,這段歷程構成了兩岸協議實施與發展的宏大背景。從1949年以來兩岸關係的發展歷程來看,大陸和台灣將雙方舉行協商談判的注意力往往集中於政治性議題,如「國共第三次合作」「兩岸統一」一個中國原則等問題,而非具體的事務性議題。然而,由於兩岸間在政治議題上的巨大分歧,雙方迄今為止尚未進行過一次正式的政治性談判,事務性議題反而逐漸成為雙方進行談判的突破口。自1986年「兩航談判」開始,至2008年兩會復談前夕,大陸和台灣透過個案應急性談判、兩會協商機制、行業組織對話機制和政黨對話機制,就兩岸間事務性議題、政治性議題等廣泛交換了意見。這些協商對兩岸解決事務性問題造成了重要推動作用,也為兩岸關係走向和平發展奠定了重要基礎,並構成了2008年兩會復談的歷史背景。

一、兩岸事務性協商的初創

　　1986年,由於一次偶發事件,兩岸舉行了幾十年來的首次事務性談判,即「兩航談判」,揭開了兩岸事務性協商的序幕。在此之後的數年間,兩岸又相繼就台灣參與奧委會的名稱問題、雙方進入對方地區居民及刑事嫌疑犯或刑事犯的遣返問題舉行了「奧運談判」和「金門談判」,並就這些問題達成了共識。其中,兩岸紅十字會簽署的《金門協議》是兩岸簽署的首份書面協議。在這一階段,兩岸舉行的

事務性協商並無固定的協商主體，亦尚未形成制度化的協商機制，雙方舉行協商也主要是為瞭解決涉及兩岸的一些突發性事件，因而這一時期是兩岸事務性協商的初創階段。

（一）「兩航談判」

1986年5月3日下午3時許，台灣「中華航空公司」一架編號「B-198」的波音747貨機，偏離既定航線，降落在廣州白雲機場。該機機長王錫爵要求在大陸定居，而另外兩名機組成員要求返回台灣。飛機降落數小時後，中國民航局發電報給台灣「中華航空公司」，邀請華航派員到北京商談貨機及機上兩名機組成員返台事宜。其時，台灣當局仍然堅持其針對大陸的所謂「不接觸、不談判、不妥協」的「三不」政策，因而拒絕與大陸直接接觸，傾向於委託第三方與大陸接觸，並提出三種方案，即「全權委託香港國泰航空公司處理、由貨機投保的英國保險公司處理或請國際紅十字會出面處理」[1]。

為避免將這一單純的業務問題複雜化，時任國務院副總理的田紀雲在會見王錫爵時指出：

我們主張海峽兩岸實行「三通」，有來有往，來去自由。我們對這件事的處理是光明磊落的，是合情合理的。我們認為，我們中國人自己的事，應該由我們自己解決為好。他們兩位（指機上要求返回台灣的兩名機組成員——編者注）要回去，還有飛機、貨物如何處理的業務性問題，台灣中華航空公司同中國民航局談一下總是應該的嘛。按照「一國兩制」的構思，首先實現通航、通郵、通商，進一步實現祖國的和平統一，是符合中華民族的根本利益的。我們願意用雙方都能接受的方式，積極促進海峽兩岸多方面的交往與合作，為和平統一祖國進行堅持不懈的努力。[2]

隨後中國民航總局再次致電華航，表明了大陸方面的觀點，即此次事件「純屬兩個民航公司之間的業務性商談，並不涉及政治問

題」,並表示「不必經過第三者」,同時表示會談地點可不在北京。

台灣方面為回應大陸方面提出的要求,最終設計出了「官民分離」的談判模式,即台灣當局依然堅持「三不」立場,但允許「華航」與中航進行商談。1986年5月17日至20日,兩岸經過多個回合的協商,最終決定由兩岸兩家航空公司「中國航空公司」和「中華航空公司」派出代表,在香港就飛機和人員的處理問題舉行談判,史稱「兩航談判」。

兩航談判開啟了兩岸談判的先河,也為兩岸下一步就其他事務性問題展開商談提供了可資借鑑的先例。儘管兩岸都不斷聲稱兩航談判是一次「事務性、業務性」談判,但實際上兩家航空公司都接受了兩岸當局的授權,實際上是由兩岸當局最高領導人參與決策的,因此此次商談普遍被認為具有遠遠超過其本身的重大意義。此次談判為此後兩岸事務性談判的方式定下了「間接接觸」「官民分離」的基調,也為日後雙方建構「以民代官」的授權民間機構協商模式提供了有益的借鑑。此次談判證明,海峽兩岸的中國人是可以坐下來透過談判的方式解決問題的。同時,作為一次解決兩岸間事務性問題的談判,兩航談判亦為兩岸協商中的「政經分離」原則奠定了基礎,自此以後兩岸協商的主要方向由政治性談判轉向了事務性談判。

(二)「奧運談判」

自1952年以來,兩岸在爭奪國際奧委會中「中國代表權」的問題上曾展開長期攻防。其時,國際奧委會仍採取「一國一會」「一會一隊」的參與模式,因而在1952年7月16日至18日國際奧委會邀請兩岸分別以「All-China Athletic Federation」和「Chinese National Olympic Committee at Tai-Wan」的名義邀請大陸和台灣入會時,兩岸均以「一個中國」政策而堅決拒絕了這一提議。[3]1956年,大陸又因奧委會邀請「福爾摩沙隊」參賽而宣布退出國際奧委會,此後台灣當局一直得

以代表中國在國際奧委會中的席位。直至1979年10月，大陸再次提交加入奧委會申請，奧委會以62票對17票通過申請，台灣奧委會被暫停在國際奧委會的會籍。後至1980年7月，國際奧委會修改奧委會憲章，採取「一團一會」「一會一隊」的入會模式。1981年3月，國際奧委會與台灣奧委會簽署協議，允許台灣奧委會以「Chinese Taipei Olympic Committee」的名義重新加入奧委會。自此，兩岸奧委會方才得以在國際奧委會中以符合該組織規則的形式共存，而台灣亦以此名義參加了一些其他國際組織。然而，兩岸對於「Chinese Taipei Olympic Committee」的中文翻譯卻不盡相同，大陸為強調「中國」一詞，將「Chinese Taipei」譯為「中國台北」，而台灣為避免被「矮化」，則將這一英文名稱譯為「中華台北」。

1990年第十一屆亞運會定於北京舉行，台灣方面於1988年12月表示願意派隊參加此次亞運會，但要使用「中華台北」的這一名稱，雙方當時未能就名稱問題達成共識。在台灣當局高層的許可下，台灣奧委會提出雙方舉行協商，以解決這一譯名問題。大陸方面派出時任中國奧委會副主席何振梁、祕書長魏紀中和副祕書長屠德銘，分別於1989年3月16日至17日、4月4日至6日，與台灣方面派出的台灣奧委會副祕書長李慶華在香港舉行談判，就「Chinese Taipei Olympic Committee」的中文翻譯議題進行協商。

最終，雙方達成共識，「同意台灣地區體育團隊及體育組織赴大陸參加比賽、會議或活動，將按國際奧委會有關規定辦理，大會（即舉辦單位）所編印之文件、手冊、寄發之信函、製作之名牌以及所做的廣播等等，凡以中文指稱台灣體育團隊及體育組織時，均稱之為『中華台北』」[4]。雙方還一致同意以書面形式將上述共識固定下來，以何振梁和李慶華名義簽署。這項共識成為兩岸歷史上第一項事務性共識，而這份書面協議則成為兩岸歷史上第一份書面協議。

（三）「金門談判」

在兩岸軍事對峙時期，台灣當局單方面在台灣海峽劃定海峽中線，禁止大陸漁民在「中線」台灣一側從事捕魚活動，並經常非法驅逐、毆打、抓捕大陸漁民。1990年7、8月間，大陸漁船「閩平漁5540號」和「閩平漁5202號」被台灣當局抓扣，並以極不人道的手段強行遣返兩艘漁船，造成46名大陸被遣返船員窒息身亡。[5]事件發生後，海內外輿論嘩然，大陸方面對台灣當局的不人道行為進行了強烈譴責，因而台灣當局不得不暫停遣返。

這是台灣軍事當局以不人道方式遣返一批私渡台灣的大陸同胞，致使25人被困船艙窒息死亡的重大慘案。1990年7月22日清晨，福建平潭縣前鎮裕村漁民在海灘上發現了擱淺的「閩平漁5540號」漁船，他們登船察看，發現兩個船艙各被兩大塊艙蓋封住。經查看後發現，內有25具屍體和1名奄奄一息的倖存者。經法醫對死者的檢查，認定死者均係缺氧窒息死亡。緊接著又發生「閩平漁5202號」漁船被押送的台灣軍艦撞沉、致使21名被遣返者溺水死亡的慘案。消息傳出後，引起海峽兩岸各界關注，民眾憤慨，要求台當局追究查辦。但台當局除對事件的發生表示「甚為遺憾」外，對事件發生的責任卻百般推卸。但正如台灣輿論所稱，其說詞自相矛盾，很難令人信服。台輿論更是強調稱，慘案的發生正是台當局不合情理的「大陸政策」所致。

由於在1987年台灣當局開放大陸探親後，兩岸紅十字會在幫助查人轉信等問題上曾進行過業務接觸，並曾達成過與此相關的口頭協議，且雙方已建立了直接溝通管道，因而台灣方面在暫停遣返工作後，即透過紅十字會組織與大陸進行聯繫，希望商談後續200餘名大陸私渡人員的遣返問題。經雙方商定，1990年9月11日至13日，中國紅十字總會祕書長韓長林等與台灣紅十字組織祕書長陳長文等就兩岸紅十字組織參與見證主管部門執行海上遣返事宜進行了協商，史稱「金門談判」。[6]經充分交換意見後，雙方達成了《海峽兩岸紅十字組織在

金門商談達成有關海上遣返協議》（簡稱「金門協議」），協議的主要內容包括：

一、遣返原則：確保遣返作業符合人道精神與安全便利的原則。

二、遣返對象：（一）違反有關規定進入對方地區的居民（但因捕魚作業遭遇緊急避風等不可抗力因素必須暫入對方地區者，不在此列）。（二）刑事嫌疑犯或刑事犯。

三、遣返交接地點：雙方商定為馬尾—馬祖（馬祖—馬尾），但依被遣返人員的原居地分布情況及氣候、海象等因素，雙方得協議另擇廈門—金門（金門—廈門）。

四、遣返程序：（一）一方應將被遣返人員的有關資料通知對方，對方應於二十日內核查答覆，並按商定時間、地點遣返交接。如核查對像有疑問者，亦應通知對方以便複查。（二）遣返交接雙方均用紅十字專用船，並用民用船隻在約定地點引導。遣返船、引導船均懸掛白底紅十字旗（不掛其它旗幟，不使用其他的標誌）。（三）遣返交接時，應由雙方事先約定的代表二方簽署交接見證書。

五、其他：雙方應盡速解決有關技術問題，以期在短期內付諸實施。如有未盡事宜，雙方得另行商定。

金門談判是兩岸關係史上一次具有重大歷史意義的會談，兩岸不僅在此次談判前後建立了以紅十字會組織為名義的半官方溝通管道，而且簽署了首份事務性協議，為日後兩岸建立機制化溝通管道提供了有益借鑑。在金門談判之後，台灣輿論評論稱此次談判「堪稱歷史性的會談」，台灣當局的「三不」政策「已經在實際上被突破」，更有媒體稱此次會談「使得兩岸緊張關係已像徵性地進入和解時期，對未來兩岸關係的發展將奠定良性和和平互動模式」。[7]台灣學者張惠玲甚至稱《金門協議》為「兩岸協商的第一個準官方文件」[8]。

我們認為，金門談判的主要特點可以歸納為以下幾點：從談判主體上講，金門談判的談判主體是獲得了兩岸高層支持和許可的兩岸紅十字會組織，實際上體現出「以民代官」的基本特點；從談判目的上講，與兩航談判和奧運談判以解決個案問題為目的不同，金門談判以解決兩岸事務性問題為目的，以形成「通案」為目標，達成的協議可以重複適用；從談判思維上講，金門談判從始至終貫徹著務實思維，雙方在達成協議的過程中運用務實思維，成功規避了兩岸間存在的巨大政治分歧，如規定雙方參與遣返的船隻「均懸掛白底紅十字旗」[9]，從而規避了船隻懸掛旗幟的問題，協議落款使用談判代表個人名義，協議時間使用「本年九月十一日至十二日」[10]的表述，協議簽署時間採用「九〇、九、十二」和「七九、九、十二」兩種表述方式，從而規避了雙方職務頭銜和紀年差異等問題。金門談判的這些特點為未來兩岸進行「通案」式的事務性協商和簽署具有重複適用效力的事務性協議，提供了許多有益借鑑，也為兩岸未來的協商談判奠定了基本框架。

二、兩岸兩會事務性協商機制的建立與中斷

經過數次為解決突發性事件而舉行的事務性談判之後，囿於兩岸間存在的「法統之爭」，台灣當局不願接受大陸方面提出的兩岸舉行政治談判的善意建議，堅持其「不妥協、不接觸、不談判」的所謂「三不」原則。但為解決兩岸交往中現實存在的許多緊迫的事務性問題，台灣當局又不得不考慮以適當的方式與大陸進行事務性商談。這種歷史背景為兩岸透過民間團體簽署協議，以解決雙方交往中的問題創造了一個模糊的空間，可以避免兩岸在尚未進入政治性談判之前就兩岸政治定位等敏感問題發生無謂的爭執。[11]因此，兩岸開創了由兩

岸授權民間團體就兩岸事務性議題展開協商的兩岸商談模式。

（一）兩會的成立與「九二共識」的達成

在兩岸急需接觸卻又囿於雙方政治爭議的歷史背景下，「財團法人海峽兩岸交流基金會」作為一個具有官方背景，卻以民間組織形式出現的機構正式成立了。海基會是目前唯一依據《台灣地區與大陸地區人民關係條例》（簡稱兩岸關係條例）第4條而成立與運作的機構，它以台灣當局「行政院大陸委員會」為主管機關，接受台灣當局委託與授權，直接與大陸方面就涉及公權力行使的事宜進行聯繫與協商，成為台灣當局大陸工作體系中重要的一環。根據《海基會章程》之規定，海基會以「協調處理台灣地區與大陸地區人民往來有關事務，並謀保障兩地區人民權益」為其組織活動的基本宗旨，為達到上述宗旨，海基會主要從事以下幾項活動：

一、台灣地區與大陸地區人民入出境案件之收件、核轉及有關證件之簽發補發等事宜。

二、大陸地區文書之驗證、身分關係之證明、協助訴訟文書之送達及兩地人犯之遣返等事宜。

三、大陸地區經貿訊息之蒐集、發布；間接貿易、投資及其爭議之協調處理等事宜。

四、兩地區人民有關文化交流之事宜。

五、協助保障台灣地區人民在大陸地區停留期間之合法權益。

六、兩地區人民往來有關諮詢服務事宜。

七、政府委託辦理之其它事項。

1991年4月28日至5月4日，時任海基會祕書長陳長文率海基會代表團訪問大陸，並與時任國台辦副主任唐樹備就「兩岸共同防止海上犯

罪」等問題舉行了會談。由於此次會談時，大陸尚未成立與海基會相對口的非官方機構，故由唐樹備以「官方」身分與作為「非官方」機構代表的陳長文進行會談，從而出現了兩岸歷史上唯一一次，也是最後一次「官方對民間」的事務性協商[12]。1991年11月，陳長文再次率團來訪，而唐樹備則以個人名義與之舉行會談，雙方繼續就「兩岸共同防止海上犯罪」問題交換意見。1991年的這兩次「唐陳會談」的舉行，初步建立了大陸方面與海基會的溝通管道，具有重要歷史意義。

為便於與海基會對口聯繫，並展開協商，1991年12月16日，海峽兩岸關係協會（簡稱「海協會」）正式成立。根據《海協會章程》的規定，海協會「以促進海峽兩岸交往，發展兩岸關係，實現祖國和平統一」為宗旨。為實現上述宗旨，海協會的主要活動致力於：

一、加強同贊成本會宗旨的社會團體和各界人士的聯繫與合作。

二、協助有關方面促進海峽兩岸各項交往和交流。

三、協助有關方面促進海峽兩岸同胞交往中的問題，維護兩岸同胞的正常權益。

自此，海協會作為可以「接受有關方面委託，與台灣有關部門和授權團體、人士商談海峽兩岸交往中的有關問題，並可簽訂協議性文件」[13]的非官方機構，與海基會一道，構成了兩岸事務性協商機制的主軸——兩會事務性協商機制。1992年3月22日至27日，海協會諮詢部主任周寧與海基會法律服務處處長許惠佑等人分別代表兩會，在北京就兩岸「文書查證」、「掛號函件」等事宜舉行首次協商，這也是兩會之間舉行的首次事務性協商，是為兩會「第一次公證書使用查證協商」。由於兩岸就在事務性商談中是否要堅持「一個中國」原則、雙方在文書和掛號函件查詢業務中應由哪些業務部門承擔等問題上存在較大分歧，因而雙方最終未能達成具體成果。[14]

在「第一次公證書使用查證協商」之後，台灣方面對「一個中國」問題進行了長達數月的討論，並於1992年8月1日通過「關於『一個中國』涵義」的決議。同年10月，兩會在香港再次舉行會談，就「文書查證」、「掛號函件」問題進行第二次協商。在此次協商中，雙方就「一個中國」原則如何表述進行了持續探討，海協會先後拿出了5種方案，海基會亦拿出了8種方案（見表2）。

表2 1992年兩會對一個中國原則的表述[15]

海協會的表述	海基會的表述
海峽兩岸文書使用是中國的內部事務	雙方本著「一個中國，兩個對等政治實體」的原則
海峽兩岸文書使用問題是中國的事務	雙方本著「謀求一個民主、自由、均富、統一的中國，兩岸事務本是中國人的事務」的原則
海峽兩岸文書使用問題是中國的事務。考慮到海峽兩岸存在不同的制度（或稱國家尚未完全統一）的現實，這類事務具有特殊型，……	鑒於海峽兩岸長期處於分裂狀態，在兩岸共同努力謀求國家統一的過程中，雙方咸認為必須就文書查證（或其他商談事項）加以妥善解決。
在海峽兩岸共同謀求國家統一的過程中，雙方均堅持一個中國之原則，對兩岸公證文書適用（或其他商談事項）加以妥善解決。	雙方本著「為謀求一個和平民主統一的中國的原則」。
海峽兩岸關係協會，中國公證員協會與海峽交流基金會，依海峽兩岸均堅持一個中國之原則的共識。	雙方本著「謀求一個和平民主統一」的原則。
修正後	
	鑒於中國仍處於暫時分裂之狀態，在海峽兩岸共同努力謀求國家統一的過程中，由於兩岸民間交流日益頻繁，為保障兩岸人民權益，對於文書查證應加以妥善解決。
	海峽兩岸文書查證問題是兩岸中國人間的事務。
	在海峽兩岸共同努力謀求國家統一的過程中，雙方雖堅持一個中國的原則，但對於一個中國的涵義，認知各有不同。唯鑒於兩岸民間交流日益頻繁，為保障兩岸人民權益，對於文書查證，應加以妥善解決。

　　然而雙方對於這13種表述方案依然未能達成一致。直至11月3日，海基會提出「以口頭聲明方式各自表述」的建議，海協會對此表示尊重並接受，並在海基會表述的基礎上加上一句話，即「在海峽兩岸事務性商談中，不涉及『一個中國』的政治含義」，以表達擱置爭議的態度。[16]11月16日，海協致函海基會，表示同意以各自口頭表述的方式表明堅持一個中國原則的態度，並提出海協的口頭表述要點為「海

峽兩岸都堅持一個中國的原則，努力謀求國家統一。但在海峽兩岸事務性商談中，不涉及一個中國的政治涵義」，12月3日，海基會回函對此不表異議。至此，作為兩岸事務性協商和兩岸事務性協議政治前提和政治基礎的「九二共識」正式達成。

（二）「辜汪會談」

兩岸達成「九二共識」之後，兩會又就「文書查證」、「掛號函件」問題舉行了第三次協商，雙方最終就這一議題取得共識，共同擬定了兩項協議的草案。當雙方完成「文書查證」「掛號函件」議題的協商後，兩會開始將工作重點轉向舉行「辜汪會談」，即時任海協會會長汪道涵和時任海基會董事長辜振甫的會談。

為促成「辜汪會談」成行，兩會分別在北京和新加坡舉行了兩次預備性磋商。第一次磋商於1993年4月8日至11日舉行，在會談中，海協會常務副會長唐樹備與海基會副董事長兼祕書長邱進益草簽了《兩岸公證書使用查證協議文書》和《兩岸掛號函件查詢、補償事宜協議》，待「辜汪會談」時正式簽署，並就「辜汪會談」的性質、議題、時間、地點、人員等事項達成八點共識。第二次預備性磋商於1993年4月23日舉行，海協會常務副會長唐樹備與海基會副董事長邱進益於「辜汪會談」即將舉行之際，在「辜汪會談」舉行的同一地點——新加坡海皇大廈，就「辜汪會談」的議程、行程、兩岸兩會建立制度化聯繫與會談方式及經濟交流等議題交換了意見。至此，「辜汪會談」的準備工作已告完成。

1993年4月27日上午10點，舉世矚目的「辜汪會談」準時在新加坡海皇大廈舉行，隔絕和對峙了四十餘年的兩岸，終於隨著汪道涵與辜振甫的握手，重新開始了對話，跨出了歷史性的一步。

在會談中，汪道涵首先闡釋了此次會談的議題、性質和主旨精神，他表示：

海峽兩岸隔絕了近40年之後進行交往，有大量的問題需要解決。我們反覆講，只要坐下來談，一切問題都好商量，對於事務性問題，貴我兩會只要本著互相尊重、平等協商、實事求是、求同存異的精神，總會找到解決問題的妥善辦法。我希望這次會談談出積極成果。

隨後，汪道涵分別就海峽兩岸經濟交流合作問題、兩岸科技、文化交流問題及海協和海基會兩會會務問題發表了自己的看法，詳盡闡述了大陸方面對兩岸關係發展的具體主張和主要建議。

辜振甫隨後亦按照書面發言做了陳述，在發言中，辜振甫表示：

海峽兩岸關係協會、財團法人海峽交流基金會兩會先後成立於海峽兩岸，分別接受主管機關的委託，處理有關民間往來的事務，在運作一至兩年之後，今天雙方高層負責人首度在此見面會商，開啟兩岸民間溝通的管道，意義重大。

他的發言共分為六個部分，分別是前言、建立兩會聯繫與協商制度、社會交流方面、經濟交流方面、文教科技交流方面和結語。其中除前言和結語外的四個部分對汪道涵所提出的部分觀點做出了回應，並表示願意與海協會就非法入境人員之遣送、共同打擊海上犯罪活動、海上漁事糾紛之處理等具體事務性議題進行商談。

4月27日和28日，海協會常務副會長唐樹備和海基會副董事長邱進益分別就兩會會務、兩岸經濟交流、科技文教交流等三大議題交換了意見，雙方根據預備性磋商確定的內容，對三項議題進行了逐項討論。最終，雙方就上述議題形成了廣泛共識，主要包括以下幾個方面：

一是關於兩會的聯繫與會談制度問題。雙方一致同意，海協會會長與海基會董事長，應視實際需要舉行會談，海協會常務副會長和海基會副董事長或兩會祕書長原則上每半年舉行一次會談，兩會副祕書

長、處長、主任級人員每季度舉行一次會談。雙方亦一致同意就兩岸交流會中衍生出來且有必要協商的事宜，盡速進行專案協商，並同意各自指定副祕書長作為緊急事件聯絡人。同時，雙方還商定了1993年兩會事務性商談的五個主要議題，包括違反有關規定進入對方地區人員之遣返及相關問題、有關共同打擊海上走私和搶劫等犯罪活動問題、協商兩岸海上漁事糾紛之處理、兩岸知識產權保護問題、兩岸有關法院之間的聯繫與協助問題。

二是關於兩岸經濟交流的相關問題。與對兩會聯繫制度的態度不同，對於兩岸經濟交流這一議題，大陸和台灣的關注重點存在一定的差別。大陸方面認為，應當將兩岸經濟交流與合作放在兩岸關係發展的首要位置，兩岸在政治上的分歧並不影響經濟上的合作，兩岸「三通」屬於兩岸經濟議題，雙方應當盡快展開商談，歡迎台灣同胞參與大陸浦東、三峽等地的建設和開發。台灣方面則重點強調了台商在大陸投資權益保障的問題，要求大陸保證台商的基本權益。對於「三通」問題，台灣方面堅持認為這一議題具有較強的政治色彩，因而拒絕與大陸就這一問題展開商談。面對雙方分歧，兩岸最終決定求同存異，先就雙方已經達成的共識進行表述，分歧問題留待以後再行商討。

三是關於兩岸文教、科技交流的相關問題。在此次會談中雙方在既有確定的兩岸青少年交流、科技交流、新聞交流三個議題的基礎上，進一步確定了各項交流開展的具體項目。雙方商定，1993年內將相繼舉辦兩岸青少年才藝競賽及互訪、新聞媒體負責人及資深記者互訪等活動。

四是關於此次會談共識文件的名稱問題。雙方在「辜汪會談」第一次預備性磋商中同意，將此次會談時雙方達成的共識寫入書面文件，並公開發表，但雙方對這一文件的名稱仍不能達成一致。大陸方

面主張採用「共同新聞稿」的形式發表這一書面共識，台灣方面則傾向於使用「備忘錄」這一形式。針對這一文件名稱問題，大陸方面明確提出，「備忘錄」往往用於國與國之間，這種形式不適用於兩岸。經過兩會商談，雙方一致商定採用「協議」命名這一書面共識，此項共同協議的名稱為「辜汪會談共同協議」。

經過兩天的緊張會談，兩會相關負責人已就預備性磋商中提出的議題達成了共識，並按照議程規定，形成了相關兩岸協議的文本。4月29日上午，海協會會長汪道涵與海基會董事長辜振甫先後簽署了《辜汪會談共同協議》《兩會聯繫與會談制度協議》《兩岸公證書使用查證協議》和《兩岸掛號函件查詢、補償事宜協議》。

在這四份協議中，《辜汪會談共同協議》對此次會談的性質進行了敘述，並對兩會本年度協商議題、兩岸經濟交流、能源資源開發與交流、文教科技交流等議題做出了規定。協議指出：

財團法人海峽交流基金會（以下簡稱海基會）辜振甫董事長與海峽兩岸關係協會（以下簡稱海協會）汪道涵會長代表兩會於本年4月27日至29日在新加坡進行會談。本次會議為民間性、經濟性、事務性與功能性之會談……

雙方確定今年內就「違反有關規定進入對方地區人員之遣返及相關問題」、「有關共同打擊海上走私、搶劫等犯罪活動問題」、「協商兩岸海上漁事糾紛之處理」、「兩岸智慧財產權（知識產權）保護」及「兩岸司法機關之相互協助（兩岸有關法院之間的聯繫與協助）」（暫定）等議題進行事務性協商……

雙方均認為應加強兩岸經濟交流，互補互利。雙方同意就台商在大陸投資權益及相關問題、兩岸工商界人士互訪等問題，擇時擇地繼續進行商談……

雙方同意就加強能源、資源之開發與交流進行磋商……

雙方同意積極促進青少年互訪交流、兩岸新聞界交流以及科技交流。在年內舉辦青少年才藝競賽及互訪。促成青年交流、新聞媒體負責人及資深記者互訪。促進科技人員互訪、交換科技研究出版物以及探討科技名詞統一與產品規格標準化問題，共同促進電腦及其他產業科技之交流，相關事宜再行商談……

《兩會聯繫與會談制度協議》則對兩會聯繫與會談制度進行了規定，其內容包括：兩會領導人、副職領導人、副祕書長、處長、主任級人員的會談安排和兩岸事務協商制度、專業小組制度、緊急聯繫制度、入出境往來便利，以及協議履行、變更、終止、未盡事宜等事項。協議指出：

海協會會長與海基會董事長，視實際需要，經雙方同意後，就兩會會務進行會談，地點及相關問題另行商定。

海協會常務副會長與海基會副董事長或兩會祕書長，原則上每半年一次，在兩岸輪流和商定之第三地，就兩會會務進行會談。

兩會副祕書長、處長、主任級人員，就主管之業務，每季度在兩岸擇地會商。

雙方同意就兩岸交流中衍生且有必要協商之事宜，盡速進行專案協商，並簽署協議。

雙方同意因業務需要，各自成立經濟小組與綜合事務小組。

雙方同意各自指定副祕書長作為緊急事件之聯絡人，相互聯繫並採行適當措施。

雙方同意因本協議所定之事由，相互給予經商定之兩會會務人員適當之入出境往來與查驗通關等便利，其具體辦法另行商定。

《兩岸公證書使用查證協議》專項規定兩岸公證書的寄送、查證和文書格式的相關事宜，明確規定了兩岸查證公證書的查證事由、拒絕事由、答覆期限、查證費用等內容。協議規定：

關於寄送公證書副本及查證事宜，雙方分別以中國公證員協會或有關省、自治區、直轄市公證員協會與財團法人海峽交流基金會相互聯繫……

本協議其他相關事宜，由海峽兩岸關係協會與財團法人海峽交流基金會聯繫……

雙方同意相互寄送涉及繼承、收養、婚姻、出生、死亡、委託、學歷、定居、扶養親屬及財產權利證明公證書副本……

雙方得根據公證書使用需要，另行商定增、減寄送公證書副本種類……

《兩岸掛號函件查詢、補償事宜協議》專項規定了兩岸信函、明信片、郵簡、印刷物、新聞紙、雜誌及盲人文件的寄送查詢和補償事宜，明確了兩岸寄送上述文件的聯繫方式、傳遞方法、查詢期限、答覆日期、繕發驗單、各自理賠、文件格式等制度，並規定了協議履行、變更、終止、爭議解決、未盡事宜等事項。協議規定：

本協議所稱掛號函件係指信函、明信片、郵簡、印刷物、新聞紙、雜誌及盲人文件。上述開辦範圍雙方得以書面協議增減……

掛號函件之查詢由中國通信學會郵政專業委員會與財團法人海峽交流基金會或其指定之郵件處理中心（航郵中心）相互聯繫……

其他相關事宜由海峽兩岸關係協會與財團法人海峽交流基金會相互聯繫……

掛號函件透過第三地轉運辦理……

「辜汪會談」達成的四項協議，是兩岸兩會有史以來達成的第一批事務性協議，揭開了大陸和台灣以簽署兩岸協議方式規制兩岸事務性問題的序幕，也為日後簽署的兩岸協議提供了先例和範本。儘管此次會談簽署的協議並未涉及兩岸「三通」、經濟合作等重要事宜，僅涉及公證書查證、掛號函件查詢等簡單的事務性議題，但這四項協議畢竟是兩岸簽署的第一批正式的事務性協議，具有重要歷史意義。

　　協議簽字儀式結束後，汪道涵會長與辜振甫董事長與兩會會務人員一同舉杯，祝賀協議簽署，雙方會談順利結束。至此，舉世矚目的「辜汪會談」落下帷幕。此次會談為兩岸事務性談判翻開了新的一頁，有著以下幾點重要意義：

　　首先，此次會談是兩岸兩會最高領導人的直接會晤，也是兩岸官方授權民間團體的一次高層會晤，既標幟著兩岸接觸、談判的大門正式打開，也標幟著海峽兩岸的中國人是可以透過談判方式解決兩岸間問題的。

　　其次，儘管兩岸均將此次會談定性為一次「民間性、事務性、功能性」的會談，但由於兩會均具有強烈的官方色彩，此次會談亦經過雙方最高層領導人的授權和支持，因此此次會談是一次「以官扮民」的會談，具有官方色彩。因而，此次會談也標幟著兩岸高層對於兩岸關係發展走向態度的轉變，標幟著台灣當局「三不」政策的終結。

　　最後，此次會談簽署了《兩會聯繫與會談制度協議》，並同時建立了兩會正式的聯繫管道，為以後兩岸兩會定期舉行制度化、常態化的事務性商談奠定了良好的基礎。這種制度化協商管道的建立，為兩岸在日後解決重要事務性問題提供了談判的平台，為兩岸關係的良性發展提供了重要保障。

　　（三）「辜汪會談」的後續協商

「辜汪會談」之後，兩會根據《辜汪會談共同協議》之規定，就「違反有關規定進入對方地區人員之遣返及相關問題」「有關共同打擊海上走私、搶劫等犯罪活動問題」「協商兩岸海上漁事糾紛之處理」以及「兩會會務人員入出境往來便利」等議題展開了多次工作性商談。其中，海協會副會長唐樹備同海基會副董事長焦仁和共舉行三次協商，兩會副祕書長孫亞夫、許惠祐共舉行七次協商，以落實「辜汪會談」的成果。

1993年9月、11月和12月，兩會分別舉行了三次副祕書長級事務性協商，大陸方面主談人為時任海協會副祕書長孫亞夫，台灣方面主談人為時任海基會副祕書長許惠祐。在這三次會談中，雙方先後就《辜汪會談共同協議》規定的年度重點議題，「違反有關規定進入對方地區人員之遣返及相關問題」「有關共同打擊海上走私、搶劫等犯罪活動問題」「協商兩岸海上漁事糾紛之處理」「兩岸智慧財產權（知識產權）保護」及「兩岸司法機關之相互協助（兩岸有關法院之間的聯繫與協助）」進行協商。在這三次會談中，雙方從一開始的完全無法達成一致，走向立場趨近一致，但由於種種原因，雙方未能簽署協議。

1994年1月，兩會按照《兩會聯繫與會談制度協議》之規定，舉行了「辜汪會談」後首次副會長（副董事長）級會談，大陸方面主談人為海協會常務副會長唐樹備，台灣方面主談人為海基會副董事長焦仁和，即第一次「焦唐會談」。在此次會談中，兩會就落實《辜汪會談共同協議》進行了會談，確認了若干雙方在前三次工作性會談中已經達成的共識。會後，兩會共同發表了《焦仁和先生與唐樹備先生北京會談共同新聞稿》，該新聞稿對此次「焦唐會談」中雙方著重討論的「違反有關規定進入對方地區人員之遣返及相關問題」等三項事務性議題進行了總結，並對兩會第四次事務性商談的相關事宜進行了安排。此次「焦唐會談」還依照《兩會聯繫與會談制度協議》第五條之

規定，商定了《兩會商定會務人員入出境往來便利辦法》。

1994年3月、7月和11月，兩會分別舉行了三次副祕書長級工作性商談，這三次會談的主談人依舊為海協會副祕書長孫亞夫和海基會副祕書長許惠祐。在這三次會談中，雙方商談的重點依舊為「違反有關規定進入對方地區人員之遣返及相關問題」等四項議題，並增加雙方開辦快遞郵件、增加公證書複本寄送範圍及遺產公告等三項議題。在當年第三次商談（即第六次事務性協商）中，雙方就「增加寄送四種公證書複本」達成了共識。

1994年8月，兩會舉行了第二次副會長（副董事長）級會談，主談人依舊為海協會常務副會長唐樹備和海基會副董事長焦仁和，即第二次「焦唐會談」。在此次會談中，雙方依舊圍繞「違反有關規定進入對方地區人員之遣返及相關問題」等4項議題進行協商。此次會談中，雙方就解決上述議題中的癥結問題達成文字共識，並就台商投資保護、維護兩岸同胞權益等問題交換了意見。會後，雙方共同發表了《海協會與海基會台北會談共同新聞稿》。

1995年1月，兩會合併舉行了第七次事務性商談和第三次「焦唐會談」，海協會常務副會長唐樹備、海基會副董事長焦仁和及各自的幾位副祕書長同時舉行了多層級的事務性商談，雙方就「違反有關規定進入對方地區人員之遣返及相關問題」和「兩岸劫機犯遣返」議題達成共識，但在「協商兩岸海上漁事糾紛之處理」議題上仍然存在很大爭議。最終雙方並未能夠簽署相關協議。除此之外，雙方還在此次會談上就兩岸經濟、文教交流等議題交換了意見。

上述十次兩會事務性商談的具體情況可參見下表[17]：

表3 「辜汪會談」後續協商情況簡表[18]

協商性質	協商時間	協商地點	主談人	協商議題與結果
第一次事務性協商（兩會副秘書長級協商）	1993年8月28日至9月3日	北京	孫亞夫、許惠祐	就《汪辜會談共同協議》第一條所列「本年度協商議題」展開協商。協商無果。
第二次事務性協商（兩會副秘書長級協商）	1993年11月2日至7日	廈門	孫亞夫、許惠祐	就「違反有關規定進入對方地區人員之遣返及相關問題」、「有關共同打擊海上走私、搶劫等犯罪活動問題」、「兩岸海上漁事糾紛之處理」、「兩會會務人員入出境便利辦法」等議題（以下簡稱4項議題）進行討論。雙方立場趨近，但未達成協議。
第三次事務性協商（兩會副秘書長級協商）	1993年12月18日至22日	台北	孫亞夫、許惠祐	就「違反有關規定進入對方地區人員之遣返及相關問題」等4項議題進行協商，並就「共同打擊犯罪」、「司法協助」、「知識產權」和「台商在大陸投資權益」等問題交換了意見。因雙方在有關主權和司法管轄權問題上存在分歧，因而未能達成共識。
第一次「唐焦會談」（海協會常務副會長與海基會副董事長級協商）	1994年1月31日至2月5日	北京	唐樹備、焦仁和	就落實《汪辜會談共同協議》及後續事務性協商問題進行會談。發表《唐樹備先生與焦仁和先生北京會談共同新聞稿》；確定《兩會商定會務人員入出境往來便利辦法》
第四次事務性協商（兩會副秘書長級協商）	1994年3月24日至31日	北京	孫亞夫、許惠祐	就「違反有關規定進入對方地區人員之遣返及相關問題」等4項議題進行協商。由於雙方對《唐樹備先生與焦仁和先生共同新聞稿》認知存在分歧，海基會推翻了這一共識，會談無果。
第五次事務性協商（兩會副秘書長級協商）	1994年7月30日至8月3日	台北	孫亞夫、許惠祐	繼續就「違反有關規定進入對方地區人員之遣返及相關問題」等4項議題進行協商。雙方充分交換了意見，但分歧依舊，會談未果。

續表

兩岸協議紀實
兩岸協議執行前後的整體樣貌，重要七年全記錄

協商性質	協商時間	協商地點	主談人	協商議題與結果
第二次「唐焦會談」（海協會常務副會長與海基會副董事長級協商）	1994年8月4日至8月7日	台北	唐樹備、焦仁和	圍繞「違反有關規定進入對方地區人員之遣返及相關問題」等4項議題協商。 雙方就三項議題達成書面共識，發表了《海協會與海基會台北會談共同新聞稿》。
第六次事務性協商（兩會副秘書長級協商）	1994年11月21日至28日	南京	孫亞夫、許惠祐	就「違反有關規定進入對方地區人員之遣返及相關問題」等4項議題繼續商談；增加雙方開辦快遞郵件、增加公證書副本寄送範圍及遺產公告等三項議題。 雙方就「增加寄送四種公證書副本」達成共識。
第七次事務性協商（兩會副秘書長級協商）	1995年1月23日至25日	北京	孫亞夫、許惠祐	就「違反有關規定進入對方地區人員之遣返及相關問題」等4項議題進行協商；就兩岸經濟、文教交流交換意見。 就「違反有關規定進入對方地區人員之遣返及相關問題」、「有關共同打擊海上走私、搶劫等犯罪活動問題」達成共識，但在「兩岸海上漁事糾紛之處理」議題上存在較大爭議，未能簽署協議。
第三次「唐焦會談」（海協會常務副會長與海基會副董事長級協商）	1995年1月21日至28日	北京	唐樹備、焦仁和	與第七次事務性協商同時舉行，雙方多層級負責人進行會談。

儘管兩岸兩會在「辜汪會談」之後就雙方擬定的事務性議題進行了多次工作性商談，且就若干議題達成了部分共識，但由於當時兩岸政治互信不足，雙方在進行事務性商談時，很難完全擺脫政治分歧對談判的影響。因此，儘管這十餘次工作性商談所探討的議題並不複雜，但雙方卻並未達成任何實質性共識，更未形成任何書面協議。從「辜汪會談」後續協商的歷史經驗來看，兩岸事務性商談之難，並不

在於商談本身,而是在於商談所處的兩岸關係的大背景,在兩岸關係發展尚存在重大障礙的情況下,事務性商談自然無法取得進展。

(四)「特殊兩國論」的提出與兩岸事務性商談的中斷

1998年10月14日,應時任海協會會長汪道涵的邀請,辜振甫率海基會參訪團一行12人訪問大陸。在陸期間,海協會會長汪道涵與海基會會長辜振甫進行了兩次會面,雙方無拘束地就兩岸政治對話、兩岸政治定位、台灣國家空間和兩岸事務性商談等議題交換了意見,並形成了四點共識。「辜汪會晤」是兩會事務性商談因台灣當局立場改變而中斷後,兩會領導人直接進行的一次會面,儘管雙方在此次會晤中以政治性議題為主要商談對象,且就這一議題充分交換了意見,但由於當時雙方對兩岸政治問題的出發點存在較大差別,因而很難達成具體共識。

辜汪會晤後,兩岸開始就汪道涵回訪台灣事宜進行商談,然而,正當兩岸兩會緊鑼密鼓地籌備汪道涵先生的「認識台灣之旅」時,1999年7月9日,時任台灣領導人李登輝在接受「德國之音」採訪時,公然提出「特殊的兩國論」的分裂主張,直接破壞了兩會協商的政治基礎。李登輝在接受採訪時說:

一九九一年以來,已將兩岸關係定位在國家與國家,至少是特殊的國與國的關係,而非一合法政府,一叛亂團體,或一中央政府,一地方政府的「一個中國」的內部關係。

李登輝的這一「台獨」分裂言論是台灣方面近半個世紀以來對兩岸政治關係定位所進行的最大的一次調整,這一言論直接突破了兩岸共同堅持長達50年的「一個中國」原則,也突破了台灣憲法的規定,因而引發兩岸強烈震撼。「特殊的兩國論」一經拋出,即引發大陸方面強烈反彈,7月12日,國台辦發言人即正面駁斥「兩國論」這一分裂言論,並指出:

李登輝公然將兩岸關係歪曲為「國與國的關係」，再一次暴露了他一貫蓄意分裂中國的領土和主權、妄圖把台灣從中國分割出去的政治本質，與「台獨」分裂勢力的主張沆瀣一氣，在分裂祖國的道路上越走越遠。李登輝自己的言行證明了他一再表示的「不會也沒有必要採行『台獨』路線」、沒有放棄追求未來統一的目標，完全是對台灣同胞、國際輿論的欺騙……

此後，時任國台辦主任陳雲林亦於7月16日，在中國和平統一促進會第六屆理事大會上，強烈抨擊李登輝把兩岸關係定位為「國與國的關係」的做法。他說：

李登輝不顧台灣同胞求和平、求安定、求發展，希望兩岸互補互利、交流合作的強烈願望的倒行逆施，嚴重破壞了兩岸關係，損害了兩岸同胞的根本利益，使海協、海基會在一個中國原則下接觸、交流、對話的基礎不復存在。

同年7月30日，海協會退回海基會附有支持「兩國論」的函件。自此，兩會間的正常接觸和聯繫因「兩國論」的拋出而陷入中斷狀態。

（五）2005年兩岸澳門春節包機談判

2000年3月，民進黨籍候選人陳水扁在總統選舉中擊敗國民黨籍候選人連戰和無黨籍候選人宋楚瑜，當選台灣總統。大陸方面表示，如果台灣當局能夠承諾放棄「兩國論」的錯誤觀點，承認「九二共識」，即可重開兩岸談判。然而，儘管陳水扁在上任之初，表達了對兩岸重開談判的「善意」，但由於他拒絕承認「一個中國」原則，否定「九二共識」，因而兩岸兩會重啟談判的希望也逐漸被束之高閣。然而，在民進黨當局執政的八年間，儘管兩岸兩會事務性商談依然陷於中斷，但兩岸談判，尤其是事務性商談並未中止，而是代之以新的協商模式。在2000年至2008年期間，兩岸以民間行業組織名義於澳門舉行的「春節包機」會談，並相繼簽署多項兩岸春節包機協議。在兩

岸兩會中斷聯繫的八年間，這些協議在很大程度上為兩岸關係逐步走向緩和提供了條件，也為兩岸在日後全面解決「三通」問題奠定了基礎。

所謂兩岸「三通」，即在兩岸間實現「通郵、通航、通商」。自1950年代後，受到兩岸政治對立和軍事對峙的影響，兩岸「三通」全部中斷。1980年代以來，兩岸關係得到緩和，雙方得以實現間接「三通」，即人員往來須經香港、澳門等地中轉，貨物貿易經日本、香港等地中轉，郵件總包亦須經過香港、澳門等地中轉。然而，台灣方面卻長期堅持所謂「三不」政策，並堅持認為兩岸直接「三通」有礙於台灣的「國家安全」，因而拒絕與大陸就兩岸直接「三通」問題展開商談。

台商春節包機返鄉是在兩岸直接「三通」尚未實現、兩岸無法進行空中直航的情況下，台灣各界人士積極推動，大陸方面考慮到廣大台商的切身利益、從方便台商往來海峽兩岸出發，作為個案處理、特事特辦而促成的。2004年兩岸開始就「春節包機直航」這一特定議題進行接觸，並分別由大陸方面的中國民航協會海峽兩岸航空運輸交流委員會和台灣方面的台北市航空運輸商業同業公會出面舉行協商。2005年 1月15日，中國民航協會海峽兩岸航空運輸交流委員會副理事長浦照洲與台北市航空運輸商業同業公會理事長樂大信在澳門舉行會談，雙方達成2005年春節包機共識。

根據這一共識，兩岸同意兩岸包機對飛，飛經香港不落地，雙方議定的航點為大陸的北京、上海、廣州與台灣的台北、高雄，包機時間為2005年1月29日至2月20日，雙方各有六家航空公司參與，搭乘對像是台商及台商眷屬。除此之外，雙方還就機組人員的證照等相關技術性、業務性問題達成了共識。

這種「兩岸民間業者在當局的授權下直接對談，相關業務主管部

門官員以相應民間身分參與，選擇相宜地點，展開協商」[19]的協商模式被一些學者歸納為兩岸事務性談判的「澳門模式」。2005年11月29日和2006年6月14日，雙方又分別就2006年和2007年的春節包機問題舉行會談，並達成共識。經過這三次春節包機會談，兩岸對於這種行業組織之間舉行事務性協商的方式均表示認可，部分台灣學者甚至一度認為，「兩會協商的模式已經走入歷史」，「兩岸走入『民間協商』時代」[20]。

三、兩岸黨際交往的發展與兩岸兩會復談

在兩岸關係因民進黨當局的「台獨」分裂行徑而陷入低谷時，大陸方面並未放棄促進兩岸關係重新進入和平發展軌道的努力。胡錦濤等黨和大陸國家領導人在不同場合提出了多項反對「台獨」分裂活動、促進兩岸關係和平發展的主張。在這些主張的影響下，台灣方面國民黨、親民黨和新黨等主要政黨展開與大陸方面的黨際協商，這一階段兩岸各政黨之間的互動，為後來兩岸恢復兩會事務性協商奠定了重要基礎。

（一）大陸方面促進兩岸關係和平發展的努力

自2002年8月陳水扁公然拋出「一邊一國論」之後，兩岸關係持續低迷，甚至一度處於戰爭的邊緣，兩岸關係的未來發展面臨嚴峻考驗。2003年以來，胡錦濤等中共領導相繼就兩岸關係提出了「四點意見」等多項重要主張，這些主張在宏觀意義上對遏制「台獨」分裂活動、促進兩岸關係和平發展造成了重要作用。這些主張在海峽兩岸均得到了各界人士的支持，為兩岸關係走出低谷，進入和平發展的新階段做出了重要貢獻。

2003年3月11日,時任中共中央總書記胡錦濤在參加十屆全國人大一次會議台灣代表團審議時發表重要講話。在講話中,胡錦濤就做好新形勢下的對台工作談了四點意見:[21]

一是要始終堅持「一個中國」原則;

二是要大力促進兩岸的經濟文化交流;

三是要深入貫徹寄希望於台灣人民的方針;

四是要團結兩岸同胞共同推進中華民族的偉大復興。

胡錦濤強調,堅持「一個中國原則」是發展兩岸關係和實現和平統一的基礎,「一國兩制」是兩岸統一的最佳方式,促進兩岸經濟文化交流和人員往來,符合兩岸同胞的共同利益,解決台灣問題、實現祖國完全統一,我們寄希望於台灣人民,在全體中華兒女的共同努力下,台灣問題一定能夠早日得到解決,祖國統一大業一定能夠勝利完成。胡錦濤此次就對台工作提出的重要意見對於我們在堅持原則的前提下,積極促進兩岸經濟文化交流,維護包括台灣同胞在內的兩岸人民的福祉,造成了重要作用。

2005年3月4日,時任中共中央總書記、國家主席、中央軍委主席胡錦濤在參加全國政協十屆三次會議民革、台盟、台聯委員聯組會時,就新形勢下發展兩岸關係提出了四點意見:[22]

第一,堅持一個中國原則絕不動搖;

第二,爭取和平統一的努力絕不放棄;

第三,貫徹寄希望於台灣人民的方針絕不改變;

第四,反對「台獨」分裂活動絕不妥協。

在兩岸關係中出現一些有利於遏制「台獨」分裂活動的積極因素,台海緊張局勢出現緩和跡象,但反對「台獨」分裂勢力及其分裂

活動的鬥爭依然嚴峻複雜的情況下，胡錦濤發表「四點意見」，突出體現了祖國大陸在解決台灣問題上的堅定立場和最大誠意，既是對大陸對台一貫政策的強調與重申，又是對新形勢下發展兩岸關係的新宣示、新闡述。胡錦濤的這一重要講話在台灣島內迅速引起強烈反響，包括親民黨主席宋楚瑜在內的許多島內重要政治人物均對「四點意見」表示肯定。胡錦濤「四點意見」的提出，既表明了大陸遏制「台獨」分裂活動的決心和信心，也為兩岸關係走向和平發展之路提供了指引。在「四點意見」發表後不久，台灣方面支持「九二共識」的各黨派領導人迅速予以積極響應，時任國民黨主席連戰、親民黨主席宋楚瑜和新黨主席郁慕明等在當年4月至9月間相繼訪問大陸，從而開啟了兩岸黨際交往的新局面。

在大陸方面的持續努力之下，中國共產黨和中國國民黨、親民黨和新黨等台灣方面認同「九二共識」、反對「台獨」分裂活動的政黨之間建立了兩岸政黨常態化的交流機制。隨後，在2008年和2012年台灣總統的選舉中，認同「九二共識」，願與大陸為兩岸關係和平發展共同努力的國民黨籍候選人馬英九連續獲得當選。在此期間，兩岸不僅恢復了兩會常態化、制度化的事務性協議，而且在兩岸「三通」、經濟合作、社會事務合作等多個領域取得重大進展。兩岸在未來數年間取得的重要成就，離不開中國共產黨長期堅持的對台工作方針的正確指引，離不開兩岸各黨派的通力合作，可以說，兩岸黨際交往合作的開展，為各方堅持「一個中國」框架，反對「台獨」分裂活動，共同構建兩岸關係和平發展框架做出了重要貢獻。

（二）2005年兩岸政黨高層交流啟動

在兩岸高層的積極互動之下，2005年台灣的中國國民黨、親民黨和新黨領導人相繼訪問大陸，並與中國共產黨就共同反對「台獨」、促進兩岸關係和平發展達成共識，從而揭開了兩岸關係和平發展的序

幕,也為2008年兩岸兩會恢復事務性商談奠定了重要基礎。

2005年3月28日至31日,國民黨副主席江丙坤率國民黨代表團赴大陸訪問,並在北京與國台辦主任陳雲林等人舉行工作性會談,雙方就兩岸客貨運包機、農業合作、縣市鄉鎮基層交流等問題達成「十二項初步成果」,開啟了兩岸「黨對黨」正式交流的先聲。江丙坤此訪的一個重要成果就是直接促成了時任國民黨主席連戰訪問大陸。

同年4月26日至5月3日,時任國民黨主席連戰應胡錦濤總書記之邀率團訪問大陸,展開為期八天的「和平之旅」。連戰登陸後,相繼訪問了南京、北京、西安、上海,並於29日下午與時任中共中央總書記胡錦濤舉行了國共兩黨最高領導人自1949年後的首次歷史性會晤。在會談中,雙方就促進兩岸關係改善和發展的重大問題及兩黨交往事宜廣泛而深入地交換了意見。會後,國共兩黨共同發布了《中國共產黨總書記胡錦濤與中國國民黨主席連戰會談新聞公報》。在公報中,國共兩黨達成五項「共同願景」,明確宣示堅持「九二共識」,反對「台獨」,共同謀求台海和平穩定,促進兩岸同胞的交流往來,共同發揚中華文化。這五項共同願景是:

一、促進盡速恢復兩岸談判,共謀兩岸人民福祉。

二、促進終止敵對狀態,達成和平協議。

三、促進兩岸經濟全面交流,建立兩岸經濟合作機制。

四、促進協商台灣民眾關心的參與國際活動的問題。

五、建立黨對黨定期溝通平台。

同年5月5日至13日,親民黨主席宋楚瑜應胡錦濤之邀率團參訪大陸,展開為期八天的「搭橋·工作之旅」。5月12日,時任中共中央總書記胡錦濤接見了宋楚瑜一行,雙方就兩黨共同促進兩岸關係的改善與發展和兩黨交往事宜舉行了正式會談。會後,兩黨共同發表《中國

共產黨總書記胡錦濤與親民黨主席宋楚瑜會談公報》，公報指出，當前兩岸關係發展正處於重要關鍵時刻，兩黨應共同努力，促進兩岸關係的緩和，謀求台海地區和平穩定，增進兩岸人民福祉，維護中華民族的整體利益。雙方在公報中提出五點共識，分別為：

一、促進在「九二共識」基礎上，盡速恢復兩岸平等談判。

二、堅決反對「台獨」，共謀台海和平與穩定。

三、推動結束兩岸敵對狀態，促進建立兩岸和平架構。

四、加強兩岸經貿交流，促進建立穩定的兩岸經貿合作機制。

五、促進協商台灣民眾關心的參與國際活動的問題。

六、推動建立「兩岸民間菁英論壇」及台商服務機制。

同年7月6日至13日，新黨主席郁慕明率團訪問大陸，展開為期7天的「民族之旅」。在訪問大陸的過程中，時任中共中央總書記胡錦濤於7月12日會見了郁慕明，並與之進行了工作會談。會談過程中，兩黨領導人均表示，堅持「一個中國」原則、堅決反對「台獨」，共同促進和平統一是共新兩黨的共同政治主張和奮鬥目標。

（三）兩岸政黨常態化交流機制的形成

2005年是兩岸黨際交流的啟動之年，在此之後，兩岸政黨交流日益頻繁，逐漸形成了常態化的交流機制。中共與台灣各黨派之間經常進行黨際交流，其中尤以國共兩黨之間的交流最為頻繁。自2005年連戰訪問大陸之後，至2013年7月，國共兩黨高層之間在不同場合舉行過三十餘次會晤，其中連戰更是幾乎年年來訪大陸，形成了年度訪問機制。按照國共兩黨2005年達成的「五項願景」，兩黨將共同建立定期溝通平台，在兩黨高層的推動下，國共兩黨已形成了每年共同舉辦兩岸經貿文化論壇的慣例，為兩黨提供一個制度化的交換意見、形成共

識的平台。截至2013年，兩黨已聯合舉辦了九屆「兩岸經貿文化論壇」，其中第一屆論壇名為「兩岸經貿論壇」，第二屆論壇名為「兩岸農業合作論壇」，自第三屆論壇開始，正式定名為「兩岸經貿文化論壇」。

依據2005年4月29日《中國共產黨中央委員會總書記胡錦濤與中國國民黨主席連戰會談新聞公報》中關於「建立黨對黨定期溝通平台」的共識，2006年4月14日，兩黨共同舉辦了兩岸經貿論壇。4月14日，中國國民黨榮譽主席連戰、時任中共中央政治局常委賈慶林出席論壇開幕式並先後發表演講。在講話中，連戰提出兩岸應在農業、金融、能源和包機四個領域加強合作，並呼籲兩岸當局能夠「以一種開闊的心態來傾聽這種聲音」。賈慶林在講話中指出，國共兩黨共同努力，積極推動落實雙方達到的重要共識，並取得實質性進展，為兩岸關係發展開闢了一片新天地，他還就全面深化和擴大兩岸經濟交流合作提出了幾點建議：

一、以為民謀利為出發點，實現兩岸經濟共同發展繁榮。

二、以直接通航為突破口，開創兩岸經濟關係正常發展的新局面。

三、以提高技術水平和競爭力為重點，促進兩岸經濟關係持續健康發展。

四、以加強交流溝通為途徑，廣泛凝聚兩岸促進互利合作的智慧和力量。

本屆論壇的主題為「兩岸經貿交流與直接通航」，兩黨人士和兩岸企業界人士、專家學者、台商代表等共400餘人出席了論壇，與會人士就「在全球化浪潮下，兩岸經貿交流對雙方經濟發展的影響」、「兩岸農業交流與合作」「兩岸直航對產業發展策略、企業全球布局

的影響」「兩岸觀光交流對雙方經濟發展的影響」「兩岸金融交流與兩岸經貿發展」五項議題，進行了探討。會後，兩黨通過了《兩岸經貿論壇共同建議》，《建議》指出：

兩岸經濟交流與合作，符合兩岸同胞的共同利益和期望；

積極推動兩岸直接通航；

促進兩岸農業交流與合作；

加強兩岸金融交流，促進兩岸經貿發展；

積極創造條件，鼓勵和支持台灣其他服務業進入大陸市場；

積極推動實現大陸居民赴台旅遊，促進兩岸人員往來及經濟關係發展；

共同探討構建穩定的兩岸經濟合作機制，擴大和深化兩岸經濟交流與合作，促進兩岸關係發展，實現共同繁榮。

在論壇閉幕式上，時任中共中央台辦主任、國台辦主任陳雲林宣布了大陸方面的十五項惠台措施，這十五項措施包括：

對台灣水果檢驗檢疫準入品種由18種擴大到22種；

開放11種台灣主要蔬菜品種檢驗檢疫準入，並實行零關稅；

對台灣部分鮮、冷、凍水產品實行零關稅優惠措施和檢驗檢疫便利；

新批准在廣東省佛山市和湛江市、廣西玉林市設立兩個海峽兩岸農業合作試驗區；農業部、國務院台辦批准在福建省漳浦縣、山東省棲霞市設立兩個台灣農民創業園；

適時組織由有實力的農產品供銷企業和行業組織組成的台灣農產品採購團，赴台採購；

福建省廈門市建立台灣水果銷售集散中心，對入駐集散中心的進口台灣水果經銷商，給予免交保鮮冷庫儲存使用費以及經銷場地免一年租金的優惠；

開放台灣農產品運輸「綠色通道」；台灣農產品在大陸運輸，享受部分地區過路、過橋費減免的優惠政策；

正式認可台灣教育主管部門核准的台灣高等學校學歷；

國家旅遊局、公安部、國務院台辦制定了《大陸居民赴台灣地區旅遊管理辦法》；

增設瀋陽、大連、成都三個台胞口岸簽注點，並將根據各地的實際需要，繼續增加新的口岸簽注點，為未辦妥入境手續直抵大陸的台灣同胞辦理簽注手續；

開放台灣同胞參加報關員考試，成績合格者在報名地海關即可申請報關員資格證書；

採取積極有效措施，開展適合台灣同胞就醫習慣和特點的服務；

為台灣同胞在大陸就醫後回台灣報銷醫療費用提供便利；

歡迎和鼓勵台灣醫療機構與大陸合資合作興辦醫院；

准許符合規定條件的台灣同胞在大陸申請執業註冊和短期行醫。

此後，國共兩黨分別於2006年10月、2007年4月、2008年12月、2009年7月、2010年7月、2011年5月、2012年7月和2013年10月召開了第二至九屆論壇。歷次兩岸經貿文化論壇的基本情況如下表所示[23]：

表4 歷屆兩岸經貿文化論壇情況簡表[24]

兩岸協議紀實
兩岸協議執行前後的整體樣貌，重要七年全記錄

時間	名稱	地點	論壇主題	主要成果
2006年4月	首屆兩岸經貿論壇	北京	兩岸經貿交流與直接通航	通過了《兩岸經貿論壇共同建議》，大陸宣佈15項惠及台胞的政策措施。
2006年10月	兩岸農業合作論壇	博鰲	加強兩岸農業合作，實現兩岸農業互利雙贏	通過《兩岸農業合作論壇共同建議》，通過7項建議。
2007年4月	第三屆兩岸經貿文化論壇	北京	兩岸直航、旅遊觀光、教育交流	通過《第三屆兩岸經貿文化論壇共同建議》，大陸宣佈13項促進兩岸交流合作政策措施。

續表

時間	名稱	地點	論壇主題	主要成果
2008年12月	第四屆兩岸經貿文化論壇	上海	擴大和深化兩岸經濟交流與合作	通過《第四屆兩岸經貿文化論壇共同意見》；大陸宣佈10項惠台政策措施。
2009年7月	第五屆兩岸經貿文化論壇	長沙	推進和深化兩岸文化教育交流合作	通過《第五屆兩岸經貿文化論壇共同建議》。
2010年7月	第六屆兩岸經貿文化論壇	廣州	加強新興產業合作，提升兩岸競爭力	通過《第六屆兩岸經貿文化論壇共同建議》，包含22項共同建議。
2011年5月	第七屆兩岸經貿文化論壇	成都	深化兩岸合作，共創雙贏前景	通過《第七屆兩岸經貿文化論壇共同建議》，包含19項共同建議。
2012年7月	第八屆兩岸經貿文化論壇	哈爾濱	深化和平發展，造福兩岸民眾	通過《第八屆兩岸經貿文化論壇共同建議》，包含17項共同建議。
2013年10月	第九屆兩岸經貿文化論壇	南寧	擴大交流合作，共同振興中華	通過《第九屆兩岸經貿文化論壇共同建議》，包含19項共同建議。

除國民黨外，2005年，親民黨亦與中共聯合舉辦了「兩岸民間菁英論壇」，兩黨人士、兩岸專家學者、企業界人士共150餘人參與論壇，並形成20項共同建議。這些共同建議對促進兩岸經濟交流與合作、積極推動兩岸直航、促進兩岸經濟正常化造成了重要作用。

在兩岸關係遭遇波折之時，在兩岸的正式交流管道運行不順暢期間，兩岸政黨主辦的論壇為兩岸關係走出1999年以來的低谷期，走向和平發展的機遇期造成了重要作用。這種黨際交流活動既有效促進了兩岸黨派的交流、溝通，亦為日後兩岸恢復制度化協商機制提供了助益。在兩岸兩會恢復商談後，兩岸黨際交流依然在兩岸關係和平發展的過程中扮演著重要角色，黨際交流平台成為兩岸形成政治性共識、化解交往障礙的重要工具，也成為兩會事務性協商平台的重要補充。

（四）兩會復談與兩岸關係和平發展的新階段

2008年3月，台灣政治局勢發生重大變化，國民黨籍候選人馬英九正式就任台灣總統，兩岸關係實現歷史性轉折。大陸面對台灣方面政治局勢的變化，做出積極響應，提出兩岸恢復協商談判的主張。

3月4日，胡錦濤在看望參加全國政協會議民革台盟台聯委員時指出，台灣任何政黨，只要承認兩岸同屬一個中國，我們都願意同他們交流對話、協商談判。談判的地位是平等的，議題是開放的，什麼問題都可以談。透過談判，尋求解決兩岸政治、經濟、軍事、文化、對外交往等重要問題的辦法，對未來兩岸關係發展進行規劃。

3月26日，胡錦濤在與時任美國總統布希通電話時指出，在「九二共識」的基礎上恢復兩岸協商談判是我們的一貫立場。

4月29日，胡錦濤在北京會見國民黨榮譽主席連戰，在會談中，胡錦濤再次鄭重呼籲兩岸在「九二共識」的基礎上恢復兩岸協商談判，務實解決各種問題，切實為兩岸同胞謀福祉、為台海地區謀和平。

2008年5月，馬英九在就任台灣總統的演講中對胡錦濤的呼籲做出積極響應，他提出：

> 今後將繼續在「九二共識」的基礎上，盡早恢復協商……尋求共同利益的平衡點。兩岸走向雙贏的起點，是經貿往來與文化交流的全面正常化，我們已經做好協商的準備。希望七月即將開始的週末包機直航與大陸觀光客來台，能讓兩岸關係跨入一個嶄新的時代。

在兩岸高層領導人就大陸和台灣在「九二共識」基礎上恢復兩岸事務性協商達成共識後，兩岸兩會迅速啟動了復談的程序。5月26日，海基會舉行臨時董監事會，選舉中國國民黨副主席江丙坤為新任董事長。出任海基會董事長後，江丙坤發表致詞表示，外界十分關心的兩岸包機、大陸居民來台觀光等議題，海基會已經獲得台灣行政當局的

授權，會在最短時間內展開與海峽兩岸關係協會的協商工作。5月26日、29日，兩會互致函電，就兩會在「九二共識」基礎上，盡早恢復制度化協商達成一致，同時海協會積極邀請海基會新人負責人江丙坤、高孔廉訪問大陸。

6月3日，海峽兩岸關係協會第二屆理事會第一次會議在北京召開，國務院台辦原主任陳雲林被推舉為海協會會長，鄭立中被推舉為常務副會長，孫亞夫為執行副會長，李炳才為駐會副會長，任命李亞飛為祕書長。

在就任會長後，陳雲林發表講話指出，海協會與海基會已經互致函電，都表明了在「九二共識」基礎上盡早恢復商談的立場，兩會商談即將重新開始。海協會將按照黨中央、國務院對海協會工作的明確要求，根據授權，切實發揮海協會透過與海基會商談推動兩岸關係發展的重要作用。海協會已經做好接待海基會董事長江丙坤及兩會恢復接觸後首次會談的準備，希望兩會恢復商談的第一步能夠順利邁出，兩岸週末包機、大陸居民赴台旅遊兩項商談能夠取得積極成果。

6月11日至14日，時任海基會董事長江丙坤率海基會代表團訪問大陸，與時任海協會會長陳雲林舉行會談，是為第一次「江陳會談」，兩岸兩會在中斷協商九年之後，終於實現了復談，兩岸關係和平發展的大門終於打開。

注　釋

[1]. 黃嘉樹、劉杰：《兩岸談判研究》，九州出版社2003年版，第70頁。

[2]. 《田紀雲接見王錫爵時的談話（1986.05.07）》，資料來源：

國台辦網站：
http://www.gwytb.gov.cn/lhjl/la2008q/gaikuang/agree/201101/t20110108_1(
最後訪問日期：2014年5月14日。

[3]. 張啟雄：《「法理論述」vs.「事實論述」：中華民國與國際奧委會的會籍認定交涉，1960–1964》，《台灣史研究》第十七卷第二期。

[4]. 人民網：《海峽兩岸亞運同台的台前幕後》，資料來源：http://dangshi.people.com.cn/n/2014/0220/c85037-24416488.html，最後訪問日期：2014年5月16日。

[5]. 關於「閩平漁5540」號和「閩平漁5220」號事件，可參見華夏經緯網：《「閩平漁5540」號事件》，資料來源：http://www.huaxia.com/zl/tw/sj/001.html，最後訪問日期：2014年5月14日。

[6]. 《金門談判》，資料來源：http://www.huaxia.com/thpl/tbch/tbchwz/10/3050529.html，最後訪問日期：2014年5月14日。

[7]. 相關評論見諸《中國時報》《時報週刊》和《民眾日報》等媒體。參見方慶雲：《回憶海峽兩岸紅十字組織簽訂「金門協議」前後》，資料來源：http://dangshi.people.com.cn/BIG5/144956/12951393.html，最後訪問日期：2014年5月14日。

[8]. 張惠玲：《歐盟「共同外交暨安全政策」之整合談判過程與台海兩岸協商經驗之比較》，台灣中山大學大陸研究所2002年博士學位論文，第136頁。

[9]. 《金門協議》第四條第二項。

[10]. 《金門協議》序言。

[11]. 王建源：《兩岸授權民間團體的協議行為研究》，《台灣研究集刊》2005年第2期。

[12]. 邵宗海：《兩岸關係》，五南圖書出版股份有限公司2005年版，第280頁。

[13]. 《海峽兩岸關係協會章程》（1991年）序言。

[14]. 黃嘉樹、劉杰：《兩岸談判》，九州出版社2003年版，第87頁。

[15]. 本表為作者自製，關於這13種方案的具體表述可參見蘇起、鄭安國編：《「一個中國、各自表述」共識的史實》，翰蘆圖書出版有限公司2003年版，第9—13頁。

[16]. 陳曉星：《親歷者告訴你一個明明白白的「九二共識」》，《人民日報》（海外版）2012年11月27 日第3 版，資料來源：http://paper.people.com.cn/rmrbhwb/html/2012-11/27/content_1150764.htm，最後訪問日期：2014年5月10日。

[17]. 本表係作者結合國台辦網站（http://www.gwytb.gov.cn/lhjl/la2008q/gaikuang/201101/t20110108_1684黃嘉樹、劉杰：《兩岸談判研究》一書，以及海基會網站（http://www.sef.org.tw/lp.asp?CtNode=4306&CtUnit=2541&BaseDSD=21&mp=19）整理而成。參見黃嘉樹、劉杰：《兩岸談判研究》，九州出版社2003年版，第101–103頁。國台辦網站與海基會網站，最後訪問日期：2014年5月10日。

[18]. 本表為作者自製，相關內容根據海協會、海基會網站資料整理。

[19]. 賀衛平：《「澳門模式」探析》，《統一論壇》2007年第4期。

[20]. 邵宗海：《兩岸關係》，五南圖書出版股份有限公司2006年版，第294頁。

[21]. 人民網：《胡錦濤參加十屆全國人大一次會議台灣代表團審議》，資料來源：http://cpc.people.com.cn/GB/64162/64165/77585/78560/5433477.html，最後訪問日期：2014年7月10日。

[22]. 新華網：《胡錦濤提新形勢下發展兩岸關係四點意見》，資料來源：http://news.xinhuanet.com/taiwan/2005-03/04/content_2649922.htm，最後訪問日期：2014年7月10日。

[23]. 本表係作者根據新華網、人民網、中國台灣網等媒體資料製作，最後訪問日期：2015年5月11日。

[24]. 本表為作者根據歷次兩岸經貿論壇新聞稿自製。

第二部分 商談篇

　　自2008年兩會正式復談以來，共舉行了9次領導人會談，7次兩會副職領導人級別的預備性磋商，2次兩岸協議成效檢討會。雙方共簽署21項事務性協議，2項共同意見，達成3項共識。[1]會議的召開與協議的簽署均對兩岸關係和平發展框架的構建造成了重要的推動作用。正如台灣學者邵宗海所言：「兩會協商與談判機制，不僅在過去兩岸交流的過程中扮演過重要角色，而且這也已經形成在兩岸官方接觸之前無可取代的協商機制。」[2]根據會談的進程與達成協議的速度，歷次兩岸兩會高層會談可分為三個階段，即兩會復談與重建制度化協商機制階段（第一、二次「江陳會談」）、高速發展與量產協議階段（第三、四、五次「江陳會談」）以及制度協商與穩步前進階段（第六、七、八次「江陳會談」和第九次兩岸兩會高層會談）。兩會事務性商談是兩岸以平等協商方式創制兩岸協議的過程，瞭解作為兩岸協議生成背景的兩會會談歷程，對我們理解兩岸如何締造兩岸間共同秩序至關重要。

一、兩會復談與制度化協商機制的重建

　　2008年5月，台灣政治局勢發生重大積極變化，國民黨籍候選人馬英九正式就任台灣總統，兩岸關係實現歷史性轉折。同年5月26日、29日，兩會互致函電，就兩會在「九二共識」基礎上，盡早恢復制度化協商達成一致，同時海協會積極邀請海基會新負責人江丙坤、高孔廉訪問大陸[3]。6月11日至14日，時任海基會董事長的江丙坤率海基會代表團訪問大陸，與時任海協會會長陳雲林舉行會談，是為第一次「江

陳會談」。此次會談代表著兩岸兩會協商機制正式恢復運行，具有劃時代意義。同年12月，應時任海基會董事長江丙坤的邀請，時任海協會會長陳雲林率團訪問台灣，實現了海協會會長首次訪台，是為第二次「江陳會談」。此次會談代表著兩岸兩會制度化協商機制的重建，兩岸事務性商談再次進入制度化軌道。

（一）兩會復談與第一次兩岸兩會高層會談

2008年3月22日，國民黨候選人馬英九、蕭萬長以765.8724萬票、58.45%的得票率獲得台灣新一屆總統選舉的勝利。馬英九在次日的勝選記者會上即表態支持「九二共識」。3月28日，馬英九在接受專訪時更明確表示：「我不會去搞『兩國論』或『法理台獨』，我清清楚楚就是主張『九二共識』。」[4]馬英九還將恢復兩岸協商、立即開放「三通」作為上任後兩岸關係當務之急。同年4月12日，時任中共中央總書記胡錦濤會見蕭萬長率領的台灣兩岸共同市場基金會代表團一行，雙方就兩岸經濟交流合作問題交換了意見。蕭萬長認為，兩岸現在處於一個新的開始階段，希望兩岸盡快恢復協商，以利於交流與合作。胡錦濤回應到，大陸方面推動兩岸關係和平發展的信念不會動搖，希望兩岸同胞攜手努力，共同開創兩岸關係和平發展新局面。4月29日，胡錦濤在北京會見了中國國民黨榮譽主席連戰所帶領的訪問團，並提出「十六字」箴言，即「建立互信、擱置爭議、求同存異、共創雙贏」[5]的主張，這一主張得到了國民黨及馬英九當局的認同與積極響應。

5月26日海基會改組並函告海協會，海基會董事長及副董事長分別由江丙坤與高孔廉擔任。當日，「陸委會」主任賴幸媛赴海基會祝賀新董事長江丙坤上任的同時正式授權海基會就週末包機、貨運包機和大陸遊客赴台觀光等3項議題與海協會展開協商。雨過天晴，來之不易。5月29日，海協會致函海基會，邀請海基會董事長江丙坤、副董事

長兼祕書長高孔廉於6月11日至14日率團訪問大陸，就兩岸週末包機、大陸居民赴台旅遊事宜進行商談。江丙坤當天即表示接受海協會的邀請。6月9日，海基會副祕書長張樹棣提前率團抵達北京進行「會前會」，與海協會展開雙方會務主管的先期會談，並就「江陳會談」相關議題、議程，與相關事務展開磋商。

2008年6月11日至14日，海協會與海基會在北京進行了九年來的首次會談，是為第一次「江陳會談」，海基會將此行定位為「互信協商之旅」。此次會談，海基會派出協商代表團19人，其成員涵蓋多部門機關主管官員，包括「陸委會副主任委員」傅棟成、「交通部次長」游芳來、「交通部航政司司長」林志明、「陸委會」經濟處科長李必仁、「觀光局局長」賴瑟珍、「移民署副署長」吳學燕、「陸委會」經濟處副處長李麗珍等[6]。

6月12日上午，海協會會長陳雲林與海基會董事長江丙坤在釣魚台國賓館5號樓慶功廳舉行正式會談。會談中，雙方都高度肯定了「辜汪會談」「辜汪會晤」的歷史貢獻，表達了對已故海協會會長汪道涵和海基會董事長辜振甫的深切緬懷之情。雙方同意正式恢復兩會正常的聯繫機制，強化兩會各層級人員的對話及交流，設立兩會董事長、副董事長層級聯繫機制及指定緊急聯絡人，推動兩會理監事與相關主管部門人員以顧問身分互訪等。陳雲林在會談中就兩會交往事宜提出了三點意見和建議：

1.加強兩會協商，本著先經濟後政治、先易後難、循序漸進的精神，務實規劃近期協商議題和步驟。2.加強兩會交流，打造兩岸授權民間團體推動兩岸交流的平台。兩會應加強各層級會務人員互訪，開展多層次的經濟、文化、社會交流活動，包括根據兩岸關係發展需要，邀集兩岸社會各界人士舉辦研討活動。兩會還可考慮組織海協會理事和海基會董事、監事進行互訪。3.恢復兩會日常聯繫，相互委

託，協助有關方面妥善解決兩岸同胞交往中遇到的具體問題，服務兩岸同胞。恢復兩會緊急聯繫人制度，及時有效地處理涉及兩岸同胞生命財產安全的突發事件，維護兩岸同胞正當權益。

江丙坤表示：

應加強兩會各層級人員對話與交流，恢復指定緊急事故聯繫人員與聯繫方法，針對緊急事件或突發狀況，立即相互通報。同意兩會人員經常性互訪，積極促成兩岸業務主管部門人員以兩會名義互訪。共同參與、推進兩岸經貿和文化交流，研議和規劃海基會董事、監事與海協會理事互訪，兩會建立更加及時順暢的溝通管道與聯繫機制。[7]

江丙坤還提出了兩會年度內協商議題的建議，包括兩岸貨運包機、擴大客運包機、兩岸海運直航等。隨後，海協會副會長孫亞夫、副會長李炳才與海基會副董事長高孔廉等就「兩岸週末包機」及「大陸人民赴台旅遊觀光」兩項議題進行協商。雙方商談基本順利，除個別問題如飛行航線路徑等外，多數事項都達成了共識。6月13日上午，海協會會長陳雲林與海基會董事長江丙坤在釣魚台國賓館簽署了《海峽兩岸包機會談紀要》及《海峽兩岸關於大陸居民赴台灣旅遊協議》兩項協議。此外，兩會還為未來協商議題作了後續安排，並為未來兩岸交流與合作提出了方向，陳雲林會長也同意適時回訪台灣。

兩岸客運包機始於2003年的台商春節包機，由於陳水扁當局堅持不合理限制等原因，2003年首次兩岸春節包機實施後，次年未能再實施。2005年，兩岸航空公司共同參與了第二次春節包機，航班實現雙向對飛。2006年，春節包機搭乘對象由台商及眷屬擴大至所有持合法有效證件往返兩岸的台灣居民。2006年上半年，海峽兩岸航空運輸交流委員會與台北市航空運輸商業同業公會達成共識並做出框架性安排，將春節包機擴大到春節、清明、端午、中秋四大傳統節日[8]。兩會此次簽署的《海峽兩岸包機會談紀要》主要內容包括承運人、搭載

對象、飛行航線、通關便利、保稅措施、互設機構等方面。該紀要及其附件規定：

週末包機時段為每週五至下週一計四個全天。自七月四日起正式開始實施。

大陸方面同意先行開放北京、上海（浦東）、廣州、廈門、南京五個航點，並陸續開放成都、重慶、杭州、大連、桂林、深圳，以及其他有市場需求的航點。台灣方面同意開放桃園、高雄小港、台中清泉崗、台北松山、澎湖馬公、花蓮、金門、台東等八個航點。

雙方同意在週末包機初期階段，每週各飛十八個往返班次，共三十六個往返班次。根據市場需求等因素適時增加班次。每週台灣方面至上海（浦東）的班次不超過九個往返班次；大陸方面至台中清泉崗的班次不超過六個往返班次。

早在2005年5月，大陸方面就宣布開放大陸居民赴台旅遊，2006年10月陳水扁當局才同意成立民間組織以對大陸居民赴台旅遊進行技術性磋商。此後，兩岸旅遊民間組織雖然在澳門進行了多次技術性磋商並在諸多事宜上達成一致意見，但由於政治原因，大陸居民赴台旅遊一直未能實現。馬英九當選台灣總統後，對開放大陸居民赴台旅遊態度十分積極。本次簽署的《海峽兩岸關於大陸居民赴台灣旅遊協議》內容主要包括聯繫主體、旅遊安排、誠信旅遊、權益保障、組團社與接待社、申辦程序、逾期停留、互設機構等方面。該協議及其附件規定：

雙方同意赴台旅遊以組團方式實施，採取團進團出形式，團體活動，整團往返。雙方同意按照穩妥安全、循序漸進原則，視情對組團人數、日均配額、停留期限、往返方式等事宜進行協商調整。

接待一方旅遊配額以平均每天三千人次為限。組團一方視市場需

求安排。第二年雙方可視情協商作出調整。旅遊團每團人數限十人以上，四十人以下。旅遊團自入境次日起在台停留期間不超過十天。

雙方同意自七月十八日起正式實施赴台旅遊，於七月四日啟動赴台旅遊首發團。

上述兩項協議是繼1993年「辜汪會談」簽署四項協議之後兩會簽署的首批協議，是兩會恢復協商談判的重要成果，同時也代表著這兩件「兩岸同胞期待已久、十分關心的好事」即將成為現實。開辦兩岸週末包機、實現大陸居民赴台旅遊，是兩岸同胞共同願望之所在，對於加強兩岸交流合作、促進兩岸經濟發展和社會繁榮、增進兩岸同胞福祉意義重大。

2008年6月12日晚間，國台辦主任王毅與海基會董事長江丙坤於釣魚台國賓館進行了聚餐與會晤，王毅表示，兩會復談代表著兩岸關係朝和平發展方向邁出新的一步；兩岸關係重現光明，值得珍惜與維護；並將積極協調有關部門，為兩會的聯繫交往、協商談判創造有利的條件。江丙坤表示希望雙方共同來推動落實兩岸經貿關係正常化，也為大陸台商積極建言，希望能夠落實協助台商權益保障相關事宜。

6月13日下午，時任中共中央總書記胡錦濤在釣魚台國賓館會見了海基會董事長江丙坤及其代表團主要成員。會晤中胡錦濤指出，兩會中斷九年之後舉行的首次會談，是兩岸關係發展進程中的一件大事，協商談判是實現兩岸關係和平發展必由之路。兩會就兩岸包機及赴台旅遊簽署協議，有利於擴大兩岸互利合作。未來兩會商談要做到「平等協商、善意溝通、積累共識、務實進取」，希望兩會為推動兩岸關係和平發展做出貢獻。江丙坤談到，兩岸互動，應秉持「相互尊重、對等協商」的原則，以務實理性的態度，針對問題，共謀實質有效解決的途徑；以「和平繁榮、相互尊重、建立互信、共創榮景」作為兩岸共同的願景。

兩岸關係經歷了漫長蹉跎的歲月，兩岸在經濟、文化、社會等多方面的問題亟需解決，兩會協商聯繫的恢復，使得兩會再次承擔起促進兩岸交往的重要任務。在兩會協商聯繫中斷9年後重啟的第一次「江陳會談」中，雙方秉持「建立互信、擱置爭議、求同存異、共創雙贏」的原則順利簽署《海峽兩岸包機會談紀要》及《海峽兩岸關於大陸居民赴台灣旅遊協議》，對推動兩岸民眾間的交流及兩岸間政治互信的建立都造成了重要作用。此次會談作為兩岸關係重新啟動的一個起點，為將來兩岸關係和平發展建立堅實基礎，具有指標性意義。

（二）第二次兩岸兩會高層會談與兩岸制度化協商機制的恢復

2008年6月的兩岸兩會高層會談上，海協會會長陳雲林表示同意適時回訪台灣，這一願望很快得到了實現。為圓滿完成第二次兩岸兩會高層會談的任務，盡早形成共識，雙方在會前多次就空運、海運、郵政及食品安全四項議題和日程安排進行了先期磋商。雙方於10月27日在深圳五洲賓館正式舉行兩會副董事長層級的預備性磋商，海協會由常務副會長鄭立中率領副會長李炳才及李亞飛、馬曉光、張勝林、周寧等相關部門人員參加，海基會由副董事長高孔廉率領海基會代表張樹棣及「陸委會」傅棟成、陳麗珍、「交通部」林志明等與會。雙方就空運、海運、郵政及食品安全四項議題及海協會會長陳雲林赴台的相關事宜進行會前商談，並確立四項協議的文本架構及陳雲林會長來台的主要行程，為第二次「江陳會談」的順利進行作了充分準備工作。10月31日晚間，海協會由常務副會長鄭立中及副會長李炳才率協商代表團先遣人員20人抵台，進行各項先期準備工作。

2008年11月3日至7日，第二次「江陳會談」移師台灣。海協會會長陳雲林此次的「寶島行」，是兩會領導人首次在台灣見面，彌補了兩岸關係和兩會交流的一大憾事。此次會談繼承並實現了汪道涵先生希望到寶島一行的願望，成為兩岸關係積極改善與發展的重要代表，

陳雲林也成為當時大陸授權訪台的級別最高的官員[9]。海協會協商代表團共派出代表46人，其中包括23名海協會理事和14名專家，主要成員為：會長陳雲林、常務副會長鄭立中、執行副會長孫亞夫、駐會副會長李炳才；代表團理事：國台辦新聞局長李維一、國台辦經濟局長徐莽、國台辦法規局長周寧、投訴協調局長唐怡源、中國對外貿易運輸（集團）總公司總裁趙滬湘、中國工商銀行行長楊凱生；代表團專家：國家質檢總局進出口食品安全局副局長李春風、國家郵政局外事司副司長林洪亮、中國海運（集團）總公司運輸部總經理趙英韜、臥龍自然保護區管理局副局長李德生等。海基會協商代表團共派出代表21人，主要成員為：董事長江丙坤、副董事長高孔廉、「陸委會副主委」劉德勛、副主委傅棟成、「交通部政務次長」游芳來、「法務部檢察司司長」陳文祺、「衛生署」藥物食品檢驗局局長陳樹功等[10]。台灣媒體藉用馬英九在參加電視專訪時的講話，將第二次「江陳會談」定調為「正視現實，互不否認，為民興利，兩岸和平」[11]。11月4日上午，海協會會長陳雲林和海基會董事長江丙坤在台北圓山大飯店舉行了會談。會談中，雙方就兩岸空運直航、海運直航、郵政合作、食品安全等議題進行了商談；就繼續促進大陸居民赴台旅遊、合作應對國際金融危機、加強兩岸經濟交往開展了對話；並就下一階段兩會協商議題、加強會務聯繫、開展交流合作等事宜交換了意見。4日下午，雙方秉持「對等、尊嚴、安全」的原則，開展了簽署儀式。並在《海峽兩岸空運協議》《海峽兩岸海運協議》《海峽兩岸郵政協議》及《海峽兩岸食品安全協議》四項協議上一一簽字，兩岸人民翹首以盼的「三通」終成定局。

　　兩岸實現「三通」經歷了近30年的風雨洗禮，雖然歷經波折，但總體上是在緩慢前進。1979年元旦，全國人大常委會發表《告台灣同胞書》，首倡兩岸「雙方盡快實現通航通郵」，「發展貿易，互通有無，進行經濟交流」。其後，大陸有關部門先後發表談話，表示隨時

準備和台灣有關方面就兩岸通郵通航、通商問題進行協商，並為兩岸「三通」提供一切方便。同年，大陸方面正式開辦對台平信、掛號信函、電報和電話業務。1993年4月，海協會與海基會簽署《兩岸掛號函件查詢、補償事宜協議》，兩岸郵政部門正式互辦掛號函件業務。2001年初，金門、馬祖與福建沿海地區的海上客、貨運航線開通，俗稱「小三通」。2008年6月，兩會實現復談，為兩岸實現「三通」提供了良好的契機。第一次「江陳會談」上雙方簽署了《海峽兩岸包機會談紀要》，並於同年7月4日開始正式實施兩岸週末包機。[12]

為促進海峽兩岸經貿關係發展，便利兩岸人民往來，兩會就兩岸空運直航事宜，經平等協商，簽署《海峽兩岸空運協議》。其主要內容包括空中航路、承運人、直航航點、定期航班、貨運包機、客運包機、公務（商務）包機、聯繫主體、爭議解決等方面。該協議及其附件規定：

雙方同意開通台灣海峽北線空中雙向直達航路，建立兩岸空（航）管部門的直接交接程序。雙方同意繼續磋商開通台灣海峽南線空中雙向直達航路及其他更便捷的航路。

雙方同意各自指定二或三家航空公司經營貨運包機業務。大陸方面同意開放上海（浦東）、廣州，台灣方面同意開放桃園、高雄小港作為貨運包機航點。雙方每月共飛六十個往返班次，每方三十個往返班次，其中，雙方上海（浦東）、廣州兩個航點每月每航點各飛十五個往返班次。在每年十月至十一月間的貨運旺季，雙方可各自增加十五個往返班次。

大陸方面同意在現有北京、上海（浦東）、廣州、廈門、南京五個週末包機航點的基礎上，開放成都、重慶、杭州等十六個航點作為客運包機航點。台灣方面同意將已開放的桃園、高雄小港、台中清泉崗、台北松山、澎湖馬公、花蓮、金門、台東等八個航點作為客運包

機航點。雙方每週七天共飛不超過一百零八個往返班次,每方各飛不超過五十四個往返班次。其中台灣方面至上海(浦東)的班次不超過二十個往返班次。今後視市場需求適時增減班次。

為實現海峽兩岸海上客貨直接運輸,促進經貿交流,便利人民往來,雙方就兩岸海運直航事宜,經平等協商,簽署《海峽兩岸海運協議》。其主要內容包括經營資格、直航港口、船舶識別、港口服務、運力安排、稅收互免、海難救助、輔助事項、互設機構、聯繫主體等方面。該協議及其附件規定:

雙方同意兩岸登記船舶自進入對方港口至出港期間,船舶懸掛公司旗,船艉及主桅暫不掛旗。

雙方同意對航運公司參與兩岸船舶運輸在對方取得的運輸收入,相互免徵營業稅及所得稅。

雙方現階段相互開放港口,大陸方面為六十三個港口,台灣方面為十一個港口。雙方同意視情增加開放港口。

為擴大兩岸郵政業務合作,便利兩岸人民聯繫與交流,兩會就兩岸直接郵政合作事宜,經平等協商,簽署《海峽兩岸郵政協議》。其主要內容包括業務範圍、封發局、郵件運輸、規格及限定、帳務結算、文件格式、郵件查詢、查詢期限、補償責任、聯繫主體、協議履行及變更、爭議解決等方面。該協議規定:

雙方同意開辦兩岸直接平常和掛號函件(包括信函、明信片、郵簡、印刷品、新聞紙、雜誌、盲人文件)、小包、包裹、特快專遞(快捷郵件)、郵政匯兌等業務,並加強其他郵政業務合作。

大陸方面郵件封發局為:北京、上海、廣州、福州、廈門、西安、南京、成都;台灣方面郵件封發局為:台北、高雄、基隆、金門、馬祖。雙方可視需要,增加或調整郵件封發局,並由增加或調整

一方通知對方。

雙方同意建立郵政業務帳務處理直接結算關係。

為增進海峽兩岸食品安全溝通與互信，保障兩岸人民食品安全與健康，雙方就兩岸食品安全事宜，經平等協商，簽署《海峽兩岸食品安全協議》。雙方同意相互通報涉及兩岸貿易的食品安全訊息，並就涉及影響兩岸民眾健康的重大食品安全訊息及突發事件，進行即時通報，提供完整訊息。針對前項查詢請求，應迅速回應並提供必要協助。其主要內容包括訊息通報、協處機制、業務交流、文書格式、聯繫主體、協議履行及變更、爭議解決等方面。該協議規定：

雙方同意建立兩岸重大食品安全事件協處機制，採取下列措施妥善處理：（一）緊急磋商、交換相關訊息；（二）暫停生產、輸出相關產品；（三）即時下架、召回相關產品；（四）提供實地瞭解便利；（五）核實發布訊息，並相互通報；（六）提供事件原因分析及改善計劃；（七）督促責任人妥善處理糾紛，並就確保受害人權益給予積極協助；（八）雙方即時相互通報有關責任查處情況。

以上四項協議對兩岸關係而言是具有歷史意義的文件，宣告兩岸同胞渴望了30年之久的兩岸直接通航、通郵成為現實，為兩岸人員往來和經濟合作開闢了便捷的路徑，海峽兩岸「一日生活圈」真正成型。根據上述協議，兩岸將開通空中雙向直達航路，使客運包機常態化並開通貨運包機，相互開放主要港口進行海運直航，並實現直接通郵。2008年12月15日，兩岸海運直航、空運直航、直接通郵正式啟動，代表著此次「江陳會談」的成果得到基本落實，兩岸全面「三通」基本實現，縮短了兩岸人民的時空距離，提供了兩岸往來的便捷，降低兩岸交流的成本。食品安全協議則對維護民眾健康權益提供保障，也為兩岸主管部門間專業領域的合作奠定了基礎。

為促進兩岸經貿合作與交流，落實本次海運、空運協議，並共同

針對金融海嘯提出因應對策,兩會此次的會談還特別召開了「兩岸工商及航運座談會」與「兩岸金融座談會」,座談會中分別安排兩岸專家進行專業交流,以共同探討如何落實及促進兩岸未來在相關領域的合作。其中,「兩岸工商及航運座談會」在台北圓山飯店德厚廳舉行,由海協會副會長鄭中立與海基會副董事長高孔廉共同主持,雙方針對如何加強兩岸經貿、航運交流與合作、全球金融危機對兩岸的影響等議題進行討論。[13]「兩岸金融座談會」在台北圓山飯店福全廳舉行,由中國人民銀行港澳台辦主任金琦與「中央銀行經濟研究處處長」嚴宗大主持,雙方在會中商討了兩岸在金融風暴中如何共同合作,使兩岸經濟都能度過風暴實現穩定成長。雙方還針對全球金融危機發展趨勢、經驗教訓及啟示,金融危機對兩岸的影響與因應對策,加強兩岸金融交流與合作等三大議題交換了意見。雙方將努力透過合作,緩解全球金融危機對兩岸經濟的影響,促進雙方經貿關係正常化,實現經貿的互利雙贏。[14]

2008年兩會簽署的4項協議在兩岸獲得廣泛好評。2008年11月22日,在第十六次亞太經濟合作組織(APEC)領導人非正式會議上,時任中共中央總書記胡錦濤與國民黨榮譽主席連戰進行會晤時,胡錦濤指出,兩岸關係已呈現良好發展局面,雙方已共同簽署兩岸空運、海運、郵政、食品安全等多項協議,為兩岸同胞謀得實質性利益,兩岸關係發展又掀開了新的一頁。連戰亦認為,最近海基會和海協會簽署的4項協議在台灣受到大多數民眾歡迎。兩岸關係發展不僅是兩岸同胞之福,也為世人所樂見。[15]兩岸高層領導人的高度評價,充分說明了這兩次兩會高層會談的積極意義與四項協議對兩岸關係和平發展的重要價值。

兩岸各方普遍認為,第二次「江陳會談」意義除解決兩岸全面「三通」這一歷史性議題外,更在於此次會談代表著兩岸制度化協商的恢復。從兩次「江陳會談」的發展現狀看:

商談篇

　　首先，雙方形成了一套有來有往的交往機制。在協商方式上，雙方在會談前透過密集的函電往來、協商聯繫，為兩岸業務主管部門官員安排業務溝通，雙方務實往來的精神為未來兩會制度化商談奠定了實幹基調；在地點選擇上，第一次「江陳會談」在北京進行，第二次「江陳會談」突破政治阻礙首次在台北進行，雙方這種在地理上的深度互動，為兩會今後的制度化商談開闢了新的地域。

　　其次，兩岸兩會相關會談制度恢復。雙方確認了兩會人員制度化聯繫、交流的方式，包括會長（董事長）層級每年二次會談，副會長（副董事長）層級每半年會面一次，副祕書長、處長層級每三個月會面一次等會談、預備性會談、工作性磋商制度。以第二次「江陳會談」為例，海協會副會長鄭立中與海基會副董事長高孔廉即在正式會談開始前，在深圳就第二次「江陳會談」進行了預備性磋商。從歷次兩會預備性磋商的實踐看，歷次預備性磋商均對各次正式會談的相關議題、議程、事務展開了磋商，確定了各自領導人赴會主要行程，為會談的順利進行作了充分準備工作，為今後預備性會談以及工作性磋商等制度化提供了實踐依據。

　　最後，兩岸業務主管部門以適當身分參與兩會商談的新模式逐漸登上舞台。第二次「江陳會談」中特別召開了「兩岸工商及航運座談會」與「兩岸金融座談會」，以兩會名義組織雙方專家進行專業性的交流。為兩岸業務主管部門透過兩會平台參與兩岸協商談判造成了範例作用。

二、兩會事務性商談頻繁舉行與事務性協議的批量簽署

　　2008年，兩岸兩會不僅成功實現了復談，還初步建立了制度化的

協商機制，兩岸關係和平發展的新階段已經到來。此時，兩岸關係的主題已經轉向從「反對台獨」轉向「和平發展」。在這一時代背景下，2008年12月31日，在「紀念《告台灣同胞書》發表30週年座談會」上，胡錦濤就進一步發展兩岸關係發表題為《攜手推動兩岸關係和平發展 同心實現中華民族偉大復興》的重要講話，在講話中他提出進一步推動兩岸關係和平發展的六點意見，這六點意見是：

一、恪守一個中國，增進政治互信；

二、推進經濟合作，促進共同發展；

三、弘揚中華文化，加強精神紐帶；

四、加強人員往來，擴大各界交流；

五、維護國家主權，協商對外事務；

六、結束敵對狀態，達成和平協議。

這六點意見的提出，為兩岸關係在和平發展的新形勢下繼續發展提供了宏觀指導，也為兩岸事務性商談的逐步深入和發展提供了重要支撐。

在胡錦濤「六點意見」的正確指引下，2009年4月至2010年6月，兩會商談進入快速發展時期，兩會在此期間共進行了6次正式協商，其中3次為兩岸高層會談，共簽署了8項協議。涉及兩岸的司法、金融、稅務、勞務、檢驗、檢疫、知識產權、醫療衛生等多方面的合作。在這九項協議之中，《海峽兩岸經濟合作架構協議》（即ECFA）從宏觀意義上設計了兩岸經濟合作的主要框架與內容，對兩岸經濟合作具有里程碑式的意義，也在一定程度上成為了兩岸全面經貿合作的起點。

（一）第三次兩岸兩會高層會談

2009年4月8日，海協會副會長鄭立中與海基會副董事長高孔廉在

上海舉行了程序性商談。雙方針對第三次兩岸兩會高層會談的《海峽兩岸共同打擊犯罪及司法互助協議》《海峽兩岸金融合作協議》與《海峽兩岸空運補充協議》三項協議文本及陸資入島事務的爭議點進行了磋商，並討論安排第三次會談的主要日程及會見、參訪等相關事宜。4月17日至19日，鄭立中與高孔廉在台北進行了第三次「江陳會談」預備性會談，雙方確立了三項協議文本主要內容及架構，對陸資入島議題建立基本共識，並商定了海基會協商代表團的主要行程。

2009年4月25日至27日，陳雲林與江丙坤在南京進行了會談。江丙坤將此次南京之行定為「合作雙贏之旅」，並用「輕舟已過萬重山」來形容此時的兩岸關係。4月25日下午，海協會副會長鄭立中與海基會副董事長高孔廉就此次兩會涉及的兩岸空中定期航班、金融合作、共同打擊犯罪及司法互助等三個議題，以及大陸資本赴台投資等事宜進行最後的磋商。26日上午，海協會會長陳雲林與海基會董事長江丙坤在南京紫金山莊舉行第三次會談。與會人員包括：海協會常務副會長鄭立中、副會長李炳才、執行副會長兼祕書長李亞飛等25人，海基會副董事長兼祕書長高孔廉、副董事長傅棟成、「法務部政務次長」黃世銘、「金融監督管理委員會副主委」李紀珠等22人[16]。雙方首先回顧了兩會所簽署協議的執行情況，隨後對兩岸空中定期航班、金融合作、共同打擊犯罪及司法互助等三個議題展開會談，並就大陸資本赴台投資的問題交換了意見，還討論了下半年兩會協商議題規劃以及加強會務聯繫與交流合作等事宜。26日下午，海協會會長陳雲林與海基會董事長江丙坤分別在《海峽兩岸共同打擊犯罪及司法互助協議》《海峽兩岸金融合作協議》與《海峽兩岸空運補充協議》三項協議上簽字，並對於陸資入島投資議題達成共識。雙方還針對兩會去年簽署的六項協議的執行情形進行檢討並提出改善方向，並對下階段優先協商議題達成共識。

為保障海峽兩岸人民權益，維護兩岸交流秩序，兩會就兩岸共同

打擊犯罪及司法互助與聯繫事宜，經平等協商，簽署《海峽兩岸共同打擊犯罪及司法互助協議》。雙方同意採取措施共同打擊雙方均認為涉嫌犯罪的行為，並在民事、刑事領域相互提供共同打擊犯罪、送達文書、調查取證、認可及執行民事裁判與仲裁裁決（仲裁判斷）、移管（接返）被判刑人（受刑事裁判確定人）等協助。該協議還規定：

雙方同意著重打擊下列犯罪：（一）涉及殺人、搶劫、綁架、走私、槍械、毒品、人口販運、組織偷渡及跨境有組織犯罪等重大犯罪；（二）侵占、背信、詐騙、洗錢、偽造或變造貨幣及有價證券等經濟犯罪；（三）貪汙、賄賂、瀆職等犯罪；（四）劫持航空器、船舶及涉恐怖活動等犯罪；（五）其他刑事犯罪。一方認為涉嫌犯罪，另一方認為未涉嫌犯罪但有重大社會危害，得經雙方同意個案協助。

雙方同意依循人道、安全、迅速、便利原則，在原有基礎上，增加海運或空運直航方式，遣返刑事犯、刑事嫌疑犯，並於交接時移交有關證據（卷證）、簽署交接書。

雙方同意基於人道、互惠原則，在請求方、受請求方及被判刑人（受刑事裁判確定人）均同意移交之情形下，移管（接返）被判刑人（受刑事裁判確定人）。

《海峽兩岸共同打擊犯罪及司法互助協議》的簽署，對兩岸共同打擊跨境犯罪，確保兩岸人民生命、財產安全，構築常態化合作平台，建構民、刑事司法互助機制，造成了重要推動作用。

雙方同意相互協助履行金融監督管理與貨幣管理職責，加強金融領域廣泛合作，共同維護金融穩定。並簽署《海峽兩岸金融合作協議》，其主要內容包括金融合作、交流資訊、保密義務、互設機構、檢查方式、業務交流、文書格式、聯繫主體、協議履行及變更等方面。該協議規定：

雙方同意對於所獲資訊，僅為金融監督管理與貨幣管理目的使用，並遵守保密要求。有關第三方請求提供資訊之處理方式，由雙方監督管理機構另行商定。

雙方同意在本協議生效後，由兩岸金融監督管理機構考量互惠原則、市場特性及競爭秩序，盡快推動雙方商業性金融機構互設機構。有關金融機構赴對方設立機構或參股的資格條件以及在對方經營業務的範圍，由雙方監督管理機構另行商定。雙方同意對於金融機構赴對方設立機構或參股的申請，相互徵求意見。

面對金融危機對兩岸的衝擊，雙方攜手合作簽署《海峽兩岸金融合作協議》意義重大。雙方能就受高度管制的特許行業——金融產業展開合作，表明兩岸的善意與互信已經有了較為厚實的基礎。

《海峽兩岸空運補充協議》的簽署，彌補了第二次「江陳會談」的遺憾，雙方實現了包機轉定期航班，使得兩岸「三通」更加名副其實。其主要內容包括飛行航路、運輸管理、承運人、通航航點、航空運價、代表機構、互免稅費、收入匯兌、航空安全等方面。雙方將在台灣海峽北線航路的基礎上開通南線和第二條北線雙向直達航路，並繼續磋商開通其他更便捷的新航路；兩岸通航航點將沿用《海峽兩岸空運協議》的規定，並可根據市場需求經雙方協商確定增開新的航點；雙方將在互惠的基礎上，磋商對兩岸航空公司與經營活動有關的設備和物品，相互免徵關稅、檢驗費和其他類似稅費，具體免稅費項目及商品範圍由雙方共同商定，並對兩岸航空公司參與兩岸航空運輸在對方取得之運輸收入，相互免徵營業稅及所得稅。該協議及其附件規定：

雙方同意由兩岸空（航）管部門以適當方式，就建立南線廣州與台北飛行（航）情報區直達航路、第二條北線上海與台北飛行（航）情報區直達航路及空（航）管直接交接程序進行聯繫並作出具體安

排。

客運方面：除上海（浦東）與桃園和台北松山機場航線雙方各指定四家航空公司外，其餘航點每條航線雙方各指定二家航空公司承運。大陸方面同意在現有二十一個航點基礎上，新增合肥、哈爾濱、南昌、貴陽、寧波、濟南等六個航點。上述二十七個航點可經營定期航班。台灣方面同意桃園與高雄航點可經營定期航班，其餘台北松山、台中、澎湖（馬公）、花蓮、金門、台東等六個航點為客運包機航點。雙方同意客運定期航班和包機班次總量為每週共二百七十個往返班次，每方每週一百三十五個往返班次。

貨運方面：每條航線雙方各指定二家航空公司承運。大陸方面同意上海（浦東）、廣州航點可經營定期航班。台灣方面同意桃園、高雄航點可經營定期航班。雙方同意貨運定期航班和包機班次總量為每週共二十八個往返班次，每方每週十四個往返班次。

《海峽兩岸空運補充協議》中，兩岸建立了南線及第二條北線直航航路；大陸增加了6個航點；航班則從108班大幅增為270班。雙方在既有平日包機的基礎上，實現兩岸空運航班常態化的運作，並就航路的優化及航班、航點的擴增等，進行配套的安排，使兩岸人員及貨物往來更為便捷，航空運作及安排將更加完善。

此次會談中，雙方還就大陸資本赴台投資事宜交換了意見，雙方就政策、法令、開放方式及項目等進行了溝通及對話，並達成共識，這對兩岸經貿往來從單向投資轉為雙向投資，擴大兩岸產業的交流與合作的範圍，促進雙方內需市場的發展，實現兩岸經貿「優勢互補、互利雙贏」的新局面具有重要意義。雙方達成原則共識的全文如下：

雙方一致認為，目前兩岸關係面臨難得的歷史機遇，為促進兩岸雙向直接投資創造了良好的環境，尤其是面對國際金融危機對兩岸經濟的影響和衝擊，雙方應秉持優勢互補、互利雙贏的原則，積極鼓勵

並推動大陸企業赴台考察、投資，以利加強和深化兩岸產業合作，實現兩岸經貿關係正常化和制度化。

希望兩岸業務主管部門以適當方式建立溝通機制，共同推動大陸企業赴台投資。

海基會表示：台灣方面誠摯地歡迎陸資入島投資。將盡速發布相關規定及配套措施，並循序漸進擴大開放投資領域，持續推動相關工作，協助解決投資所衍生之問題，以利陸資入島投資。

海協會表示：大陸方面將積極支持大陸企業赴台投資。鼓勵有條件的大陸企業赴台考察，瞭解投資環境，尋找投資機會。根據頒布的有關規定，為大陸有實力的企業赴台投資提供便利。

2009年4月26日下午5時，國台辦主任王毅於紫金山莊2號樓會見廳與海基會董事長江丙坤進行會晤。王毅首先祝賀此次會談圓滿落幕，並肯定了兩會復談以來兩岸關係穩定發展帶給雙方民眾實在利益。王毅指出，希望在兩岸經濟往來正常化基礎上，盡快推動兩岸經濟關係的制度化和機制化；要不失時機地加強文化、教育、科技等各方面交流，從而不斷增進兩岸同胞的相互瞭解和感情；推動兩岸關係應「經濟為先，循序全面發展；互信為重，逐步破解難題」[17]。江丙坤表示，去年迄今簽署了九項協議及一項共識，表明兩會已建立一套流程：建立機制、累積互信、解決問題、共謀未來；過去六項協議執行成果，使得兩岸形成了一日生活圈，互補互利的成果已經呈現；並提出金融海嘯、區域經濟整合、有尊嚴地參與國際組織及活動等議題，嚴正表明台灣方面的立場[18]。27日，江丙坤一行前往揚州、蘇州等地開展「關懷之旅」，參觀訪問了相關台資企業。

第三次「江陳會談」簽署了三項協議，達成了一個共識，兩會從經濟性議題轉向社會性議題，進一步完善了兩岸直接「三通」，實現了包機轉定期航班；進一步促進了兩岸經貿的正常化發展，有利於構

建穩定有序的兩岸關係，有利於為兩岸同胞爭取更多經濟利益。此次會談延續並落實了之前會談的成果，表明兩會制度化協商已為常態化。

（二）第四次兩岸兩會高層會談

經兩會商定將「兩岸農產品檢疫檢驗」等四項議題列為第四次兩岸兩會高層會談協商內容後，透過兩會平台，雙方主管部門官員多次往返於兩岸並展開了各項業務溝通與技術磋商。2009年10月13日兩會於杭州進行了副會長層級第一次程序性商談，11月3日兩會於宜蘭進行第二次程序性商談。第二次程序性磋商中，雙方就兩岸農產品檢疫檢驗、避免雙重課稅及加強稅務合作、漁船船員勞務合作、標準計量檢驗認證合作等四項議題交換了協議文本，並對第四次「江陳會談」日程安排等事宜交換了意見。12月9日至10日，海協會副會長鄭立中與海基會副董事長高孔廉在福州進行了第四次兩岸兩會高層會談預備性會談，雙方對上述四項議題達成多項共識，並商定了海協會協商代表團來訪主要日程。

2009年12月18日，海協會常務副會長鄭立中率先遣團24人抵台，進行相關先期準備工作，海基會副董事長高孔廉負責接待，兩會隨即就代表團行程及會談各場次參加人員交換意見，商定名單，並勘查相關場地。12月21日下午3時整，雙方於台中福華飯店華宴廳進行預備性磋商，確定了農產品檢疫檢驗合作、漁船船員勞務合作、標準計量檢驗認證合作等三項協議文本。

2009年12月22日，海協會會長陳雲林與海基會董事長江丙坤在台中市裕元花園酒店舉行了第四次「江陳會談」。會談中，雙方首先對已簽署九項協議進行了回顧檢討並提出改善方向；隨後，本著平等協商、求同存異的態度，雙方就兩岸農產品檢疫檢驗、漁船船員勞務合作、標準計量檢驗認證合作、避免雙重課稅及加強稅務合作等四項議

題進行了磋商,並就前三項議題達成共識,雙方還同意就兩岸避免雙重課稅及加強稅務合作繼續進行討論並適時簽署協議;最後,雙方簽署了《海峽兩岸農產品檢疫檢驗協議》《海峽兩岸漁船船員勞務合作協議》《海峽兩岸標準計量檢驗認證合作》三項協議。雙方還就商簽兩岸經濟合作框架協議原則性交換了意見,同意將其作為第五次兩會會談的重點議題,盡快安排兩會框架下的專家商談。

2009年12月23日,海協會和海基會聯合召開「陸資入台座談會」。該座談會由鄭立中和高孔廉主持,陳雲林和江丙坤出席並發表講話,17家大陸企業主管和19家台灣企業主管參加。在座談會上,台灣有關部門負責人、產業人士介紹了陸資赴台相關事宜,並與大陸企業代表進行了友好交流;來自台灣電子電腦及光電、車輛運輸、紡織成衣、商業服務等4個領域的代表,詳細說明了台灣相關產業的現況和競爭力。在座談會中,陳雲林表示,只有開展更緊密的經濟合作,讓資金、人流、物流、知識流等促進經濟發展的要素都充分流動起來,才能實現兩岸經濟共同繁榮;兩岸在資金流動過程中優勢互補,大陸企業的產品優勢加上台灣企業的國際行銷優勢,可以形成大的實體一起走向世界[119]。江丙坤也表示,投資可以增加就業機會,促進經濟增長,是互蒙其利的事情。

為保障海峽兩岸農業生產安全與人民健康,促進兩岸農產品貿易發展,雙方就兩岸農產品檢疫檢驗合作事宜,經平等協商,簽署《海峽兩岸農產品檢疫檢驗協議》。雙方同意本著互信互惠原則,在科學務實的基礎上,加強檢疫檢驗合作與交流,協商解決農產品(含飼料)貿易中的檢疫檢驗問題,防範動植物有害生物傳播擴散,確保農產品質量安全。其主要內容包括:

雙方同意建立業務會商、研討、互訪、考察及技術合作機制。必要時,可成立工作小組開展檢疫檢驗專項領域技術合作研究。

雙方同意建立檢疫檢驗證明文件核查及確認機制，防範偽造、假冒證書行為。

雙方同意及時通報進出口農產品重大疫情及安全衛生事件訊息。雙方同意定期通報進出口農產品中截獲的有害生物、檢出的有毒有害物質及其他不合格情況。

雙方同意建立重大檢疫檢驗突發事件協處機制，及時通報，快速核查，緊急磋商，並相互提供協助。

為維護海峽兩岸漁船船員、漁船船主正當權益，促進兩岸漁船船員勞務合作，雙方就兩岸漁船船員勞務合作事宜，經平等協商，簽署《海峽兩岸漁船船員勞務合作協議》。雙方同意在符合雙方各自僱用漁船船員規定下，進行近海、遠洋漁船船員勞務合作，並對近海與遠洋勞務合作分別採取不同的管理方式。雙方同意兩岸船員勞務合作應透過雙方各自確定的經營主體辦理，並各自建立風險保證制度約束其經營主體。其主要內容包括：

雙方同意保障船員7項基本權益：船員受簽訂合約（契約）議定的工資保護；同船同職務船員在船上享有相同福利及勞動保護；在指定場所休息、整補或回港避險；人身意外及醫療保險；往返交通費；船主應履行合約（契約）的義務；雙方商定的其他權益。

雙方同意保障漁船船主5項基本權益：船員體檢及技能培訓應符合雙方各自規定；船員應遵守相關管理規定；船員應接受船主、船長合理的指揮監督；船員應履行合約（契約）的義務；雙方商定的其他權益。

為便利海峽兩岸經貿往來，促進兩岸產業合作，創造良好投資環境，提升兩岸貿易產品質量（品質）及安全，保護消費者權益，兩會就兩岸標準、計量、檢驗、認證認可（驗證認證）及消費品安全合作

事宜，經平等協商，簽署《海峽兩岸標準計量檢驗認證合作》。雙方同意對執行本協議的相關活動提供必要的協助；雙方同意對於在執行本協議相關活動中所獲訊息（資訊），遵守約定的保密要求。其主要內容包括：

交流合作領域：標準領域、計量領域、檢驗領域、認證認可（驗證認證）領域、消費品安全領域、合作領域內相關制度規範的訊息（資訊）交換、雙方同意的其他合作事項。

合作形式：分別成立兩岸標準、計量、檢驗、認證認可（驗證認證）及消費品安全合作工作組，共同商定具體實施計劃，明確活動範圍等，並可根據需要形成相關領域的合作文件；以技術合作、專家會議、訊息（資訊）交流、人員互訪及業務培訓等方式開展標準、計量、檢驗、認證認可（驗證認證）及消費品安全領域的交流與合作；雙方業務主管部門負責指導、協調各工作組開展工作，並指定聯絡人負責各領域業務的日常聯絡及工作方案的實施。

第四次「江陳會談」延續並落實了過去會談的成果，為兩岸創造了互惠雙贏的局面。上述三項協議的簽署都是為了增進廣大民眾的福祉，保障民眾的權益，代表著兩會協商的成果正在向兩岸基層民眾傾斜，為兩岸同胞所共享。陳雲林指出，上述三項議題的解決，惠及漁農工商諸方面；將有利於保障兩岸漁業勞務合作的健康開展，促進台灣漁業的發展；有利於保障農產品質量安全和兩岸同胞的生命健康，促進兩岸農產品貿易持續發展；有利於促進兩岸經貿往來和貿易投資便利化，提高兩岸產業合作層次和水平，增強兩岸產業在國際上的競爭力。

（三）第五次兩岸兩會高層會談

2005年4月29日，中共中央總書記胡錦濤與國民黨榮譽主席連戰會見後，雙方在共同發布的五項《共同願景》中明確指出：「促進海峽

兩岸經濟全面交流,建立海峽兩岸經濟合作機制。」馬英九在2008年競選綱領中提出當選後與大陸簽訂CECA（Comprehensive Economic Cooperation Agreement）,即綜合性經濟合作協議。2008年7月21日,馬英九上台後發表兩岸未來願景,提出希望簽訂CECA。作為回應,同年9月7日,國台辦主任王毅在參加第三屆海峽西岸經濟區論壇時指出:「兩岸經濟交往發展到今天的規模,需要建立兩岸經濟合作機制,推動兩岸經濟關係的規範化和穩定化。」12月31日,胡錦濤總書記在紀念《告台灣同胞書》發表30週年座談會中又進一步指出:「我們期待實現兩岸經濟關係正常化,推動經濟合作制度化,為兩岸關係和平發展奠定更為紮實的物質基礎、提供更為強大的經濟動力。兩岸可以為此簽訂綜合性經濟合作協議,建立具有兩岸特色的經濟合作機制,以最大限度實現優勢互補、互惠互利。」2009年2月27日,馬英九當局為避免島內對CECA的質疑,宣布更名為《海峽兩岸經濟合作框架協議》,即ECFA。2009年5月26日,時任中共中央總書記胡錦濤會見國民黨主席吳伯雄時明確宣布:「在有利兩岸共同發展及建立具有兩岸特色經濟合作機制的前提下,ECFA可以在2009年啟動談判。」由此,關於ECFA的商談正式開始。

　　時任海協會常務副會長鄭立中曾指出,商簽ECFA既要符合世貿組織規定,又要具有兩岸特色,正因為兩岸關係的特殊性,因此要盡可能地消除兩岸經濟正常化存在的障礙,充分考慮台灣市場、台灣民眾的承受能力。因而,ECFA的簽署經歷了一段不平凡的歷程。在正式簽署協議之前,兩會共進行了三次「兩岸商簽經濟合作框架協議(ECFA)兩會專家工作商談」。2010年1月26日,ECFA第一次兩會專家工作商談在北京釣魚台大酒店舉行,大陸方面由海協會常務副會長鄭立中帶隊,台灣方面由海基會副董事長高孔廉帶隊,成員包括雙方相關經濟主管部門的人員。本次商談的內容包括:對兩岸研究單位共同研究的結論和建議予以評價;商議兩岸經濟合作框架協議的正式名稱及基本

結構；通報雙方專家工作小組的構成；溝通和相互交換商談所需的經貿管理規定等。雙方同意，應本著「先易後難、求同化異、循序漸進、積極穩妥」的原則[20]，盡快推動商簽海峽兩岸經濟合作框架協議進程。2010年3月31日，ECFA第二次兩會專家工作商談在桃園縣大溪舉行，本次協商為雙方業務層級的商談，屬事務性、技術性協商。海協會方面由海協會理事、專家等經濟主管部門人員組成，由海協會理事唐煒率團；海基會方面由協商代表、經濟主管相關部門負責人組成，由海基會顧問黃志鵬主談。雙方就兩岸經濟合作框架協議的貨物貿易及服務貿易早期收穫計劃、協議文本主要內容及未來協商工作安排等深入交換意見。2010年6月13日，ECFA第三次兩會專家工作商談在北京舉行，大陸方面由海協會理事唐煒帶隊，台灣方面由海基會顧問黃志鵬擔任團長。雙方就「兩岸經濟合作框架協議」文本及5個附件深入交換意見，並取得實質進展。在本次商談中，雙方就協議文本基本達成共識，協議文本由序言及總則、貿易與投資、經濟合作、早期收穫、其他等5章共16條組成，其內容涵蓋兩岸間主要的經濟活動。

2010年6月23日至25日，海協會副會長鄭立中與海基會副董事長高孔廉在台北進行了第五次兩岸兩會高層會談預備性會談，雙方確立了《海峽兩岸經濟合作框架協議》與《海峽兩岸知識產權保護合作協議》兩項協議文本主要內容及架構，並商定了海基會協商代表團來訪主要行程。

2010年6月28日至30日，海協會會長陳雲林與海基會董事長江丙坤在重慶進行了第五次會談。此次會談，海協會協商代表團成員包括國台辦及商務部、發改委、工信部、財政部、海關總署、質檢總局、廣電總局、銀監會、證監會、農業部等各議題主管部門人員及海協會人員；海基會協商代表團成員除海基會、「陸委會」高層外，還包括台灣當局「經濟部」次長、「國際貿易局」、「工業局」、「智慧財產局」、「財政部」、「金管會」、「農委會」等議題主管機關官員

[21]。雙方簽署了《海峽兩岸經濟合作框架協議》與《海峽兩岸知識產權保護合作協議》兩項協議，針對兩會已簽署之十二項協議執行情形進行檢討並提出改善方向，並對於兩會下階段優先協商議題達成共識。大陸方面首次派出商務部副部長姜增偉參加了會談及簽署儀式。

為保障海峽兩岸人民權益，促進兩岸經濟、科技與文化發展，兩會就兩岸知識產權（智慧財產權）保護合作事宜，經平等協商，簽署《海峽兩岸知識產權保護合作協議》。雙方同意本著平等互惠原則，加強專利、商標、著作權及植物新品種權（植物品種權）等兩岸知識產權（智慧財產權）保護方面的交流與合作，協商解決相關問題，提升兩岸知識產權（智慧財產權）的創新、應用、管理及保護。其主要內容包括：

雙方同意依各自規定，確認對方專利、商標及品種權第一次申請日的效力，並積極推動作出相應安排，保障兩岸人民的優先權權益；同意在各自公告的植物品種保護名錄（植物種類）範圍內受理對方品種權的申請，並就擴大植物品種保護名錄（可申請品種權之植物種類）進行協商；同意推動相互利用專利檢索與審查結果、品種權審查和測試等合作及協商；同意促進兩岸專利、商標等業界合作，提供有效、便捷服務。

保護事宜：打擊盜版及仿冒；保護馳名（著名）商標、地理代表或著名產地名稱；強化水果及其他農產品虛偽產地標識（示）之市場監管及查處措施；其他知識產權（智慧財產權）保護事宜。

業務交流與合作事項：推動業務主管部門人員進行工作會晤、考察參訪、經驗和技術交流、舉辦研討會等，開展相關業務培訓；交換制度規範、數據文獻資料（資料庫）及其他相關資訊；推動相關文件電子交換合作；促進著作權集體管理組織交流與合作；加強對相關企業、代理人及公眾的宣導；雙方同意之其他合作事項。

《兩岸知識產權保護合作協議》的簽署，是保護知識產權這一普世價值的體現，兩岸透過雙方的法令、制度，建立完善的知識產權保護措施，不但有利雙方產品與服務貿易的往來、品牌與專利的建立，更為兩岸提供良好的創新保護環境產生了深遠且重大的影響。

為加強和增進雙方之間的經濟、貿易和投資合作；促進雙方貨物和服務貿易進一步自由化，逐步建立公平、透明、便利的投資保障機制；擴大經濟合作領域，建立合作機制，雙方簽署《海峽兩岸經濟合作框架協議》（ECFA）。該協議包括序言和5章16條及5個附件。五章分別是：總則、貿易與投資、經濟合作、早期收穫、其他；16條依次為：目標、合作措施、貨物貿易、服務貿易、投資、經濟合作、貨物貿易早期收、服務貿易早期收穫、例外、爭端解決、機構安排、文書格式、附件及後續協議、修正、生效、終止；五個附件依次為：貨物貿易早期收穫產品清單及降稅安排、適用於貨物貿易早期收穫產品的臨時原產地規則、適用於貨物貿易早期收穫產品的雙方保障措施、服務貿易早期收穫部門及開放措施、適用於服務貿易早期收穫部門及開放措施的服務提供者定義。具體內容如下：

雙方同意逐步減少或消除雙方之間實質多數貨物貿易的關稅和非關稅壁壘。逐步減少或消除雙方之間涵蓋眾多部門的服務貿易限制性措施。提供投資保護，促進雙向投資。促進貿易投資便利化和產業交流與合作。

雙方同意，在本協議第七條規定的「貨物貿易早期收穫」基礎上，不遲於本協議生效後六個月內就貨物貿易協議展開磋商，並盡速完成……任何一方均可在貨物貿易協議規定的關稅減讓承諾的基礎上自主加速實施降稅。

雙方同意，在第八條規定的「服務貿易早期收穫」基礎上，不遲於本協議生效後六個月內就服務貿易協議展開磋商，並盡速完成……

任何一方均可在服務貿易協議規定的開放承諾的基礎上自主加速開放或消除限制性措施。

　　經濟合作範圍：（一）知識產權保護與合作；（二）金融合作；（三）貿易促進及貿易便利化；（四）海關合作；（五）電子商務合作；（六）研究雙方產業合作布局和重點領域，推動雙方重大項目合作，協調解決雙方產業合作中出現的問題；（七）推動雙方中小企業合作，提升中小企業競爭力；（八）推動雙方經貿社團互設辦事機構。

　　《海峽兩岸經濟合作框架協議》的簽署是兩岸互利雙贏的成果，它有利於一個有序的經貿交流的環境的建構，有利於提升兩岸經濟實力，布局全球市場。兩岸領導人亦對這一協議作出了高度評價，2010年7月12日，時任中共中央總書記胡錦濤在會見中國國民黨榮譽主席吳伯雄一行時強調，兩岸經濟合作框架協議的簽署，是我們兩黨和兩岸雙方努力落實「兩岸和平發展共同願景」的重要成果，向兩岸同胞展現了我們共同推動兩岸關係和平發展的決心。此外，胡錦濤還表示，協議的簽署再次表明，在反對「台獨」、堅持「九二共識」的共同政治基礎上，只要雙方良性互動、平等協商，就能夠推動兩岸關係不斷向前發展，也能夠為逐步解決制約兩岸關係發展的難題找到可行辦法。吳伯雄則轉達了國民黨主席馬英九「正視現實、累積互信、求同存異、續創雙贏」的16字箴言，意在為「後ECFA時代」兩岸長期發展奠定有利的根基。[22]

　　在2009年至2010年6月間的三次兩岸兩會高層會談，是兩岸關係和平穩定發展的具體體現，會談中簽署的8項協議涉及兩岸司法、金融、知識產權等眾多方面的合作，為兩岸關係良好發展奠定了重要基礎。ECFA的簽署更為未來兩岸經濟合作規劃了方向，其里程碑式的意義不言而喻，不僅在兩岸領域產生重要影響，對亞太地區乃至世界範圍內

也意義重大。對台灣來說，這項協議「跨出三大步」[23]：第一，台灣突破經濟孤立的一大步，讓台灣走出經濟被邊緣化的威脅；第二，兩岸經貿走向互惠合作的一大步，可以在制度化的架構下為台灣創造更多商機且增加更多就業機會；第三，加速亞洲經濟整合的一大步，今後台灣的價值會受到亞太地區與國際社會更大的重視，台灣很可能將成為各國企業進軍大陸市場的跳板。這一時期，兩岸協議的簽署呈現出大量簽署的現狀，每次會談都會簽署不少於兩項協議，為兩岸今後的發展造成了規制作用。兩岸制度化的協商管道，也為緩解兩岸對峙情勢創造了互利雙贏的效果。

三、「後ECFA時代」與兩會事務性商談的平穩發展

2010年6月ECFA的簽署代表著兩岸經濟一體化的開始，也代表著兩岸事務性商談的重點由兩岸社會事務合作轉向經濟合作，兩岸從此邁入「後ECFA時代」。在兩岸簽署ECFA後，台灣部分人士對協議的審議表示出一定程度的異議，以民進黨為代表的綠營勢力妄圖在台灣立法院審議ECFA的過程中阻止或者延遲協議的通過。儘管在協議審議的過程中，國民黨憑藉其在立法院的絕對多數優勢強行通過了ECFA，但這場審議風波也對兩岸關係和平發展的速度產生了一定影響，兩會事務性商談的頻率也從之前的一年兩次變為一年一次。因此，在「後ECFA」時代，兩岸事務性協商結束了之前「高歌猛進」的快速發展，進入了平穩發展的新階段。自2010年下半年至2013年，兩岸兩會共舉行四次高層會談，簽署5項協議，並達成2項共同意見和1項共識，這一階段，兩岸事務性商談的重點一方面集中在一些政治敏感度較低的事務性合作協議，一方面則集中於ECFA的後續協商。

（一）第六次兩岸兩會高層會談

2010年12月14日，海協會副會長鄭立中與海基會副董事長高孔廉在上海進行了第六次兩岸兩會高層會談預備性會談，雙方就兩岸醫藥衛生合作、投資保障兩項議題進行了磋商，確立了《海峽兩岸醫藥衛生合作協議》文本主要內容及架構，並商定了海協會協商代表團赴台主要日程。

12月19日，海協會由常務副會長鄭立中率先遣團18人赴台，進行先期準備工作。12月20日至22日，兩會在台北進行了第六次兩岸兩會高層會談。20日下午，雙方就有關議題進行了副會長、副董事長層級預備性磋商。21日上午，海協會會長陳雲林與海基會董事長江丙坤進行了兩會領導人會談，就《海峽兩岸醫藥衛生合作協議》達成共識，並對兩岸投資保障議題達成階段性共識。雙方還重點檢討兩會已簽署協議執行成效，並對建立兩岸協議執行成效檢討機制以及兩會下階段優先協商議題達成共識。21日下午，陳雲林與江丙坤在簽署儀式上分別就《海峽兩岸醫藥衛生合作協議》簽字。

本於維護人的健康價值，保障海峽兩岸人民健康權益，促進兩岸醫藥衛生合作與發展，雙方就兩岸醫藥衛生合作事宜，經平等協商，簽署《海峽兩岸醫藥衛生合作協議》。該協議分為六章，共三十條，雙方將本著平等互惠原則，在傳染病防治、醫藥品安全管理及研發、中醫藥研究與交流及中藥材安全管理、緊急救治等四大領域進行交流合作。其主要內容包括：

醫藥衛生業務交流與合作的方式：推動業務主管部門人員定期工作會晤、考察參訪、技術交流及舉辦研討會等；交換、通報、查詢及公布相關業務資訊、制度規範及實際運作措施；雙方同意的其他合作方式。

傳染病防治方面規定了合作範圍、檢疫與防疫措施、傳染病疫情

資訊交換與通報、重大疫情處置、共同關切的傳染病防治交流與合作等內容。

醫藥品安全管理及研發方面規定了合作範圍、品質與安全管理、協處機制、標準規範協調、臨床試驗合作等內容。

中醫藥研究與交流及中藥材安全管理方面規定了合作範圍、品質安全、輸出檢驗措施、通報及協處機制、中醫藥研究與交流等內容。

緊急救治方面規定了合作範圍、緊急救治措施、緊急救治資訊交換、緊急傷病者轉送協助等內容。

《海峽兩岸醫藥衛生合作協議》簽署後，兩岸衛生主管機關將建立制度化的合作機制，有效管控兩岸交流日益深化後可能衍生的醫藥衛生風險，並針對兩岸人民發生重大意外事故，建立緊急救治的協處機制，為民眾健康嚴格把關，維護兩岸人民的生命安全。由於兩岸人民往來愈來愈密切，兩岸共同防治傳染病十分必要，對於保障兩岸民眾的健康安全、維護消費者權益以及促進雙方生技產業的合作有莫大的幫助。海協會會長陳雲林曾表示，隨著兩岸經貿合作、旅遊各方面帶來巨大的人流、物流、訊息流，兩岸加強醫藥衛生合作的緊迫性和重要性凸顯。[24]國台辦主任王毅也表示，《海峽兩岸醫藥衛生合作協議》是一個為民謀利、為民造福的好協議，有利於維護兩岸同胞的生命安全與身體健康，也體現了以人為本的理念。[25]台灣總統馬英九也同樣認為，醫藥衛生合作協議包括傳染病防治、醫藥品安全與管理研發等方面，對於台灣的消費者權益有很大保障。[26]

《兩岸投資保障協議》是本次會談的另一個重要議題，然而，雙方並未簽署協議，僅達成以下階段性共識成果：

雙方認為，應從保障兩岸投資人利益出發，遵循通行慣例和作法，體現兩岸特色，進一步改善投資環境，有效保障和促進雙方投

資。雙方將討論投資和投資人定義、投資待遇、投資便利、徵收、損害賠償與損失補償，代位、移轉、投資爭端解決及雙方關注的其他事項和內容。雙方表示，將繼續推動相關工作，就上述事項和內容進一步展開協商，以盡速達成協議。

以上共識充分體現了兩岸「平等協商、善意溝通、積累共識、務實進取」的精神，也表明了兩會制度化協商的成熟與務實。雙方的爭議點主要在於：透過第三地間接投資的台商要不要列入投資人認定；要不要納入仲裁或引用國際慣例；陸資能不能取得非歧視性待遇；台商土地徵收、人身安全等權益能否優於大陸的台商投資保護法與實施細則。[27]

第六次「江陳會談」表明，兩會已經建立制度化的協商模式，兩會的持續協商為兩岸開創了和平繁榮的大好環境，兩岸進入經濟良性循環的模式，並累積了一定的互信基礎。兩會協商秉持「先易後難，先經後政」的原則，協商議題從經濟逐漸走向社會，充分展示了兩岸協商以民為主，並為提升人民的健康福祉而努力的特徵，此次會談所簽署的《海峽兩岸醫藥衛生合作協議》就是保障兩岸人民健康的議題最佳體現。

（二）第七次兩岸兩會高層會談

2011年10月16日，海基會副祕書長高文誠率領先遣團抵達天津，並與海協會一同展開先期準備工作。10月19日至21日，海協會會長陳雲林與海基會董事長江丙坤在天津進行了第七次會談，雙方簽署《海峽兩岸核電安全合作協議》，就「兩岸投保協議階段性協商成果」及「加強兩岸產業合作」達成共同意見，並對兩會下階段優先協商議題達成共識。雙方同意在第八次兩岸兩會高層會談上簽署投保協議，繼續推動兩岸經濟合作框架後續議題協商。

《海峽兩岸核電安全合作協議》原本不是兩會第六次領導人會談

確定的本次會談協商議題。2011年3月11日，日本大地震導致福島核電站發生核泄漏事故。海峽兩岸如何在核電安全上加強合作，頓時成為兩岸同胞特別是台灣同胞的「核」心關切問題。台灣總統馬英九在3月23日中國國民黨中常會上提出，希望兩岸能討論如何合作確保核能安全，減少核能事故的發生和傷害。這一倡議很快得到大陸方面的積極回應。在5月初舉行的第七屆兩岸經貿文化論壇上，兩岸與會人士就核電安全議題進行研討，並在論壇「共同建議」中提出：支持兩會將核電安全納入商談議題。論壇閉幕後，時任中共中央總書記胡錦濤在會見中國國民黨榮譽主席吳伯雄時鄭重表示：對台灣方面提出開展兩岸核電安全交流合作，我們充分理解，希望雙方盡快透過商談達成相關協議。由於兩岸雙方都有積極意願，核電安全合作議題便成為兩會第七次領導人會談的議題。

「安全第一」是核電應用普遍遵守的基本原則，攸關人的健康、安全、財產及環境。為保障兩岸人民福祉，提升兩岸核電運轉安全，加強核電安全資訊透明化，促進兩岸核電安全資訊及經驗交流，雙方就兩岸核電安全合作事宜，經平等協商，簽署《海峽兩岸核電安全合作協議》。雙方本著平等互惠原則，就兩岸核電安全及事故緊急通報等事宜，在核電安全法規與標準、核電安全分析與審查評估經驗、核電安全監督方法與經驗、核電廠基本資訊、核電安全事件評估和運行經驗反饋、核電廠老化管理、核電安全研究經驗、核電廠事故緊急通報、核電廠環境輻射監測訊息、核電廠事故應急管理和應急準備經驗、核電安全訊息公開的經驗等領域進行交流合作。其主要內容包括：

雙方同意核電安全及緊急應變主管部門以下列方式進行核電安全事宜的交流與合作：雙方人員每年至少舉行一次工作業務交流會議，由雙方輪流主辦。推動人員參訪、舉辦研討會等交流活動。發生核電廠重要事件或緊急事故時，進行通報、資訊交換、查詢與公開。雙方

同意的其他增進核電安全之合作方式。

雙方同意設置工作組，負責商定具體工作規劃、方案。工作組應於本協議生效後二個月內召開首次會議，商討雙方聯繫及事故通報窗口、資訊交換與通報的項目、內容、格式、方式、頻率及工作業務交流會議、交流活動等相關事宜。

陳雲林表示，核電安全關係到兩岸同胞的生命健康和財產安全，關係到兩岸同胞共同生存和發展的環境，意義重大。希望透過簽署核電安全合作協議達到三個目的：一是建立雙方核電安全的通報機制，二是促進雙方核電安全機構的合作，三是要加強雙方在核電安全方面的經驗交流。[28]

《兩岸投資保障協議》是ECFA的重要內容，對於維護台商的合法權益、促進兩岸經貿關係制度化具有重要的作用，兩會表示要力爭下次會談時簽署。關於該項議題，兩岸協商團隊經過多次業務溝通，取得了重要進展，就協議主要內容已基本達成共識。尤其是大陸方面，因應兩岸的特殊情況及台商的需求而釋放了最大限度的善意，做出了超越一般投保協議範圍的共識安排。陳雲林與江丙坤在20日的會談中，就繼續推進兩岸投保協議協商達成如下共同意見：

雙方認為，兩岸投保協議是ECFA後續商談的重要內容，對促進兩岸經貿關係制度化發展具有重要意義。雙方同意依據框架協議相關規定盡速完成協商，以保護兩岸投資者權益、促進相互投資、創造公平的投資環境、增進兩岸經濟繁榮。 雙方同意，協議內容應參考一般投保協議的基本框架、考慮兩岸特殊性、回應雙方投資者關切，並強化協議的可操作性。文本內容包括定義、適用範圍和例外、投資待遇、透明度、逐步減少投資限制、投資便利化、徵收、損失補償、代位、轉移、拒絕授予利益、爭端解決、聯繫機制等重要議題（具體包括）：

妥善定義投資及投資者,明確協議的適用範圍;投資待遇的規定兼顧投資及投資者待遇;徵收(包括間接徵收)應符合公共利益等基本原則;就爭端解決的機制架構進行充分溝通;將建立聯繫平台及相關協處機制。

兩會就兩岸產業合作之願景、目標及初期合作項目達成共識,發表《海協會與海基會關於加強兩岸產業合作的共同意見》,主要內容如下:

雙方合作願景包括繼續完善兩岸投資環境,發揮產業互補優勢,研究雙方產業合作布局,擴大產業合作範圍,提高產業合作層次,強化合作創新能力,發展自主品牌,促進兩岸產業轉型升級,共同培育兩岸企業參與國際競爭合作的新優勢和競爭力,繁榮兩岸經濟。

第七次「江陳會談」簽署了《海峽兩岸核電安全合作協議》,並達成關於兩岸投保協議以及加強兩岸產業合作的兩項共同意見。兩岸將建立核電安全合作機制,為人民生命健康提供更有力的保障,兩會制度化協商為兩岸關係和平穩定、繁榮發展奠定紮實的基礎。

(三)第八次兩岸兩會高層會談

投資保障議題在1993年「辜汪會談」中就已提出,受兩岸政治環境及其他因素的影響,該議題一直未能納入兩岸協商的範圍,但大陸自1994年即開始相繼制定很多法規、規章及細則來保障台商權益。大陸方面始終認為,投保協議關係到台灣同胞,特別是在大陸投資的廣大台商的切身利益。兩會把投保協議納入第六次會談議題後,兩岸相關專家學者、有關部門負責人積極地協商,做了大量辛苦的工作,但由於涉及的內容方方面面,涉及的部門方方面面,在第六次會談中未能順利商簽。第七次「江陳會談」中,雙方雖然在投保協議內容方面已基本達成一致,但因協議涉及的部門多,專業性強,雙方都「需要一段時間來完成我們雙方、以及各自內部的一些協調和溝通」,加之

「核電安全」這一人們「核」心關注議題插隊,故該協議再次慘遭跌宕。

自2010年兩岸簽署ECFA之後,大陸方面一直致力於促進ECFA的後續協商工作,兩岸高層領導人也十分關心這一議題的進展情況。2012年3月21日至25日,國民黨榮譽主席吳伯雄率團訪問大陸。時任中共中央總書記胡錦濤在22日與其會見時強調,雙方應該積極促進兩岸經濟合作框架協議各項後續商談取得新成果,推動兩岸產業合作取得實質進展,積極擴大金融領域互利合作。[29]該講話為兩會接下來的商談創制了有利條件。

此次會談之後,兩岸亦為ECFA的後續協商工作做出了更多努力。2012年8月8日至10日,兩會在台北進行了第八次兩岸兩會高層會談。海協會會長陳雲林與海基會董事長江丙坤代表雙方簽署了《海峽兩岸投資保障和促進協議》及《海峽兩岸海關合作協議》,共同發表了投保協議《人身自由與安全保障共識》,並對兩岸後續協商議題做出了安排。

《海峽兩岸投資保護和促進協議》共計18條,其內容包括協議內相關人員資格、適用範圍與例外、投資待遇、透明度、逐步減少投資限制、投資便利化、損失補償、投資爭端解決等,並以附件形式詳列投資補償爭端調解程序。其重要內涵包括,為保障雙方投資人權益,擴大投資人定義;考慮國際投資協議的慣例及台商需求,給予投資公正與公平待遇;針對投資人及相關人員的人身安全採取必要措施,並對徵收、損失補償、代位、移轉等進行規範。該協議主要內容包括:

一方應確保給予另一方投資者及其投資公正與公平待遇,並提供充分保護與安全......另一方投資者不得援引本條第四款的規定,要求適用本協議以外的爭端解決程序。

一方投資者在另一方的投資或收益,如因發生在該另一方的武裝

衝突、緊急狀態或其他類似事件而遭受損失,另一方給予其恢復原狀、補償或其他解決方式的待遇,應不低於相似條件下給予該另一方投資者或任何第三方投資者的待遇中最優者。

《海峽兩岸投資保護與促進協議》凝聚了兩岸投資者的高度期盼,順應了兩岸經濟發展的客觀要求,將務實解決兩岸雙向投資和權益保護中的一些問題,為兩岸投資者提供制度性保護,其中包括一般投資性保護具有的要素內容,又針對兩岸關係及投資的特點,明確將台商透過第三地的投資納入保護範圍,對投資者人身保護做出相關規定,對投資者及投資所在地一方的爭端提供多種解決方式,對投資者之間的商事糾紛可透過仲裁方式解決,努力回應台商們的關切。同時協議明確規定了減少限制雙向投資的原則與方向,協議簽署將進一步提升兩岸投資保護水平,為台商在大陸創造更好更安全的投資環境和發展空間,也會提升大陸企業赴台投資的積極性和安全感。兩岸雙向投資將由此呈現出新的局面。

為促兩岸海關程序的簡化及協調,提高通關效率,便利ECFA的執行,便利兩岸人員及貨物的往來,促進兩岸貿易便利與安全,雙方簽署《海峽兩岸海關合作協議》。雙方將就海關程序、海關合作,以及請求程序等三大領域進行交流合作,同時要求雙方關務程序應遵循國際規範,符合透明化原則,雙方海關推動實施優質企業(AEO)相互承認、應用無線射頻識別技術(RFID)執行海關監管、加強在海關保稅區海關管理之交流與合作、暫准貨物通關事項等領域合作,並運用風險管理,提高兩岸貨物通關效率,打擊非法貿易,達到促進兩岸貿易便捷與安全之目的。該協議規定了執行海關程序及進行海關合作的相關事宜,主要內容如下:

雙方及時交換與ECFA貨物貿易有關的海關估價、商品歸類及原產地確定所需的證件、文書等相關資料。(雙方)為正確計徵ECFA貨物

貿易進口貨物關稅，主動或應請求提供及核查海關估價、商品歸類及原產地確定有關訊息……（雙方）進行海關貿易統計合作，定期交換貿易統計數據，進行貿易統計制度、方法、統計數據差異分析等技術交流。（雙方）進行人員互訪、交流、觀摩學習及專題研討。

《海峽兩岸海關合作協議》是為了適應ECFA生效後兩岸經貿便利化的客觀需求，進一步強化雙方海關在徵稅、監管、緝私和統計方面的合作，提高通關效率，實施有效監管，便利ECFA順利執行。協議簽署將促進兩岸貿易便利與安全，推動兩岸經貿穩健可持續地發展，有利於建立具有兩岸特色的經濟合作機制。

為落實《海峽兩岸投資保護和促進協議》，進一步加強對兩岸投資者及相關人員的人身自由與安全保護，經海協會與海基會協商同意，就兩岸相關業務主管部門採取以下具體措施達成共識：

雙方將依據各自規定，對另一方投資者及相關人員，自限制人身自由時起24小時內通知。同時依據《海峽兩岸共同打擊犯罪及司法互助協議》建立的聯繫機制，及時通報對方指定的業務主管部門，並且應盡量縮短通報的時間。如果當事人家屬透過一方業務主管部門向另一方業務主管部門進行查詢，另一方應將查詢結果盡快回覆。

大陸公安機關對台灣投資者個人及其隨行家屬，和台灣投資企業中的台方員工及其隨行家屬，在依法採取強制措施限制其人身自由時，應在24小時內依法通知當事人在大陸的家屬；當事人家屬不在大陸的，公安機關可以通知其在大陸的投資企業。

台灣法務及司法警察機關對大陸投資者及其隨行家屬，和大陸投資企業中的陸方員工及其隨行家屬，在依法採取強制措施限制其人身自由時，應在24小時內依法通知當事人在台灣的家屬或所投資企業。

第八次「江陳會談」是積極落實ECFA後續協商的重大舉措，盡快

完成ECFA後續商談的各項目標是兩會商談的首要任務，更是兩岸同胞的共同期待。此次會談簽署的《海峽兩岸投資保障和促進協議》《海峽兩岸海關合作協議》等兩項協議以及達成的對兩岸投資者及相關人員的人身自由與安全保護共識，對兩岸關係進展具有重大意義，特別是對兩岸投資、貿易等經濟往來具有極大的效益，並為兩岸經貿關係開創嶄新的里程碑。

（四）第九次兩岸兩會高層會談

2012年11月，中國共產黨召開第十八次全國代表大會，會上產生了新一屆的中共中央領導集體。2013年2月26日，中共中央總書記習近平在北京人民大會堂會見中國國民黨榮譽主席連戰，在會見中，習近平指出：

務實促進兩岸交流合作取得新的成就，維護台灣同胞權益，發展台灣同胞福祉，是新一屆中共中央領導集體的鄭重承諾。大陸將保持對台工作大政方針的連續性，持續推進兩岸交流合作，努力促進兩岸同胞團結奮鬥，鞏固和深化兩岸關係和平發展的政治、經濟、文化、社會基礎。[30]

此次會談是中共十八大以來，新一屆中央領導人與台灣方面高層政治人物之間舉行的首次會談。在會談中，習近平總書記代表新一屆中共中央領導集體向台灣方面傳達了大陸對台政策的延續性和穩定性，也為兩岸關係在新階段新起點持續發展奠定了基礎。與此同時，兩岸兩會高層領導人也完成了人員更替，陳德銘被推舉為新一屆海協會會長，林中森被選舉為新一屆海基會董事長。[31]

2013年6月13日，中共中央總書記習近平會見來訪的中國國民黨榮譽主席吳伯雄。[32]在會見中，習近平就堅定不移地走兩岸關係和平發展道路，鞏固和深化兩岸關係和平發展的政治、經濟、文化、社會基礎，推動兩岸關係不斷取得新成就提出四點意見，這四點意見是：

第一,堅持從中華民族整體利益的高度把握兩岸關係大局。

第二,堅持在認清歷史發展趨勢中把握兩岸關係前途。

第三,堅持增進互信、良性互動、求同存異、務實進取。

第四,堅持穩步推進兩岸關係全面發展。

吳伯雄在會談中強調,兩岸均堅持「一個中國」原則,都用「一個中國」框架定位兩岸關係,而不是「國與國」的關係。他還就強化兩岸經濟關係、台灣參與國際活動、兩岸互設辦事處、加強文化交流等多個方面的議題發表了意見。

習近平與吳伯雄的此次會談是國共兩黨高層之間常態化互動往來的體現,雙方就兩岸政治議題交換了意見,亦體現出兩岸試圖透過黨際交往開啟雙方政治對話大門的期待。習近平此次提出的「四個堅持」充分體現了大陸對台政策的一貫性特點,也體現出新一屆中共中央領導集體高度重視台灣問題,重視兩岸關係和平發展對中華民族整體利益的重要意義。

在這一時代背景之下,2013年6月14日,海協會副會長鄭立中與海基會副董事長高孔廉在台北進行了兩岸第九次高層預備性會談,雙方確立《海峽兩岸服務貿易協議》文本主要內容及架構,並商定了海基會協商代表團來訪主要行程。同年6月18日,海基會先遣團在副祕書長馬紹章的率領下,先行前往上海進行先期準備工作。6月20日下午,海協會副會長鄭立中與海基會副董事長高孔廉舉行副會長、副董事長層級的第二次預備性磋商。6月21日上午海協會會長陳德銘與海基會董事長林中森進行兩會第九次高層會談。並簽署《海峽兩岸服務貿易協議》,就有關解決金門用水問題達成共同意見,並對兩岸後續協商議題做出安排。

為逐步減少或消除雙方之間涵蓋眾多部門的服務貿易限制性措

施,促進雙方服務貿易進一步自由化及便利化;繼續擴展服務貿易的廣度和深度;增進雙方在服務貿易領域的合作,兩會簽署了《海峽兩岸服務貿易協議》。該協議共四章,二十四條,協議規定了兩岸服務貿易的基本原則、雙方的權利義務、未來合作發展方向及相關工作機制等內容。協議明確了兩岸服務市場開放清單,在早期收穫基礎上更大範圍地降低市場準入門檻,為兩岸服務業合作提供更多優惠和便利的市場開放措施。大陸對台開放共80條,台灣對大陸開放共64條,雙方市場開放涉及商業、通訊、建築、分銷、環境、健康和社會、旅遊、娛樂文化和體育、運輸、金融等行業。陳德銘指出,兩岸服務貿易協議是ECFA後續協商的階段性成果,代表著兩岸經貿合作邁上了一個新台階。協議順應世界經濟發展潮流趨勢,立足兩岸服務業發展現狀,突出兩岸特色,對兩岸服務業合作做出制度化安排,對於深化兩岸經濟合作,促進共同發展具有積極意義和深遠影響。大陸方面市場開放水平高、開放範圍廣,充分體現了對台灣同胞的善意和誠意。該協議的主要內容包括:

　　一方對於列入其在世界貿易組織中所作服務貿易具體承諾減讓表、《海峽兩岸經濟合作框架協議》附件四「服務貿易早期收穫部門及開放措施」及本協議附件一「服務貿易具體承諾表」的服務部門,在遵守前述減讓表、開放措施或承諾表所列任何條件和資格的前提下,就影響服務提供的所有措施而言,對另一方的服務和服務提供者所給予的待遇,不得低於其給予該一方同類服務和服務提供者的待遇……

　　一方應依其規定,及時公布或用其他方式使公眾知悉普遍適用的或針對另一方與服務貿易有關的措施。應另一方請求,一方應依其規定,及時就已公布並影響另一方服務提供者的措施的變化提供訊息。一方不得要求另一方提供一經披露即妨礙執行相關規定或有違公共利益,或損害特定企業正當商業利益的機密訊息……

一方應確保該方內的任何壟斷服務提供者在相關市場提供壟斷服務時，並未採取違反其在本協議附件一及《海峽兩岸經濟合作框架協議》附件四中所作承諾的行為。一方的壟斷服務提供者直接或經關聯企業，參與其壟斷權範圍外且屬該方具體承諾表中服務的競爭時，該方應確保該服務提供者不濫用其壟斷地位在該方內採取違反此類承諾的行為。一方有理由認為另一方的壟斷服務提供者的行為違反本條第一款或第二款規定時，在該方請求下，經雙方協商，可由另一方提供有關經營的訊息。一方在形式上或事實上授權或設立且實質性阻止少數幾個服務提供者在該方內相互競爭時，本條第一款及第二款規定應適用於此類服務提供者。

金門水源不足、水質不佳問題，一直困擾著當地民眾。早在1990年代，兩岸就有專家提出，從福建內陸為金門供水，是解決金門用水困難的最佳手段。然而，囿於兩岸政治局勢的影響，這一方案一直未能實現。在此次兩會商談中，雙方除簽署《海峽兩岸服務貿易協議》外，陳德銘與林中森還就金門用水的原則性問題充分交換了意見，並形成了如下共識：

金門方面希望透過兩會合作解決金門用水問題。海協會表示，大陸有關方面願給予積極回應。

兩會認為，金門用水攸關民生問題，透過兩岸合作解決金門居民用水問題，有助於兩岸關係良性互動，兩會願積極全力促成。雙方同意依各自程序協調主管部門積極推動，共同落實相關事宜。

根據這一共識，大陸有關方面將對金門方面提出的用水請求作出積極回應，兩會願積極促成解決金門居民用水問題，並同意依各自程序協調兩岸業務主管部門積極推動和落實相關事宜。

《兩岸服務貿易協議》是兩岸間依據ECFA及WTO服務貿易總協議（GATS）完成的第一個自由貿易協議，兩會認為，兩岸服務貿易協

議的簽署,有利於推動兩岸服務貿易正常化和自由化進程,相互開放服務業市場,促進共同發展。該協議對於雙方投資、貿易環境及經濟自由化市場開拓,創造有利空間,也對ECFA後續協議之協商產生積極的推進力。不但擴大了兩岸互信層面,使兩岸經貿邁向更深入的互利交流合作,具體提升ECFA效益,更體現出兩岸「互利互惠、共創雙贏」的共同願望。

《海峽兩岸服務貿易協議》本是一項單純的兩岸經貿協議,其所涉及的內容也均屬於兩岸經濟合作事務,但由於台灣島內鬥爭性政黨政治的影響,這份經濟協議卻引發了極大的社會爭議。2014年3月11日,身兼國民黨主席的台灣總統馬英九以黨主席身分勒令「國民黨黨團」盡快促使協議在台灣立法院通過。擔任「國民黨黨團」總召集人的張慶忠在委員會初審時,趁亂以隱藏式麥克風宣布完成審查送院會存查,從而引發民眾抗議活動。3月17日上午10點,「黑色島國青年陣線」、「公投護台聯盟」、「台灣教授協會」、「澄社」等53個台灣民間社團發起「捍衛民主120小時」行動,要求國民黨落實「國會監督機制」,實質審查《海峽兩岸服務貿易協議》。3月18日,逾百名反對《海峽兩岸服務貿易協議》的台灣大學生闖入台灣立法院「議場」,揭開了台灣學生「占領立法院」、「反對服貿協議」的所謂「抗議活動」的序幕。與此同時,更有以學生為主的1萬多名民眾在26個小時內聚集在台灣立法院門外表達支持。3月23日夜,學生攻入台灣行政機構,台灣當局依照相關規定,出動防暴警察對部分進入台灣行政機構的學生進行了驅逐。3月30日,「反服貿」學生團體發動「330上凱道」的抗議活動,多達十餘萬台灣民眾湧入台灣總統府前的凱達格蘭大道,表達對服貿協議的抵制。與此同時,開始有台灣民眾表達反「反服貿」的觀點,認為學生占領立法院的行為是缺乏理性的,呼籲學生回到學校和家庭,讓社會回歸理性。直至4月6日台灣立法院院長王金平赴「議場」探視學生,並承諾「兩岸協議監督條例草案」完

成立法前,不召集兩岸服務貿易協議相關「黨團協商會議」,抗議者才於7日晚間宣布將於10日晚上6時退出議場。台灣「反服貿運動」對兩岸經貿合作與發展方面產生的負面影響無疑是深遠的,它使正常的兩岸經濟協議談判受到了干擾,接下來的「兩岸貨物貿易協議」和其他協議也因此受到影響。然而,此次事件究竟會對兩岸關係的和平與發展釋放多大的負能量,有待繼續進一步觀察和評估。

自2008年6月至2013年6月,兩會經過五年多的努力,已邁向常態化的成熟階段。與1999年之前兩會談判表現出的特徵有所不同,兩會復談以來,兩岸事務性商談表現出一些新的特點:一是現階段兩會事務性商談的議題更加明確、務實,雙方在會談中只談事務性合作,不涉及政治性議題,除「九二共識」外,雙方不設任何政治前提;二是現階段兩會事務性商談的頻率遠遠高於因兩岸政治爭端而不斷反覆的上階段會談,兩岸在極短的時間內完成了眾多原來看來難度極大的任務;三是現階段兩會事務性商談的氣氛良好,雙方能夠在友好、合作的氣氛之下展開會談,這充分體現出兩岸共同推進兩岸關係和平發展的信心和決心。雙方不僅務實解決了兩岸交流所衍生的相關問題,還為兩岸人民提供了制度化的保障,並開創了兩岸經濟發展的有利根基。透過兩岸制度化協商的有序運作,兩岸兩會共舉行了九次會談,簽署19項協議並發表2項共識、3項共同意見,範圍涵蓋三通、觀光、食品、醫藥、漁工、檢疫、共打犯罪、經濟合作、知識產權保護、金融監理、貨幣清算、核安通報及投資保障、海關合作、服務貿易等,可謂碩果纍纍。這些協議的簽署和實施,為兩岸交往的進一步發展鋪平了道路,其歷史意義,不可磨滅。經過20餘年的洗禮,兩岸兩會事務性商談已經形成了較為完善的協商機制,兩岸透過兩會框架進行商談,將在以後相當長的一個歷史時期內發揮促進兩岸關係和平發展的獨特作用。我們相信,制度化、常態化的兩岸事務性協商機制的正常運行,將為兩岸關係和平發展不斷注入制度動力,為兩岸關係和平發

展框架的構建提供有效支持。

注　釋

[1]. 對兩岸協議的氛圍並無權威界定，本書採用國台辦網站「兩岸相關協議」一欄所列的協議，相關數據截止日期為2014年7月10日，資料來源：http://www.gwytb.gov.cn/lhjl/laxy/，最後訪問日期：2014年7月10日。

[2]. 邵宗海：《新形勢下的兩岸政治關係》，五南圖書出版股份有限公司2011年版，第113頁。

[3].　新華網：《海協會致函海基會　邀董事長江丙坤等率團訪京》，資料來源：http://news.xinhuanet.com/tw/2008-05/29/content_8273476.htm，最後訪問日期：2014年5月11日。

[4]. 鄭劍：《潮起潮落：海協會海基會交流交往紀實》，九州出版社2013年版，第628頁。

[5].　新浪網：《建立互信擱置爭議求同存異共創雙贏》，資料來源：http://news.sina.com.cn/o/2008-04-30/083813814403s.shtml，最後訪問日期：2014年7月10日。

[6].　海基會網站：http://www.sef.org.tw/，最後訪問日期：2014年7月4日。

[7].《兩岸關係》雜誌社編：《海協會紀事》，台海出版社2011年版，第210頁。

[8]. 國台辦：《海協會海基會就兩項協商議題簽署文件》，資料來源：

http://www.gwytb.gov.cn/lhjl/la2008/201101/t20110106_1679127.htm，最後訪問日期：2014年7月1日。

[9]. 鄭劍：《潮起潮落：海協會海基會交流交往紀實》，九州出版社2013年版，第684頁。

[10]. 海基會網站：http://www.sef.org.tw/，最後訪問日期：2014年6月20日。

[11]. 2008年10月29日，馬英九接受TVBS電視專訪時講話。

[12]. 國台辦：《新聞背景：兩岸「三通」進程大事記》，資料來源：http://www.gwytb.gov.cn/lhjl/la2008/201404/t20140414_6010805.htm，最後訪問日期：2014年7月1日。

[13]. 新華網：《兩岸工商及航運座談會在台北舉行》，資料來源：http://news.xinhuanet.com/news-center/2008-11/05/content_10311484.htm，最後訪問日期：2014年7月2日。

[14]. 中國新聞網：《兩岸金融座談會和兩岸工商及航運座談會在台舉行》，資料來源：http://www.chinanews.com/tw/kong/news/2008/11-05/1437737.shtml，最後訪問日期：2014年7月2日。

[15]. 新華網：《胡錦濤會見連戰》，資料來源：http://news.xinhuanet.com/world/2008-11/22/content_10394591_1.htm，最後訪問日期：2014年7月17日。

[16]. 海基會網站：http://www.sef.org.tw/，最後訪問日期：2014年6月20日。

[17]. 新華網：《王毅提出：經濟為先，循序全面發展；互信為

重，逐步破解難題》，資料來源：http://news.xinhuanet.com/newscenter/2009-04/26/content_11261800.htm，最後訪問日期：2014年7月2日。

[18]. 東南網：《江丙坤：兩會已建立一套事務性協商標準作業程序》，資料來源：http://www.fjsen.com/b/2009-06/25/content_129058.htm，最後訪問日期：2014年7月2日。

[19]. 網易新聞：《陳雲林：陸資赴台要能賺錢還要社會安定》，資料來源：http://news.163.com/09/1223/10/5R7B0HO0000120GU.html，最後訪問日期：2014年7月2日。

[20]. 人民日報海外版：《ECFA商談展現誠意》資料來源：http://paper.people.com.cn/rmrbhwb/html/2010-01/28/content_437484.htm，最後訪問日期：2014年7月2日。

[21]. 海基會網站：http://www.sef.org.tw/，最後訪問日期：2014年6月20日。

[22]. 新華網：《胡錦濤總書記會見中國國民黨榮譽主席吳伯雄》，資料來源：http://news.xinhuanet.com/politics/2010-07/12/c_12325925_2.htm，最後訪問日期：2014年7月10日。

[23]. 中國台灣網：《江丙坤：ECFA協議讓台灣跨出3大步》，資料來源：http://www.taiwan.cn/wxzl/twxgwx/201112/t20111215_2214446.htm，最後訪問日期：2014年7月2日。

[24]. 新華網：《陳雲林：醫藥衛生合作協議關係兩岸同胞生命安全和身體健康》，資料來源：http://news.xinhuanet.com/tw/2010-12/20/c_12898924.htm，最後訪問日期：2014年7月3日。

[25]. 福建日報：《國台辦充分肯定第六次兩會商談成果》，資料

來源：http://fjrb.fjsen.com/fjrb/html/2010-12/23/content_212119.htm，最後訪問日期：2014年7月3日。

[26]. 中國台灣網：《馬英九：兩岸兩會已簽15項協議 皆具有高度意義》，資料來源：
http://www.taiwan.cn/taiwan/tw_PoliticsNews/201012/t20101222_1658531.htm，最後訪問日期：2014年7月3日。

[27]. 鳳凰網：《兩岸投資保障協議有爭議 第六次辜汪會或延期》，資料來源：
http://news.ifeng.com/taiwan/3/detail_2010_12/03/3333865_0.shtml，最後訪問日期：2014年7月3日。

[28]. 《兩岸兩會第七次商談天津登場》，《人民日報〈海外版〉》：http://paper.people.com.cn/rmrbhwb/html/2011-10/20/content_944458.htm?div=-1，最後訪問日期：2014年7月3日。

[29]. 新華網：《胡錦濤會見中國國民黨榮譽主席吳伯雄》，資料來源：http://news.xinhuanet.com/2012-03/22/c_111691599.htm，最後訪問日期：2014年7月10日。

[30]. 新華網：《習近平總書記會見連戰一行》，資料來源：http://news.xinhuanet.com/2013-02/25/c_114794281.htm，最後訪問日期：2014年7月17日。

[31]. 2012年9月27日，海基會舉行第八屆董監事會第四次會議，接受江丙坤辭去董事長職務，並選舉林中森為新任董事長。2013年4月27日，海協會舉行第三屆理事會第一次會議暨紀念「辜汪會談」二十週年活動，這次會議推舉陳德銘為會長，鄭立中為常務副會長，副會長由孫亞夫、葉克冬、蔣耀平、李亞飛擔任。

[32]. 新華網：《中共中央總書記習近平會見中國國民黨榮譽主席

吳伯雄》，資料來源：http://news.xinhuanet.com/politics/2013-06/13/c_116137343.htm，最後訪問日期：2014年7月10日。

兩岸協議紀實
兩岸協議執行前後的整體樣貌,重要七年全記錄

第三部分 效果篇

　　自2008年兩會恢復商談以來，兩岸協議在大陸地區和台灣的實施取得了舉世矚目的巨大成就，無論是其帶來的社會效果、經濟效果亦或是法制效果，均對海峽兩岸的交流與發展產生了重大影響。兩岸協議的調整範圍十分廣泛，涵蓋兩岸交通運輸、社會事務、經濟合作、司法合作等多個層面，與兩岸人民權益息息相關。兩岸協議的執行不但務實地解決了兩岸交流所衍生的相關問題，也降低了兩岸交流往來的時間成本，促進了兩岸民間往來，增進了兩岸民眾的相互瞭解，便利了兩岸企業合作，為兩岸關係和平發展提供了條件。基於兩岸協議對於兩岸民眾和兩岸關係和平發展的重要意義，我們擬對2008年以來，各項協議在大陸與台灣的執行成效進行全面回顧，其中既包含對兩岸協議執行總體效果的回顧，也對兩岸協議在兩岸執行過程中產生的經濟效果、社會效果和法制效果分別做了闡述，以期能夠較為全面、客觀地分析出兩岸協議實施五年多以來對兩岸產生的現實影響。

一、2008年以來兩岸協議執行的總體效果

　　自2008年6月至2013年6月，海協會與海基會秉持著「平等協商、善意溝通、積累共識、務實進取」的原則，先後經過9次高層協商會談，共簽署了19項協議。截至目前為止，各項協議執行效果良好，獲得豐碩的成果。在擴展雙方的合作領域，豐富兩岸交往的內涵，推進兩岸關係和平發展、增進兩岸同胞共同福祉等方面均發揮了重要作用。

在兩岸同胞的共同努力下,透過對協議的切實執行,大陸和台灣實現了全面直接的雙向「三通」。大陸居民赴台旅遊的開啟,實現了1987年兩岸結束隔絕狀態後人民往來的又一次重大突破;在食品安全方面,透過食品安全合作制度,兩岸建立起了訊息通報、協調處理等機制;透過共同打擊犯罪及司法互助,兩岸建立起了制度化的協商機制,在「全面合作,重點打擊」的原則下,共同防止各類不法犯罪,確保了兩岸民眾的生命與財產安全;在金融合作協議框架之下,兩岸建立了金融業監管合作機制,兩岸金融監管機構簽署了兩岸銀行業、證券及期貨業、保險業監管合作備忘錄,兩岸的貨幣管理機構也簽署了兩岸貨幣清算合作備忘錄。兩岸金融監管合作備忘錄的簽訂,代表著兩岸金融合作邁出了重要一步。

在標準計量檢驗認證合作方面,大陸和台灣成立了5個工作組,兩岸首個共同標準《垂直軸風力發電機組》已經得到兩岸標準合作工作組確認;漁船船員勞務合作協議則解決了大陸船員跨海峽安全接駁等問題;農產品檢驗合作協議為兩岸提供了農產品貿易檢驗的聯繫溝通平台;知識產權保護合作協議生效後,在優先權申請、案件協處、著作權認證、品種權申請等方面取得了積極的進展;《海峽兩岸經濟合作框架協議》(ECFA)於2010年9月12日生效,代表著兩岸經濟站在新的起點,跨入了互利雙贏、合作發展的「ECFA新時代」,在兩岸關係發展史上具有里程碑式的意義,在ECFA協議生效後看,雙方對各項協議規定展開磋商,並在此基礎上簽訂了《海峽兩岸投資保護和促進協議》與《海峽兩岸服務貿易協議》;在醫藥衛生合作上,兩岸成立了傳染病防治、醫藥品安全管理與研發、中醫藥研究與交流及中藥材安全管理、緊急救治及檢驗檢疫等5個工作組,各項工作均已順利展開;在核電安全領域,雙方工作組定期開會,並定期展開核電廠事故緊急通報通訊測試;在海關合作方面,雙方成立了五個專家組,主要負責及時處理解決貨物通關中遇到的問題。

法的生命在於嚴格執行,作為兩岸關係和平發展法治化的形式,兩岸協議的生命也在於嚴格執行。為確保兩岸協議的執行,海協會與海基會在第六次高層會談時達成共識,確定對協議的執行情形定期進行檢討,檢討會議因而成為兩岸制度化協商的重要一環。在2008年至2014年期間,兩會共召開了兩次與協議執行成效相關的檢討、總結會議,分別是2011年6月8日在台北舉行的首次「兩岸協議成效與檢討會議」和2014年2月20日在長沙舉行的第二次「兩岸協議執行成效與檢討會議」。針對兩岸協議執行的相關問題,兩會還在第二次執行成效檢討會上達成了《加強協議執行措施》。

　　(一)第一次「兩岸協議成效與檢討會議」與相關協議的執行情況簡述

　　海協會與海基會於2011年6月8日在台北圓山飯店舉行首次「兩岸協議成效與檢討會議」,會議目的在於具體落實以及實質檢討已簽署的兩岸協議的執行情況,以保證協議發揮成效,讓兩岸民眾共享其利。海協會副會長鄭立中與時任海基會副董事長高孔廉分別率團出席。此次會議的內容主要有以下四個方面:一是確認協議之成效;二是檢視協議之問題;三是強化協議之內容;四是補充協議之不足。[1]海基會表示,「這次會議將針對過去兩岸所簽署之各項協議執行情況及成果進行檢視,並就部分協議在執行過程中應予以強化或改善的事宜共同研議解決方式,其中包括旅遊、空運、農產品檢疫檢驗、食品安全、共同打擊犯罪及司法互助等」。「兩岸協議成效與檢討會議」平台是兩岸制度化協商的重要一環,透過會議,雙方可達到實質檢討、落實改進的目標,為兩岸民眾創造更大的福祉。

　　在首次協議成效與檢討會上,兩會對協議實施三年以來的整體執行成效進行了檢視,並針對旅遊、空運、農產品檢疫檢驗、食品安全、共同打擊犯罪及司法互助等協議進行後續協商的進展交換了意

見。在這次會議中,兩會雙方取得的重要成果具體包括:

第一,在旅遊協議的執行方面,海峽兩岸旅遊交流協會和台灣海峽兩岸觀光旅遊協會進行了密集磋商,雙方同意在2011年6月底之前正式實施大陸旅客到台灣進行自由行,對於「小三通」自由行,大陸同意同時開放福建居民赴金門、馬祖自由行。對於兩岸自由行,海協會與海基會將對協議進行相關修正,並透過兩會平台正式交換文件。為強化旅遊品質,雙方積極加強旅遊市場誠實交易,並且加強旅遊安全教育及旅遊安全措施。為開發多元旅遊產品,雙方同意增加特色與深度的旅遊。

第二,在空運相關協議執行方面,為應對兩岸旅客日益密切往來的需求,雙方航空主管機關完成了直航增班磋商。透過雙方主管機關主動積極協調兩岸航空公司降低票價,使兩岸民眾往來大陸和台灣更為便利。為提升空運協議執行的效率,雙方同意「應積極處理兩岸航空公司機組人員入出手續簡化」的問題。此外,雙方同意就「開放兩岸營利性商務包機」等事宜盡快完成磋商。

第三,有關食品安全協議執行方面,為即時掌握對方食品安全的訊息,兩岸衛生主管機關已依據《海峽兩岸食品安全快速通報作業要點》,及時相互通報了與民眾健康息息相關的食品安全事件資訊。例如,2011年4月大陸發生的鮮乳疑似添加亞硝酸鹽,造成嬰幼兒死亡的案例;台灣發生產品受塑化劑汙染事件。兩岸對於若干食品安全事件的處理,使雙方能及時瞭解事件處理的進展情況。對於三聚氰胺求償案件,經過持續居中協調,兩會已經安排兩岸廠商進行面對面溝通,以期尋求解決方案。此外,雙方同意在協議基礎上持續共同合作,積極加強食品安全訊息通報的「即時性」、「完整性」,快速將汙染食品問題徹底根絕,杜絕問題食品,確保兩岸民眾的健康與安全。

第四,在共同打擊犯罪及司法互助協議方面,兩岸將持續強化協

處重大案件的合作,特別是針對重大的、具有指標性意義的經濟犯罪,加大處理力度。兩岸對未來涉及第三地犯罪的案件,雙方同意秉持協議精神,持續深化合作,積極打擊各類犯罪案件,確保兩岸人民的生命財產安全。

第五,在農產品檢疫檢驗協議方面,台灣方面提出調製豬肉、禽肉、禽蛋等畜禽產品檢疫准入12家新申請廠商的優先審查名單,提議審查程序應透明、簡化,大陸同意協調相關機關,積極完成審查作業,並盡快促成台灣畜禽產品進入大陸市場。針對農產品走私對兩岸產業的衝擊與影響,雙方同意積極協調有關機關加強查處產品非法進出口,並強化相關執行及宣傳工作,以確保合法進出口農產品業者、農民及消費者之權益,保障民眾食品安全。

兩岸協議之所以能得到簽署以及有效實施,得益於兩岸在整個兩岸協商會談中始終堅持「九二共識」,恪守「一個中國」的原則,這是兩岸商談最基本的政治基礎。如若兩岸的商談以及協議的執行離開了以「一個中國」為核心內容的「九二共識」,兩岸將喪失持續穩定發展兩岸關係的基礎,兩岸的和平商談將難以實現,更遑論簽署執行兩岸協議了。為兩岸同胞謀福利是兩岸協議簽署與執行的根本宗旨,也是其出發點和歸宿點,更是其獲得兩岸民眾普遍認可的原因所在。正如海協會副會長鄭立中在該次檢討會上所言:「一切成效的得來都是以九二共識為基礎、一切成效檢視都是以平等互惠為原則、一切成效的衡量都是以民生福祉為依歸。」[2]

(二)第二次「兩岸協議成效與檢討會議」與相關協議的執行情況簡述

第二次「兩岸協議執行成效與檢討會議」於2014年2月20日至21日在長沙華天酒店舉行。海協會常務副會長鄭立中與台灣「陸委會」副主任兼海基會副董事長張顯耀分別率團出席。在為期兩天的會談之

中,兩會針對兩岸所簽署協議的執行情況及成效進行了檢視,也對部分協議在執行過程中應予強化或改善的方向,共同確認了後續處理的辦法。此次會議特別在空運、海運、醫藥衛生合作、共同打擊犯罪、金融協議等議題討論上獲得了進一步發展。對於未來進一步加強協議的執行,雙方達成了《加強協議執行措施》。雙方一致認為兩會適時總結已生效協議執行情況與經驗,把協議執行成果的具體情況系統地整理出來,集中予以公布,將有利於兩岸民眾增進對兩岸協商成果的瞭解,有利於增強民眾對兩岸協商談判及兩岸關係和平發展的信心。雙方在兩岸獲取成果以及協議加強執行的內容主要包括以下幾個方面:

在空運協議執行方面,為增加兩岸旅客的便利性及直航的進一步發展,對於台灣提出的有關「大陸遊客來台中轉」議題,大陸高度重視並研究可行方案。此外,為減少雙方航空公司行政成本的負擔,大陸可核發機組人員3～5年多次入境許可,台灣方面可以核發機組人員3年效期多次入境許可,雙方同意盡快完成相關程序,透過兩會的平台確定實施日期。在海運協議方面,針對幾項攸關提升台灣經濟發展動力的協議議題,雙方進行了積極溝通,並同意積極推動兩岸駛上駛下船舶運輸和車輛互通,推動簡化通關作業程序,擴大兩岸高速可持續性發展,研究港口發展海運快遞。在醫藥衛生合作方面,雙方主要進行落實醫藥品研發合作。有關兩岸共同打擊犯罪協議領域,雙方同意完善人身安全通報與通知機制,保障民眾人身自由,並解決電信詐騙罪贓物返還。在互遣刑事犯方面,雙方自簽署協議至今互遣刑事犯近400人。對於有關己方人員在對岸犯罪後逃回的追訴處罰,雙方同意根據共同打擊犯罪及司法互助協議進一步研究具體合作事宜。

對於《海峽兩岸經濟合作框架協議》(ECFA)的後續商談,雙方均認為應盡快完成貨貿及爭端解決機制的協商,並以經濟合作委員會為平台,持續強化兩岸經濟合作。金融合作方面,大陸同意積極研究

繼續對台資金融機構申請「合格境外機構投資者（QFII）」資格給予便利。雙方同意透過兩岸的金融監管合作平台機制加強未來兩岸金融的交流與合作，促進兩岸金融合作事業的不斷發展。在兩岸投資保護和促進方面，雙方為加強協議的執行，同意未來召開投資工作小組會議，就協議的後續執行相關事宜進行溝通，以完善對協議的實施執行。對於兩岸投資爭端的協處機制，雙方同意強化協處機制運作，提高案件處理效率，並針對雙方各自關切的案件，盡快協調相關部門解決。在兩岸農產品合作、醫藥衛生合作、漁船船員勞務合作以及兩岸知識產權合作方面，兩岸將在已取得成果的基礎上，進一步致力於相關方面的合作內容，以增強兩岸交流往來的廣度與深度。

第二次兩岸協議執行成效與檢討會，充分檢視總結了自2008年6月以來簽訂的各項協議，肯定了執行協議所帶來的惠及兩岸同胞的各項成果。對協議執行中需加強和改善的地方，雙方達成了後續的相關做法。總體而言，從2008年兩岸恢復商談後，5年來雙方共簽署了19項協議，積極務實地解決了兩岸交流中的許多現實問題，給兩岸同胞帶了許多好處與實惠。兩岸制度化的協商以及對協商成果——兩岸協議的執行使兩岸形成了互惠雙贏的局面，促進了兩岸關係和平穩定與繁榮發展。

二、2008年以來兩岸協議執行的社會效果

兩岸協議的執行給兩岸同胞帶來了切實的利益，對兩岸關係和平發展有著重要推動作用。5年來兩岸簽訂的有關旅遊、「三通」、食品、醫藥衛生、農產品等的一系列協議，對雙方的人員往來、交通運輸、貨物流通等有著深遠的影響，產生了良好的社會效果。

（一）兩岸協議執行對兩岸人員往來的影響

2008年6月13日，兩岸簽訂了《海峽兩岸包機會談紀要》和《海峽兩岸關於大陸居民赴台旅遊協議》，由此拉開了大陸居民赴台旅遊和兩岸包機的序幕。隨後，鑒於兩岸人員交流往來發展的良好經驗，海協會與海基會進一步簽署了有關兩岸直航、直郵等協議，這些協議的簽署和實施對於兩岸人員往來進一步便利化，為促進兩岸民眾相互瞭解，融洽感情，推動兩岸關係和平發展作出了重要貢獻。

（1）大陸開放居民赴台組團旅遊對兩岸人員往來的影響

根據《海峽兩岸關於大陸居民赴台旅遊協議》，大陸居民赴台旅遊以組團的方式實施，採取團進團出形式，團體活動，團體往返。考慮到赴台旅遊的特殊性質，大陸開放赴台旅遊的地區是分批次進行，按照有計劃、有步驟、循序漸進的原則，依據各地的經濟發展水平、出遊能力及區位特點，兼顧東西中部，並在與台方溝通的基礎上來確定。

2008年6月30日，大陸國家旅遊局新聞發言人、海峽兩岸旅遊交流協會祕書長祝善周正式公布了第一批赴台旅遊的省區市，分別為北京、天津、遼寧、上海、江蘇、浙江、福建、山東、湖北、廣東、重慶、雲南、陝西等13個省區市。從第一批開放赴台旅遊省區市可以看出，開放的區域主要在東部沿海地區，兼顧到重慶、雲南、陝西等中西部省市。在公布第一批赴台旅遊的省區市時，國家旅遊局也正式公布了首批13省市33家指定經營大陸居民赴台旅遊業務旅行社的名單。此外，還制定並正式公布了大陸居民赴台旅遊的相關管理辦法，包括有《大陸居民赴台灣地區旅遊注意事項》《大陸居民赴台灣地區旅遊領隊人管理辦法》和《大陸居民赴台灣地區旅遊團名單表管理辦法》等。

隨著大陸第一批赴台旅遊省區市的開放，赴台旅遊各項政策措施

得到逐步落實，開展了有序的組團業務，兩岸實現了雙向旅遊往來，促進了兩岸旅遊業的共同繁榮與發展。自海協海基兩會於2008年11月4日簽署《海峽兩岸空運協議》之後，兩岸實現了直接通航，兩岸客運包機航點在原有的基礎上大大增加，為兩岸人員往來提供了極大便利。在此基礎上，為發揮兩岸包機航點大幅增加的作用，大陸進一步開放了大陸居民赴台旅遊的區域。為此，大陸國家旅遊局、國務院台灣事務辦公室、公安部授權海峽兩岸旅遊交流協會於2009年1月20日對外發布公告，正式公布了第二批大陸居民赴台旅遊省區市，包括了河北、山西、吉林、黑龍江、安徽、江西、河南、湖南、廣西、海南、四川、貴州這12個省區，這些開放赴台旅遊區域自公告之日起執行。

自第一、第二批赴台旅遊區域開放之後，赴台旅遊業務順序實施，總體運行情況良好，推動了兩岸雙向旅遊往來，極大地促進了兩岸關係的和平發展。有鑒於此，大陸海峽兩岸旅遊交流協會於2010年5月31日發布公告，正式公布了第三批大陸居民赴台旅遊開放區域，這些區域分別是內蒙古、西藏、甘肅、寧夏、青海和新疆，以上開放區域於2010年7月18日起執行。至此，大陸31個省區市已經全部開放了赴台遊。關於大陸居民赴台旅遊開放的省區市及其批次如表5所示：

表5 大陸開放居民赴台組團遊的地區及其批次[3]

第一批開放省區市（2008.6.30）	北京、天津、遼寧、上海、江蘇、浙江、福建、山東、湖北、廣東、重慶、雲南、陝西
第二批開放省區市（2009.1.20）	河北、山西、吉林、黑龍江、安徽、江西、河南、湖南、廣西、海南、四川、貴州
第三批開放省區市（2010.5.31）	內蒙古、西藏、甘肅、寧夏、青海、新疆

（2）大陸開放城市居民赴台個人遊對兩岸人員往來的影響

隨著組團赴台旅遊在大陸31個省區市的全部開放，大陸居民赴台個人遊也越來越受到兩岸民眾的關注和期待，這也是兩岸交流發展的

必然趨勢，符合發展規律。開放大陸居民赴台個人遊，同樣因其特殊性，需遵循「循序漸進、積極穩妥」的原則，逐步開放相關試點城市。在2011年6月舉行的第三屆海峽論壇上，大陸國家旅遊局局長邵琪偉宣布，2011年6月28日正式啟動大陸居民赴台個人遊，第一批試點城市為北京市、上海市和廈門市。並且，雙方同意開放福建居民赴金門、馬祖、澎湖地區個人遊。

自啟動首批赴台個人遊城市試點以來，北京、上海和廈門三城市的遊客紛紛踏上了台灣自助之旅。為進一步擴大市場規模，滿足大陸居民赴台旅遊便利化和多樣化的需求，大陸海峽兩岸旅遊交流協會和台灣海峽兩岸觀光旅遊協會經過多次磋商，雙方於2012年4月1日確定了第二批大陸居民赴台個人遊城市試點名單。第二批個人赴台遊試點城市包括有天津、重慶、南京、杭州、廣州、成都、濟南、西安、福州和深圳。考慮到試點城市開放之間的均衡性以及準備程度，第二批的10個試點城市具體分為兩個階段啟動實施。第一階段包括天津、重慶、南京、廣州、杭州、成都等6個城市，於2012年4月28日啟動。第二階段包括濟南、西安、福州和深圳等4個城市，於2012年8月28日啟動。總體而言，第二批開放的試點城市有著較好的赴台團隊旅遊市場基礎，有著較大的人口規模，並分布於大陸的不同區域，對密切兩岸交流，增進兩岸民眾的感情和加深兩岸民眾的瞭解有著良好的作用。

由於大陸居民赴台自助旅行總體呈現出健康有序、較快發展的趨勢，大陸「海旅會」和台灣「台旅會」經過多次積極磋商，雙方同意再增加第三批大陸居民赴台自助旅行試點城市，並於2013年6月16日同時對外宣布。第三批試點城市共有13個，同樣分兩個階段實施啟動。第一階段包括有瀋陽、鄭州、武漢、蘇州、寧波、青島等6個城市，於2013年6月28日啟動，第二階段包括石家莊、長春、合肥、長沙、南寧、昆明、泉州等7個城市，於2013年8月28日啟動開放。大陸赴台自助旅行的城市自2011年來逐年增加，具體可如下圖1所示：

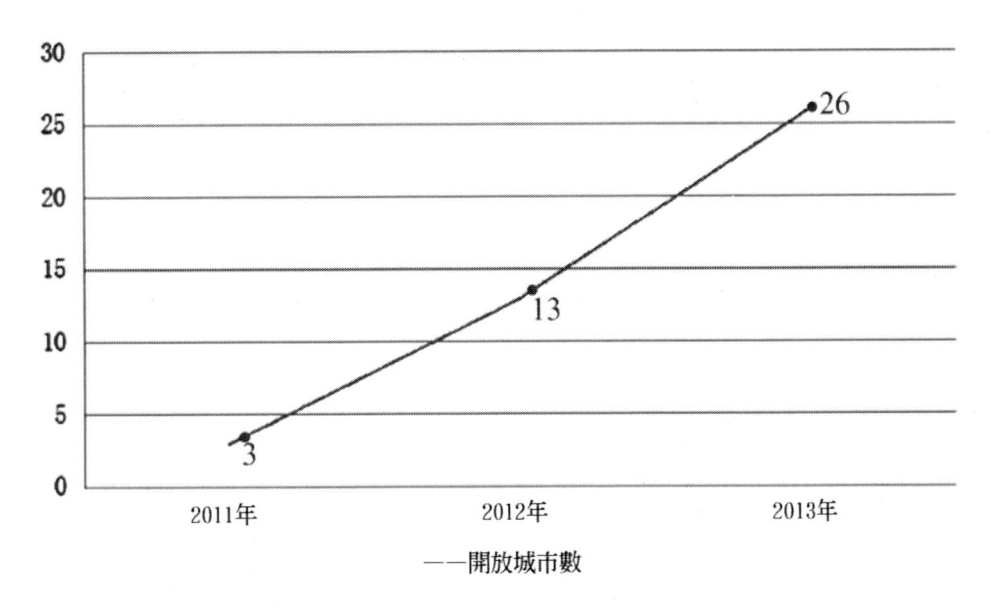

圖1 大陸開放赴台自助旅行城市數量[4]

　　旅遊是和平的使者、友誼的橋樑，旅遊交流是人與人之間的直接交流。自2008年至2013年，大陸先後分批開放了31省區市赴台團隊旅遊，大陸居民赴台自助旅行的試點城市開放了26個，就整體情況而言，大陸赴台旅遊呈現出健康有序、較快發展的趨勢，既增進了兩岸同胞的感情，又拉近了兩岸人民在思想、文化上的距離。旅遊是綜合性產業，是拉動經濟發展的重要的力量，開放大陸居民赴台旅遊，有利於促進兩岸旅遊產業和經濟社會的共同繁榮與進步，更有利於兩岸關係的和平發展，給兩岸人民帶來了巨大實惠，符合兩岸同胞的共同願望，這使大陸居民赴台旅遊得到兩岸民眾的普遍認同。

（3）大陸居民赴台旅遊之經濟效益

　　2008年7月4日，大陸居民赴台旅遊暨兩岸週末包機（北京）啟動儀式在北京首都機場舉行，4日上午8時30分，中國國際航空公司CA185班機順利在北京航點起飛，兩岸週末包機率先於北京啟動，代表著兩岸在友好交往方面邁出了新的步伐。時任中共中央台辦、國務

院台辦主任王毅引用唐代詩人李白「長風破浪會有時，直掛雲帆濟滄海」的詩句來表達其激動的心情。4日上午，從北京、上海、南京、廈門、廣州五地出發的9架包機，共搭載680名大陸遊客飛往台灣。

自兩岸包機啟動之後，大陸居民赴台旅遊人數取得了歷史性突破，根據海峽兩岸旅遊交流協會祕書長滿宏衛宣布的數據，截至2009年10底，已有1.99萬個團次，52.7萬人次赴台旅遊（不含交流團），其中從2009年1月至2009年10月共計有47.19萬人次，按照平均每人每天消費金額為295美元、停留7天6夜計算，至2009年10月底大陸赴台旅客已經為台灣帶來了10.1億美元的直接收益。台灣觀光協會會長周慶雄也證實，大陸遊客已經僅次於日本成為台灣的第二大客源。[5]至2010年4月20日，赴台旅遊人次累計已突破百萬大關，達到100.212萬人次。[6]

2010年7月4日，在大陸居民赴台旅遊開放兩週年之際，台灣「觀光局長」賴瑟珍表示，自2008年7月4日至2010年6月底已有128萬3850人次赴台觀光旅遊。台灣「觀光局」以每人平均停留8天7夜、每天消費約232到295美元估算，開放大陸居民赴台旅遊兩年來，至少為台灣帶來逾611億元收益。其中最大贏家是航空業，每月營業收入增加20億元以上。台灣長榮航空坦言，1個月90億元的營業收入，兩岸航行就占9億元，台灣華航則表示一個月的營業收入約為120億元，兩岸航線貢獻度約占10%至15%。[7]根據交通部觀光局公布的數據，在2010年前9個月中，赴台旅客總人數達402萬人，其中大陸遊客占119.3萬，增長了73.52%，超過了日本，成為了台灣旅遊第一大客源市場。[8]至2013年，大陸居民赴台旅客總人數達到287萬9361人次，其中旅遊人次（團隊及自助旅行）為218.9萬人次，其中68萬5341人次為參訪、交流及商務等類別旅客。[9]

在大陸居民赴台自助旅行人數方面，據台灣行政院大陸委員會在

《兩岸十九項協議執行成效（上網版）》公布的數據顯示，從2011年6月底起算，2011年大陸赴台自助旅行人數為3萬281人次，2012年人數為19萬1148人次，2013年為52萬2921人次。大陸居民赴台旅遊人數如圖2所示：

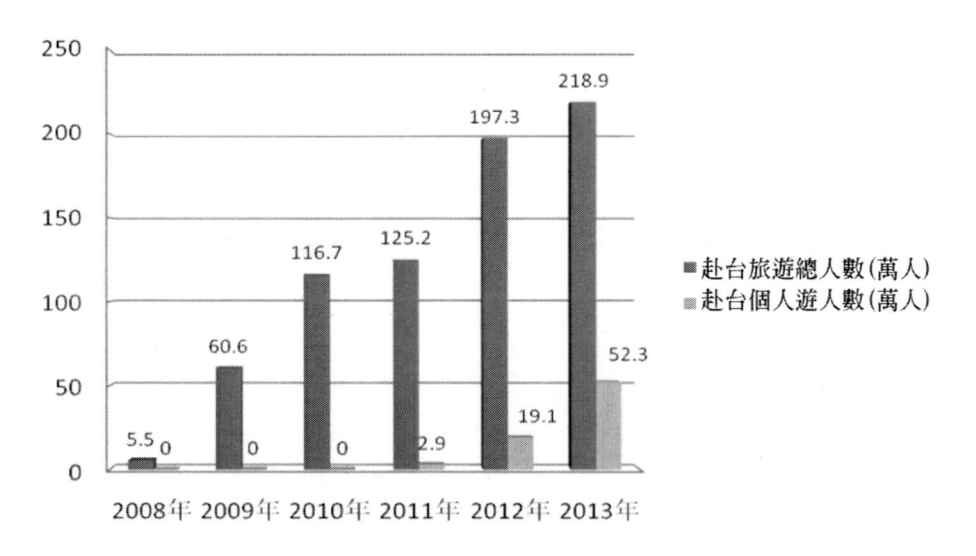

```
250
                                          218.9
200                               197.3
                                                 ■赴台旅遊總人數(萬人)
150                        125.2                 ■赴台個人遊人數(萬人)
                   116.7
100
         60.6                             52.3
 50
                                   19.1
     5.5    0       0       2.9
  0
   2008年 2009年 2010年 2011年 2012年 2013年
```

图2 大陸居民赴台旅遊人數[10]

（二）兩岸協議執行對兩岸交通運輸的影響

自2008年6月簽訂《海峽兩岸包機會談紀要》之後，兩會於2008年11月又簽訂了《海峽兩岸空運協議》和《海峽兩岸海運協議》，並在2009年4月簽訂了《海峽兩岸空運補充協議》。空運相關協議與海運協議的執行，給兩岸的交通運輸格局帶來了深刻變化。

（1）空運相關協議的執行對兩岸空中交通運輸的影響

首次兩岸週末包機於2008年7月4日啟動，週末包機時段為每週五至下週一計四個全天，於此時段內兩岸航班實行對飛。依據《海峽兩岸包機會談紀要》，大陸於2008年6月首批開放的直航客運航點有5個，分別為北京、上海（浦東）、廣州、廈門和南京，並陸續開放成

都、重慶、杭州、大連、桂林、深圳,以及其他有市場需求的航點。而台灣方面同意開放桃園、高雄小港、台中清泉崗、台北松山、澎湖馬公、花蓮、金門、台東等8個航點。對兩岸每週直航客運航班班次,雙方同意在週末包機初期階段,每週各飛18個往返班次,故此,兩岸在往返班次上共計有36個。直至2008年11月4日《海峽兩岸空運協議》的簽訂,大陸方面同意在原有5個航點的基礎上,進一步開放成都、重慶、杭州、大連、桂林、深圳、武漢、福州、青島、長沙、海口、昆明、西安、瀋陽、天津、鄭州等16個航點作為客運包機航點。而台灣方面同意將以上已經開放的8個航點作為客運包機航點。此時,大陸方面開放的航點共計有21個。2009年4月26日,兩岸簽訂了《海峽兩岸空運補充協議》,依據該協議大陸在原有21個航點的基礎之上,新增了合肥、哈爾濱、南昌、貴陽、寧波、濟南等6個航點,至此大陸開放航點共計達到27個。在航班班次方面,《海峽兩岸空運協議》在原有36個班次的基礎上增加至108個,規定雙方每週7天共飛不超過108個往返班次,即各方不超過54個往返班次。而在《海峽兩岸空運補充協議》簽署後,雙方同意進一步增加客運定期航班和包機班次總量,達到每週270個往返班次。

　　隨著大陸與台灣開放的直航客運航點與航班班次的持續增加,兩岸航空運輸逐步滿足了兩岸民眾和工商界的迫切需求,成為了兩岸同胞溝通交往的重要管道。據台灣「陸委會」公布的民調顯示,超過7成台灣民眾對於開放兩岸直航,持續增加航班、航點的政策表示滿意,「陸委會」表示該次民調結果顯示,推動兩岸直航政策的成果與效益獲得了民眾的高度肯定。[11]鑒於兩岸直航客運發展的良好勢頭,為進一步滿足兩岸同胞的需求,促進兩岸直航交流深化發展,大陸方面與台灣方面繼續增加兩岸直航客運航點與相關客運航班班次。至2013年1月,大陸開放的客運航點在原來的基礎上增加至54個,新增的27個客運航點包括有上海(虹橋)、太原、煙台、長春、南寧、石家莊、徐

州、無錫、泉州、三亞、鹽城、溫州、蘭州、黃山、烏魯木齊、銀川、西寧、呼和浩特、海拉爾、張家界、麗江、威海、武夷山、揭陽潮汕、梅州、宜昌以及洛陽。至此，除西藏外，大陸的其他省區市均已與台灣實現直航。而台灣在此期間也新增了台南和嘉義兩個航點，故台灣開放的航點增加至10個。由於航點的不斷增加，兩岸在直航客運班次方面，也從2009年6月的270班次，增加至2014年1月的828班次。兩岸直航客運航點與兩岸直航客運航班班次的增加趨勢，分別如圖3和圖4所示：

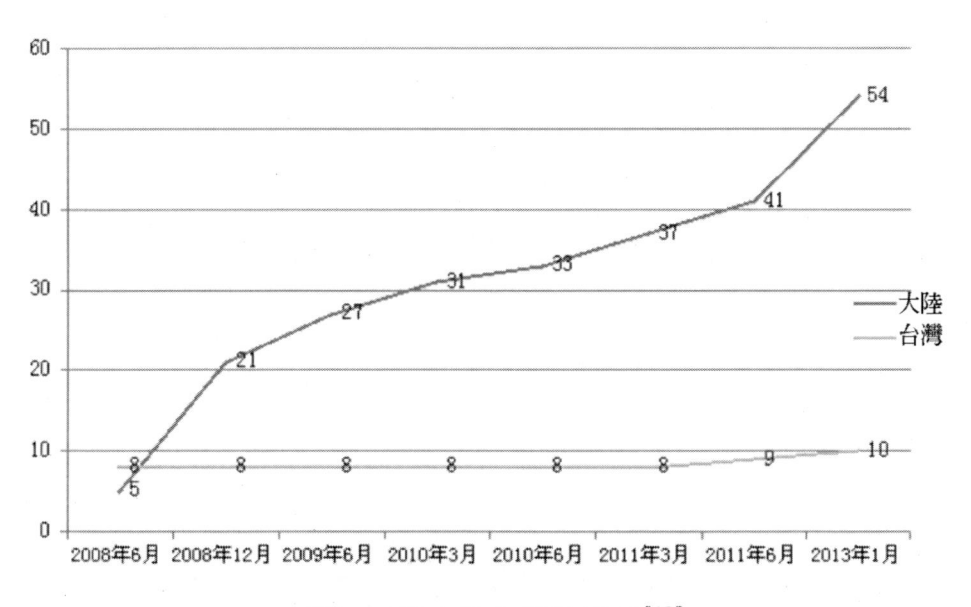

圖3 兩岸直航客運航點數[12]

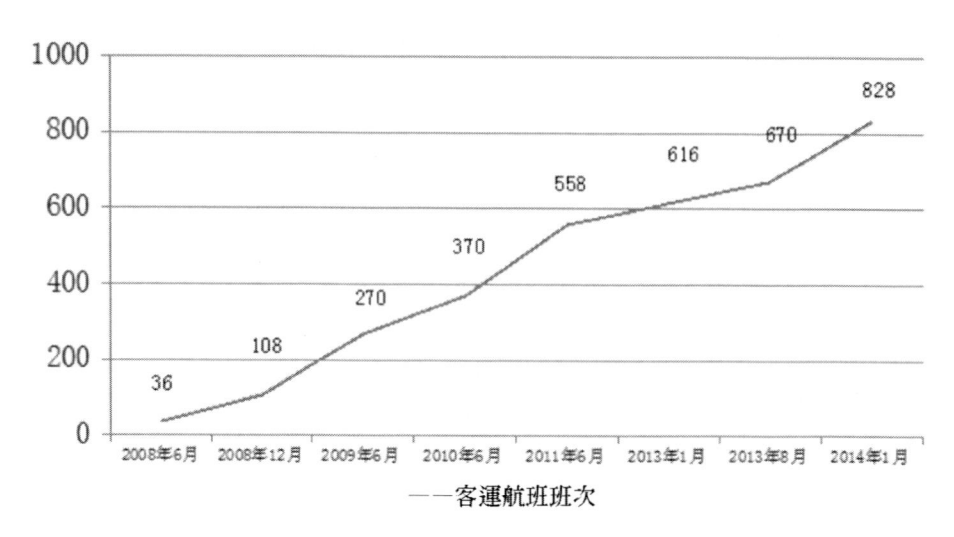

圖4 每週兩岸直航客運航班班次[13]

　　兩岸實現直航之後，在航空直航客運人數方面，據2014年2月兩岸兩會協議執行成果總結回顧會上的數據顯示，2008年直航客運人數為42.6萬，2009年為311萬，2010年突破了500萬大關，人數達到了583萬，2011年和2012年分別為716萬和894萬，2013年截至11月，客運人數達到了845.1萬。

　　兩岸直航的實現，為兩岸同胞交流往來架起了便捷的橋樑，既增進了兩岸人民的經貿往來，吸引了更多的大陸遊客赴台旅遊，又降低了兩岸在交流上的時間以及往來成本。以台灣桃園至上海的航線為例，兩岸直航之後，桃園至上海僅需1小時30分的航行時間，而且不再需要到香港轉機候機，就整體旅行時間而言，兩岸直航前須透過第三地中轉，台灣的航空公司僅能營運至第三地段如台北至香港航段，兩岸直航後則可以完全參與兩岸直航市場的運營，故而大大有利於航空業的發展。此外，兩岸共同劃設了3條兩岸直航航路供兩岸航班使用，有效縮短了飛行的時間。以上海、北京航線為例，相較於飛經香港飛航情報區，新劃設航線平均節省約1小時的飛行時間，航空公司運營成本亦相對減少。同理，從大陸至台灣的航班同樣由於不用中轉第三地

而極大地節省了其飛行時間。無怪乎時人感嘆：「曾經，鄉愁是一灣淺淺的海峽，我在這頭，大陸在那頭。而如今，鄉愁是一張小小的機票，只消片刻，就可抵達對岸。」

（2）海運協議的執行對兩岸海上交通運輸的影響

2008年11月15日，海峽兩岸海上直航首航儀式在天津港舉行，中國海運集團所屬的「新煙台」輪和中國遠洋運輸集團的「大洋洲」輪兩艘萬噸級巨輪從天津港出發，開啟了兩岸海運直航之旅。當天，共有20艘船舶同時首航。大陸方面包括有天津、上海、太倉、福州、廈門、泉州6個港口共啟動15條船舶分別直航至高雄、基隆、台北和澎湖。台灣方面則有5條船舶分別從高雄、基隆和台中直航到天津、上海、太倉和廈門。

依據《海峽兩岸海運協議》，大陸方面開放的直航海港共有63個，其中有48個海港，15個河港。48個海港包括：丹東、大連、營口、唐山、錦州、秦皇島、天津、黃驊、威海、煙台、龍口、嵐山、日照、青島、連雲港、大豐、上海、寧波、舟山、台州、嘉興、溫州、福州、松下、寧德、泉州、肖厝、秀嶼、漳州、廈門、汕頭、潮州、惠州、蛇口、鹽田、赤灣、媽灣、虎門、廣州、珠海、茂名、湛江、北海、防城、欽州、海口、三亞、洋浦。而15個河港分別是：太倉、南通、張家港、江陰、揚州、常熟、常州、泰州、鎮江、南京、蕪湖、馬鞍山、九江、武漢、城陵磯。台灣方面開放的港口為11個，包括：基隆（含台北）、高雄（含安平）、台中、花蓮、麥寮、布袋（先採專案方式辦理）等六個港口，以及金門料羅、水頭、馬祖福澳、白沙、澎湖馬公等五個「小三通」港口。在2008年12月11日，海基會致函海協會，稱台灣方面在已經決定開放的11個港口的基礎上，再增加開放蘇澳港以及花蓮和平港。故台灣開放的兩岸直航港口增至13個。為進一步落實《海峽兩岸海運協議》，促進兩岸海上直航健康

穩定發展,充分發揮直航所帶來的效益,大陸方面根據實際情況出發,於2009年5月16日年增開了銅陵港、石島港、萊州港、台州港大麥嶼港區、寧波—舟山港沈家門港區5個兩岸海運直航港口(港區),於2011年7月5日增開濰坊港和安慶港,至2012年9月29日,大陸方面再增開煙台港蓬萊港區、深圳港大鏟灣港區為兩岸直航港口(港區)。至此,大陸方面共有72個直航港口(港區)。

兩岸海運直航的實現,使雙方在人員往來和貨物運輸方面節省了大量時間和費用,兩岸經濟交流與合作也更為密切。兩岸海運協議簽署前後,兩岸海運在運營模式、節省時間以及運營成本的比較如表6所示:

表6 海運協議簽訂前後效益比較[14]

	協議簽署前	協議簽署後
運營模式	外籍船舶需透過停靠第三地,方可往返兩岸港口	大陸船舶、台灣船舶與符合海運協議的外籍船舶,可直接航行於兩岸港口
時間節省	以上海港至基隆港為例,原航行時間約為25.5~26小時	直航後,上海港至基隆港直航航行約17小時,節省約8.5~9小時
	以福州港至基隆港為例,原航行時間約17.5~18小時	直航後,福州港至基隆港直航航行時間約6小時,節省約11.5~12小時
運營成本	降低台灣產品至大陸的成本	
	降低大陸產品至台灣的成本	
	對於航商而言,直航節省運輸成本初估約15%~30%,透過節省運輸成本,民生物資輸入成本亦可隨之降低	

(3)兩岸海空直航後對貨物流通的影響

隨著兩岸空中與海上直航的相繼實現,兩岸交流往來愈發密切,兩岸直航的貨運量也不斷增加。兩岸直航最大的特點在於將兩岸交流通航從間接、單向局部通航轉變成全面、直接的雙向通航。兩岸直航無論是在時間亦或是經濟成本的節省上,都使兩岸不少企業獲得了真正實惠。

在兩岸航空直航貨運方面，依據《海峽兩岸空運協議》，大陸方面和台灣方面同意開通兩岸貨運航點，運載兩岸貨物。對於貨運包機，雙方同意各自指定二或三家航空公司經營貨運包機業務。貨運包機的航點方面大陸同意開放上海（浦東）、廣州兩個航點，台灣方面同意開放桃園、高雄小港作為航點。在貨運班次上，雙方每月共飛60個往返班次，每方各30個。在每年10月至11月間的貨運旺季，雙方可以各自增加15個往返班次。在2009年4月簽訂《海峽兩岸空運補充協議》之後，雙方還指定了可經營定期航班的航點，大陸方面同意指定上海（浦東）、廣州兩個航點，台灣方面同意指定桃園、高雄兩個航點。在兩岸航空直航貨運航點確定與落實後，兩岸航空直航貨運量不斷增加。根據2014年2月兩會兩岸協議執行成果總結會上的數據顯示，2008年兩岸航空直航貨運量為1.57萬噸，2009年為6.6萬噸，至2010年，隨著台灣經濟從金融危機中逐步復甦，當年兩岸航空直航貨運量激增至14.6萬噸，之後航空直航貨運量平穩上升，2011年為15.7萬噸，2012年為17.1萬噸，2013年前9個月為13.1萬噸。兩岸航空直航貨運量如圖5所示：

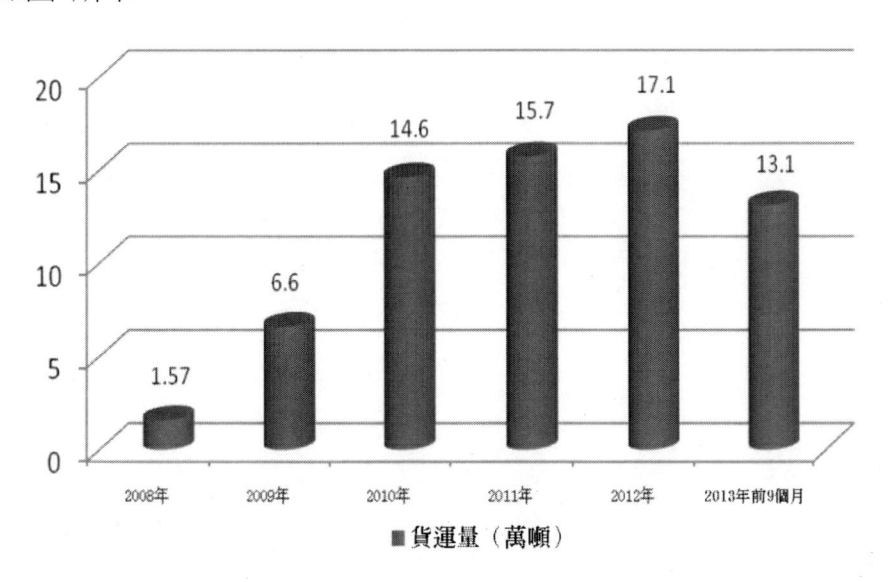

圖5 兩岸航空直航貨運量[15]

在兩岸海運直航方面，自《海峽兩岸海運協議》生效之後，大陸和台灣方面在兩岸貨物、旅客通關入境等口岸管理方面提供便利，雙方同意對航運公司參與兩岸船舶運輸在對方取得的運輸收入，相互免徵營業稅及所得稅。這使兩岸航運公司在稅收上得到了很大實惠，有利於航運事業之發展。海運協議的生效，對兩岸海上貨運結構、貨運品質也產生了很大的影響。據統計，2008年砂石等低值貨物占總運量的一半以上，2013年低值貨物僅占貨運總量的1/4，液體化工品、電子產品等高附加值貨物逐年遞增，特別是ECFA貨物貿易早期收穫清單內貨物增幅明顯，2013年兩岸間液體化工品運量同比增長3成。[16]在海運直航貨運量方面，以大陸第一批開展兩岸直航業務的連雲港為例，據連雲港海事局統計，2012年全年，連雲港兩岸直航貨運量保持良好增長勢頭，全年實現兩岸直航進出港船舶306次，船舶貨運量達到65.2萬噸（均為貨櫃，共計5.9萬標準貨櫃），分別較2011年同期增長91.3%和95.9%。截至2013年1月15日，連雲港已經辦理兩岸直航船舶進出港簽證902次，發送貨物達到151萬噸（均為貨櫃，共計13.9萬標準貨櫃）。[17]在兩岸海上運輸總量的統計，依據2014年2月兩岸兩會協議執行成果總結回顧會上的數據，有關兩岸直航海上貨運總量和兩岸直航貨櫃裝卸量，分別如圖6和圖7所示：

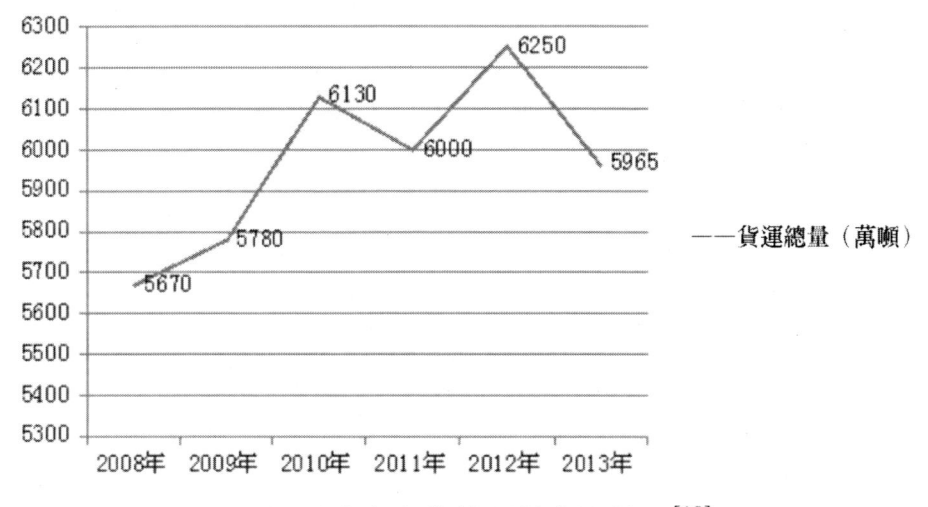

圖6 兩岸海上直航運輸貨運總量[18]

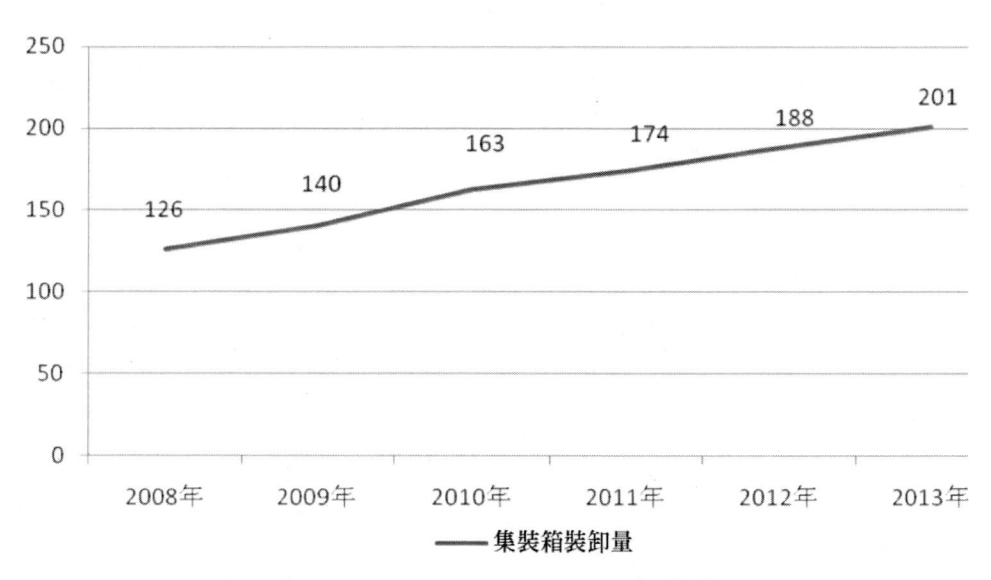

圖7 兩岸海上直航貨櫃裝卸量[19]

（三）兩岸協議執行的其他社會效果

兩岸協議的執行，促進了兩岸經貿和文化的交流，對兩岸關係的和平與發展有著深遠的影響。除以上對兩岸人員往來以及兩岸交通運輸等方面產生了良好的社會效果之外，兩岸協議的執行對兩岸的郵政

業務也產生了重大影響。郵政直航作為兩岸「大三通」之一，在兩岸交往中占有重要的地位。此外，對兩岸食品安全協議的執行，兩岸建立起了相關通報、協調處理機制，確保兩岸民眾的食品安全。其他如兩岸農產品檢驗檢疫合作、醫藥衛生合作、漁船船員勞務合作以及在核電安全領域的合作，體現出了兩岸交流與合作無論是在廣度還是深度上，都有了巨大的提高，使兩岸合作逐步向著多元化方向發展。

（1）兩岸協議執行對郵政業務的影響

兩岸直郵推動著兩岸關係的「大交流、大合作、大融合、大發展」。2008年12月15日，兩岸直郵正式啟動。在北京航空郵件交換站舉行的兩岸直接通郵儀式上，當時81歲、出生在台灣的鄭堅老先生投遞了其寄往台灣的家書。當天上午，從北京郵件交換站寄往台灣台北市的郵件共有164件。根據《海峽兩岸郵政協議》，大陸方面與台灣方面確定兩岸直郵的業務範圍包括有：平常和掛號函件（包括信函、明信片、郵簡、印刷品、新聞紙、雜誌、盲人文件）、小包、包裹、特快專遞（快捷郵件）、郵政匯兌等。大陸方面的封發局為：北京、上海、廣州、福州、廈門、西安、南京、成都；台灣方面的封發局為台北、高雄、基隆、金門、馬祖。

自《海峽兩岸郵政協議》正式生效後，兩岸新增了多項直接通郵業務，2008年、2012年和2013年分別增開了小包、包裹以及快遞郵件業務，兩岸郵政速遞（快捷）郵件業務及該業務海運郵件服務和兩岸「郵政e小包」業務，這既滿足了兩岸用郵大眾，同時又有助於提升兩岸經貿往來的效益。在兩岸直郵時間方面，由於兩岸郵件利用的是海、空直航運輸，故郵件運送的時間大為縮短。函件、包裹送達時間約7至15天，快捷郵件送達時間約3天至7天，兩岸郵政快遞（快捷）郵件送達時間依區域不同而有所分別，約3天至13天。郵件運送的時間縮短，提高了郵件的時效性，加速了商業文件的遞送時效，這亦有助於

廠商進出口商品報關以及通關等效益。

在兩岸郵政匯兌方面，在雙匯開通之前，台灣無法接受來自大陸地區的匯入匯款，在開辦雙向通匯之後，這一狀況得到了顯著改善。根據台灣「陸委會」的統計，自2008年2月26日至2014年1月31日，大陸匯至台灣的匯款筆數每日平均約11筆，匯款金額每日平均約39.8萬元。而台灣匯至大陸各銀行（含中國郵政儲蓄銀行）的筆數每日平均約68筆，匯款金額每日平均約122.5萬元。兩岸的郵政匯兌業務，由單向從台灣匯至大陸地區，增加了從大陸地區匯至台灣的業務，使兩岸在匯兌業務上完成了雙向通匯，提升了匯款時效，有利於台灣同胞收受其在大陸的親友的匯款，滿足了兩岸民眾對便利匯款的服務需求，有助於兩岸資金的對流。

（2）兩岸協議執行對食品安全的影響

2008年11月4日，兩岸正式簽署《海峽兩岸食品安全協議》，根據該協議規定，雙方建立了訊息通報機制，進一步增強了兩岸食品安全業務主管部門之間的溝通與互信，對保障兩岸民眾食品安全產生了積極影響。根據食品安全協議，大陸方面與台灣方面同意相互通報涉及兩岸貿易的食品安全訊息，並且就涉及影響兩岸民眾健康的重大食品安全訊息以及突發事件，進行即時通報，提供完整訊息。

自《海峽兩岸食品安全協議》生效後，兩岸已建立制度化食品安全聯繫窗口。目前，雙方共同依照《海峽兩岸食品安全快速通報作業要點》，針對入境查獲不合格食品資訊、民眾高度關切的議題以及其他高風險產品與兩岸食品中毒事件資訊，雙方關切的「食品添加物標準」的增修內容等，即時通報相關資訊，以利於兩岸主管機關就相關事件預先做出處理，有效地防止了問題產品進入各自市場。在雙方相互通報不安全食品訊息方面，依據台灣衛生福利部的統計數據顯示，截至2014年1月底，雙方通報不安全食品訊息達到了1480件。通報的項

目包括自大陸進口的白木耳農藥殘留、鮑魚檢出禁用動物用藥等案件，台灣方面的案件包括有2011年5月的食品遭塑化劑汙染事件以及2013年5月的毒澱粉事件等。對於已經檢出不安全食品的進一步處理，兩岸相關部門已採取相應管制措施以強化食品之安全。例如，台灣方面就風險較高的大陸輸台產品研製擬定了適當的管制措施。在2009年3月至2011年8月大陸輸台不合格食品案件中，台灣方面統計出白木耳產品檢出的農藥殘留頻率最高，故台灣的衛生福利部即於2011年9月「海峽兩岸食品安全協議——進出口食品安全第2次會議」中，促請大陸方面加強監管以及提出具體改善措施。待至目前，再未發現不符合農藥殘留標準的白木耳等產品進入台灣市場，保證了台灣民眾的食品安全。

在業務交流方面，兩岸的衛生主管機關就食品安全協議每年定期舉辦專家會議和學術研討會，對兩岸食品安全法規、管理架構、檢驗系統以及進出口監督體系等事項，進行實質而專業的討論，並達成多項共識。例如，在台灣塑化劑事件處理期間，兩岸主管機關合作追溯不合格產品，同時也協助台灣廠商解決輸送食品通關障礙。並且，兩岸衛生主管機關透過召開相關研討會，使雙方相關生產者與食品廠商瞭解到兩岸食品安全規範的差異，並由此強化了兩岸在食品安全上的管理並增強了兩岸食品的貿易往來。在中藥材食用安全方面，兩岸業務主管機關於2010年4月就《藥食兩用中藥材殘留農藥容許量管制規範》進行了交流討論，雙方同意就食用中藥材栽種時使用的農藥種類、管理方式以及管理權責等資訊進行強化交流。

此外，兩岸對《海峽兩岸食品安全協議》的執行，以及處理重大食品安全個案方面表現出更為積極的態度。2011年5月台灣發生的食品遭受塑化劑汙染事件，兩岸主管機關透過協議聯繫窗口，相互通報了問題產品的流向。據台灣陸委會的統計，在事件處理期間，台灣方面向大陸方面通報17次，共涉及60件產品；而大陸衛生部就本案向台灣

方面通報了4次；大陸質檢總局就入境口岸實施檢疫時，針對台灣產品塑化劑含量判定不合格訊息，共向台灣方面通報30次，一共涉及37件產品。[20]台灣方面不僅透過向大陸通報相關情形，使大陸方面及時瞭解案件的發展情況，而且根據實際情況解除了對大陸產品的輸入限制，使台灣對大陸的通關作業恢復了正常。兩岸正是透過依據協議建立的食品安全聯繫窗口，使台灣塑化劑事件迅速獲得了全面有效控制，並使兩岸在食品貿易方面的秩序得到迅速恢復。

在台灣對大陸三聚氰胺事件求償的處理上，經過海協會和海基會的居間協調，事件獲得了階段性進展。兩會協調使大陸廠商同意在台灣貨物銷毀的基礎上研究還款事宜；並使台灣廠商能前往大陸實地瞭解大陸廠商的破產情形，取得相關法律文件資料。總體而言，《海峽兩岸食品安全協議》所建立的兩岸食品安全聯繫、通報機制，使雙方能及時透過制度化機制處理出現的重大食品安全問題，確保了兩岸民眾的食品安全。

（3）兩岸協議執行在其他社會事務中的影響

兩岸協議對醫藥衛生、農產品檢驗檢疫、標準計量檢驗認證、漁船船員勞務、核電安全等領域的合作也作了相應調整。兩岸協議內容的多面向使兩岸合作事務範圍不斷擴大，透過對這些協議的執行，兩岸社會事務的合作領域不斷深化，促進著兩岸關係不斷向前發展。

在醫藥衛生方面，《海峽兩岸醫藥衛生合作協議》於2011年6月26日生效。兩岸依據該協議建立了聯繫窗口，並召開相關工作組會議。兩岸衛生主管機關於2011年8月1日至2日在北京召開了第一次工作組會議，就傳染病防治、醫藥品安全管理及研發、中醫藥研究與交流以及中藥材安全管理、緊急救治等合作領域，建立了對口的工作平台和制度化聯繫管道，使兩岸能夠及時進行相關訊息交換，保證雙方能透過暢通化管道對緊急事件進行通報。在大陸發生的民眾感染小兒麻痺、

H5N1禽流感、55型腺病毒等疫情，兩岸進行了相關疫情通報。2013年3月31日大陸發生H7N9禽流感確診病例，大陸方面透過協議管道向台灣方面進行了通報，而台灣方面也依協議指派防疫專家至大陸實地瞭解疫情。期間，台灣向大陸請求分讓病毒株來進行防疫措施，維護了台灣民眾的健康安全。

在兩岸民眾發生重大意外事故方面，雙方建立了即時通報制度。根據這一制度，雙方在發生重大意外事故時，將即時通報傷患資訊，並提供緊急救治措施。例如2011年8月台灣旅行團在長白山發生車禍、2013年4月29日台灣旅客在湖南張家界搭乘遊覽車發生傾覆意外等，雙方及時通報了相關訊息，並進行了緊急救治處理，有力地保障了台灣同胞的生命與健康安全。此外，大陸方面還就2012年6月24日雲南與四川交界發生地震，向台灣方面通報了台灣旅客的受傷情形。實際上，該案並未達到相關通報標準，但大陸仍然作出通報的行為足以說明其對醫藥衛生合作協議建立的通報制度高度重視以及切實執行，使兩岸民眾在交流往來中的生命安全獲得了更有效的保障。醫藥衛生合作協議還對兩岸中藥材進出口進行相關管制。由於台灣使用的中藥材主要來源於大陸，台灣衛生署從2012年8月1日起，對從大陸進口的紅棗、黃芪、當歸、甘草、地黃、川芎、茯苓、白芍、白朮和杜仲等10中數量較大的中藥材，規定了相關建議措施。據台灣陸委會的統計，截至2014年1月22日，台灣方面共受理了3578件中藥材報驗通關案，其中從大陸進口的就有3546件，共計1萬7508噸。另為推動兩岸新藥研發合作，大陸方面與台灣陸續針對兩岸醫藥品管理法規以及所涉及的臨床試驗規定，相互之間進行了深入瞭解。目前兩岸主管機關就臨床試驗合作、規劃有關專案試行的合作事宜獲得了一定進展。隨著兩岸主管機關對醫藥衛生合作協議的執行，未來兩岸在新藥研製方面定能獲得良好的成效，也必定能對兩岸民眾的健康有所裨益。

在核電領域合作方面，兩岸於2011年10月20日簽訂了《海峽兩岸

核電安全合作協議》,「安全第一」是核電應用的普遍遵守的原則,也是該協議簽訂以及執行的基本原則。依據該協議,兩岸成立了相關核電安全以及事故通報業務窗口,並於2012年8月14日至16日在吉林長春舉行了第一次工作組會議,分別就雙方聯繫主體、資訊交換與通報單內容、台灣核安18號演習通報測試演練及後續工作業務交流會議、參訪以及研討會辦理方式等進行磋商,並達成初步共識。根據核電安全協議合作範圍第8項核電廠事故緊急通報制度以及雙方第一次工作組會議決議,兩岸確定未來每個季度以傳真的方式,由雙方輪流執行一次緊急事故應變聯繫測試。大陸與台灣於2012年10月2日完成了第一次通報聯繫測試,至2013年底,雙方已進行核電廠事故緊急通報通訊測試5次。2012年12月3日至8日,兩岸核電安全協議第一次工作業務交流會議(含第二次工作組會議)暨地震、海嘯專題研究會在深圳舉行,與會相關人員分別參訪嶺澳核電廠、嶺澳核電廠廠內應急中心以及廣州市核安全應急中心。至2013年7月9日至11日,兩岸核安全協議第二次工作業務交流會議(含第三次工作組會議)暨「核事故應急人員輻射防護及劑量管理、核事故輻傷醫療救治」專題研討會在台灣高雄舉行,與會人員亦分別參訪台灣輻射測試中心、台電公司核能三廠、台灣南部核能展示館以及墾丁公園。此次參訪,大陸方面參加的人員共有環保部、國家核電事故應急辦公室、核輻射安全中心、國台辦經濟局、核工業總醫院應急辦、輻射防護研究院、核電司建造運行處等15人;台灣方面參加的人員包括原能會及所屬機關、陸委會、經濟部國營會、台電公司、高雄市衛生局、屏東縣衛生局以及高醫核醫科等40餘人。

核電安全攸關兩岸民眾的健康、安全、財產以及環境。2011年3月11日日本福島核電站洩漏事故,給世界人民再次敲響了核電安全的警鐘。目前兩岸都有核電廠,大陸有13部運轉中的核電機組,距離台灣只有100至200公里,而台灣電力公司旗下則擁有3座運營中的核電

廠。[21]兩岸簽訂並執行核電安全合作協議，建立起了制度化通報機制，為應對兩岸核電緊急事故，確保兩岸民眾生命、財產安全有著重要作用。

在兩岸農產品貿易方面，兩會於2009年12月22日簽訂了《海峽兩岸農產品檢疫檢驗合作協議》，該協議在2010年3月21日生效。透過對協議的執行，雙方建立了農產品貿易檢疫檢驗的聯繫溝通平台，大陸與台灣透過該平台相互提供檢疫檢驗規定、標準、程序等訊息查詢。透過對檢驗檢疫標準、程序等訊息的相互瞭解，使兩岸關於農產品相互輸出的檢疫檢驗問題得到了有效解決。透過已建立的兩岸農產品的相互參訪機制，兩岸可以相互瞭解對方農產品的相關管理體系。根據台灣陸委會公布的數據，截至2014年1月底，大陸方面與台灣方面透過已經建立的官方業務聯繫機制，已查詢、不合格案件通報、訊息回覆及聯繫案件累計871件，包括不合格案件通報401件，產品輸入以及檢疫規定查詢67件，業務聯繫案301件，訊息回覆案102件，對增進兩岸業務瞭解及解決兩岸相關業者對於貨物通關問題有著顯著作用。在兩岸農產品貿易中農藥殘留安全標準差異的問題上，對於台灣輸銷到大陸的農產品，雙方同意執行大陸已經制定的相關農藥殘留安全標準，對於大陸尚未制定標準的，可以採取台灣或者國際食品法典委員會制定的標準作為檢驗依據。在台灣水果輸銷大陸方面，依據「台灣梨輸往大陸檢驗檢疫管理規範」，台灣水果鮮梨從2011年12起可以進入大陸市場，是台灣第23項得以進入大陸市場的生鮮水果。根據台灣陸委會公布的數據，截至2014年1月底，申報檢疫輸銷大陸的台灣鮮梨達到4萬9371公斤，大大提高了台灣在大陸的水果市場。大陸從台灣進口的水果，自農產品檢疫檢驗合作協議簽訂生效後，也獲得了大幅提升。大陸進口台灣水果金額如圖8所示：

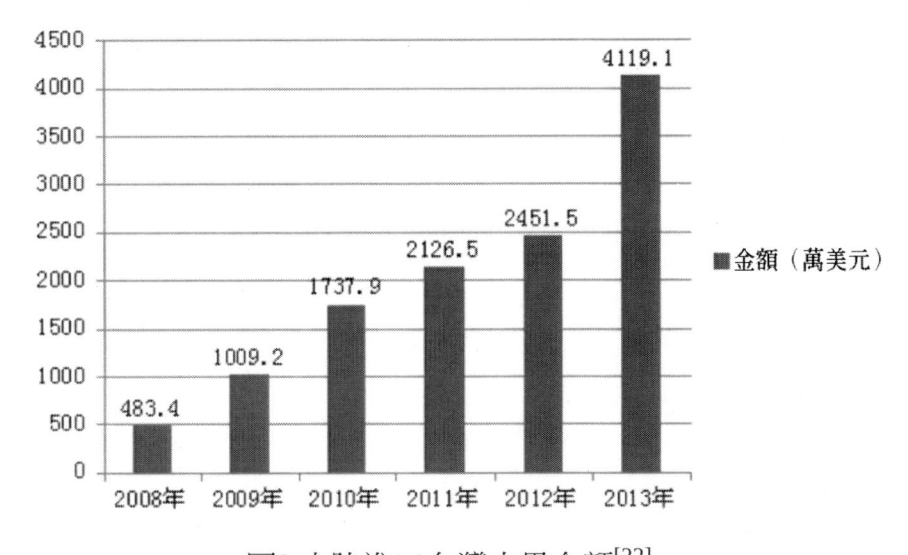

图8 大陸進口台灣水果金額[22]

　　對於台灣輸銷大陸的禽畜、稻米以及附帶土壤羅漢松等農產品，大陸根據具體情形同意台灣相關產品的輸入。從2011年2月1日起，台灣禽畜產品廠商的調製豬肉、加工禽品和禽蛋，可以從北京、上海和廈門口岸輸銷到大陸；台灣稻米從2012年6月16日起可以依據「台灣大米輸往大陸植物檢驗檢疫要求」進入大陸市場。據台灣陸委會統計，截至2014年1月底，台灣禽畜產品申報檢疫輸入大陸的數量為7萬7公斤，稻米為115萬3158公斤，而輸往大陸的台灣附帶土壤羅漢松則有125批，共9097株。總體而言，自農產品檢疫檢驗合作協議簽訂後，兩岸在農產品貿易上取得了較快發展，台灣方面透過該協議在大陸開拓了新的農產品市場。大陸方面在農產品檢疫檢驗合作協議生效後，從台灣進口農產品的金額也大幅增加，對兩岸農產品貿易的發展有著積極的影響。大陸進口台灣農產品的金額如圖9表示：

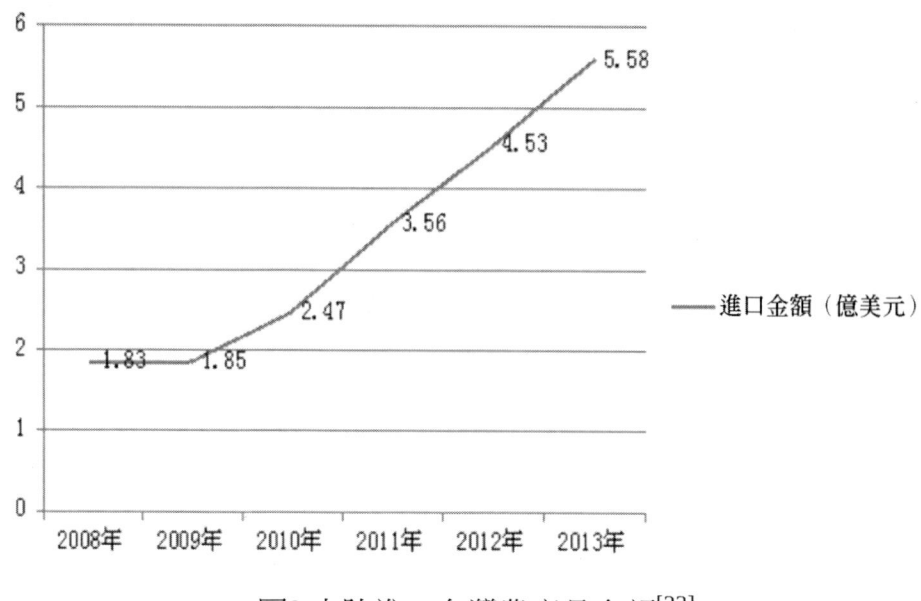

圖9 大陸進口台灣農產品金額[23]

　　此外，兩岸還於2009年12月22日簽訂了《海峽兩岸標準計量檢驗認證合作協議》和《海峽兩岸漁船船員勞務合作》。標準計量檢驗認證合作協議確定了在標準、計量、檢驗、認證、消費品安全等五個領域的合作，透過對協議的執行實施，兩岸致力於新興科技項目的標準合作、提升量測能量、排除貿易障礙以及調和兩岸認證差異，建立了兩岸消費品安全訊息通報聯繫及協調處理機制。在漁船船員勞務合作方面，雙方同意在符合雙方各自僱傭漁船船員規定之下，進行近海、遠洋漁船船員勞務合作，並對近海與遠洋勞務合作採取不同的管理方式。隨著協議的執行實施，兩岸於2010年12月成立了「兩岸垂直軸風力發電機組共同標準工作組」，該工作組是《海峽兩岸標準計量檢驗認證合作協議》框架下「兩岸標準合作工作組」下設的專業組之一，經過該工作組2年多的努力，大陸方面與台灣方面於2013年共同確認了兩岸首個共通標準《垂直軸風力發電機組》。另外，在不合格消費品案件通報上，根據台灣陸委會統計，自協議生效至2014年1月31日，台灣方面已經通報中國大陸808件不合格消費品案件，大陸方面完成調查

以及處理回覆達到了590件。通報案件中以「玩具」居多,達到了44.3%。透過不合格消費品通報制度,大陸不合格產品情形得到了改善,其出口台灣的玩具不合格律從2010年的2.74%下降到了2013年的0.9%。[24]

在漁船船員勞務合作協議生效後,兩岸建立了漁船船員勞務合作機制。台灣方面對兩岸漁船船員勞務合作持「境外僱傭、境外作業、過境暫制」政策,在其僱用大陸船員時,需要透過台灣的中介機構向大陸經營公司要求外派,並由大陸經營公司與台灣中介機構簽訂勞務合作合約,以及漁船船主與船員簽訂勞務合約,經營主體需承擔連帶保證責任,以保障船主與船員的權益。目前,台灣農委會已經核准了16家中介機構,並公告了10家大陸指定的船員外派公司。從2010年2月21日漁船船員勞務合作協議生效之後,台灣近海漁船船主依新建立的合作制度,透過中介機構從大陸引進船員累計1萬2164人次;2013年1月31日仍然受僱於台灣船主的大陸船員人數為840人。[25]

三、2008年以來兩岸協議執行的經濟效果

除對兩岸產生顯著的社會效果外,兩岸協議的執行亦給大陸和台灣帶來了豐厚的經濟成果。2009年4月兩岸金融合作協議的簽訂,對兩岸的金融合作、金融監督管理、貨幣管理等產生了重要影響,促進了兩岸銀行業、證券及期貨業、保險業以及貨幣清算等方面的合作與發展。2010年6月兩岸簽訂了《海峽兩岸經濟合作框架協議》(ECFA),ECFA在其早期收穫計劃上獲得了豐碩的成果,兩岸在金融合作上也進一步發展。在陸資赴台投資方面,兩岸先是於2009年4月26日達成了陸資赴台投資共識,在2012年8月簽訂了《海峽兩岸投資保

護和促進協議》，以保障兩岸投資者的權益，促進兩岸相互投資、創造公平投資環境，增進兩岸經濟繁榮。而《海峽兩岸知識產權保護合作協議》的簽訂，使兩岸在相互承認優先權、著作權、植物品種權等方面有了具體協處措施。《海峽兩岸海關合作協議》的簽訂及執行，有效地協助解決了兩岸貨品通關問題，並進一步解決了ECFA早收清單貨品通關、兩岸進出口貨物海關關稅等相關問題。

（一）兩岸協議執行對兩岸金融合作的影響

2009年4月兩岸簽署《海峽兩岸金融合作協議》後，為進一步落實協議內容，兩岸相關主管機關簽署了《海峽兩岸銀行業監督管理合作諒解備忘錄》、《海峽兩岸證券及期貨監督管理合作諒解備忘錄》和《海峽兩岸保險業監督管理合作諒解備忘錄》。兩岸關於銀行業、證券及期貨業、保險業這三方面的合作備忘錄的簽訂，是落實兩岸金融合作協議的具體措施，代表著兩岸金融監督管理機制的建立，兩岸金融合作由此進入到實質階段。而在兩岸貨幣清算方面，兩岸逐步建立相關貨幣清算機制，加強了兩岸貨幣的管理與合作。兩岸協議的執行給兩岸金融合作帶來的影響具體如下：

1.兩岸協議執行對雙方銀行業的影響

為具體落實兩岸金融合作協議，大陸方面與台灣方面於2009年11月16日簽訂了《海峽兩岸銀行業監督管理合作諒解備忘錄》，該合作備忘錄主旨在於確保兩岸銀行機構在對方設立的分支機構能夠按照審慎經營原則來展開相關業務，保證兩岸銀行機構總部對設立在對方的分支機構的經營情況能夠進行有效的控制，並確保雙方對銀行機構在對方的分支機構能持續有效地合併監理，並協助對方履行監督管理的職責。兩岸銀行監管合作備忘錄確定了兩岸在訊息交換、許可諮詢、檢查方式、訊息保密、危機處置、聯繫方式等方面展開合作，加強對兩岸互設銀行的監管，保證了兩岸銀行業健康有序的發展。

2010年9月23日，台灣銀行監督管理機構宣布核准中國銀行、交通銀行來台灣設立代表處。代表處在台灣只能從事非營業性活動，主要包括聯絡台灣銀行業者與客戶，搜索台灣相關金融市場訊息等。次日，交通銀行完成在台灣代表處的相關註冊登記，成為大陸第一家在台灣設立代表處的銀行。根據兩岸經濟合作框架協議（ECFA）以及早收清單的相關規定，大陸銀行經許可在台灣設立代表處且滿一年，即可以申請在台灣設立分行。有關台灣銀行至大陸設立分行事宜，由於台灣一些銀行在大陸設立代表處已有數年之久，故其可以直接進入到在大陸設立分行的具體籌建工作之中。2010年9月16日，大陸銀監會正式宣布已經批准台灣土地銀行、第一商業銀行、合作金庫銀行和彰化銀行這4家台資銀行在大陸進行籌建分行工作。2010年12月23日，台灣第一商業銀行上海分行正式開業，成為台灣第一家經大陸核准設立分行營業的銀行。對此，第一商業銀行副總經理周伯蕉表示，進軍大陸市場是第一銀行長久以來的願望，故於2003年即在上海設立辦事處，成為台資銀行的先行者。現在，大陸內需市場蓬勃發展，需要資金上的協助，是台商新利基，因此第一銀行將藉此機會向台商提供服務。[26]

兩岸關於銀行雙向投資的情況，截至2014年1月31日，大陸已有3家銀行在台灣設立分行，有一家銀行獲准在台灣設立代表處。其中，設立分行的3家銀行分別是中國銀行、交通銀行和中國建設銀行。2012年6月27日，中國銀行台北代表處正式升格為中國銀行台北分行，成為大陸第一家在台灣設立經營性分支機構的大陸商業銀行，代表著兩岸在金融合作方面實現「雙向升級」。隨後，交通銀行台北分行於2012年7月16日正式掛牌營業。而中國建設銀行則在2011年3月17日獲准在台灣設立代表處，並於2013年6月27日正式在台灣設立中國建設銀行台北分行。目前在台灣已設立代表處但未升格為分行的是招商銀行，招商銀行於2011年3月15日在台灣「金融監督管理委員會」辦理了台北代

表處的註冊登記手續，代表著其在台灣的代表處正式成立。

在台灣方面，截至2014年1月31日，台灣「金融監督管理委員會」已經核准13家台灣的銀行赴大陸開設分（支）行及子銀行。其中11家分行以及3家支行已經開業，並且已收購1家子行，另外有5家銀行設立了辦事處。對台灣的銀行在大陸地區的現狀如表7所示：

表7 台灣的銀行在大陸現狀統計表[27]

銀行	分（支）行、子行		辦事處
	已開業	申請案獲台「金管會」核准	
第一商業銀行	上海分行	成都分行 上海分行上海自由貿易區支行 河南省 12 家村鎮銀行 廈門分行	無
國泰世華銀行	上海分行	青島分行 上海分行閔行支行 上海分行自貿區支行	無
彰化銀行	昆山分行 昆山分行花橋支行	東莞分行 福州分行	無
土地銀行	上海分行	天津分行	無
合作金庫銀行	蘇州分行 蘇州分行高新支行	天津分行 福州分行	北京辦事處
華南銀行	深圳分行 深圳分行保安支行	上海分行 福州分行	無

續表

中國信託銀行	上海分行		北京辦事處
兆豐銀行	蘇州分行	蘇州分行吳江支行	無
台灣銀行	上海分行		無
玉山銀行	東莞分行	東莞分行長安支行 上海分行	無
台灣企銀	上海分行		無
永豐銀行		南京子行	南京辦事處
台北富邦銀行	華一銀行（已納為子行）		蘇州辦事處
台灣工業銀行			天津辦事處

在台灣銀行申請辦理人民幣業務方面，兩岸在2011年11月23日「兩岸銀行監理合作平台」第二次會議中達成共識：台灣第一商業銀行上海支行、彰化銀行崑山分行、華南銀行深圳分行、國泰世華銀行上海分行、合庫銀行蘇州分行、土地銀行上海分行等6家台資銀行大陸分行，在完成相關手續後可以向大陸申請辦理人民幣業務。目前，上述6家銀行向大陸銀行監理機構申辦大陸台資企業人民幣業務及全面性人民幣業務的申請案均已獲準。2013年4月1日兩岸召開「兩岸銀行監理合作平台」第三次會議，會上大陸方面表示將對台資銀行在大陸申請設立第二分行、支行和子行的案件加快受理審核，對台資銀行符合監管要求或相關法規的申請案件給予支持。並且，在該次會議上，雙方同意將兩岸銀行業市場準入和進一步開放項目等相關協商結論納入《海峽兩岸經濟合作框架協議》（ECFA）之下的服務貿易協議。海協會與海基會於2013年6月21日簽署了《海峽兩岸服務貿易協議》，該協議目前尚未生效，但在銀行業開放方面，雙方均作了相關承諾。依據《海峽兩岸服務貿易協議》附件1——服務貿易具體承諾表的規定，兩岸在銀行業開放承諾如表8所示：

表8 兩岸銀行業開放具體承諾表[28]

大陸方面	1、大陸的商業銀行從事代客境外理財業務時，可以投資符合條件的台灣金融產品。 2、符合條件的台灣的銀行可以按照現行規定申請在大陸發起設立村鎮銀行。 3、台灣的銀行在福建省設立的分行可以參照大陸關於申請設立支行的規定提出在福建省設立異地（不同於分行所在城市）支行的申請。 4、若台灣銀行在大陸設立的法人銀行已在福建省設立分行，則該分行可以參照大陸關於申請設立支行的規定提出在福建省設立異地（不同於分行所在城市）支行的申請。 5、在符合相關規定的前提下，支持兩岸銀行業進行相關股權投資合作。 6、台灣的銀行在大陸的營業性機構，經批准經營台資企業人民幣業務時，服務對象可包括依規定被認定為視同台灣投資的第三地投資在大陸設立的企業。
台灣方面	1、盡快取消大陸的銀行赴台設立分支行機構及參股投資的OECD條件。 2、已經在台灣設有分行的大陸銀行復符合相關條件的，可申請增設分行 3、單一大陸的銀行得申請投資台灣上市銀行、金控公司的持股比率提高至10%（如加計大陸合格境內機構投資者為 15%）；投資未上市銀行、金控公司的持股比率提高至15%；參股投資金控公司子銀行的持股比率可達20%。參股投資金控公司或其子銀行，維持現行二者擇一規定。 4、大陸的銀聯公司可申請赴台灣設立分支機構。

2.兩岸協議執行對證券期貨及保險業的影響

　　兩岸於2009年11月16日依據《海峽兩岸金融合作協議》簽訂了《海峽兩岸證券及期貨監督管理合作諒解備忘錄》和《海峽兩岸保險業監督管理合作諒解備忘錄》，作為落實金融合作協議的具體措施。對於這兩個備忘錄，前者主要為建立兩岸證券期貨共同合作框架，以加強對投資者的保護，促進證券及期貨市場健全發展。證券期貨確立展開合作的事項包括有互設機構、檢查方式、請求與執行、技術合作、諮詢以及雙方聯繫等方面。後者為加強兩岸保險監督管理機構的合作，確定了在訊息交換、檢查方式、聯繫交流、聯繫主體方面展開相關合作。兩岸經濟合作框架協議簽訂後，在其早收計劃中，兩岸證券期貨及保險業獲得進一步發展。據台灣陸委會統計，截至2014年1月底，台灣已有15家投資信託事業向大陸申請合格境外投資者（QFII）資格，均獲得了大陸證券監理機構核准資格，其中12家取得的投資額度為15億7000萬美元；在保險業方面，台灣有10家保險業向大陸申請QFII資格，目前亦均獲大陸證券監理機構核准，其取得的投資額度為

17億美元。

　　為進一步落實《海峽兩岸金融合作協議》以及證券期貨和保險業兩個合作備忘錄，兩岸於2013年1月29日和2013年10月17日分別召開了「兩岸首次證券期貨監理合作平台會議」和「兩岸首次保險監理合作會議」。在「兩岸首次證券期貨監理合作平台會議」上，大陸和台灣確認了合作平台內容和運作機制，並同意將雙方證券期貨市場開放議題協商結論納入到《海峽兩岸經濟合作框架協議中》。在「兩岸首次保險監理合作會議」上，雙方就市場進入協調、保險業務經營協商事項、監理法規等議題進行意見交流，並加強兩岸保險業在業務、技術等方面的合作，以促進兩岸保險業的健康發展。在兩岸在證券期貨和保險業開放方面，自《海峽兩岸服務貿易協議》簽訂後，雙方都作出了具體的承諾。儘管至今兩岸服貿協議尚未生效，但是雙方在服貿協議上的承諾體現了兩岸對金融合作協議和ECFA的切實執行，反應出兩岸在金融合作領域不斷地深化發展。根據《海峽兩岸服務貿易協議》附件1——服務貿易具體承諾表的規定，兩岸在證券期貨和保險業開放的承諾如表9所示：

表9 兩岸證券期貨及保險業開放承諾表[29]

	兩岸證券期貨業開放承諾表
大陸方面	1、允許台資金融機構以人民幣合格境外機構投資者方式投資大陸資本市場。 2、為台資證券公司申請大陸 QFII 資格進一步提供便利，允許台資證券公司申請QFII資格時，按照集團管理的證券資產規模計算。 3、允許符合條件的台資金融機構按照大陸有關規定在大陸設立合資基金管理公司，台資持股比例可達50%以上。 4、允許符合設立外資參股證券公司條件的台資金融機構按照大陸有關規定在上海市、福建省、深圳市各設立1家兩岸合資的全牌照證券公司，台資合併持股比例最高可達51%，大陸股東不限於證券公司。 5、在金融改革試驗區內各設 1 家合資全牌照證券公司，台資持股比例不超過49%，且取消大陸單一股東須持股49%的限制。 6、建立合資證券投資諮詢公司，台資持股比例最高達49%。 7、在金融改革試驗區中的投資證券投資投資諮詢公司，台資持股比例最高可達49%。 8、允許符合條件的台資期貨中介機構按照大陸有關規定，在大陸申請設立合資期貨公司，台資合併持股比例最高可達49%。
台灣方面	1、大陸證券期貨機構按照台灣有關規定申請在台灣設立代表人辦事處須具備的海外證券、期貨業務經驗2年以上，且包括香港和澳門。 2、循序放寬大陸合格境內機構投資者投資台灣證券的限額，初期可考慮由5億美元提高至10億美元。 3、積極研究放寬大陸證券期貨機構參股投資台灣證券期貨機構的有關機制。 4、積極研究大陸合格境內個人投資者投資台灣資本市場。
	兩岸證券期貨業開放承諾表
大陸方面	積極支持符合資格的台灣保險業者經營交通事故責任強制保險業務，對台灣保險業者提出的申請，將根據有關規定積極考慮，並提供便利。
台灣方面	積極審慎修正有關大陸保險業在台灣設立代表處及參股評等之規定

3.兩岸協議執行對貨幣清算的影響

　　隨著兩岸金融合作的不斷發展，雙方在貨幣清算方面的合作亦有了實質進展，滿足了兩岸在金融合作過程中對貨幣清算的需求。2012年8月31日，中國人民銀行與台灣中央銀行簽署了《海峽兩岸貨幣清算合作備忘錄》，以作為對《海峽兩岸金融合作協議》執行的一項具體措施。兩岸貨幣管理機構同意以備忘錄為基礎建立兩岸貨幣清算機制。中國人民銀行新聞發言人在對該備忘錄答記者問時即表示，兩岸

貨幣清算機制的建立，代表著兩岸貨幣合作步入新的發展階段，也是兩岸金融合作取得的重要進展。根據該備忘錄，兩岸將各自選擇一家貨幣清算機構開展本方貨幣業務，主要提供結算和清算服務，貨幣清算機構可以依照相關規定辦理兩岸貨幣的現鈔調運。2012年12月11日，中國人民銀行發布公告，根據《海峽兩岸貨幣清算合作備忘錄》的相關規定，決定授權中國銀行台北分行擔任台灣人民幣業務清算行。台灣中央銀行則於2012年9月17日公布台灣銀行（上海分行）為大陸地區新台幣清算行。從此，兩岸金融機構可以透過代理管道及清算行管道為客戶辦理跨境貨幣結算業務。關於兩岸開展貨幣清算業務進展狀況如表10所示：

表10 兩岸貨幣清算業務進展表[30]

台灣地區人民幣清算業務	1、2013年1月25日中國人民銀行與中國銀行台北分行簽署《關於人民幣業務的清算協議》。台灣「中央銀行」亦於同日發佈「銀行業辦理外匯業務管理辦法」，規範台灣外匯指定銀行（DBU）於台灣地區人民幣清算行開立人民幣清算帳戶後，可以開辦人民幣業務。 2、2013年1月28日台灣「中央銀行」許可中國銀行台北分行為台灣地區人民幣清算行。 3、2013年1月30日台灣「中央銀行」與中國銀行台北分行舉辦「人民幣業務法規及清算說明會」。 4、2013年2月6日起台灣外匯指定銀行(DBU)陸續開辦人民幣業務。 5、2013年4月11日台灣「中央銀行」與中國銀行台北分行舉辦第二次「人民幣業務法規及清算說明會」。 6、2013年5月8日至9日，中國銀行台北支行舉辦「跨境人民幣業務說明會」。 7、2013年8月12日中國人民銀行昆山支行發佈「昆山深化兩岸產業合作實驗區跨境人民幣業務試點暫行辦法實施細則」，故此台灣「中央銀行」於同年9月3日通函其外匯指定銀行，開放台灣地區總公司得憑與昆山實驗區內企業的貸款合約辦理外幣貸款。 8、2013年10月9日中國銀行台北分行舉辦「昆山試驗區金融服務說明會」。 9、中國銀行台北分行從2014年1月20日起，為台灣地區金融機構提供人民幣現鈔提存服務。

續表

大陸地區新台幣清算業務	1、2013年1月4日台灣「中央銀行」同意台灣銀行呈報上海分行辦理新台幣清算業務的營業內容。 2、2013年2月4日國家外匯管理局核准台灣銀行上海分行辦理現鈔入出境。 3、2013年2月6日台灣首批新台幣現鈔運抵上海。 4、2013年3月27日國家外匯管理局核可台灣銀行上海分行的新台幣現鈔買賣服務。 5、2013年4月2日台灣銀行上海分行開辦新台幣現鈔買賣業務。 6、2013年5月23日第二批新台幣現鈔運抵上海。 7、2013年8月28日第三批新台幣現鈔運抵廈門（交付參加行——廈門銀行總行）。 8、2013年11月4日第四批新台幣現鈔運抵重慶（交付參加行——廈門銀行重慶分行）。 9、2014年1月22日第五批新台幣現鈔運抵廈門（交付參加行——廈門銀行總行）。 10、台灣銀行上海分行與參加行辦理大陸地區新台幣現鈔兌換業務協議，已於2013年5月31日獲國家外匯管理局同意備查，截至2014年1月31日，已有2家中資及5家台資銀行完成簽署。

兩岸貨幣業務清算的發展，對促進兩岸投資貿易便利化、推動兩岸經濟關係深入發展等方面都有著積極的作用。根據台灣陸委會統計的數據，截至2014年1月31日，在人民幣現鈔買賣方面，台灣經許可辦理人民幣現鈔兌換的金融機構共有4208家分支機構及391家外幣收兌處，金融機構主要包括有銀行、信合社、郵局、農業金庫及農漁會信用部等。在指定開辦人民幣業務的銀行方面，截至2014年1月31日，台灣指定銀行（DBU）達到66家，國際金融業務分行（OBU）達到57家。[31]

（二）兩岸協議執行對兩岸投資貿易的影響

早在2009年4月26日海協會與海基會舉行第三次會談之時，兩岸達成了「陸資赴台投資共識」，在該共識中，雙方一致認為，目前兩岸面臨和平發展難得的歷史機遇，為促進兩岸雙向直接投資創造良好的環境，雙方同意秉承優勢互補、互利共贏的原則，積極鼓勵並推動大陸企業赴台考察、投資，以達到加強和深化兩岸產業合作、實現兩岸經貿關係正常化和制度化的目的。此項共識的達成，終結了兩岸只能

由台灣到大陸進行單相投資的格局,使兩岸邁入了雙向投資的正常化軌道。至2010年6月29日,大陸和台灣簽訂了對兩岸經貿投資有著深遠影響的《海峽兩岸經濟合作框架協議》(ECFA),兩岸關係步入了合作發展、互利雙贏的「ECFA時代」。為營造兩岸良好的投資環境,雙方在2012年8月9日簽訂了《海峽兩岸投資保障和促進協議》,對兩岸投資者提供人身自由與安全保障,並建立多元化的爭端解決機制,創造公平的貿易與投資環境,進一步促進兩岸經濟的繁榮與發展。

1.ECFA對兩岸經貿關係的影響

ECFA是大陸和台灣在經濟合作領域簽署的一項重要協議,在ECFA生效後數年間,其有效推動著兩岸經濟合作不斷深入發展。在ECFA中,雙方同意本著WTO基本原則,考慮雙方的經濟條件,逐步減少或消除彼此監督貿易和投資障礙,以創造公平的貿易和投資環境,增進雙方的貿易與投資關係,建立有利於兩岸經濟繁榮與發展的合作機制。ECFA是一個框架性協議,是將兩岸未來要簽訂實施的相關議題納入至一個框架裡。在ECFA生效後6個月內,兩岸尚須就貨物貿易協議、服務貿易協議、建立合適的爭端解決機制和相關投資保護等問題展開磋商,並逐一簽署單項協議。為盡快實現ECFA目標,使其框架內後續協議能盡快簽訂,雙方同意對相關產品、服務等實施早期收穫計劃,早期收穫計劃在ECFA生效後6個月內開始實施。早期收穫計劃主要分為貨物貿易早期收穫計劃和服務貿易早期收穫計劃。

(1) 貨物貿易早期收穫計劃成果

貨物貿易早期收穫計劃主要對早期收穫產品實施降稅,對相關產品核發原產地證明,並對相關產品使用臨時貿易救濟措施等。而服務早期收穫計劃則要求一方根據相關規定對另一方的服務及服務提供者減少或消除實行的限制性措施等。對於早期收穫貨品和服務具體以附件的形式列明。值得注意的是,依據ECFA,海協會和海基會於2011年

1月6日換函通報了兩岸經濟合作委員會成員名單,兩岸經濟合作委員會在兩會框架下正式成立。對此,國台辦發言人范麗青表示,兩岸經濟合作委員會是對ECFA及其相關內容的執行和磋商機構,委員會將根據ECFA第11條賦予的職能,先易後難、循序漸進處理兩岸經濟關係發展中的有關問題。委員會每半年召開一次例會,必要時經雙方同意可以召開臨時會。截至2013年底,兩岸共召開了5次例會,成效顯著。兩岸經濟合作委員會的成立,為兩岸經濟合作制度的發展提供了一個有效的聯繫機制,對ECFA的執行及其後續協議的商定有著重要的作用。

為瞭解台灣民眾對ECFA簽訂的看法,台灣陸委會委託「中華徵信所」對第五次「江陳會談」做了一次民意調查,調查時間為2010年7月2日至4日,調查樣本為1114份,抽樣誤差為±2.94%。其中有關ECFA簽訂的調查情況如表11所示:

表11 台灣民眾對簽訂ECFA看法之民意調查表[32]

調查問題1：本次協商簽署ECFA，有539項的台灣產品銷往大陸，可以零關稅或降低關稅負擔，請問您對這項協商成果滿不滿意？

非常滿意	還算滿意	有點不滿意	非常不滿意	不知道/無意見
14.2%	40.6%	11.0%	13.8%	20.4%
54.8%		24.8%		20.4%

調查問題2： ECFA 簽訂後，台灣農產品有18種可以免稅進入大陸市場，包括香蕉、柳橙、哈密瓜、石斑魚、茶葉以及蘭花等，請問您對這樣的協商成果滿意不滿意？

非常滿意	還算滿意	有點不滿意	非常不滿意	不知道/無意見
19.0%	44.6%	12.2%	14.6%	9.5%
63.6%		26.8%		9.5%

調查問題3：請問您認為政府與大陸簽訂 ECFA，是不是有助於台灣與其他國家商談洽簽自由貿易協定(FTA)？

是	不是	不知道/無意見
62.6%	25.9%	11.4%

調查問題4：請問您認為 ECFA 對於促進台灣經濟的長期發展是有好的影響、不好的影響，還是沒有影響？

好的影響	不好的影響	沒有影響	不知道/無意見
59.2	20.8	10.2	9.9

調查問題5：整體而言，請問您對這一次 ECFA 的協商成果滿不滿意？

非常滿意	還算滿意	有點不滿意	非常不滿意	不知道/無意見
15.5%	45.6%	12.9%	17.1%	8.9%
61.1%		30.0%		8.9%

調查問題6：整體而言，請問您認為這次會談簽署的 ECFA 和《兩岸知識產權保護合作協議》，有沒有維護台灣的利益？

有	沒有	不知道/無意見
66.8%	22.5%	10.7%

調查問題7：請問您贊不贊成兩岸繼續透過制度化的協商，來處理兩岸交流的問題？

非常贊成	還算贊成	有點不贊成	非常不贊成	不知道/無意見
39.6%	39.7%	6.5%	9.4%	4.8%
79.3%		15.9%		4.8%

透過以上民意調查數據可以看出，對於透過兩岸制度化協商來處理兩岸交流問題，有近8成（79.3%）的台灣民眾表示贊成。有超過6成以上（61.1%）的民眾滿意簽訂ECFA的協商成果。對於兩岸簽署ECFA的效益，有62.6%的台灣民眾認為有助於台灣與其他國家商談洽簽自由貿易協定（FTA），有25.9%的台灣民眾認為沒有幫助。在ECFA對台灣經濟的長期發展方面，有59.2%的民眾認為有「好的影響」，高於「不好影響」（20.8%）和「沒有影響」（10.2%）。整體而言，有66.8%的台灣民眾認為簽訂ECFA和《兩岸知識產權保護合作協議》有維護台灣的利益，高於認為沒有的比例（22.5%）。

（2）ECFA早期收穫計劃成果

為使兩岸民眾盡快享受ECFA簽署所帶來的利益，自2011年1月1日起，兩岸開始全面實施貨物貿易與服務貿易早期收穫計劃，貨物貿易早期收穫計劃開始實施降稅，服務貿易早期收穫部門及開放措施也同時全面實施。這對兩岸經濟關係正常化、制度化、自由化有著里程碑式的意義。

在貨品貿易方面，根據ECFA附件1所列清單，大陸對原產於台灣而實施降稅的產品共有539項，台灣對276項原產於大陸的產品實施降稅。兩岸在早期收穫計劃實施後不超過兩年分三步對早期收穫產品實現零關稅。大陸方面和台灣方面早期收穫產品降稅安排分別可如表12和表13所示：

表12 大陸方面早期收穫產品降稅安排[33]

	2009 年進口稅率 (X%)	協議稅率		
		早期收穫計劃實施第1年	早期收穫計劃實施第2年	早期收穫計劃實施第3年
1	0 < X ≤ 5	0	—	—
2	5 < X ≤ 15	5	0	—
3	X > 15	10	5	0

表13 台灣方面早期收穫產品降稅安排[34]

	2009 年進口稅率 (X%)	協議稅率		
		早期收穫計劃實施第1年	早期收穫計劃實施第2年	早期收穫計劃實施第3年
1	0 < X ≤ 2.5	0	—	—
2	2.5 < X ≤ 7.5	2.5	0	—
3	X > 7.5	5	2.5	0

在2011年1月1日ECFA早收計劃實施後，在1日當天，ECFA貨物貿易早期收穫計劃第一單進出口貨物在廈門順利通關。第一單ECFA早收計劃進出口貨物為廈門鑫金鷺果蔬貿易有限公司進口的台灣水果，淨重4.08噸，貨值2920美元。金門縣商業會在1日中午為該批水果簽發了原產地證書，故其在大陸可以享受到早收計劃的關稅優惠，其稅率從原來的11%和12%統一降至5%，為企業節省稅款約1200元人民幣。[35]大陸方面，上海浦東出入境檢驗檢疫局於2011年1月6日簽發了第一份ECFA原產地證書。獲得該原產地證書的企業是全能電池（上海）有限公司。該份證書涉及出口台灣的商品包括有54.8萬顆鎳氫電池和40套電池充電器，總價值約4.6萬美元。[36]在ECFA早收清單實施第一週，廈門海關共監管驗放ECFA貨物47.6噸，其中從台灣進口貨物占一半以上，主要以台灣水果和水產品為主，包括柳丁、哈密瓜、活石斑魚等，總計達到25.02噸，總貨值為3.57萬美元，台灣產品登錄廈門獲得的減免稅款達到1.1萬元人民幣。[37]對大陸出口到台灣的產品，國台辦

發言人范麗青2011年1月12日表示，截至2011年1月11日，大陸方面核發原產地證明達到了100份，金額約600多萬美元。大陸企業申領的原產地證書數量少於台灣，恰恰體現了ECFA對台灣同胞是極大的利好。[38]至2013年12月10日，兩岸於台北海基會大樓召開了「兩岸經濟合作委員會」第5次例會，台灣方面經合會召集人、海基會副董事長兼祕書長高孔廉在會上致詞表示，ECFA早期收穫計劃實施後，至2013年1月1日起兩岸早期收穫計劃全部產品已降為零關稅。在貨品貿易方面，2012年台灣出口的大陸廠商節省5.58億美元的關稅，2013年1月至10月台灣廠商估計節省關稅5.69億美元，估計自2011年1月至2013年10月，共節省關稅12.57億美元。[39]關於兩岸在享受關稅優惠商品貿易額和早起收穫計劃產品關稅減免的情況如圖10和圖11所示：

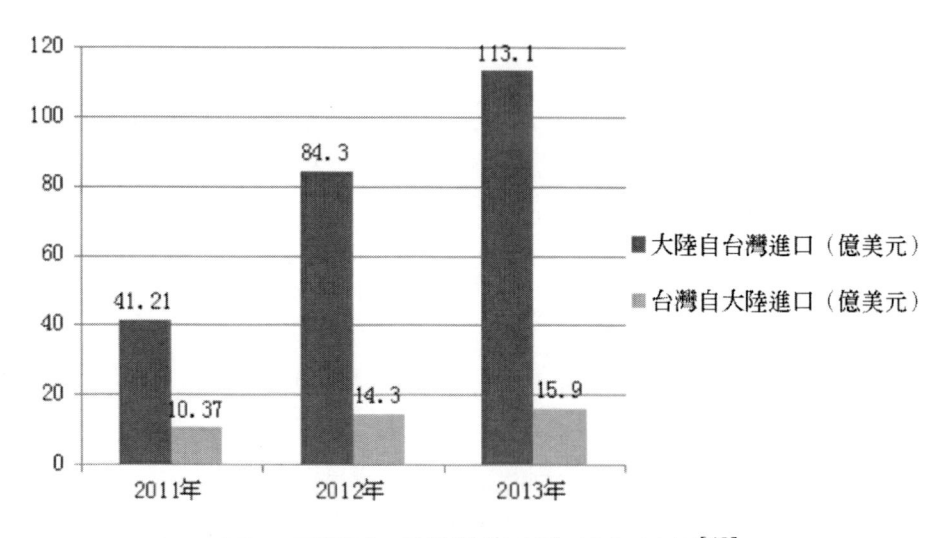

圖10 兩岸享受關稅優惠商品貿易額[40]

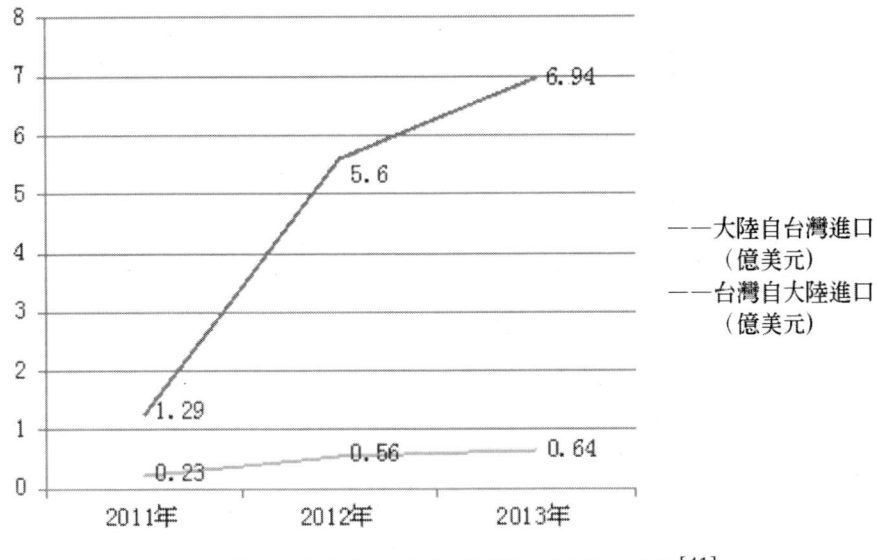

圖11 兩岸早收計劃產品關稅減免[41]

　　從上述數據可以看出，實行ECFA早收計劃後，兩岸特別是在台灣方面，其出口至大陸的商品貿易額大幅增長，從2011年的41.21億美元、2012年的84.3億美元，一直到2013年的113.1億美元，隨之帶來的效果就是台灣在早收計劃產品中享受到的關稅優惠也不斷增加，其獲得的關稅減免從2011年的1.29億美元，到2012年的5.6億美元，直至2013年的6.94億美元。相對說來，大陸出口至台灣的貿易額遠比台灣出口至大陸的貿易額要低，與此相對應的是大陸在台灣享受到的早收計劃產品關稅的減免也比台灣要低得多。此現象充分說明了台灣在ECFA早收計劃中獲得了更大的實惠。這也從側面印證了國台辦發言人范麗青在2011年1月12日所言，大陸企業申領原產地證書數量少於台灣，恰恰體現了ECFA對台灣同胞是極大的利多。[42]總體而言，兩岸在ECFA早收計劃執行上已顯現初步成果，促進了兩岸經貿的有序往來，提升了兩岸經濟繁榮與發展。

　　在服務貿易早收計劃方面，大陸根據ECFA的附件確定開放的業務包括有商業服務、通訊業務、金融服務、運輸服務以及與健康相關的

服務和社會服務等內容。而台灣方面承諾開放的業務包括有商業服務業，通訊服務業，配銷服務業，娛樂、文化及運動服務業（視聽服務業除外），空運服務業以及金融服務業等。2010年10月28日，依據ECFA的相關規定，大陸方面對台灣正式實施會計服務、計算機及相關服務、研究和開發服務、會議服務和視聽服務項下的進口電影片配額等5個部門的服務貿易早期收穫開放措施。這是ECFA在服務貿易早期收穫計劃取得的重要進展。台灣方面在服務業早期收穫計劃中開放的業務有金融業務和非金融業務。金融業務包括銀行業、證券以及期貨、保險業等方面；非金融業務則包括有兩岸相互投資之情形。

在金融業務上，截至2013年10月，台灣的銀行在大陸設立了11家分行，其中6家已經獲準開放台資企業人民幣業務。大陸已經有3家銀行在台灣設立分行，並有一家銀行在台灣設立辦事處。非金融業務部分，雙方投資案件以及投資額持續增加。至2013年6月21日，兩岸在ECFA框架下簽訂了《海峽兩岸服務貿易協議》，兩岸服務開放清單大陸達到了80條，台灣開放了64條。雙方市場開放涉及商業、通訊、建築、分銷、環境、健康和社會、旅遊、娛樂文化和體育、運輸、金融等行業。就整體情況而言，兩岸在ECFA服務貿易早期收穫中已經獲取了一定成果，然而，納入服務貿易早期收穫計劃的項目畢竟只是占到全部項目中的一小部分。若要促進兩岸服務貿易更進一步發展，就必須要盡早完成對《兩岸服務貿易協議》生效的相關工作，如此才能進一步擴大ECFA的效益，促進兩岸經濟貿易更有秩序的往來，提升兩岸經濟繁榮發展，使ECFA簽訂與執行的效益真正惠及兩岸人民。

2.ECFA對兩岸投資的影響

2009年4月26日海協會與海基會舉行第三次會談的時，兩岸達成了「陸資赴台投資共識」，如前所述，在該共識中，雙方同意秉承優勢互補、互利共贏的原則，積極鼓勵並推動大陸企業赴台考察、投資，

以達到加強和深化兩岸產業合作、實現兩岸經貿關係正常化和制度化的目的。此項共識的達成，終結了兩岸只能由台灣到大陸進行單相投資的格局，使兩岸邁入了雙向投資的正常化管道。對於「陸資赴台投資共識」的執行，台灣經濟主管部門於2009年6月30日頒布了「大陸地區人民來台投資許可辦法」，從頒布當天起正式受理陸資赴台投資的相關申請。對於陸資赴台，台灣當局設定了第一階段開放投資的項目共100項，其中製造業64項，服務業25項，公共建設11項。截至2010年8月11日，陸資赴台投資項目已有46個，投資金額有1.22億美元。[43]僅從投資項目與投資金額來看，當時陸資赴台還不算是很多，但是卻有著重要的意義，其推動著兩岸經濟往來的正常化，對於兩岸的經貿交往而言是一個嶄新的開始。

在ECFA簽訂之後，兩岸在非金融服務業早期收穫計劃之中，進一步加強了兩岸的相互投資。2010年9月3日，淮揚美食百年老字號——江蘇揚州冶春茶社台北店在台北正式開業，成為了大陸餐飲業赴台投資的首家獨資項目。這體現了ECFA的簽署，為兩岸服務業的交流和合作帶來了全新的空間。至2010年11月底，陸資赴台投資宗數破百，達到了101宗，總投資額達到了1.35億美元，投資領域涉及批發零售、資訊及通訊傳播、餐飲、塑膠製品以及住宿服務等13個行業。[44]經過一年多的實踐，陸資赴台得到了不斷發展，涉及投資領域不斷擴大。鑒於一年來陸資赴台發展的良好形勢，大陸方面於2010年11月初，由發改委、商務部、國台辦聯合制定了《大陸企業赴台灣地區投資管理辦法》，明確鼓勵、引導以及規範陸資赴台直接投資，以實現兩岸投資互補互利之格局。台灣方面於2011年3月2日公布了第二波開放大陸資金赴台清單，其中對集成電路IC製造業、半導體封裝及測試業，以及液晶面板等產業的投資人，台灣方面允許其可以進行參股或合資新設。在兩岸相互投資發展過程中，ECFA服務業早收計劃投資部分，2011年陸資赴台投資件數為31件，2012年為34件，2013年有36件，至

2013年累計投資金額達到了1.45億美元。截至2013年台灣赴大陸投資累計有379件，投資金額達到了5.45億美元。2012年6月26日，大陸首家台商獨資醫療機構、台灣聯新國際醫療集團「上海禾新醫院」正式開幕，成為了ECFA簽訂後大陸核准設立的第一家台商獨資醫療機構，投資金額約2357萬美元。有關ECFA服務業早期收穫計劃投資情形如表14所示：

表14 ECFA服務業早收計劃兩岸投資情形表[45]

大陸赴台投資情形				
項目 時間	件數		金額（萬美元）	
	核准件數	增長率(%)	核准投資金額	增長率(%)
2011 年	31	—	1466.4	—
2012 年	34	9.68	2397.1	63.47
2013 年	36	5.88	10690.2	345.96
累計 ECFA 服務業早收計劃陸資赴台	101	—	14553.7	—

台灣來大陸投資情形				
項目 時間	件數		金額（萬美元）	
	核准件數	增長率(%)	核准投資金額	增長率(%)
2011 年	120	—	20276.8	—
2012 年	142	18.33	13351.7	−34.15
2013 年	117	−17.61	20886	56.43
累計 ECFA 服務業早收計劃台資來大陸	379	—	54514.5	—

隨著兩岸相互投資不斷深入發展，為保護雙方投資者權益，促進相互投資，創造公平投資環境，海協會與海基會於2012年8月9日簽訂了《海峽兩岸投資保護和促進協議》（以下簡稱投保協議）。投保協議是ECFA框架下首個後續協議，是ECFA後續協商的第一批成果，代表著兩岸經貿合作邁出了重要一步。兩岸投保協議的簽訂執行有效保護了兩岸投資者的相關權益，包括對投資者經第三地投資、人身安全保障以及相關爭端解決等方面內容。此外，兩岸投保協議旨在減少兩岸投資相關限制，以促進兩岸相互投資。2013年2月1日兩岸投保協議生效之後，雙方業務主管部門建立了相關聯繫平台，正式啟動該協議項下各項工作機制。雙方協處窗口自投保協議簽署後，便開始受理兩岸投資人的申訴案件，並送請對方窗口進行協處。從投保協議簽署至2014年1月底，大陸方面向台灣方面轉遞投資爭端案件3件，回覆1

件。[46]台灣方面送請大陸窗口進行行政協處的共計90件，已經完成協處程序的共18件，其餘案件正在積極處理中。台灣送大陸方面協處機制案件統計如表15所示：

表15 台灣送大陸方面協處機制案件統計表[47]

期　　間	受理案件（件）	僅提供法律諮詢（件）	行政協處（件）
2012.8—2012.12	43	12	31
2013.1—2013.12	78	22	56
2014.1—2014.1	4	1	3
合計	125	35	90

在兩岸投資者人身安全保障方面，雙方於簽訂投保協議當天達成了《投保協議人身自由與安全保護共識》。根據該共識，雙方對限制投資者人身自由的，自限制人身自由時起，相關機關要在24小時內通知投資者家屬或者其所在投資企業。自協議生效後，截至2013年底，台灣投資者及其相關人員在大陸地區人身自由受限制案件共計8件，其中依規定完成通知的共5件，其餘3件未通知但有通報。[48]大陸投資者及相關人員截至目前還沒有在台灣人身自由受限制而需要通知的案件。總體而言，兩岸投保協議的簽署，使兩岸建立了業務主管的聯繫平台，有利於雙方投資者的權益保障。為確保兩岸投保協議的執行，未來雙方還會持續追蹤相關案件的處理情況，並就投保協議執行情形進行定期檢討，以落實協議執行績效，保障兩岸投資者的權益。

（三）兩岸協議執行的其他經濟效果

海峽兩岸除在金融、投資等經貿合作取得了一系列成果之外，還在知識產權、海關合作方面取得了積極進展，深化了兩岸經貿往來。2010年6月29日兩岸簽訂了《海峽兩岸知識產權保護合作協議》，自協議生效以來，大陸知識產權局、版權局、商標局等與台灣經濟主管部門「智慧財產局」進行了積極的溝通與合作，在協議執行上取得了良

好的效果。2012年8月9日兩岸簽署了《海峽兩岸海關合作協議》,該協議的簽署與生效使兩岸在貨物通關、合作打擊走私以及落實ECFA早期收穫計劃貨品享受關稅優惠等方面產生了良好的效益,對雙方加強海關合作管理、共同查緝走私犯罪以及促進合法貿易等有著極大的促進作用,同時使兩岸貿易更為便捷與安全,有助於推動兩岸經貿進一步交流與發展。

兩岸知識產權保護合作協議生效於2010年9月12日,兩岸開始在相互承認優先權、協處機制、著作權以及植物品種權等方面展開合作,並成立相關工作組以展開具體工作,對雙方資訊及時進行交換。從2010年11月22日起兩岸開始同步受理對方的專利、商標、植物新品種申請的優先權請求,截至2010年12月31日,大陸方面受理台灣方面相關優先權申請共73件,包括發明專利64件、實用新型專利8件、商標1件;台灣方面受理大陸相關優先權申請共24件,包括發明專利22件、實用新型專利1件、商標1件。[49]兩岸在知識產權合作方面成效初顯。

截至2013年12月底,兩岸知識產權合作在相互承認優先權上,大陸受理台灣優先權主張共15827件,其中專利15681件、商標143件、品種3件。台灣受理大陸優先權主張共11034件,其中專利10742件、商標292件。[50]在兩岸協處機制上,雙方相互受理對方提出的協處案件。其中大陸向台灣方面提出了包括「中網」、「央網」、「CCTV」搶註冊案在內的協處請求,台灣方面也提出了「MSI微星科技」、「台銀」、「台鹽生技」商標專用權等方面的案件,透過協處機制,許多案件得到了妥善解決。在植物品種權方面,台灣提出了10項請大陸列入優先公告適用的植物種類,包括有朵麗蝶蘭、文心蘭、棗仔、番石榴、芒果、鳳梨、番木瓜、楊桃、枇杷和火龍果。大陸對此透過制定相關規定同意將台灣的朵麗蝶蘭以蝴蝶蘭屬受理申請品種權,並將棗屬納入國家林業局第5批植物新品種保護名錄,於2013年4月1日開始實施;將芒果及枇杷納入農業部第9批植物新品種保護名錄,於2013年4

月15日開始實施。在著作權方面,台灣著作權協會從2010年12月16日起正式為台灣音影製品進入大陸進行著作權認證工作,縮短了台灣音影製品進入大陸的時間。截至2013年9月,大陸方面完成台灣錄音製品版權認證251件、影視作品版權認證17件。[51]為保證知識產權合作協議的順利執行,兩岸已經成立了「專利」、「商標」、「著作權」和「品種權」4個工作組,透過舉行工作組會晤的方式來保持雙方的溝通,並進行相關資訊交換。兩岸直接的溝通平台與相關協處機制,加強了兩岸在知識產權保護上的瞭解與合作,促進兩岸在經貿交流上的深入發展。

而《海峽兩岸海關合作協議》的簽訂,為兩岸的投資經貿更是帶來了極大便利。雙方通關業務聯繫窗口持續透過電話、傳真以及電子郵件的形式進行相互溝通,解決了兩岸ECFA貨物通關以及原產地證明書等問題。此外,兩岸透過建立雙方整體聯繫機制並啟動各專家組合作會工作,進行意見、訊息和技術交流,例如緝私情報交換與協查有助於雙方打擊毒品以及走私犯罪。各專家組進行交流研究,比較兩岸關務技術制度等,針對容易發生的通關問題進行討論,解決兩岸在通關上遇到的問題,使兩岸投資經貿在通關上更為便利快捷,促進雙方經濟貿易的往來。

四、2008年以來兩岸協議執行的法制效果

兩岸協議執行的法制效果,具體可以分為兩個部分。第一個部分為兩岸協議在大陸和台灣的生效和適用;第二個部分是兩岸協議的執行對兩岸共同打擊犯罪及司法互助的影響。由於兩岸協議的簽署主體是海協會與海基會,而兩會性質屬於民間組織,故其簽署之協議具有

「私協議」之性質。如何將這具有「私協議」性質的協議轉化為對兩岸具有普遍約束力的法律規範,這涉及兩岸協議的生效與適用。而協議生效與適用的過程,又體現出兩岸協議對大陸與台灣法制產生影響的過程。在具體打擊犯罪與司法合作上,兩岸於2009年4月26日簽署了《海峽兩岸共同打擊犯罪及司法互助協議》,自該協議生效之後,雙方建立了制度化的協處機制,共同預防制止各類不法犯罪,確保了兩岸民眾生命與財產的安全。

(一)兩岸協議在大陸和台灣的生效與適用

兩岸協議是在「一個中國」原則為核心的「九二共識」的基礎上簽訂的,本質上屬於「一國內地區間協議」。由於大陸與台灣分屬兩個不同法域[52],故兩岸協議在兩岸範圍內的生效需要兩岸依照各自程序完成相應的準備工作方可。自《海峽兩岸經濟合作框架協議》以來,各項兩岸協議在生效條款中均以「雙方各自完成相關程序並通知對方」為協議生效的前提條件。這裡的「相關程序」即是兩岸依照各自域內規定,對協議進行接受的程序。[53]

目前,兩岸在協議接受實踐上出現了不同情況。大陸方面沒有透過法律來規定兩岸協議的接受程序,所以對兩岸協議的接受表現出了一種相對複雜的情形,例如有的兩岸協議一經簽署便可產生法律約束力,有的經過有關部門透過轉化立法賦予協議法律效力。而在台灣,其對兩岸協議接受的情形則作了具體規定,其接受制度表現在「台灣地區與大陸地區人民關係條例」之中。根據該「條例」第4—2條和第5條的規定,若兩岸協議的內容涉及「修法」或者「新訂定法律」,需由行政院核轉立法院審議通過後方可生效;若協議內容不涉及「修法」或者「新訂定法律」,則由行政院核定後,送立法院備查即告生效。

目前,大陸方面接受兩岸協議的方式主要為默示的納入接受,即

大陸有關部門在尚未經過任何協議接受程序時即開始適用協議，表現在立法機關直接以兩岸協議為依據進行立法活動、審判機關直接以兩岸協議為依據進行司法裁判活動、行政機關以兩岸協議為依據調整相應政策等。迄今為止，大陸立法機關以兩岸協議為依據，共制定了14件法律規範，主要包括有部門規章與司法解釋。司法上，大陸審判機關也有直接援引兩岸協議而進行司法裁判，其援引協議主要是《兩岸公證書使用查證協議》和《海峽兩岸共同打擊犯罪和司法互助協議》。現已正式生效的兩岸協議中，以默示納入方式實現接受，並涉及立法適用和司法適用協議的情況可參見表16：

表16 大陸以默示納入方式接受兩岸協議情況簡表[54]

兩岸協議名稱	默示納入接受的表現形式	納入接受後的適用情況
《兩岸公證書使用查證協議》	依據協議制定規範性法律文件	司法部制定《海峽兩岸公證書使用查證協議實施辦法》
	依據協議做出司法裁判	浙江省杭州市餘杭區人民法院審理的「北京天語同聲信息技術有限公司與周福良侵犯著作財產權糾紛案」①、北京市第一中級人民法院審理的「山上正電子科技有限公司與國家知識產權局專利複審委員會案」②等案件判決書中，均援引了《兩岸公證書使用查證協議》的內容。
《海峽兩岸海運協議》	依據協議制定規範性法律文件	交通運輸部制定《關於海峽兩岸間集裝箱班輪運價備案實施的公告》
		交通運輸部制定《關於海峽兩岸海上直航發展政策措施的公告》
		交通運輸部制定《關於海峽兩岸海上直航政策措施的公告》
		交通運輸部制定《關於公佈進一步促進海峽兩岸海上直航政策措施的公告》
		交通運輸部制定《關於促進兩岸海上直航政策措施的公告》
		交通運輸部制定《關於台灣海峽兩岸間海上直航實施事項的公告(2008年第38號)》
		交通運輸部制定《關於促進當前水運平穩較快發展的通知》
		國家海事局制定《台灣海峽兩岸直航船舶監督管理暫行辦法》
《海峽兩岸郵政協議》	依據協議制定規範性法律文件	國家發改委、國家郵政局制定《關於核定大陸至台灣地區相關郵資業務資費試行標準的通知》
《海峽兩岸共同打擊犯罪及司法互助協議》	依據協議制定司法解釋	最高人民法院制定《關於進一步規範人民法院涉港澳台調查取證工作的通知》
		最高人民法院制定《關於人民法院辦理海峽兩岸送達文書和調查取證司法互助案件的規定》
	依據協議做出的裁判	福建省廈門市海滄區人民法院審理的「中國工商銀行股份有限公司廈門市分行訴廖靜惠等信用卡糾紛案」③等案件判決書中，引用了《海峽兩岸共同打擊犯罪及司法互助協議》的相關規定。

① 判決書文號：（2011）杭餘知初字第28號。

② 判決書文號：（2010）一中知行初字第330號。

③ 判決書文號：（2012）海民初字第2305號。

續表

《海峽兩岸經濟合作框架協議》	依據協議制定規範性法律文件	海關總署制定《〈海峽兩岸經濟合作框架協議〉項下進出口貨物原產地管理辦法》
		海關總署制定《關於對海關總署令第200號有關條款適用事宜的解釋》
《海峽兩岸知識產權保護合作協議》	依據協議制定規範性法律文件	國家工商行政管理總局制定《台灣地區商標註冊申請人要求優先權有關事項的規定》
《海峽兩岸投資保護和促進協議》	依據協議制定規範性法律文件	商務部、國台辦制定《台灣投資者經第三地轉投資認定暫行辦法》

　　台灣方面接受兩岸協議的方式主要有兩種：一是當兩岸協議內容涉及「修法」或「訂定新法律」時，需由行政院核轉立法院審議通過後方可生效；二是若協議內容不涉及「修法」或「訂定新法律」，則由行政院核定後，送立法院備查即告生效。在前一種情形中，又有一種「法定」的特殊情況是「推定同意」，即涉及「修法」或「訂定新法律」須交立法院審議，但30天內立法院未作出決議的，視為通過。從2008年6月兩岸簽署協議的接受實踐中，台灣方面因涉及「修法」或「訂定新法律」而提交立法院審議的情形僅發生過3次，分別是第二次江陳會談時簽訂的《海峽兩岸海運協議》、第五次江陳會談簽訂的《海峽兩岸經濟合作框架協議》和《海峽兩岸知識產權合作保護協議》以及目前仍在審議中的《海峽兩岸服務貿易協議》。其中，《海峽兩岸海運協議》涉及兩岸登記船舶進出雙方港口時懸掛旗幟的問題，時任台灣立法院「法制局長」劉漢庭認為協議中的規定與台灣「商港法」相衝突，故涉及「修法」問題，海運協議須由行政院核轉

立法院審議。不過，台灣行政院最終以「推定同意」的方式繞過了立法院可能進行的冗長審議程序，完成了對海運協議的審議和接受程序。《海峽兩岸經濟合作框架協議》和《海峽兩岸知識產權合作保護協議》則根據「台灣地區與大陸地區人民關係條例」第4、5條規定，經二讀通過，完成了審議和接受程序。在完成相應的程序後，兩岸兩會於2010年9月11日完成通知程序，兩項協議於次日正式生效。

2014年上半年，台灣爆發了因反對《海峽兩岸服務貿易協議》而引起的所謂「反服貿運動」，台灣立法院因此停擺十餘日之久。為因應這一民間運動，馬英九當局承諾在台立法院本會期結束前完成「兩岸協議監督法制化」，並隨即公布了由行政院大陸委員會起草的「台灣地區與大陸地區訂定協議處理及監督條例」（草案）。隨後，民進黨籍民意代表姚文智等21人、民進黨籍民意代表尤美女等42人均提出與「行政院版草案」相對應的「民進黨版草案」和「民間版草案」。有7種不同版本的草案已經提交台灣立法院審議，儘管尚未形成最終版本的「條例」，但台灣方面對於兩岸協議的審議監督方面相關規定的這一重要變化，值得我們進一步觀察。

總體而言，兩岸協議在大陸和台灣的生效與適用反映了兩岸協議在實施過程中對兩岸法制的影響，但是又因為海峽兩岸分屬不同法域，故在法制影響上又體現了各自不同的特點。未來兩岸須進一步明確兩岸協議的法理地位，確保其在大陸和台灣的生效與適用，使兩岸協議能得到更有效的實施。

（二）兩岸協議執行對兩岸共同打擊犯罪和司法互助的影響

兩岸協議執行與實施的法制效果除表現於兩岸協議在大陸與台灣的接受和適用之外，還表現在兩岸共同打擊犯罪和司法互助方面。兩岸於2009年4月26日簽署了《海峽兩岸共同打擊犯罪及司法互助協議》，協議於同年6月25日生效。雙方透過協議確定了在共同打擊犯

罪、送達文書、調查取證、認可及執行民事裁判與仲裁裁決、移管（接返）被判刑人等方面展開合作。隨著協議的生效實施，代表著海峽兩岸共同打擊犯罪以及司法互助的工作正式邁入了制度化、規範化的階段。

自協議生效後，在兩岸治安機關的相互協助下，雙方在共同打擊犯罪及司法互助方面已取得初步成果。根據台灣陸委會在總結前三次「江陳會」協議執行情形時公布的數據，截至2009年10月31日，兩岸相互提出了包含協助緝拿通緝犯、情報資料交換、文書送達等請求案件，累計達4199件，雙方亦已建立制度化處理機制，[55]兩岸在共同打擊犯罪及司法互助上的合作效果逐步顯現。至2012年6月，在《海峽兩岸共同打擊犯罪及司法互助協議》生效實施3年來，兩岸有效實行了協議內容，取得了顯著成效。根據大陸中央台辦、國務院台辦2012年10月31日在兩岸共同打擊犯罪及司法互助協議執行情況總結上公布的資料顯示[56]：在共同打擊犯罪方面，兩岸警方聯合偵破數百個電信詐騙犯罪集團，共抓獲犯罪嫌疑人3000餘人。特別是2011年以來，兩岸警方合作打擊跨第三地電信詐騙犯罪，連續摧毀了一系列特大跨境電信詐騙犯罪集團，共抓獲犯罪嫌疑人2000餘人。在打擊毒品犯罪上大陸警方還繳獲了各類毒品1400多公斤。在罪犯遣返方面，大陸遣返台灣通緝犯190人，台灣警方向大陸遣返2名逃犯。對於羈押通報情況，大陸公安機關向台灣警方通報被採取刑事強制措施的台灣居民1670次，台灣向大陸通報437次。在司法協助上，兩岸審判、檢察機關互送委託送達文書、調查取證超過了2萬件。在被判刑人移管上，大陸方面向台灣方面陸續移交了6名病重台灣服刑人員。

此外，兩岸警方建立了多層次聯繫機制，雙方在業務交流方面取得了明顯的成果。2010年9月13日至18日，中國警察協會副主席、公安部副部長陳智敏率中國警察協會代表團赴台交流，以落實兩岸警方工作會晤機制，進一步推動雙方合作的機制化、常態化和規範化。而在

2010年10月26日至11月2日，台灣刑事偵防協會顧問、警政署長王卓均率團訪問大陸，主要與大陸警方研究討論有關落實共同打擊犯罪以及司法互助協議的事宜。這是台灣警政署長首次訪問大陸。從2009年6月25日兩岸共同打擊犯罪及司法互助協議生效至2014年1月31日，兩岸在共同打擊犯罪及司法互助等方面的業務交流，大陸到台灣的交流達到了122次，台灣來大陸的交流訪問達到了158次。[57]

隨著兩岸的深入合作交流，雙方在共同打擊犯罪及司法互助方面的成果不斷擴大。截至2014年1月底，在共同打擊犯罪方面，兩岸警方聯合偵破上萬起電信詐騙案件，抓獲犯罪嫌疑人5000多名。台灣電信詐騙發案數下降近一半，兩岸民眾被騙金額從最高峰值40多億下降到8億多人民幣；在兩岸聯手破獲毒品犯罪案件方面，共繳獲各類毒品超過5.87噸，製毒近4噸；並且，兩岸聯合行動打掉3個拐賣婦女團夥，解救婦女9名。[58]在文書送達方面，至2014年1月底，雙方相互提出的司法文書送達、調查取證、協助緝拿遣返等請求案件達到47000餘件，大陸方面遣返台灣方面刑事犯及刑事嫌疑犯329名。[59]

在兩岸司法互助實踐中，福建省作為大陸距台灣最近的地區，閩台之間在血緣、文化、商貿等方面有著緊密的聯繫，在擴展兩岸司法交流合作領域和管道上發揮了其獨特的作用。閩台之間司法互助方面案件，僅在2013年，在兩岸送達文書、調查取證等互助案件就達到了3636件，比上一年上升26.07%。其中，由福建法院提供協助的有1846件，請求台灣司法文書和調查取證的1790件，同比增長68.23%，占兩岸司法互助案件的49.23%。且閩台間兩岸司法互助案件類型主要為婚姻家庭、繼承糾紛等方面的案件，2013年中福建法院協助台灣送達該類案件訴訟文書占到了73.68%，福建法院請求台灣送達該類案件訴訟文書占到了96.4%。[60]

對兩岸民眾在對方區域內人身安全通報方面的問題，兩岸均極為

重視,在簽署《海峽兩岸共同打擊犯罪及司法互助協議》時即納入了人道探視機制,即雙方同意及時通報對方人員被限制人身自由、非病死或可疑為非病死等重要訊息,並依己方規定為家屬探視提供便利。截至2014年1月底,大陸方面依據協議確定的通報機制向台灣方面通報了台灣民眾在大陸人身自由遭受限制的案件共2406件、非病死及可疑非病死案件共360件,這些案件中涉及刑事案件的主要類型有詐騙、走私、危險駕駛、毒品犯罪以及交通肇事等。而台灣方面向大陸通報的有關人身自由受限制的案件則有1647件。[61]對於《海峽兩岸共同打擊犯罪及司法互助協議》的執行成效,其具體數據如表17所示:

表17 兩岸共同打擊犯罪及司法互助協議成效簡表[62]

項次	互助事項	執行情形	備註
一	人員遣返	大陸遣返 329人至台方(台灣方面共提出733人)。 台灣遣返9人至大陸(大陸共提出遣返案件11件)。	
二	情報資訊交換	大陸方面請求846件,台灣方面回覆738件,完成率87.23%;台灣方面請求 2548 件,大陸方面回覆 1021件,完成率為40.07%。	
	兩岸合作破獲案件數	雙方相關機關已合作偵破欺詐、綁架勒索、毒品、盜竊等共108個案件,逮捕犯罪嫌疑人5956人。	其中兩岸偵破電信詐騙犯罪46件,緝獲犯罪嫌疑人5313人

續表

三	文書送達	大陸方面請求5936件,台灣方面完成5482件,完成率達到92.35%;台灣方面請求30508件,大陸方面完成27529件,完成率達到90.23%。	
四	調查取證	大陸方面請求235件,台灣方面完成214件,完成率91.6%;台灣方面請求623件,大陸方面完成374件,完成率為60.03%。	
五	罪犯接返	台灣方面請求409件,目前已經接返11人。	大陸方面目前尚未提出接返請求。
六	人身自由受限制通報	大陸方面通報台灣2406件。 台灣方面通報大陸1647件。	以詐騙、走私、危險駕駛、毒品犯罪及交通肇事為主。
七	非病死及可疑非病死通報	大陸方面通報台灣360件。 台灣方面通報大陸24件。	
八	業務交流	大陸方面至台灣共122次。 台灣方面至大陸共158次。	
數據統計期間:2009年6月25日至2014年1月31日			

總體而言,《海峽兩岸共同打擊犯罪及司法互助協議》自簽署生效後,迄今為止實施已有5年。在此期間,該協議在兩岸執行得均較為順暢,共同打擊犯罪以及司法互助案件數量巨大,質效也不斷提高,取得了良好的法制效果,為保障兩岸民眾的生命財產安全、維護兩岸交流往來的秩序,發揮了巨大的作用。

總之,隨著兩岸關係和平發展的不斷深入推進,兩岸協議的實施對兩岸經濟事務、社會事務和法制事務等方面均產生了較好的現實效果,取得了較大成就。就社會效果而言,兩岸同胞期待已久的兩岸全面「三通」得以實現,兩岸實現了直航和直郵,為兩岸同胞的交流往來提供了極大便利,兩岸經貿往來的時間成本與運營成本亦大大降低。就經濟效果而言,兩岸自簽署ECFA之後,兩岸經濟交往邁入了「ECFA時代」,兩岸在金融合作、相互投資方面逐步進入了深化發展階段。就法制效果而言,除了表現在兩岸協議在大陸和台灣的接受和適用之外,還體現在兩岸共同打擊犯罪及司法互助上,為保障兩岸同

胞生命財產安全以及兩岸正常交流往來提供了切實保障。

除產生眾多有利於兩岸人民福祉的有益效果外，大批兩岸協議的簽署，還有力地推動了兩岸關係和平發展框架的構建，對兩岸關係從對峙走向和平，從隔絕走向融合提供了有利條件，台灣海峽再也不是往日所謂的「火藥庫」，而成為了一條寧靜、和平的海峽。眾多兩岸事務性協議的實施，也對台灣政治格局產生了微妙地影響，主張台獨的民進黨在2008年、2012年兩次台灣總統選舉中接連遭遇慘敗，其黨內一再有人發出凍結「台獨黨綱」的呼聲。在短短數年間，大陸遏制台獨、推動兩岸關係和平發展的工作取得了前所未有的成效，這與兩岸協議的有效實施也有著密不可分的關係。總之，2008至2013年的五年間，兩岸協議成為了兩岸關係走向和平發展的制度供給之源，有效保障了兩岸關係的正確發展方向，其功績不可磨滅。

注　釋

[1].《海基會副董事長高孔廉在首次「兩岸協議成效與檢討會議」上的致詞》，資料來源：http://www.sef.org.tw/ct.asp?xItem=229244&ctNode=4852&mp=11，最後訪問日期2014年6月12日。

[2]. 中國新聞網：《首次兩岸協議成效檢討會登場　鄭立中強調九二共識》，資料來源：http://www.chinanews.com/tw/2011/06-08/3097920.shtml，最後訪問日期：2014年6月12日。

[3]. 本表為作者自製，相關數據來源於國台辦、海協會網站。

[4]. 本圖為作者根據海協會公布的相關數據整理而成，資料來源：http://www.arats.com.cn/luoshi/，最後訪問日期2014年6月12日。

[5]. 國台辦：《大陸遊客成為台灣第二大客源 為台帶逾10億美元收益》，資料來源http://www.gwytb.gov.cn/guide_rules/exe/201210/t20121030_3250331.htm 最後訪問日期：2014年6月12日。

[6]. 國台辦：《大陸居民赴台旅遊人次突破百萬大關》，資料來源：http://www.gwytb.gov.cn/guide_rules/exe/201210/t20121030_3250358.htm，最後訪問日期：2014年6月12日

[7]. 國台辦：《赴台旅遊開放兩週年 台灣收益逾611億航空業賺最多》，資料來源：http://www.gwytb.gov.cn/guide_rules/exe/201210/t20121030_3250394.htm 最後訪問日期：2014年6月12日。

[8]. 國台辦：《陸客赴台人數創新高達119萬 超日本成第一大客源》，資料來源：http://www.gwytb.gov.cn/guide_rules/exe/201210/t20121030_3250440.htm 最後訪問日期：2014年6月12日。

[9]. 人民網：《2013年大陸居民赴台287萬人次 自助旅行激增174%》，資料來源：http://tw.people.com.cn/n/2014/0122/c14657-24194582.html，最後訪問日期：2014年6月12日。

[10]. 本圖為作者根據海協會公布的相關數據整理而成，資料來源：http://www.arats.com.cn/luoshi/，最後訪問日期：2014年6月22日。

[11]. 中新網：《逾七成台灣民眾支持兩岸直航開放與陸客來台旅遊》，資料來源：http://www.chinanews.com/tw/2011/12-27/3563783.shtml，最後訪問日期：2014年6月13日。

[12]. 本圖為作者根據海協會公布的相關數據整理而成，資料來

源：http://www.arats.com.cn/luoshi/，最後訪問日期2014年6月4日。

[13]. 本圖為作者根據海協會公布的相關數據整理而成，資料來源：http://www.arats.com.cn/luoshi/，最後訪問日期：2014年6月4日。

[14]. 台灣陸委會：《兩岸十九項協議執行成效》（2014年2月），資料來源：http://www.mac.gov.tw/ct.asp?xItem=102611&CtNode=7526&mp=1，最後訪問日期：2014年6月13日。

[15]. 本圖為作者根據海協會公布的相關數據整理而成，資料來源：http://www.arats.com.cn/luoshi/，最後訪問日期：2014年6月12日。

[16]. 海協會《兩岸兩會協議執行成果總結回顧》（2014年2月），資料來源http://www.arats.com.cn/luoshi/，最後訪問日期：2014年6月14日。

[17]. 中國台灣網：《江蘇連雲港兩岸直航貨運量激增》，資料來源：http://www.taiwan.cn/local/dfkx/201302/t20130204_3746555.html，最後訪問日期：2014年6月14日。

[18]. 本圖為作者根據海協會公布的相關數據整理而成，資料來源：http://www.arats.com.cn/luoshi/，最後訪問日期2014年6月12日。

[19]. 本圖為作者根據海協會公布的相關數據整理而成，資料來源：http://www.arats.com.cn/luoshi/，最後訪問日期：2014年6月12日。

[20]. 台灣陸委會：《兩岸十九項協議執行成效》（2014年2月），資料來源：http://www.mac.gov.tw/ct.asp?xItem=102611&CtNode=7526&mp=1，最後訪問日期：2014年6月14日。

[21]. 《台媒：兩岸核安全協議達成初步共識》，《東方早報》：

http://www.dfdaily.com/html/33/2011/4/6/589037.shtml，最後訪問日期：2014年6月17日。

[22]. 本圖為作者根據海協會公布的相關數據整理而成，資料來源：http://www.arats.com.cn/luoshi/，最後訪問日期：2014年6月17日。

[23]. 本圖為作者根據海協會公布的相關數據整理而成，資料來源：http://www.arats.com.cn/luoshi/，最後訪問日期：2014年6月17日。

[24]. 台灣陸委會：《兩岸十九項協議執行成效》（2014 年2月），資料來源：http://www.mac.gov.tw/ct.asp?xItem=102611&CtNode=7526&mp=1，最後訪問日期2014年6月17日。

[25]. 台灣陸委會：《兩岸十九項協議執行成效》（2014 年2月），資料來源：http://www.mac.gov.tw/ct.asp?xItem=102611&CtNode=7526&mp=1，最後訪問日期：2014年6月17日。

[26]. 海協會：《台灣第一銀行上海分行正式開業》，資料來源：http://www.arats.com.cn/luoshi/201012/t20101224_1661485.htm，最後訪問日期：2014年6月18日。

[27]. 台灣陸委會：《兩岸十九項協議執行成效》（2014年2月），相關統計數據截至2014年1月31日，資料來源：http://www.mac.gov.tw/ct.asp?xltem=102611&CtNode=7526&mp=1，最後訪問日期：2014年6月18日。

[28]. 《海峽兩岸服務貿易協議》附件1——《服務貿易具體承諾表》。

[29]. 《海峽兩岸服務貿易協議》附件1——《服務貿易具體承諾表》。

199

[30]. 表格為作者自製，資料來源於台灣陸委會：《兩岸十九項協議執行成效》（2014年2月），資料來源http://www.mac.gov.tw/ct.asp?xItem=102611&CtNode=7526&mp=1，最後訪問日期2014年6月19日。

[31]. 台灣陸委會：《兩岸十九項協議執行成效》（2014年2月），資料來源：http://www.mac.gov.tw/ct.asp?xItem=102611&CtNode=7526&mp=1，最後訪問日期：2014年6月19日。

[32]. 台灣陸委會：《民眾對第五次「江陳會談」之看法民意調查》，資料來源：http://www.mac.gov.tw/ct.asp?xItem=79403&ctNode=6332&mp=1，最後訪問日期：2014年6月19日。

[33]. 《海峽兩岸經濟合作框架協議》附件1——《貨物貿易早起收穫清單及降稅安排》。

[34]. 《海峽兩岸經濟合作框架協議》附件1——貨物貿易早起收穫清單及降稅安排。

[35]. 國台辦：《首單ECFA 早收計劃進出口貨物廈門通關》，資料來源：
http://www.gwytb.gov.cn/guide_rules/exe/201210/t20121030_3250489.htm，最後訪問日期：2014年6月21日。

[36]. 國台辦：《上海簽發首份〈海峽兩岸經濟合作框架協議〉原產地證書》，資料來源：
http://www.gwytb.gov.cn/guide_rules/exe/201210/t20121030_3250495.htm，最後訪問日期：2014年6月21日。

[37]. 國台辦：《早收清單實施首週 台貨登錄廈門省萬元關稅》，資料來源：
http://www.gwytb.gov.cn/guide_rules/exe/201210/t20121030_3250496.htm，

最後訪問日期：2014年6月21日。

[38]. 國台辦：《原產地證書核發情況體現對台胞極大利好》，資料來源：
http://www.gwytb.gov.cn/guide_rules/exe/201210/t20121030_3250500.htm
最後訪問日期：2014年6月21日。

[39]. 海基會副董事長高孔廉在「兩岸經濟合作委員會」第5次例會上的致詞，參見http://www.sef.org.tw/ct.asp?
xItem=906602&ctNode=4852&mp=11，最後訪問日期：2014年6月21日。

[40]. 本圖表為作者根據海協會公布的相關數據整理而成，資料來源：http://www.arats.com.cn/luoshi/，最後訪問日期：2014年6月21日。

[41]. 本圖表為作者根據海協會公布的相關數據整理而成，資料來源：http://www.arats.com.cn/luoshi/，最後訪問日期：2014年6月21日。

[42]. 國台辦：《原產地證書核發情況體現對台胞極大利好》，資料來源：
http://www.gwytb.gov.cn/guide_rules/exe/201210/t20121030_3250500.htm
最後訪問日期：2014年6月21日。

[43]. 國台辦：《李亞飛：陸資赴台投資項目已46個 金額逾1億美元》，資料來源：
http://www.gwytb.gov.cn/guide_rules/exe/201210/t20121030_3250403.htm
最後訪問日期：2014年6月21日。

[44]. 國台辦：《「陸資赴台」個案破百宗 顯現兩岸雙向投資優勢互補效應》，資料來源：
http://www.gwytb.gov.cn/guide_rules/exe/201210/t20121030_3250462.htm
最後訪問日期：2014年6月22日。

[45]. 台灣陸委會：《兩岸十九項協議執行成效》（2014年2月），資料來源：http://www.mac.gov.tw/ct.asp?xItem=102611&CtNode=7526&mp=1，最後訪問日期：2014年6月22日。

[46]. 海協會：2014 年2 月兩岸兩會協議執行成果總結回顧（2014年2 月），資料來源：http://www.arats.com.cn/luoshi/，最後訪問日期：2014年6月22日。

[47]. 台灣陸委會：《兩岸十九項協議執行成效：（2014年2月），資料來源：http://www.mac.gov.tw/ct.asp?xItem=102611&CtNode=7526&mp=1，最後訪問日期：2014年6月22日。

[48]. 台灣陸委會：《兩岸十九項協議執行成效》（2014 年2月），資料來源：http://www.mac.gov.tw/ct.asp?xItem=102611&CtNode=7526&mp=1，最後訪問日期：2014年6月22日。

[49]. 國台辦：《兩岸知識產權保護合作成效初顯》，資料來源：http://www.gwytb.gov.cn/guide_rules/exe/201210/t20121030_3250512.htm，最後訪問日期2014年6月22日。

[50]. 台灣陸委會：《兩岸十九項協議執行成效》（2014 年2月），資料來源：http://www.mac.gov.tw/ct.asp?xItem=102611&CtNode=7526&mp=1，最後訪問日期：2014年6月22日。

[51]. 海協會：《兩岸兩會協議執行成果總結回顧》（2014 年12月），資料來源：http://www.arats.com.cn/luoshi/，最後訪問日期：2014年6月22日。

[52]. 韓德培主編：《國際私法問題專論》，武漢大學出版社2004年版。「法域」是指具有或適用獨特法律制度的區域，是一個純粹的法學概念，與「國家」「主權」等概念無關，一個主權國家之內也可以有多個法域。

[53]. 關於大陸和台灣接受兩岸協議的理論論證，參見周葉中、段磊：《論兩岸協議的接受》，《法學評論》2014年第4期。

[54]. 周葉中、段磊：《論兩岸協議的接受》，《法學評論》2014年第4期。

[55]. 國台辦：《台當局總結三次「江陳會」：共同打擊犯罪已有成果》，資料來源：http://www.gwytb.gov.cn/guide_rules/exe/201210/t20121030_3250338.htm，最後訪問日期2014年6月25日。

[56]. 國台辦：《兩岸共同打擊犯罪及司法互助協議執行情況總結》，資料來源：http://www.gwytb.gov.cn/guide_rules/exe/201210/t20121031_3272743.htm，最後訪問日期2014年6月25日。

[57]. 台灣陸委會：《兩岸十九項協議執行成效》（2014 年2月），資料來源：http://www.mac.gov.tw/ct.asp?xItem=102611&CtNode=7526&mp=1，最後訪問日期：2014年6月25日。

[58]. 海協會：《兩岸兩會協議執行成果總結回顧》（2014年2月），資料來源：http://www.arats.com.cn/luoshi/，最後訪問日期：2014年6月25日。

[59]. 台灣陸委會：《兩岸十九項協議執行成效》（2014 年2月），資料來源：http://www.mac.gov.tw/ct.asp?

xItem=102611&CtNode=7526&mp=1，最後訪問日期：2014年6月25日。

[60]. 國台辦：《福建與台灣基本形成雙向等量司法互助格局》，資料來源：

http://www.gwytb.gov.cn/guide_rules/exe/201401/t20140117_5546830.htm 最後訪問日期：2014年6月25日。

[61]. 台灣陸委會：《兩岸十九項協議執行成效》（2014年2月），資料來源：http://www.mac.gov.tw/ct.asp?xItem=102611&CtNode=7526&mp=1，最後訪問日期：2014年6月25日。

[62]. 台灣陸委會：《兩岸十九項協議執行成效》（2014年2月），資料來源：http://www.mac.gov.tw/ct.asp?xItem=102611&CtNode=7526&mp=1，最後訪問日期：2014年6月25日。

第四部分 媒體篇

在兩岸關係和平發展過程中，傳媒在促進兩岸民間交往、培養民眾情感認同、彌合兩岸政治分歧、提供輿論支持等方面發揮著重要支持作用。長期以來，兩岸媒體對於兩岸事務性協商和兩岸協議的簽署均給予了廣泛關注，其報導內容涵蓋兩會協商的台前幕後，對兩岸協議的協商與簽署均給予了高度評價。自2005年台灣三大政黨領導人相繼訪問大陸，特別是2008年台灣政治局勢發生有利於兩岸關係和平發展的重要轉折以來，兩岸關係逐步走出了長達十年的低谷期，進入了和平發展的新階段。2008年6月兩會復談以來，兩岸陸續舉行了10次兩會高層會談，簽署了20餘項兩岸事務性協議，其內容涉及兩岸交通運輸、經濟合作、社會事務、司法合作等多個領域，對兩岸民眾的生活產生了重大影響，也實實在在地促進了兩岸關係的快速發展。對於兩岸關係在不到十年間裡發生的如此重大的轉折與變遷，兩岸媒體都給予了極大的關注，亦投入了大量的人力物力進行報導。兩岸媒體對於每一次兩岸兩會高層會談的舉辦，每一項兩岸協議的簽署都有著大量詳盡的報導和不同角度的評論。這些報導和評論對於兩岸民眾瞭解兩岸協商的進程，關注兩岸協議的實施都造成了重要作用，同樣，這些報導和評論也能讓我們從中看到兩岸事務性協商在歷史上留下的印記。

一、各方媒體對兩岸事務性商談與兩岸協議評價的總體特點

自2008年兩岸恢復兩會事務性商談機制後，兩岸媒體，以及部分

海外媒體對兩岸商談的歷程都保持著極大的關注，從不同的層面和角度發表了評論與見解。縱觀數年來媒體針對兩岸事務性商談做出的報導與評論可以看出，各方媒體在許多方面均持較為一致的觀點，具體而言，這些觀點可以概括為以下幾個方面：

第一，兩岸恢復和持續進行事務性商談有利於大陸和台灣共同維護台灣海峽的和平穩定，有利於雙方共同推進兩岸關係和平發展。

《人民日報》（海外版）的評論文章認為，在對話與對抗、開放與封鎖、雙贏與零和之間，兩岸選擇對話、開放與雙贏，坐下來面對面地協商才是最具智慧的選擇。兩岸的中國人坐在談判桌前以和平談判的方式解決問題，打破了僵局，不再砲彈橫飛。文章中稱：[1]

有協商就會有協議，有了協議，交流與合作就在規範和保障下進行，兩岸交流向經濟、社會、文化等各領域深度發展。現在，既有學者探討兩岸如何最終結束對立、進行政治談判這樣的大課題，也有百姓之間串親戚、做生意的尋常事務。台灣的街頭巷尾，東北人、江南客你來我往，而大陸也早成為台灣最大的貿易順差地和台商創業的首選。兩岸迎來一甲子間最和平、最有前景的黃金時代。

除直接對兩會事務性協商作出評價外，在報導時，不少媒體也對專家學者進行了採訪或轉引了他們的觀點，透過他們更為專業和深入的思考，賦予兩岸報導更為深刻的內涵。《瞭望新聞週刊》刊登台灣問題專家郭振遠的文章中指出：[2]

可以預料，已經達到很大規模的兩岸經貿往來、人員交流，在干擾、遇阻因素大為減弱後，將可以實現正常化，實現更健康持續的全面發展，成為直接推進兩岸同胞福祉的一個重要因素。更深遠的重要影響還在於，兩岸長期對抗的減少，對於增進兩岸同胞之間的相互理解和感情，將產生很有利的影響，從而為兩岸關係的和平發展創造更可靠的基礎，也為長久保持台海和平提供更有利的條件。這對於現實

和長遠的兩岸關係，都是近六十年來出現的最重大機遇。

海外媒體加入到對兩岸兩會領導人會談的報導中來，豐富了輿論報導的視角，提供了更多的可供參考的意見。美國《世界日報》發表題為《海外華人樂見兩岸經貿真正攜手》的社評稱：[3]

看在北美華人眼裡，重慶簽署的ECFA協議，等於向全世界宣布，兩岸中國人經過腥風血雨，付出無數代價之後，終於找到了克服分裂，互惠雙贏的新道路，外部世界利用中國人打中國人，謀求自己利益的時代，行將過去。對此，海外華人無不歡欣鼓舞，因為兩岸攜手，不但可以排除兵戎相見、同胞相殘的最壞可能性，同時，中華經濟圈的強化，可以讓兩岸經濟走向全球化的新競爭時代，為世界樹立共同繁榮的典範。

日本發行量最大的日報《讀賣新聞》在報導中稱：[4]

海峽交流基金會的江丙坤理事長與海峽兩岸關係協會的陳雲林會長十三日簽署的歷史性協議代表，對立的兩岸關係重築對話框架，已進入以日益緊密的經濟為軸心、探索合作的時代。由於台灣前政權因主張台獨致使兩岸連對話都無法進行，此次時隔十年重新開啟的兩岸窗口機構最高層會談和雙方共同簽署的協議令人產生恍如隔世的感覺。

從以上的新聞報導與評論中可以看出，各方媒體均認為兩岸事務性商談對於台灣海峽的和平穩定，對於兩岸關係和平發展的不斷深化有著重要影響。自此以後，台灣海峽不再是世界上最危險的地區之一。

第二，兩岸連續簽署眾多重要的事務性協議對於兩岸解決一些關乎民眾往來的事務性議題，對於兩岸經濟逐步走向一體化有著重要意義。

台灣《中國時報》在「包機直航」、大陸居民赴台旅遊正式啟動當天就發表社論指出，兩岸民眾期盼多年的直航得以實現，既是世紀首航，也是歷史新頁，兩岸直航及大陸居民訪台將對台灣經濟帶來大幅提升。該社評認為：[5]

很多時候歷史的步伐走得很慢，但有些時候歷史的步伐卻又推進的很快！兩岸包機直航談了多少年？開放大陸人士赴台觀光又研議了多少年？甚至就在2014上半年，這都還停留在馬英九不一定兌現得了的政見，從踩線團到首發團，一批批的大陸觀光團此刻已經在台灣各處展開環島旅遊行程了。在兩岸關係的進程上，這無疑又翻開全新的一頁！

中國台灣網在兩岸兩會第六次領導人會議成功簽署《海峽兩岸醫藥衛生合作協議》後發表評論文章指出：[6]

從交通運輸到旅遊郵政，從金融合作到司法互助，從勞務合作到食品安全，再到此次的醫藥衛生，回顧兩會領導人兩年半時間裡的六次會談，就會發現：議題的民生化早已成為兩會會談的重要代表。這當然源於兩會敏銳地察覺到改善民生是兩岸民眾最迫切的需求，而他們的這些努力，也已讓兩岸民眾受益無窮，就像陳雲林所說：到今年10月，兩岸貿易額已經達到1186.8億美元，同比增長42.9%；大陸居民赴台人次已過百萬。兄弟同心，其利斷金。陳雲林說：「如果不是有我們海峽兩岸之間兄弟攜手，雙方經濟創造這樣的驕人成績將相當困難。」

《人民日報》（海外版）同樣在第六次「江陳會談」召開時，發表評論文章肯定了前五次會議所取得的成果，解析了兩岸協商合作帶給兩岸的紅利。報導稱：[7]

九層之台，起於累土。前5次「江陳會」簽署了14項協議，猶如跨越兩岸的14條高速公路，推動兩岸關係進入大交流時代。大陸遊客赴

台旅遊今年全年預計可望達到120萬人次；1月至11月，大陸與台灣貿易額達1317.6億美元，同比上升39.7%；兩岸經濟合作框架協議簽訂後，島內經濟信心提振，兩岸的產業分布、產業鏈的調整開始起步……島內民眾實實在在分享到兩會制度化協商、兩岸關係和平發展的紅利。

除兩岸媒體對兩會進展持續關注外，港澳媒體也一直關注著兩岸的發展。香港《大公報》在第八次兩岸兩會領導人會議召開之際，發文稱讚了前七次會議所達成的16項協議，評論中稱：[8]

綜觀兩會過去4年簽署的16項協議，無不攸關兩岸同胞福祉。例如，直航大大縮短了來往兩岸的時間和路程，既降低了兩岸貨物運輸的時間和成本，又使「兩岸一日生活圈」成為現實，而且也為陸客赴台觀光提供了便利的交通。如今大陸遊客已成為台灣旅遊市場的主要客源，並給島內帶來逾千億新台幣的商機。而兩岸經合框架合作協議（ECFA）是眾多協議中最受矚目的，因為它將打破兩岸關稅壁壘，使兩岸經貿關係更為緊密。

海外媒體也積極參與到對兩岸兩會領導人商談的報導中來，並對兩會成果將對兩岸經濟產生的影響表示肯定，新加坡《海峽時報》發表題為《台灣商人將很快知道能有多快的經濟成長》的報導稱：[9]

在海峽交流基金會和海峽兩岸關係協會上週談判簽署協議，允許每天3000名大陸旅客赴台旅遊及週末包機直航，台灣將進入黃金時代，台灣商人在接待大陸消費者後，將很快知道能有多快的經濟成長。

從海內外媒體對兩岸兩會進展情況的報導中可以看出，在兩會舉行的十次會談中，進行了經濟、醫療、司法等多個領域的交流與合作，協議的簽署與實施對於兩岸民眾的現實利益有著重要的影響，不僅有利於擴大兩岸人員往來、增進兩岸民間交往，且對台灣經濟有著

明顯的拉升作用。

第三，隨著兩岸制度性協商議題敏感性的提升，兩岸關係和平發展也將隨著兩岸協議議題的深入而逐步進入「深水區」。

「深水區」是各方媒體在對兩岸兩會發展進行報導時頻繁使用的詞語。由於台灣與大陸處在長期人為的隔絕的情況下，兩岸有著經濟、文化等多方面的差異，兩岸民眾難免會產生認識上的差異，加之受到島內台獨勢力長期以來的煽動影響，其間容易產生隔閡與矛盾。因而在兩岸和平發展過程中，步伐不宜邁得過大，否則台灣人民在情感上很難接受，甚至產生反彈情緒。《人民日報》（海外版）的報導就對這種差異性有所體現，報導稱：[10]

台灣有些觀念非常矛盾，不僅思維封閉，邏輯上也很彆扭。比如資金向外投資，被說成「掏空台灣」，而大陸資金入台，又說將會「買空台灣」。台灣人才出外工作或移民，是「腦力流失」，外面的人才入台工作，又說會造成「本地人工作機會流失」。如果大陸不讓利，是「台灣吃虧」，讓利了，又說是「政治陰謀」。總之一涉及大陸，左右不是，一沾就反。對此現象，雲朗觀光集團總經理盛治仁呼籲，應展開理性討論，在公共政策上形成共同的價值觀。但現在的問題是，台灣的政黨陷入了「執政時一意孤行，在野時拚命反對」的惡性循環，紛爭被無限延伸。

華夏經緯網在2014年發表題為《兩岸經貿如何跨越「深水區」》的文章稱，兩岸經貿合作已進入到「深水區」，但總體態勢是好的，希望在兩岸制度性協商框架下峰迴路轉，盡早走出「深水區」。該社評指出：[11]

2014年，儘管影響經濟發展的不確定因素依然存在，但從2013年年底以來的經濟形勢與趨勢觀察，兩岸經貿關係發展的外部經濟環境總體上有所好轉。從兩岸因素看，大陸作為台灣最大的貿易、投資夥

伴，特別是兩岸經濟合作由製造業逐漸向服務業領域延伸，大陸經濟快速發展和轉變經濟發展方式也為台灣經濟轉型發展提供了重大契機。但兩岸經貿合作已經進入了「深水區」，兩岸服務貿易協定尚未生效，台灣當局原定於2013年初推出的第四批陸資投資開放項目未能公布等都顯示深化兩岸經濟合作的難度加大。從台灣內部看，2013年內台灣雖加快推動經濟轉型，並公布短期應對措施，但在內外複雜環境影響下效果有限，未來數年台灣經濟預計仍將維持中低速增長狀態。但總體來看，兩岸經濟合作也面臨難得的歷史機遇，尤其是大陸經濟保持穩定增長，在堅持以開放促改革、加快對台灣的開放合作、加快經濟結構調整的帶動下，兩岸經濟合作仍將保持較好的發展前景。從兩岸經貿發展的階段性特點來看，2014年兩岸經貿交流將在已建立的制度化架構下運行，全年預計仍將保持持續增長態勢。

島內媒體認為從「三通」到實現更多領域的互通，兩岸若要走出「深水區」，需要搭建起兩岸民眾間的心橋，「通心才能一通百通」，《人民日報》（海外版）發表的題為《兩岸「三通」之後還有幾通？》的社評文章指出：[12]

以金門「通水」為契機，台灣應配合推動金馬地區「非軍事化」，作為建立軍事互信機制的起點，進一步催化兩岸和平發展大局。「兩岸通水若能順利啟動，無疑是簽訂兩岸和平協議的重要通關口令。」「通水」更是觀念的改變和戰略思維調整，將金門從兩岸軍事前線，轉變為兩岸和平發展前沿。國民黨在台重新執政後，兩岸關係出現前所未有的機遇，若連離島「通水」都躊躇不前，和平發展豈非空談？兩岸談判正進入「深水區」，如何撤除心防，積極建立兩岸政治互信，一直是雙方關係能否進一步推進的重要關卡。（2018年金門正式從泉州引水）

除有承認兩岸進入到「深水區」的媒體外，更有綠營媒體發表評

論質疑ECFA及服貿協議。《自由時報電子報》發表題為《台聯：全民反併吞 救台灣》的文章，文章稱：[13]

黃昆輝指出，馬政府配合中國推動台灣與中國統一，未聽老百姓意見及公投就簽立ECFA（兩岸經濟合作架協議），綁架及掏空台灣經濟，造成台灣經濟愈仰賴中國，成為邊陲。黃昆輝說，兩岸簽訂服貿協議，馬政府事先也是未讓民眾知道，未與業者商量、未評估影響，簽了才公布，引發全台一片嘩然，與簽立ECFA如出一轍，完全配合中國統一台灣的步驟。

即使承認兩會協商已經進入「深水區」，但對兩岸關係具有信心的媒體仍占絕大多數。藉新華社在第六次會談落幕時的報導，用以表達堅信兩岸會越走越好的媒體的心聲。新華社的報導稱：[14]

不可否認，兩會協商是一條「鮮花和荊棘並存、掌聲和困難交織的道路」，但更應看到，這也是一條代表著歷史前進正確方向的道路。我們應充分認識到當前兩岸關係新局面的來之不易，以大局為重，把堅持大陸和台灣同屬一個中國作為推動兩岸關係和平發展的政治基礎，以深化交流合作、推進協商談判為重要途徑，堅持「咬定青山不放鬆」「任爾東西南北風」的精神，攜手開創兩岸關係更加美好的未來。

在針對兩會協商進入到「深水區」這一問題發表社論的媒體中，大多都能正確、客觀地認識兩會協商所取得的成果以及遭遇到的困難，只有極少數台獨分裂分子採用極端言論混淆視聽。其間有著台獨分裂言論和表達台灣民眾的正當利益訴求這一嚴格區分。

二、兩會領導人再握手，兩岸制度性協商恢復

回顧兩會互動歷程,可謂一波三折:從上世紀九十年代初各自成立後,兩會開始互相試探;1992年兩會逐漸形成了充滿中國人智慧、具「一個中國」意涵的「九二共識」政治基礎,交往漸入佳境;1993年的「辜汪會談」和1998年的「辜汪會晤」是兩個高峰;1995年和1999年都因李登輝發表分裂言論,兩會協商遭到中斷;2000年後民進黨管治台灣,拒絕承認「九二共識」,一昧在兩岸關係製造空頭,形成了一個八年的大空頭市場;2005年,國民黨、親民黨和新黨三黨人領導人相繼訪問大陸,為兩岸關係開闢新局奠定了基礎;當歷史的指針走到了2008年3月,絕對多數的民意將主張擴大兩岸交流、承認「九二共識」的中國國民黨候選人馬英九、蕭萬長,送上台灣權力的巔峰,兩岸關係有此利好遂扭頭向上。台海形勢基本面向好,兩會互動便跳空高開——明快確定了商談的行程,以領導人會談形式直接啟動復談,在談判過程中簽署了協議,達致豐碩的成果。[15]第一及第二次「江陳會」的順利舉行,代表著兩岸制度性協商得以恢復。

　　(一)「有朋自遠方來,不亦樂乎」

　　2005年4月26日下午,時任國民黨主席的連戰率領國民黨大陸訪問團抵達南京,開始其在大陸的「和平之旅」。訪問期間,連戰先後同時任中共中央總書記胡錦濤、中國人民政治協商會議主席賈慶林、海協會會長汪道涵等進行了會晤,隨後國共雙方共同發表新聞稿,宣布了「胡連會」時雙方達成的「五項願景」。這是國共兩黨領導人60年後進行的首次接觸。中共中央總書記胡錦濤形容,連戰此行「必將記載在史冊上」。

　　隨後,親民黨主席宋楚瑜、新黨主席郁慕明先後率團訪問大陸,中共與台灣三大黨派就「一個中國」原則和兩岸關係和平發展形成共識。自此,兩岸關係終於擺脫了1999年李登輝拋出「兩國論」以來陷入的低谷期,進入了一個和平發展的新階段。對於兩岸關係在2005年

以來發生的重要變化,兩岸媒體均給予了高度關注,並從不同側面進行了報導和評價。

新華社發表題為《連戰率領中國國民黨跨出歷史新步伐》的文章,分析了連戰此次出訪大陸受到兩岸三地及海外重點關注的原因,並對此次「歷史性」、「意義重大性」的訪問對兩岸關係造成的推動作用進行了肯定,報導稱:[16]

連戰歷史性的大陸行受到兩岸民眾的歡迎和肯定,受到國際社會的矚目。這不僅僅是因為連戰本人具有在海峽兩岸血脈親情上的連結點的背景,還因為台灣問題具有中國國民黨與中國共產黨歷史關係的背景。更重要的是,連戰作為台灣島內最大在野黨的主席,身負著島內反對台獨、要求改善與發展兩岸關係、尋求兩岸共同繁榮的民意。他跨出訪問大陸的這一步,表達的是島內絕大多數民眾對遏制台獨冒險、開闢兩岸關係新局的期待與憧憬。

針對「連宋」訪問大陸這一主題,成千上萬網友在互聯網上自發賦詩作詞盛讚這次歷史性會晤,形成蔚為壯觀的網路詩會,詩集《跨越海峽的握手》就是從這期間大量的網友詩歌作品眾選編的。一首《娘,大哥他回來了》在網路上廣為流傳。[17]

大哥他回來了

消息猶如閃電一般

瞬間傳遍了大江南北

傳遍了家鄉的村村寨寨

人們期待著

期待著你我共同匡扶社稷

期待著你我的

第三次握手

再鑄輝煌

——《娘，大哥他回來了》（節選）

曾任新黨主席的台灣媒體人趙少康就此次連宋訪問大陸，發表評論稱：[18]

台灣人民希望看到兩岸之間的和解與和平。大陸方面已經對台灣表示了善意，連戰已經帶回了三個承諾、三個禮物，宋楚瑜還會帶回另外的一些禮物。如果大陸能落實這些共識，台灣民眾就能進一步看到大陸的善意。台灣到底與大陸分離了很久，台灣民眾對大陸有一定的疏離感，加上早年國民黨的宣傳，台灣人對共產黨有抗拒心理，現在面對日漸強大的大陸又感到懼怕，這種感情是非常複雜的。冰凍三尺非一日之寒，而化解這種冰封狀態也需要耐心和時間。因此，雙方要增加瞭解和溝通，同時培養民族的情感、增加雙方之間的信任感。國共、國親兩黨的交流是一個很好的開始。如果大陸繼續對台灣表示善意，一方面既顯示大陸的自信心，另一方面也可以透過溝通化解彼此間的誤會。只有增加交流，台灣才不會向台獨的方向發展。

新加坡《聯合早報》從歷史的高度評價了此次「胡連會」，文章中稱：[19]

假如把中國共產黨和中國國民黨80餘年來的恩怨情仇看成一部歷史長劇，則昨天中共總書記胡錦濤和國民黨主席連戰在北京的一會，無疑是讓台海兩岸億萬人民蕩氣迴腸的一個劇力萬鈞的高潮。　這不僅是在於兩黨最高領導人「60年來的頭一次」相會，而且是在於雙方所展現的民族之情、民主之求和民生之念，竟然是歷史上所未曾有過的

契合。

美國《華爾街日報》《紐約時報》《華盛頓郵報》以及美國有線電視新聞網等主流媒體，都對連戰訪問大陸的消息進行了連續多日的報導。其報導評價稱，此次國共兩黨打破了「井水不犯河水」的局面，轉而承認了「你中有我，我中有你」的現實。《法華文報》對此發表評論稱：[20]

一個國家的前途與命運，最終還得靠人民的意志。民進黨不可能永遠在台灣執政，台灣的前途最終也在台灣民眾的手中。儘管陳水扁、李登輝等台獨人士對連宋大陸之行發表種種奇談怪論，但他們不可能阻擋兩岸廣大人民追求兩岸實現和平、增進人員交往、加強經貿合作的大趨勢。

也正是因其「歷史重要性」，轉而決定了其在台灣的「飽受爭議性」，連戰一行甚至於遭到綠營在啟程當天的暴力阻撓，並造成了流血事件的發生。但是歷史最終還是朝向利於兩岸和平發展的方向發展，三黨領導人對大陸的成功造訪給兩岸恢復商談奠定了堅實基礎。

（二）睽違九年再聚首，兩會復談寫新篇

2008年3月，國民黨籍候選人馬英九當選為台灣總統，兩岸關係開始向有利於和平發展的方向轉變，兩岸恢復談判再次被提到議事日程上來，因兩岸關係緊張而閒置多年的兩會框架又重新啟動。

1.斷橋不斷，續寫歷史

2008年3月，胡錦濤再次呼籲兩岸恢復和進行兩岸協商談判。時年5月29日，海峽兩岸關係協會致函海峽交流基金會，邀請海基會董事長江丙坤、副董事長兼祕書長高孔廉於6月11日至14日率團訪問北京，就兩岸週末包機、大陸居民赴台旅遊事宜進行商談。海峽交流基金會董事長江丙坤表示，將接受海峽兩岸關係協會的邀請，率團訪問大陸。

第一次兩岸兩會領導人會談於2008年6月11日至13日在北京舉行，會上雙方就兩岸週末包機、大陸居民赴台旅遊等問題交換了意見，並簽署了《海峽兩岸關於大陸居民赴台灣旅遊協議》和《海峽兩岸包機會談紀要》。此次海基會董事長江丙坤率領海基會代表團訪問大陸，與海協會會長陳雲林進行會談，實現了兩會在中斷九年後的首次會談。代表著大陸海協會和台灣海基會在當天正式重啟協商談判。

　　大陸主流新聞媒體針對此次兩會復談做了大量的報導，在評論部分不乏溢美之詞，對兩會今後的商談充滿了信心。新華社以題為《兩岸復談：斷橋不斷》的報導，絕妙地形容了海峽兩岸之間的關係。報導中稱兩岸關係似是「西湖十景」之一——「斷橋」，看似中斷，實則未斷。在陽光的照耀下，兩岸關係之橋上的積雪得以融化，並重新呈現在世人眼前。[21]

　　在一片讚譽聲中，也有媒體對此次復談作了更加深入的思考，呼籲要給予兩岸更多的信心與耐心。因為關係的改善與發展都不是一蹴而就的，需要雙方長期的細心呵護。《國際先驅導報》在題為《兩會復談的信心與耐心》的報導中稱：[22]

　　同時，我們也應該認識到，在中斷了九年之後，兩岸政界和民眾，都重新需要一個政治上的相互熟悉過程。畢竟台灣才剛剛經歷了台獨的荼毒，這種負面思潮尚未退去。而政黨輪替，並不意味著所有的詭譎思想，都會在一瞬間消失於歷史的時空。正如兩會復談需要一個逐步的過程一樣，兩岸政治對話的遞進深入也需要一個逐步的過程。因此對於兩會的第一次復談，更重要的恐怕不是實質性內容，而是這種復談所建立的信任語境。

　　除大陸媒體對此次的復談作了大量詳實的報導外，台灣媒體也積極參與到此次兩會復談的報導中來。《聯合晚報》《中國時報》《新生報》等多家台灣媒體均在第一時間進行詳盡報導並高度評價了兩會

復談的歷史意義。相較於以往，兩岸參與報導此次兩會復談的媒體在數量上大幅增加，各方投入報導此次會談的人力、物力均創下歷史記錄。台灣《經濟日報》報導稱：[23]

海基會報名採訪截止時間從4日晚間10時提前到下午4時，光是向海基會申請隨團採訪的媒體人數就「爆量」超過120名，數家電視台甚至派出多達八組人馬，陣容是1988年辜汪會晤後所僅見。

更為重要的是，兩岸媒體間的關係也隨著兩岸關係的緩和而得到了緩和，不再有拚場的記者會，發表的新聞稿中較勁的味道也少了，對兩岸關係的改善更多的是讚許，而不是反對。《聯合晚報》更是發表社評，嗆聲島內反對勢力，犀利地指出：[24]

持平而言，這次的復談修補了李登輝時代後期中斷的兩岸關係，也重啟了陳水扁八年一直想做卻做不到的事。如果台灣始終停滯在民進黨的堅持，甚至依照張榮豐邏輯所訂下的條件才准上談判桌，那麼兩岸可能到現在還僵在那裡呢！李登輝時代中斷的事，陳水扁時代做不到的事，如今在馬英九時代恢復了；此事意義重大，如果反對黨還咬住「未能堅持主權」，恐怕是不公平的。

在這件對兩岸有著重大影響的事情上，港澳媒體同樣頗為關注並作出了高度評價。《文匯報》《明報》《大公報》《太陽報》及《澳門日報》等都相繼發表了評論文章。香港《文匯報》發表題為《兩會正式復談啟務實對話新局》的社評稱：[25]

海協會與海基會復談為未來長遠的兩岸關係營造良好氣氛，奠定堅實基礎。兩會復談的深遠影響在於扭轉兩岸長期對抗的局面，推動兩岸協商制度化及常態化，進一步增進兩岸同胞之間的相互理解和感情，從而為兩岸關係的和平發展創造更可靠的基礎，也為長久保持台海和平提供更有利的條件。

兩會復談這一新聞點也吸引到美國、法國、新加坡等多個國家在內的中文日報的爭相報導。爆滿的記者會現場，足以突顯海外媒體對這一事件的高度關注。總體而言，國際媒體大都以「歷史性談判」「里程碑協商」等說法形容兩會復談的重大意義。美國《世界日報》的社論分析稱，兩黨採取更務實的姿態推動兩岸關係，排除台獨隱患，對海峽兩岸來說都相當重要；法國《歐洲時報》稱這是一次遲來的、成熟的、堅定且有力的再握手；朝鮮《朝鮮日報》則評價稱「兩岸關係發生了實質性的變化」。[26]

　2.「世紀首航，歷史新頁」[27]

　　1971年，台灣著名詩人余光中在離開大陸整整20年後，難抑思鄉之情，一揮而就，寫下了經久流傳的詩作《鄉愁》：

>　　小時候，鄉愁是一枚小小的郵票，我在這頭，母親在那頭；
>
>　　長大後，鄉愁是一張窄窄的船票，我在這頭，母親在那頭；
>
>　　後來啊，鄉愁是一方矮矮的墳墓，我在外頭，母親在裡頭；
>
>　　而現在，鄉愁是一彎淺淺的海峽，我在這頭，大陸在那頭。

　　短短的一首鄉愁詩，抒發的不僅僅是余光中獨自一人的思鄉之情，表達的更是在台灣和大陸被長期人為隔絕的情況下，飄流到孤島上去的千千萬萬中國人的思鄉情懷。[28]

　　在還未開放探親以前，台灣民眾朝海峽對岸祈拜的做法頗為常見，這也是因海峽的阻隔而親人無法相見下的無奈之舉。隨著時間的流逝，去到對岸的呼聲越來越強烈。兩岸間恢復正常化交往，能自由來往於海峽兩岸間是兩岸民眾共同的要求與心願。

　　兩會恢復商談後首次簽署的兩項協議——《海峽兩岸關於大陸居

民赴台灣旅遊協議》和《海峽兩岸包機會談紀要》，就是以兩岸民眾福祉為出發點而簽署的。協議的達成實現了兩岸民眾企盼多年的大陸居民赴台旅遊和兩岸常態化包機。《澳門日報》發表社論對協議的簽署表示了稱讚，社論指出：[29]

開辦兩岸週末包機、實現大陸居民赴台旅遊，順應了兩岸同胞要求加強交流合作的共同願望，對於帶動兩岸經濟發展和社會繁榮、密切兩岸同胞交往、增進兩岸同胞福祉意義重大。在兩岸交流發展的大趨勢下，兩岸包機直航、大陸居民赴台旅遊，將是一個不斷開放、擴大、完善的過程。兩會的每一個成就，都是取信於民的過程，都需要精心規劃，全力以赴。兩會進一步正常化、制度化的往來，對兩岸關係未來發展具有指標性的意義。有了首次復談的良好基礎，將來兩會繼續秉持「建立互信、擱置爭議、求同存異、共創雙贏」的精神，平等協商，積極溝通，擴大共識，務實解決兩岸同胞關心的各種問題，也就有路可循。相信藉由兩會正常互動，一定能夠增進兩岸民眾福祉。

島內輿論也為之歡欣鼓舞，對兩項協議的簽署作了大量的報導。其中，台灣《聯合晚報》發表社論稱：[30]

週末包機和陸客觀光的議題，現在終於得以實現。兩岸的春天真的到了。江丙坤和陳雲林的兩支簽約紀念筆，堪稱真的在寫歷史。復談成果得來不易，值得珍惜。

《新京報》發表題為《兩岸邁向成熟理性　共創雙贏可以期待》的評論文章，稱這種制度性協商的形成意味著戰爭烏雲的消散，兩岸將以和平理性的方式來溝通協商，達成兩岸的共贏。社評指出：[31]

觀察目前的兩會協商談判，達成週末包機和大陸居民赴台旅遊協議當然可圈可點，但從兩會達成協議和擬議將兩岸合作交流制度化的舉措中，人們還可以明顯感受到橫亙在兩岸之間的戰爭烏雲，已經開

始逐步散去,而和平穩定的兩岸關係,則徐徐展現在世人面前。這將為兩岸尤其是台灣的經濟社會發展,維護台灣同胞根本福祉,贏得極為有利的政治空間。畢竟人們不會到充滿戰爭風險之地去開發、投資和旅遊,但和平穩定卻會迎來八方來客開展經濟合作。

2008年7月4日,大陸居民赴台灣旅遊和兩岸週末包機正式啟動,美國、日本、新加坡、菲律賓、泰國、葡萄牙等多國媒體都對此進行了報導。新加坡《聯合早報》5日發表社論稱:[32]

台海兩岸4日啟動週末包機,這代表著兩岸關係揭開了嶄新的一頁,稱得上是劃時代的重大事件。實現週末包機開通是兩岸共同努力的成果,受到了兩岸民眾的共同支持。這一舉措順應了兩岸人民的願望,符合時代和歷史的潮流。與全面「三通」的目標相比,週末包機還只是一小步。雙方接下來還需要邁出更多這樣的「一小步」,使正在形成的合作共贏趨勢變得不可逆轉。

兩岸週末包機和大陸居民赴台旅遊實現後的實際情況,給予了民進黨以最為有力的回擊,民進黨多年來有關兩岸關係的負面評價被狠狠擊碎,台媒發表評論文章,警告民進黨不要一味詆毀兩岸關係,以免「自食其果」。台灣《中央日報》發表報導稱:[33]

由此可知,民進黨反對兩岸直航,完全是基於意識型態,因此所舉的理由都是莫須有的假理由。這一次的實驗已經戳破了民進黨的假面具,但更值得民進黨注意的是,台灣的民眾對於兩岸的交流與合作,有高度的自信心。民進黨認為台灣會被大陸吸得一乾二淨,台灣民眾卻認為可以利用大陸的跳板或養分,為台灣經濟找到新的出路。除此之外,台灣民眾對台灣的生活方式與民主制度感到驕傲,相信大陸民眾只要到了台灣,認識台灣,就會愛上台灣。愈多的大陸民眾到過台灣,愛上了台灣,那兩岸和平的基礎也愈穩固。民進黨如果不能夠清楚認識這一點,還在直航上唱衰「執政黨」,那就是自討苦吃

了。

（三）陳雲林訪台，兩會共創新紀元

在兩岸恢復會談的第一次對話商談中，海基會董事長江丙坤正式邀請海協會會長陳雲林在同年回訪，並舉行第二次會談。陳雲林表示同意在適當時機赴台訪問，並同意由海協會和海基會積極進行磋商安排。

2008年10月27日海協會和海基會的高層代表在深圳就陳雲林訪台事宜進行了預備性磋商，敲定了有關陳雲林訪台的日程、行程、參觀項目，以及協議的題目和內容等。

第二次兩岸兩會領導人會談於2008年11月3日至7日在台北舉行，會上雙方就兩岸空運直航、海運直航等問題交換了意見，並簽署了《海峽兩岸空運協議》《海峽兩岸海運協議》《海峽兩岸郵政協議》和《海峽兩岸食品安全協議》四項協議。

此次陳雲林訪台，意義非同小可。這不僅是陳雲林個人的第一次訪台，更是兩會領導人首次在台灣舉行會談。海協會領導人應邀訪台是兩岸關係發展的重要代表，實現了兩會制度化協商的重大突破，是兩岸關係發展中的重要一步。正因此次陳雲林一行訪台具有豐富的歷史意涵，故受到了台灣朝野兩派截然相反的對待。中評網在一篇題為《陳雲林抵台　台灣朝野冷熱兩樣情》的報導中描述稱，馬政府給予了海協會會長陳雲林在台灣元首級所能享受到的禮遇；而綠營則想方設法祭出各種抗議手段，並做出了大量的過激行為。文章在客觀描述了台灣「朝野」冰火兩重天的態度後，在文章結尾對此次會談作出了中肯的、積極的評價。文章指出：[34]

今天中午，陳雲林率領海協會等70多位相關人員踏進台灣的大門，就兩岸關係發展而言，有其歷史性意義，他是兩岸交流互動幾十

年來,第一位順利越過黑水溝(台灣海峽)的海協會會長,完成已故會長汪道涵念茲在茲,有生之年無法達成的宏願。這說明兩岸關係已由凋零的「辜汪時代」進入到「江陳時代」。辜汪時代,兩岸情勢險峻,政治氣候風雨飄搖;江陳時代,國民黨執政,政治大氣候看似轉好有趨於穩定之勢。

新華社也發表了相關評論文章,並在文章中引用了大陸知名學者徐博東的話,稱此次陳雲林會長率團訪台「圓了汪老的夢」,「這絕不是簡單的歷史的重複,而是往前邁出了一大步」。題為《跨越新里程 兩岸正春風》的報導中有著這樣詩意的一段話語:[35]

「潮平兩岸闊,風正一帆懸。」人們當歡欣於兩岸關係正步入和平發展的軌道,同時也有更多的理由相信:堅冰已融、道路已通,兩岸商談機制將日趨成熟與完善,兩岸透過溝通、對話將進一步建立互信,共同寫就符合兩岸骨肉同胞根本利益的歷史新篇。

新華社在題為《珍惜新局 共創未來》的社論中,以「珍惜」為關鍵詞,描述了對來之不易的兩岸關係現狀的感激與珍視之情。這不僅是新華社對陳雲林訪台事件生出的感慨,大約也是兩岸民眾所達成的共同認識。報導中稱:[36]

當兩岸關係處在又一個新的歷史起點之際,我們首先應倍加珍惜眼前的新局面。為了這一天,兩岸同胞已經期盼多年。超過半個世紀的人為阻隔,已經讓那灣淺淺的海峽,埋藏了太多的思念、愁苦,實在不應再留下新的遺憾。就拿這次兩會最高領導人的台北之會來說,其實早在約十年前即應由汪道涵、辜振甫兩位老人完成,卻因眾所周知的原因一拖再拖,讓兩位老人抱憾終生......而兩岸之間,未來還有多少個十年、有多少生命可以蹉跎呢?

民生問題是兩岸協商的永恆話題,兩岸民眾的利益始終是排在首位的,既是協商的出發點同時也是協商的方向。中國台灣網題為《務

實「江陳會」：最是「民生」掛心間》的社評闡述了該觀點，文章稱：[37]

盡快給兩岸同胞「實實在在」的利益，是兩會協商最樸素的想法。正如陳雲林赴台前接受記者採訪時所說：「兩會協商中斷長達9年之久，失去了許多寶貴的時間；做對兩岸關係發展有利的事情，做對台灣同胞有益的事情，我們沒有任何理由拖延！」兩岸關係的堅冰已經打破，道路已經開通。我們有理由相信，任何政治因素都無法干擾兩岸交流和兩岸經濟合作，民生所在、民心所在，務實的「江陳會談」，必將為兩岸關係歷史寫下嶄新的一頁。

香港《明報》更是對陳雲林的此次「歷史性」訪台發表了無限感嘆，發表社論稱：[38]

這次歷史性訪問，是兩岸關係走向和緩的重要一步。兩岸從1949年起隔海對峙，直至1993年，大陸海協會會長汪道涵與台灣海基會董事長辜振甫，在新加坡展開海峽兩岸授權民間機構領導人的歷史性首次晤談，從而推動兩岸事務及經濟商談。後來在1998年10月，辜振甫率團訪問大陸，並邀請汪道涵回訪台灣，可是，後來李登輝拋出「兩國論」，兩會商談基礎嚴重受損，陳水扁上台後兩岸關係更雪上加霜，回訪一事遙遙無期。如今辜汪二人均已作古，這個10年之約，歷盡波劫，在馬英九上台後的今天，大陸海協會會長終於成行赴台，關注兩岸和平之士既引頸以待，亦無不唏噓感嘆。

香港《大公報》也對此發表社論文章指出：[39]

這次會談將會簽署的四項協議內容都是攸關台灣民眾的福祉及台灣自身的經濟發展的議題，亟需透過兩岸協商解決。這次會談所要達成的四項協議將解決兩岸直接通航、通郵中的許多問題，對於加強兩岸經濟合作、增強兩岸實體經濟的體質、提升兩岸經濟競爭力，有著直接的幫助。解決好這些問題，對於保持兩岸經濟穩定發展、應對國

際金融危機對兩岸經濟的衝擊，具有刻不容緩的必要性和緊迫性。

經過11月4日上午的協商，雙方達成共識，於下午2點正式簽署了《海峽兩岸空運協議》《海峽兩岸海運協議》《海峽兩岸郵政協議》及《海峽兩岸食品安全協議》這四項協議。根據協議，兩岸將開通空中雙向直達航路，使客運包機常態化並開通貨運包機，相互開放主要港口進行海運直航，並實現直接通郵，同時建立重大食品安全事件協處機制。四項協議的簽署，意味著由1979年全國人大常委會《告台灣同胞書》所首倡的兩岸「三通」主張，在兩岸同胞持續不懈的共同努力下，終於經兩岸制度化協商而搭起了框架，為兩岸關係更加全面發展奠定了基礎。[40]

海峽兩岸為了協議的簽訂而歡呼雀躍，中評社發表題為《為「大三通」29年圓夢歡呼叫好！》的社評將這種欣喜躍然於紙上，並分析了「大三通」將帶來的四重好處。該社評指出：[41]

顯然，兩岸「大三通」是件大好事。「大三通」將帶來「四贏」。一贏是進一步促進台灣企業到大陸投資和發展，有助於目前台灣經濟轉型。「大三通」對台灣經濟轉型將有著越來越重要的促進作用。據有關經濟研究機構評估，兩岸經貿對台灣經濟增長的影響度已達42%。二贏是進一步擴大人員往來與兩岸經濟合作，互補互利，共同發展，共同繁榮。三贏是在「大三通」的帶動下，台灣對外經濟循環將變為直接運用大陸技術和市場的「大陸—台灣」之間的經濟循環。四贏是「大三通」拉近了海峽兩岸人的心，有利於促進「一國兩制」的實施和祖國和平統一的步伐。

對於關涉民生之便利、民生之根本的四項協議的簽訂，大陸和台灣的主流媒體都給予了很高的評價。台灣《中國時報》的社論稱：[42]

兩岸海基、海協在十數小時內即順利簽署完成四項協議，包括航運、海運、郵政合作與食品安全機制，對兩岸關係而言，這是一份歷

史性的文件，代表十數年未決的兩岸三通將在四十天文件生效後，正式上路；對兩岸人民而言，立即可見的時間成本與飛航成本即刻降低，初步估計每年至少節省逾三十億元。

香港《星島日報》發表報導稱，第二次商談中四項協議的簽訂，是對台灣經濟民生是大好事，其在社論中指出：[43]

陳雲林是首位訪問台灣的海協會長，定於明日與台灣海峽交流基金會董事長江丙坤簽署協議，涉及兩岸直航、郵件直達與食品安全衛生。這四項協議不但為台商往來大陸節省大量時間金錢，兩岸貨運節省大量成本，而且打破大陸訪台旅客機位不足的瓶頸，將是力推台灣經濟走出低谷的火車頭，際此環球金融海嘯打擊台灣對美出口，兩岸加強貿易更是雪中送炭的救生圈。陳雲林此行有助鞏固兩岸友好基礎，對台灣經濟民生是大好事。民進黨陳水扁執政八年做不成的，國民黨馬英九上場不足半年終於做到了。

除兩岸三地的主流媒體給予此次簽訂的四項協議以關注外，外國媒體也持續不間斷的關注著此次的會談成果，並稱此次「江陳會」簽署的四項協議，是一個「歷史性的突破」。《華爾街日報》報導稱：[44]

簽署四項協議，象徵雙方改善兩岸關係的決心。這些協議內容也是台灣島內及國際間渴望許久之事。

在2008年的12月15日，兩岸隔絕將近60年後，海運、空運全面直航，海峽兩岸都舉辦了盛大的首航儀式。台媒《經濟日報》在當天發表社論，讚揚了四項協議的簽訂與實施給台灣方面帶來的實實在在的好處。社論稱：[45]

兩會11月4日在台北簽署的兩岸直航等四項協議生效，兩岸海路運輸將直通，不須再靠第三地，大幅縮短航程及轉運成本；假日直航包

媒體篇

機擴大為天天都有的日常包機,朝發上海、傍晚回台的「一日生活圈」形成,為往返兩岸的民眾省下可觀的時間與金錢;貨運包機也將啟動,讓搶時間的台商貨物有了更多的選擇;兩岸通郵使包裹郵件的傳遞更快捷,認證不費時、遺失率降低。

大陸學者李家泉用詩作《「大三通」啟動了!》表達了他對「大三通」實現的激動心情,同樣也代表了絕大多數兩岸民眾對「三通」懷有的複雜感情。

(一)

2008年12月15日,

這是一個不平常的日子:

兩岸「大三通」的啟動典禮,

分別在兩岸數地舉行;

三艘「巨輪」——「海、空、郵」同時揚帆。

炮竹連天響,

歡聲如雷動。

啊,「大三通」實現了!

(二)

六十年了,

兩岸隔海對峙,

長期僵持共處。

第一個「三十年」:

一日不妥協,

二日不接觸，

三日不談判。

真是「長夜漫漫人難熬」啊！

(三)

第二個「三十年」：

曲線通商，

曲線通航，

曲線通郵，

「單向、民間、間接」。

直路不直走，

直飛繞三彎。

兩岸竟是「咫尺如天涯」啊！

(四)

第三個「三十年」，

開始了：

截彎取直，

直線海運，

直線空運，

直線通郵。

兩岸上空——一架架銀燕對飛，

兩岸海峽——一艘艘鐵船對駛

相互間的距離啊

——忽然竟又「天涯如咫尺」了！

三、兩岸事務性協商進入高速發展階段

　　自兩岸恢複制度性協商後，相繼舉行了兩次兩會領導人會談，簽署了六項與兩岸民生息息相關的協議，為兩岸民眾交出了一份亮麗的成績單。舉凡兩岸民眾想談的、眼下可以談的，都在兩會協商的談判桌上協商和定案。台海兩岸除了對前期成果予以肯定外，對兩岸在更寬廣、更深入的領域內加強合作也有了更多期待。自第三次「江陳會談」起，兩會制度化協商不斷「掃除」因歷史原因堆積的大量人為障礙。2009年4月至2010年6月，兩會相繼舉行了三次會談，並成功簽署了八項協議，使得兩岸人民的福祉因此不斷得到增進，兩岸關係有了更進一步的發展。

　　（一）福臨大地報佳音，花開果碩喜民生

　　第三次兩岸兩會領導人會談於2009年4月25至26日在南京舉行，會上雙方就兩岸金融合作、共同打擊犯罪及司法互助等問題交換了意見，簽署了《海峽兩岸空運補充協議》、《海峽兩岸金融合作協議》、《海峽兩岸共同打擊犯罪及司法互助協議》三項協議，並就大陸企業赴台投資事宜達成原則共識。

　　此次「江陳會談」是兩會自2008年6月恢復制度化協商以來，兩會領導人在大陸舉行的第二次會談，同時也是首度在南京的握手對話。本次「江陳會談」受到了傳媒的極大關注。包括新華社、人民日報、中央電視台、中國台灣網等在內的大陸媒體，包括東森電視台、聯合報等在內的台灣媒體，以及香港明報、澳門日報、美聯社、路透社等港澳及海外媒體共計98家260餘名記者聚集南京進行報導。

中國台灣網發表題為《一年三次「江陳會」完成辜汪一輩子心願》的社評，對一年內三次舉行「江陳會談」表示肯定，社論指出：[46]

辜汪二老終其一生，推動兩岸的和解與合作，也只在新加坡和上海見過兩次面，兩人希望在台北第3度見面的夢想終究無法實現，但接棒的江丙坤和陳雲林不僅在台北碰面，一年之內接連舉行3次會談，完成辜汪一輩子無法達成的心願，更一口氣簽署了9項協議，饒富意義，辜汪二老若地下有知，也會感嘆造化弄人。

更重要的是，兩會商談一棒接一棒，如今已經步入軌道，制度性協商不再遙不可及，這項成績，足堪告慰辜汪二老在天之靈。

第三次會談上簽署的三項協議，不但為兩岸的經濟交流及人民交往進一步加大力度奠定了基礎，而且代表著兩岸和平發展進入新階段。社會各界對會談取得的豐碩成果，表示了充分的肯定。其中台灣當局大陸事務主管部門發布新聞稿稱：[47]

兩會坦誠溝通、積極推動，成果豐碩，不僅再度證明兩會透過協商管道處理經濟性、事務性的議題，已能制度化、正常化地運作；同時本次會談雙方特別就交流秩序的維護與強化，如遏止跨境犯罪、確保人民權益及建立司法合作機制等方面達成協議，其對於未來兩岸經貿關係的持續順利發展，將具有積極正面的促進作用。

澳媒《新華澳報》發表社論稱，在兩岸交流的洪流「畢竟東流去」的大勢所趨之下，民進黨要想阻攔其前進甚至是拉回過去「積極管理」的老路，都將大嘆「青山擋不住」。其在報導中對簽署的協議也進行了詳盡的分析，分析認為：

《海峽兩岸空運補充協議》是對海峽兩會前已簽署的多個空中空運協議的補充，簽署後定期航班加包機的班次總量與航點都將擴充；

媒體篇

《海峽兩岸金融合作協議》的簽署，將為兩岸金融合作提供了可靠的基礎，也為人民幣的走向「國際化」鋪墊好氣氛；《海峽兩岸共同打擊犯罪及司法互助協議》最令人感興趣，這不但因為它是在「先經濟後政治」的兩岸協商指導思想下，唯一的非經濟領域協議，而且也是兩岸間第一個區際刑事司法互助協議，代表著兩岸攜手合作打擊跨境刑事犯罪行為，有了法制基礎。[48]

香港《大公報》則將視線集中在第三項協議上，發表題為《促發展保和諧　共同打擊犯罪造福兩岸》的文章，稱讚此項協議的簽署。社評指出：[49]

時光飛逝，日月如梭。因為台灣方面眾所周知的原因，兩岸共同打擊犯罪協商一拖就是數年。在大陸經濟繁榮、和平崛起的背景之下，兩岸經濟交流和融合日益緊密，在大陸的台商數量日益增多（根據不完全統計，大陸台商至少有100多萬）。兩岸共同打擊犯罪協議的簽署，對台商的安全保障具有積極意義，這也是由一些涉及和針對台商案件中呈現出的特點決定的。

（二）積跬步之功，致千里之行

第四次兩岸兩會領導人會談於2009年12月21日至25日在台中舉行，會上雙方就兩岸漁船船員勞務合作、兩岸農產品檢驗檢疫合作、兩岸標準計量檢驗認證合作，以及兩岸避免雙重課稅和加強稅務合作等問題交換了意見，簽署了《海峽兩岸漁船船員勞務合作協議》、《海峽兩岸農產品檢疫檢驗合作協議》、《海峽兩岸標準計量檢驗認證合作協議》三項協議，並就推動商簽兩岸經濟合作框架協議（ECFA）原則性交換了意見。

在陳雲林抵台前一天，民進黨舉行了萬人大遊行，遭到了海內外媒體的共同批駁，《環球時報》發表評論文章稱：[50]

231

街頭運動很容易給人錯覺，以為抗議者的聲音就是社會主流。20日的台中遊行即使有10萬人，台灣另外2200萬人所代表的沉默力量也更應被重視。綠營尤其需要注意，以台灣現今的環境，不斷走上街頭非但無助民進黨重返執政，反而是離重新取得政權最遠的一條路。

日媒《日本時報》刊登評論稱：[51]

民進黨對兩岸經貿會談的阻撓是愚蠢的。如果這一會談能使台灣經濟持續改善，到2012年「大選」時，「只會說不」的民進黨就會被自己所傷。

島內媒體對民進黨的「為反對而反對」也感到不滿，發表評論稱：[52]

國民黨「五問蔡英文」打中民進黨要害。長期以來，民進黨靠危言聳聽和製造悲情來煽動不明就裡的民眾，稍經推敲就可發現，其兩岸政策除去「反對」二字，所剩空無一物。就如蔡英文日前所說，不知道ECFA的內容，怎麼與馬英九辯論？既然連內容都不知道，又何從反對起？同樣的，民進黨抗議兩會會談，濾去空洞的口號，還剩什麼實質內容？

新華社記者陳斌華對海協會會長因綠營人士阻撓未能成功遊覽日月潭一事生出感嘆，希望台灣不再有人將海協會會長遊日月潭這樣一件大有益於推動觀光的好事，歪曲汙衊，上綱上線，甚至進行種種阻撓、非難與威脅，也希望在兩岸和平發展的道路上少些阻礙。為此，陳斌華作詩一首，對這一事件表示遺憾：[53]

有湖遊不得，望潭而興嘆。

唯盼兩岸事，莫再生遺憾。

此次協商預計達成的四項協議最終只簽署了三項，對此結果媒體並未唱衰兩會協商，反而肯定了兩會協商的思路——即先易後難，成

熟一項達成一項，不強求圓滿，追求形式上的成功，始終以兩岸民眾的福祉與要求為導向。對此澳門《新華澳報》刊文稱：[54]

這次會談，可說是成功的會談，儘管未能簽署「兩岸避免雙重徵稅及加強稅務合作」協議，未能實現「大團圓」。但恰恰正是由此證明，兩岸會議體現了雙方求真務實的精神，秉承「先易後難」原則，不片面追求圓滿的場面，而是寧可透過繼續深入協商，善意溝通，凝聚共識，拿出一份真正讓雙方都滿意、兩岸人民都滿意、「好使、管用」的協議來避免雙重徵稅問題。這就正如鄭立中所說，換個角度看這個問題，此次會談是否圓滿，最重要的是看結果。如果簽署協議卻不能很好落實，反而並不能算圓滿。雙方正是本著求真務實的精神，才會將擱置簽署協議的原因坦率地向民眾說明，並且讓大家放心，兩會將繼續就此議題進行探討，適時簽署協議。

新華社也發表評論文章，稱讚此次會議上的「三缺一」很務實：[55]

「慮於民也深，則謀其始也精，故能用力少而為功多。」這是北宋文豪歐陽修《偃虹堤記》的名句，大意是關心百姓的利益越深，就會對各項工作措施考慮得越周密，就能事半功倍。藉用來觀察此次會談，甚為妥當。兩岸兩會今後應堅持把兩岸民眾是否歡迎、是否有助民生福祉，作為檢驗所簽協議的唯一標準，在開創兩岸和平發展新局上再作貢獻。是為吾人至盼！

（三）一紙協議，凝聚兩岸心意

第五次兩岸兩會領導人會談於2010年6月28日至30日在重慶舉行，會上雙方就兩岸經濟合作、「早收清單」內容及知識產權保護合作等交換了意見，並簽署了《海峽兩岸經濟合作架構協議》和《兩岸知識產權保護合作協議》。

此次會議的重要性和歷史性不僅由所簽署的協議凸顯出來，會議舉行的地點——重慶也頗具歷史蘊涵。《美國世界日報》就此次會議發表社評稱：[56]

重慶既是中國抗戰時候「中華民國」的陪都，同時也是國共兩黨內戰全面爆發前毛澤東蔣介石談判的地點。六十多年後，國共兩黨在這個地方簽署歷史性的經濟及協議，是兩岸分治半個多世紀的重大里程碑，更有療傷止痛，接續傳統，開創新局的象徵性意義。

ECFA正式簽訂前，台灣《中央日報》曾發表題為《回應台商呼籲兩岸應速簽ECFA》報導，呼籲兩岸盡快簽署ECFA。社評指出：[57]

昨日108位大陸台商協會會長及代表在各大報頭版刊登廣告，籲請兩岸盡速簽署兩岸「經濟合作架構協議」（ECFA）。誠摯希望兩岸當局都能聽到台商的心聲，回應台商呼籲，盡速簽署ECFA，為兩岸建立可長可久的經濟合作制度。

唐代偉大詩人李白在流放途中遇赦返回時所創作的一首七言絕句——《早發白帝城》人們早已耳熟能詳：

朝辭白帝彩雲間，千里江陵一日還；

兩岸猿聲啼不住，輕舟已過萬重山。

但沒有人想到過用這首詩中的後兩句來形容「兩岸經濟合作架構協議」（ECFA）的簽署及確定「早收清單」內容的談判過程。台灣《工商時報》的記者獨具慧心，用兩句詩對此協議的簽署作了十分貼切的詮釋：[58]

海峽兩邊執政當局，雖然都誠意十足，但雙方內部都有雜音，以致「兩岸猿聲啼不住」；雙方政府在內外夾攻的困難中，順利完成談判，則是「輕舟已過萬重山」。

在兩岸關係一片利好的形勢下，一些有著更為長遠眼光的台媒，本著促進ECFA後續協商順利完成的初衷，向台灣當局提出了一些忠告，其中台灣《旺報》26日就刊文稱：[59]

在經濟互利的基本前提下，ECFA後續市場開放協商已不可能冀望於單方面讓利，因而主管機關談判心態的調整，以及島內共識建立和政策的充分協調，是突破協商瓶頸所必須具備的前提條件。

現在最大的問題是，台灣主管機關並未真正體認到ECFA已從「讓利」進入「換利」階段，在協商上仍是且戰且走，缺乏通盤規劃。各界對ECFA協商策略與進展亦摸不著邊際，只能乾著急。希望當局要趕快上緊發條，作出改變，ECFA後續協商才有可能在2年內完成。

《澳門日報》30日發表題為《兩岸跨進互惠共榮新時代》社評文章，社論強調：[60]

兄弟同心，其利斷金。面對激烈競爭的國際市場、尚未完全消除的國際金融危機和日趨嚴峻的貿易保護主義，ECFA將為兩岸經濟注入一支強心針。兩岸可望在新一輪融合中形成更合理產業布局，更有效配置經濟資源，在提升各自競爭力基礎上，更好地攜手應對日趨激烈的國際競爭，實現新的飛躍，共同維護和拓展中華民族的整體利益。

ECFA正式簽署，除了中國國內媒體持續關注並相繼報導外，海外各大國際通訊社也紛紛以快報方式搶在第一時間披露，美國有線電視新聞網（CNN）和英國廣播公司（BBC）更在網站首頁報導，並在新聞標題形容ECFA的簽署是historic（歷史上有重大意義的）和landmark（劃時代的里程碑）。[61]除了美國、歐盟等主要國家對ECFA的簽訂進行了正面回應外。WTO總幹事帕斯卡爾·拉米（Pascal Lamy）在接受中央社記者專訪時，也首度公開評論ECFA及其對台灣貿易投資關係的意涵。他說，「現在，ECFA在這些努力中是一個重要作為，我們認為可以相當程度地改善兩岸關係，對確保產業競爭力及

進一步納入世界經濟也是非常重要」。拉米及WTO報告也一致指出，簽署ECFA除了可改善兩岸關係，強化競爭力外，對台灣吸引外資進入，增加外人直接投資（FDI）流動也十分關鍵。[62]

大陸媒體也有因為台灣媒體的報導不夠客觀全面，而對其頗有微詞。前任總理溫家寶在提到ECFA簽訂時曾講過要讓利給台灣，同時緊接著還有一句話——「因為我們是兄弟」。台媒在有關讓利方面的報導較多，而鮮少有提到後一句話。故大陸媒體調侃稱台灣媒體發展出了「自我免疫功能」，不敢將同大陸稱兄道弟報導出來，以免有不愛台灣、出賣台灣之嫌。《人民日報》發表此類評論稱：[63]

台灣的政治環境極為敏感，風吹草動有心人就會送來一頂「不愛台灣、出賣台灣」的大帽子，何其沉重！一般有盤算的政客，都懂得保持距離以策安全的道理。好像一旦被貼上標籤，就有點洗刷不清。媒體的心態與政客們無二，希望藍綠通吃、左右逢源，號稱立場中立，就不便和對岸稱兄道弟了。說穿了都是「私」字當頭，有點勢利。

四、兩岸事務性協商的「後ECFA」時期

前五次會議的14項協議的簽訂大大鼓舞了兩岸各界人士，實現了多個曾經未曾想也不敢想的領域的合作，使得兩岸民眾對兩岸和平發展的信心持續高漲。這沉甸甸的14項協議，如同跨越海峽的14座雄偉大橋，共同構築起兩岸大交流乃至兩岸關係和平發展的堅實基礎。ECFA的簽訂具有里程碑意義，有了很好的開始，但還不全面。進入到「後ECFA」時期兩岸不僅將推進ECFA後續商談，還將展開更普遍、更全面的互動交流。第六至八次「江陳會談」延續了前幾次會談「高效」的特點，取得了豐碩成果。

(一）波濤漸平，航程致遠

第六次兩岸兩會領導人會談於2010年12月20日至21日在台北舉行，會上雙方就醫療衛生合作交換了意見，並簽署了《海峽兩岸醫藥衛生合作協議》。此次會談涉及的領域是兩會協商開創的具有廣泛社會意義的新領域。這一領域關乎兩岸同胞的生命健康權，也與兩岸醫藥衛生事業的發展合作有莫大關係。在對協議的簽訂進行報導時，眾多媒體都對此做出了肯定，並稱讚其以「以民為本」。中國台灣網就此次會談發表時評稱：[64]

觀察《協議》列出的兩岸合作領域：傳染病防治、醫藥品安全管理及研發、中醫藥研究與交流及中藥材安全管理、緊急救治以及雙方同意的其他領域；縱覽《協議》全文六章三十條，高度的可操作性、與民眾利益息息相關的條款，彷彿字裡行間都在傳遞出「以民為本」的精神。

台灣媒體也十分關注此項協議的，台灣《經濟日報》對此就發表了評論，稱該協議不僅是兩會簽署14項協議以來協議條文數量最多、涵蓋領域範圍豐富廣泛的一項，且可行性較高，相信兩岸能夠在這一領域取得更廣泛的合作。

除媒體對此次協議的簽署較為關注以外，兩岸學者及相關行業人員也全程關注兩會，並對協議的簽署表示讚賞。新華社刊文對此進行了報導，報導稱：[65]

「中醫藥研究與交流及中藥材安全管理」的相關內容備受兩岸中醫藥學者及業界肯定。受訪專家、業者普遍認為，協議有助於兩岸在中醫藥領域建立起統一標準，兩岸中醫藥交流合作將步入更廣闊的「新天地」。根據協議，兩岸將就中藥材品質安全保障措施、中醫藥診療方法研究、中醫藥學術研究等事項，進行交流與合作。在大陸開業的知名台籍中醫師黃宗瀚認為，以往因為兩岸訊息不夠暢通，不少

台灣患者誤認為大陸中藥材不夠安全，存在偏見。此次簽署的協議明確指出，兩岸將採取措施，保障輸往對方的中藥材符合品質安全要求，「可以進一步消除台灣患者的顧慮，安心服藥」。

兩岸在第六次「江陳會談」簽署了《海峽兩岸醫藥衛生合作協議》，但原定於在此次會議上簽署《兩岸投資保護協議》的計劃卻最終並未得到實現，雖有遺憾，但似乎並未動搖兩岸民眾對兩會協商持續向前發展的信心，認為這僅僅是進入到「先易後難」戰略中的「後難」階段。題為《兩岸制度化協商行穩致遠　民進黨兩岸政策悄然變化》的社評稱：[66]

原定商簽的《兩岸投資保障協議》，兩會雖已達成階段性共識，但由於涉及面廣及複雜性，雙方將繼續協商。這個「意外」顯然與雙方的誠意無關，恰恰表明兩會制度化協商的成熟和務實。後兩岸經濟合作框架協議時代，兩岸經濟協議的商簽將過渡到由原則層面到具體操作層面，由簡入繁，協商過程更複雜。從這一點而言，第六次「江陳會談」是兩會會談的又一新起點，是兩岸經濟關係進一步深化的開始。另一方面，兩岸對這個「意外」的寬容和理性對待，也表明兩岸制度化協商已走上行穩致遠的軌道，兩岸透過平等協商發展彼此關係的理念深入人心。

（二）　以民為本，漸入「核」心

第七次兩岸兩會領導人會談於2011年10月19日至21日在北方名城——天津舉行。會上雙方就核電安全合作交換了意見，並簽署了《海峽兩岸核電安全協議》。兩會在20日完成協議簽署後互贈了紀念品，分別為一幅天津楊柳青年畫《蓮年有餘》，一尊台灣藝術家楊奉琛的雕塑作品《行健不息》。海基會副董事長高孔廉介紹說，《行健不息》象徵兩岸行穩致遠、自強不息；至於《蓮年有餘》，海協會常務副會長鄭立中則介紹說，它寄託著兩岸人民對美好幸福生活的嚮往。

年年有餘除了能夠形容兩岸民眾生活外,其實也能用來形容兩岸兩會多年來的協商成果。

兩會在對會議舉行地的選擇上,往往頗費心思,一路走來報導兩會協商的記者除了對會議內容進行報導外,也未曾忽略這一點。新華社記者發表題為《第七次兩會領導人商談記者手記:百年修得同船渡》的報導,解析了第七次會談舉行地選擇的深刻內涵,該報導稱:[67]

就歷史而言,一百年來,兩岸同胞苦苦求索,努力拚搏,而今第一次有難得的條件和機遇,攜手致力於中華民族的偉大復興。就地理而言,偉大的民主革命先驅孫中山先生就是在天津求見李鴻章遭拒後,毅然赴日創立興中會,開始革命生涯的。在近代史上,租界遍布的天津承載了太多的民族屈辱。而今,她振衰起敝,成為大陸前景不可限量的明星城市、兩岸經貿交流合作的重鎮。

兩岸間有著錯綜複雜的關係,兩會每份協議的達成,背後都有著諸多艱辛。兩岸三地媒體對兩會協商進行了多年的追蹤報導,見證了歷史的榮耀時刻同時也品味到了每一小步的進展背後的汗水與淚水。因此在肯定兩會所取得的成果同時,他們也不忘呼籲兩岸珍惜機遇,鞏固兩會恢復商談的共同政治基礎,增強政治互信,讓兩岸朝著正確的地方發展。新華社記者發表報導稱:[68]

「互諒互讓才能攻堅克難。」兩岸同胞既有著共同的根本利益,在具體議題上也存有一些分歧。這本來就很正常,放在歷史的長河中、放在全民族復興的大格局下,都不是無解的大問題。只要兩會共同秉持推動兩岸關係和平發展的真誠願望,務實對話,善意溝通,定能妥善處理分歧,不斷凝聚共識,達致共同目標。

兩會領導人經過磋商,最終取得了「一項協議、兩項共同意見」的成果,簽署了《兩岸核電安全合作協議》,並就兩岸產業合作與兩

岸投資保障協議發表了兩項共同意見。核電領域是兩會協商涉及的又一全新領域，代表著兩岸合作的進一步深入。中國台灣網發表題為《休戚相關 合則雙贏 兩岸將共謀「核」心力量》的報導稱：[69]

眾多業內專家也一致認為，深入的實質性合作將給兩岸核電安全營運水平的提高帶來諸多幫助，同時核電營運的安全性和經濟性也將得到顯著提升。鑒於核安全問題在未來始終存在，因此兩岸在核安問題上的休戚與共命運將長期存在下去。更何況，兩岸同文同種，在核安監督的合作具有互補特性，可說是「合則雙贏」。

在兩會會談期間，台媒也對此進行了積極報導。台灣「中央社」、《旺報》、《中國時報》、《工商時報》等媒體發表多篇消息報導兩會磋商成果。《中央日報網路報》發表評論稱：[70]

根據海基會江董事長在抵達天津時的談話，本次會談可用「安全、保障、興業、追蹤、規劃、交流」十二字來形容。「安全」即簽署《兩岸核電安全協議》；「保障」即「投保協議」繼續協商；「興業」是指就「兩岸產業合作」進行交換意見；「追蹤」是就「過去協議執行情形」交換意見；「交流」而言，即是就「兩會會務交流」交換意見。

（三）「這遲來的春天，比春天還春天」

第八次兩岸兩會領導人會談於2012年8月8日至9日在台北舉行，會上雙方就海峽兩岸投資保護和促進、海峽兩岸海關合作等問題交換了意見，建立了「制度化」、「多元化」的投資糾紛解決機制，並簽署了《海峽兩岸投資保護和促進協議》和《海峽兩岸海關合作協議》。

《海峽兩岸投資保障和促進協議》是ECFA協議重要的後續協商內容之一，同時也是第八次江陳會談延宕的主因。《海峽兩岸投資保障和促進協議》的簽署長期以來一直備受社會各界期待。但由於該協議

涉及面廣、專業性強，且雙方管理體制存在差異，還需要各自內部及相互之間進行必要的溝通協調等原因，在第六次、第七次會議上都未能成功簽署。歷經近兩年時間終於破繭而出，台海兩岸都長吁一口氣，也正是應了古話——好事多磨。《人民日報》高度讚揚了此次《海峽兩岸投資保障和促進協議》的簽訂，稱其一重看點為「保護」，二重看點為「雙向」，並認為投保協議的最終簽訂給ECFA後續協議的簽訂帶來了一個良好的開端，該社評稱：[71]

「投保協議」的談判過程耗時不短，談判雙方本著尊重對手和不節外生枝的善意都不披露其間的細節。大陸表示「已盡了最大的努力」，台灣稱「各讓一步，各取所需」，令人讀到了兩岸處理棘手難題時的堅持與靈活，也對ECFA後續的服務貿易、貨品貿易、爭端解決機制等協商更有信心。所以，「開了一個好頭」也成為「投保協議」的看點。

新華社也發表類似社評，並寄語兩岸「心繫萬民安居樂，協商再創天下平」，希望其繼續做好兩岸關係和平發展這篇大文章。報導中稱：[72]

兩年前在兩會重慶會談簽署的ECFA，是兩岸間一份具有里程碑意義的協議。但這份框架性協議只為兩岸經濟關係搭建起了一棟敞亮的房子，還需要透過一系列後續協商並達成協議，來為其添置各式必備物件，其中投資保護與促進、服務貿易、貨物貿易以及爭端解決四方面的協議堪稱關鍵的「四大件」。

如今，投保協議「先下一城」，加上簽署對促進兩岸貿易具有積極作用的海關合作協議，這邁出了推進ECFA後續商談的重要一步，不僅為持續完成服務貿易、貨物貿易、爭端解決協議商談及ECFA其他經濟合作事項積累了經驗，也讓兩岸經濟合作機制逐漸「骨肉豐滿」。

《海峽兩岸投資保障和促進協議》的最終通過帶給了台商以實實

在在的好處,大陸全國台灣同胞投資企業聯合會副會長葉惠德在採訪時稱,「沒想到這遲來的春天,『比春天還春天』」。[73]台媒在對此次協議的簽訂進行報導時,也將報導的著眼點落在了協議帶給台灣方面的好處上,這也是大多數的台灣民眾希望透過媒體獲悉的訊息。台灣《工商時報》發表社評稱:[74]

該項投保協議(全名兩岸投資保障和促進協議),究竟給大陸台商帶來多少實惠?總的來說,該協議的最大好處,是使台灣方面的公權力,可以介入台商在大陸權益之保障,而強化了台商這方面的「保護傘」。例如對台商與企業間商務糾紛(P2P)之處理,引進了台方的仲裁機制。而對台商與大陸地方政府間糾紛(P2G)的處理,則可由我政府有關機關於必要時出面,會同大陸官方,進行協處或調解。這些都是該投保協議的「亮點」。

在國共兩黨為第八次會議的舉行歡欣鼓舞之際,民進黨卻愈發悻悻然,島內媒體沒有放過這細微的變化,發表報導稱:[75]

可能因為入出境都遇不到陳雲林,綠營或其他抗議團體,幾乎放棄「包圍機場」,也看不到「統盟」等人士拿布條來「熱烈送機」,航警派駐維安警力,一次比一次減少,恢復成常態性待命勤務,隨著兩岸交流的日益頻繁,抗爭衝突次數與規模遞減,警方都鬆口氣,顯示台灣人愈來愈平常心來看「江陳會」。

之所以民進黨的抵制活動愈發減少,是因為其陷入無限糾結之中,無法對兩岸合作採取決絕的態度。中評社發表了一篇題為《民進黨顧腹肚還是顧佛祖?》的報導,將民進黨的進退兩難表述出來,報導稱:[76]

民進黨人常引用一句閩南語俗諺「是顧腹肚還是顧佛祖?」來形容他們的兩難。「顧腹肚」是指要填飽肚子,「顧佛祖」意味著意識形態的捍衛。這次大小兩會同時在台灣舉行,將這種微妙的氣氛表露

無遺。民進黨中央雖象徵性對江陳八會提出抨擊，綠首長卻爭相熱烈歡迎大陸主管觀光事務官員。高雄市、台南市都出動副市長、觀光局長宴請、攬客，充分說明了「顧腹肚」終究是比「顧佛祖」重要多了。

在參與兩會商談進行報導的媒體中，不少媒體都進行了持續多年的報導。有了他們的堅持不懈，全天「蹲守」，才有了全方位、多視角的兩會及時傳播四方。除了對會議內容進行報導外，他們也不忘提醒讀者更深層次的理解歷屆會議的意義。香港《大公報》就歷屆兩會事務性商談的意義發表評論稱：[77]

自2008年6月兩會恢復了中斷9年的兩岸事務性協商以來，這次是雙方第8次進行會談。也許在一些媒體眼裡，隨著會談舉辦的次數越來越多，新聞價值可能越來越小；也許在兩岸業界的期盼下，人們覺得會談簽署協議是理所當然，不過是例行公事而已。然而，在陳雲林團隊和江丙坤團隊心中，每一項簽署都是兩岸交流的一個突破、兩岸互信的一次提升，而每一次的會談也都別具意義。

五、「服貿之爭」與兩岸事務性協商的「深水區」

（一）服貿協議簽署，兩岸經濟合作更上一台階

第九次兩岸兩會領導人會談於2013年6月20日至22日在上海舉行，會上雙方就兩岸服務貿易合作、已簽署協議的執行情況、解決金門用水等問題交換了意見，簽署了《海峽兩岸服務貿易協議》。此次會談是海協會會長陳德銘與海基會董事長林中森的首次會談，海峽兩會正式從「江陳會」時代轉向「林陳會」時代。首次「林陳會」有著承前啟後、繼往開來的意味，故而吸引到多方媒體的報導。香港《大公

報》發表社論稱：[78]

兩會分別於去年和今年完成人事調整後首次高層會晤，代表著兩會事務性協商將翻開新篇章，因而別具意義。

兩會領導人於6月21日下午2時許在上海簽署了《海峽兩岸服務貿易協議》及其附件，這是兩岸兩會自2008年6月恢復制度性協商以來簽署的第19項協議。

《兩岸服務貿易協議》作為ECFA後續協商的階段性成果，代表著兩岸經貿合作邁上了一個新台階，對於深化兩岸經濟合作，促進共同發展具有積極意義和深遠影響。

協議簽署後，台灣媒體紛紛表示讚賞，認為服貿協議的順利簽署，是兩岸經貿交流的又一個重要里程碑。其中台灣《中國時報》認為，[79]

對於服務業占經濟總量約七成的台灣而言，這項協議的簽署，將使台商進軍大陸「如虎添翼」。台灣《旺報》發表文章指出，由於大陸的產業政策逐漸轉向內需，服務業的發展已成為未來的趨勢。目前，台灣經濟亟待突破，而台商又面臨轉型升級的關鍵時刻，兩岸服貿協議的簽署有如及時雨，將為當前陷入困境的台灣產業注入活力。

台灣《經濟日報》發表社論稱：

簽署兩岸服務貿易協議，台灣獲得了相當豐碩的成果，可以在未來獲得大量的新投資機會，也為台灣致力發展國際市場的服務業掌握了廣大的市場基礎。特別是在金融業和電子商務的市場開放上，可以為利差極小的台灣金融業拓展一個潛力巨大的新市場。

服貿協議簽署成功後卻在台灣遇阻，對此台灣媒體及學者認為，在服貿協議簽署後發聲反對的人或團體，是只看了到協議的通過可能帶給台灣產業的潛在衝擊，而沒有意識到台灣方面在協議簽署後可獲

得的利益。他們認為其實最終的得失,還是完全取決於個別企業的布局與競爭力。《海峽導報》發表題為《兩岸服務與貿易協議機遇與挑戰並存》的報導稱:[80]

反對者最大的盲點,是未能從全球化來思考台灣經濟的前景,只是一味想保護內需型產業,對出口型產業的需求完全略而不談。當前台灣經濟很「悶」,主因是台灣產品不夠全球化、競爭力不足,開放腳步不夠快。何況台灣經濟以出口為導向,若只想保護內需型產業,對台灣這樣缺乏天然資源且內需市場甚小的經濟體,不僅出口產業會急速衰退,內需產業必然也會「短多長空」難以支撐。

台灣前「民意代表」、著名時評人邱毅就這一現象發表評論稱:[81]

這次大陸開放給台灣的部分是超WTO待遇,台灣開放的不但品項少很多,而且低於WTO待遇;所以台灣有四大好處,一是在大陸的台商可以轉型;二是新的台商可以登陸;三是可以增加很多台幹就業機會;四是年輕人不願在台灣領22k,可以到大陸發展,所以整體來說對台灣是利大於弊毋庸置疑。若是不與大陸簽服務貿易協議,等到大陸與韓國簽成FTA,那台灣不就被邊緣化了嗎?還有競爭力可言?

(二)服貿協議暫緩通過,兩岸協商步入「深水區」

受到台灣島內鬥爭性政黨政治的影響,服貿協議這項單純的只涉及兩岸經濟合作事務的協議,引發了極大的社會爭議。

在大部分媒體對兩會事務性協商交口稱讚的同時,亦有部分媒體對其發出質疑。2013年6月27日《聯合報》發表題為《ECFA是台灣的麻醉劑或還魂丹》的評論文章,文章中稱服貿協議除了有黑箱操作,沒有做好事前溝通以及可能使得台灣若干產業陷入險地這兩點爭議外,還有一點需要注意的是,是否會因大陸的讓利行為,而對台灣日

後產生不利影響。該社評稱：

> 台灣若對中國大陸的「讓利」上了癮，因而緊抱著奶瓶不放；或者大家將全副心神全放在兩岸經貿談判的錙銖計較，卻忘了全球貿易有更廣闊的戰場等待台商馳騁，屆時，等回過神來再要追趕，台灣的腳步可能已經遲了。

究其原因，其實不在ECFA的本質是好是壞，是毒藥或是萬靈丹；問題在，一旦兩岸議題主宰了我朝野政治人物乃至整個台灣社會的思維，人們就難有餘裕去觀照更大的環球圖景，甚至可能習慣性地以看待兩岸關係的模式來看待台灣與世界的互動。如此一來，ECFA可能像一個扭曲的稜鏡，讓台灣看不清我們對其他貿易夥伴的真實而對等的關係為何。一旦對大陸的讓利「上癮」，就好像用慣了麻醉劑的患者，會誤以為這是個無痛的世界，對誰都可以予取予求。

但經由台灣《中國時報》報導的台灣美髮業者、台灣小型洗衣店者等都表示對自己有信心，相信服貿協議的簽訂利大於弊，不懼怕兩岸開展服務貿易合作。

同時也有媒體對民進黨方面只強調弊，並主張逐條審查與表決，甚至於不惜重啟談判的做法表示質疑。《中央日報網路報》、《聯合報》等台灣主流媒體表示，希望民進黨放棄政治鬥爭，抓住台灣融入區域經濟整合機遇，提升台灣經濟，而不是一味為了一黨一己之私而使人民的利益受損。更有媒體戲稱蔡英文為「馬後砲高手」。6月27日《中央日報網路報》發表題為《蔡英文，請不要害台灣》的報導，呼籲在野黨放棄私利，正確看待服貿協議。評論稱：

> 兩岸服務貿易協議對台灣有利，是淺顯至明的道理，真不知在野黨何以如此顛倒黑白。首先，大陸的服務業占GDP的比例才四成七左右，而台灣已超過七成，代表大陸市場還有很大的成長空間。其次，大陸的人均GDP才六千美元左右，經濟仍然維持高速的成長，可以預

見，服務業的成長速度會超過經濟成長的速度，台灣此時再不進軍，更待何時。第三，服務業是以人為核心的產業，與一個社會的軟實力有很大的相關性。台灣的優勢正在於軟實力，也就是說，台灣的服務業擁有更強大的競爭優勢，不論美髮業、殯葬業、運輸業、文創業等等，台灣都不應該怕競爭。

除了媒體在報導上針鋒相對外，立法院裡也是熱火朝天。據中新網的報導稱，自立法院開始審查兩岸服務貿易協議以來，國民黨和民進黨兩黨的立委5天內在議事場就打了3場架。香港《大公報》發表評論稱其「可謂史無前例」。評論指出，時至今日，民進黨再無藉口死守早已不合時宜的僵化路線，但在對待有助台灣經濟增長的兩岸服協上，民進黨依然擺出「逢中必反」的架勢，只會增加民眾對它的厭惡和不滿。社評稱：[82]

台灣的立委這幾天「忙」得不可開交。自上週四立法院開始審查兩岸服務貿易協議以來，國民黨立委和民進黨立委5天內在議事場就打了3場架，可謂「史無前例」。而始作俑者正是民進黨。兩岸簽署服貿協議至今已經8個多月了，但該協議在島內遲遲未能生效。去年6月國、民兩黨達成共識：服貿協議要逐條審查、逐條表決；審查前兩黨各自舉行8場公聽會。國民黨當時在兩週內就完成了8場公聽會，但民進黨卻以「兩週一場公聽會」的「龜速」技術性拖延服協審查的時間。然而，這不過是民進黨反對服貿協議的「前菜」，而「主菜」則是在審議過程中極力杯葛服協，以達到廢除協議、重啟談判的目的。

兩會本在第九次會議上就表明要繼續加快ECFA貨物貿易、爭端解決協議的商談進程，力爭在2013年度完成磋商。並在下半年，盡快完成相關準備工作，簽署兩岸避免雙重徵稅協議。繼續推動兩會互設辦事機構商談。商談兩岸地震監測合作、兩岸氣象合作協議。並繼續推動兩岸業務主管部門專家就兩岸環保合作議題開展交流與研討。年內

適時召開第二次兩會協議執行成果總結會。然而針對服貿協議發生的爭論卻愈演愈烈。在2014年3月18日，逾百名反對服貿協議的台灣大學生闖入立法院，揭開了台灣學生「占領立法院」、「反對服貿協議」的抗議活動。《中央日報網路報》對此發表報導稱：[83]

仍有部分國人認為該協議影響重大，未充分與民眾溝通及討論，在黑箱程序下完成簽署。又有反對黨為其自身的政治利益，惡意攻訐《服務貿易協議》內涵，擴大協議的負面影響，如危及諸多產業基礎、威脅國家安全與侵犯言論自由等，讓民眾產生嚴重的誤解，引發「318太陽花學運」，抗議學生占領立法院議場，後來並號召數十萬人走上街頭，要求退回服貿，重啟兩岸談判。

台灣《旺報》也就「反服貿運動」發表了社論，社論指出：[84]

從大趨勢觀察，「學運」的影響只是拖延了《海峽兩岸服務貿易協議》的審議程序，對於兩岸的和平發展大局不會構成影響。但「學運」對政治生態的影響卻不能忽略，新台獨勢力已掌握話語權和議題主導權，馬政府的領導威信一再受到削弱，勢必衝擊今年的「七合一選舉」和2016年的「總統大選」。藍營如果不能搶回話語權和議題主導權，選舉就會反應最直接的結果。

對於兩岸關係停滯不前，甚至出現倒退，最先傷害到的應當是兩岸民眾間的感情以及台灣的發展，中評網對此發表報導稱：[85]

2014年3月18日，台灣數百「反服貿」學生和一些民眾攻占立法院；3月23日，一群示威者衝至鄰近的行政院大樓，破窗而入……今次學運以向日葵為象徵物，表面是反服貿，本質是藍綠鬥爭；民進黨及其他台獨勢力利用反服貿，將台獨「借殼上市」，對兩岸關係、台灣長遠發展造成極大影響。

《海峽兩岸服務貿易協議》在台灣的暫緩通過，引起了台灣媒體

的深刻擔憂，台媒《旺報》5月26日發表評論稱：[86]

兩岸兩會在2013年6月21日簽署的《海峽兩岸服務貿易協議》，由於爭議延宕，短期內通過施行的機會不大，也讓兩岸會談有關「貨物貿易協議」、「爭端解決協議」、「避免雙重課稅及加強稅務合作」等重要議題的簽訂難期，延宕台灣擴大國際經貿空間的努力，嚴重影響出口競爭力。然而服貿協議對於兩岸服務業合作、台灣加入經濟區域整合、維持強化台灣與泛太平洋各大經濟體的競爭態勢，其重要性與日俱增。

更有媒體將矛頭直指民進黨，稱其若是想坐收漁翁之利，可能反而「偷雞不成反蝕一把米」。《人民日報》（海外版）發表的題為《紅綠之間的初步信任 完全被踐踏》的報導稱：[87]

學運表面上看好像對民進黨有利，但其實不然。學運領袖無不是民進黨的黨員與黨工，學運成了民進黨街頭暴力的延續。民進黨的台獨圖謀在學運中暴露無疑。這也讓兩岸更進一步地看清民進黨的本來面目。民進黨調整兩岸政策看來只是喊喊口號，混淆視聽，糊弄民眾，騙取選票。

除認為服貿協議遭遇的障礙可能會影響兩岸民眾的感情，對民進黨造成不利影響外，部分媒體也認為這也是對馬當局提出的最為嚴峻的考驗。因為如果服貿、貨貿協議卡住，兩岸關係可能出現互信不足的詭異氛圍。中評社發表報導稱：[88]

2013年9月馬英九未質疑王金平涉司法關說前，馬仍有可能依賴王「老牛推車」方式通過服貿，現在機會已失；反服貿抗議後創造兩岸協議監督條例草案必先立法的絆腳石，不僅再讓服貿通過時程延宕，連後面貨貿協議、甚至兩岸互設辦事機構都有阻力，另一個攸關台灣經濟自由化的「自由經濟示範區特別條例」草案同樣卡在立院動彈不得，貨貿背後可能產生兩岸關係的「蝴蝶效應」，考驗馬的執政能

力。

(三)兩岸如何攜手走出「深水區」？

即使受到反對黨的影響，服貿協議沒能如期獲得通過。但第十次兩岸兩會領導人會議仍照常舉行。2014年2月26日至27日兩岸兩會領導人第十次會議在台北舉行，這是兩岸兩會新一任領導人在台灣舉行的首次會談。雙方就氣象合作、地震監測合作等問題交換了意見，並簽署了《海峽兩岸氣象合作協議》和《海峽兩岸地震監測合作協議》，該兩項協議被譽為是接「地氣」的兩項協議。

陳德銘在會談中表示，在全球、區域經濟一體化的背景下，兩岸經濟合作不進則退，他希望加快《兩岸經濟合作框架協議》（ECFA）的後續協商，如貨品貿易協議、爭端解決機制協議等，進一步完善兩岸經濟合作的機制，以及推進兩岸兩會互設辦事機構的協商。雙方同意將「貨品貿易協議」、「爭端解決協議」、「兩岸兩會互設辦事機構」、「環境保護合作」、「飛航安全及適航標準合作」，以及這次未及簽署的「避免雙重課稅及加強稅務合作」等6項議題納入第11次會談的議題部分。

因第十次會談發生於「反服貿事件」之前，兩岸協商是否會因「反服貿事件」受影響還有待時間的考證。但在當前情形下，兩岸事務性協商已步入「深水」這一事實已毫無疑義。兩岸該如何走，成了最為關鍵也是最受關注的問題。《人民日報》（海外版）發表題為《兩岸進了深水區怎麼走？》的評論文章，闡述了海峽兩岸輿論在此問題上的看法。其中，台灣學者楊開煌表示，當今兩岸關係面對著新的難題，「兩岸關係顯露出進退維谷的困擾」，需要政治定位但不能開啟政治談判，需要和平協議但不能啟動和平談判。國民黨中評會主席團主席蘇起則表示：

當年「辜汪會談」，兩岸求取共識的困難度比起凝聚台灣內部共

識，可說有過之而無不及，但兩岸都抱持著要談成的最大善意，做出了智慧性的妥協。這一切證明事在人為。智慧、膽識、團隊，加上一定的內外條件，曾經成就了「辜汪會談」，將來當然也可以為兩岸關係續寫新頁。文章結尾寫到：[89]

然而，形勢比人強，回首兩岸關係的發展歷程，「形勢」一定會不斷衝撞「不成熟」，誰站到了「形勢」的反面，20年後回頭看，人們不會紀念這樣的人，只會拋棄。

台灣《旺報》發表題為《服貿協議為何孤掌難鳴》的評論文章，為兩岸及早走出「深水區」提供了具體思路，報導稱：[90]

《海峽兩岸服務貿易協議》談判結果，讓外界看到大陸對於出版等文化內容的敏感心態。事實上，台灣社會儘管西化，但仍保留中華文化傳統，融合二者形成了中華文化架構下的台灣文化素養。如果大陸能轉換思考，把台灣視為與西方思想及文化溝通的橋樑，就能夠在成為強國的同時，被世界各國接納成為領導者，而不再延續傳統東西方文化衝突的對峙，造成烽煙四起。 給台灣人國民待遇到大陸發展的機會，給台灣文創業機會，就是給台灣年輕人機會，更是大陸自己的機會。

在2014年的法網公開賽上，網球「海峽組合」彭帥和謝淑薇不負眾望奪得女雙冠軍。謝淑薇在受訪時妙言：「我們要得諾貝爾和平獎的」，為這對奇妙而成功的兩岸組合，帶來最佳的詮釋與豐富意涵。從「海峽組合」奪冠一事，不少媒體彷彿看見了兩岸「兄弟連心，其利斷金」的前景。台灣《工商時報》發表社論稱：[91]

事實上「海峽組合」的奪冠之路並非一帆風順，雖然同年齡的她們從14歲少女時代就已開始搭檔，但近5年來2人也曾因傷病、賽程、個性等原因「分分合合」，最後能以絕佳默契修成正果，毋寧更是彌足珍視。

如前所述,彭謝配的組合過程並非一帆風順。既然波折難免,現在的兩岸交流情境,其實也正遇到類似的困境。不論是服貿協議的波折,台灣成立自由經濟示範區的爭議,乃至於後續貨貿協議、爭端解決協議談判的中阻,情況頗為類似女雙「海峽組合」所曾經歷過的「分分合合」。如果因為溝通互信不足,或一時波折就自我退縮甚或封閉,這對「海峽組合」固然無法攀登高峰,兩岸關係亦當作如是觀。

注　釋

[1]. 中國台灣網:《兩岸兩會協商:為兩岸帶來和解、合作、雙贏》,資料來源:
http://www.taiwan.cn/zt/szzt/lhdqcldrht/dqcplfx/201110/t20111020_2113294最後訪問日期:2014年6月26日。

[2]. 中國新聞網:《專家:近60 年來兩岸首次出現對抗明顯減少時期》,資料來源:http://www.chinanews.com/tw/thsp/news/2008/06-12/1280095.shtml,最後訪問日期:2014年5月21日。

[3]. 中評社:《世界日報:海外華人樂見兩岸經貿真正攜手》,資料來源:http://www.crntt.com/crn-webapp/doc/docDetailCreate.jsp?coluid=9&kindid=6130&docid=101370994&mdate=0702180042,最後訪問日期:2014年6月26日。

[4]. 中國新聞網:《日媒指出,兩會協議將兩岸關係帶入合作時代》,資料來源:http://www.chinanews.com/tw/thsp/news/2008/06-14/1281815.shtml,最後訪問日期:2014年6月29日。

[5]. 中評網:《是世紀首航,也是歷史新頁》,資料來源:

http://www.crntt.com/crn-webapp/doc/docDetailCreate.jsp?coluid=9&kindid=3650&docid=100688945&mdate=0706090451，最後訪問日期：2014年6月29日。

[6]. 中國台灣網：《從「兩岸醫藥衛生合作協議」看民生》，資料來源：http://www.taiwan.cn/plzhx/pltt/201012/t20101222_1658108.htm，最後訪問日期：2014年6月28日。

[7]. 中國共產黨新聞網：《望海樓：兩岸制度化協商行穩致遠》，資料來源：http://cpc.people.com.cn/GB/64093/82429/83083/13549067.html，最後訪問日期：2014年6月29日。

[8]. 中國新聞網：《港報：兩岸交流熱潮迭起 兩會會談別具意義》，資料來源：http://www.chinanews.com/hb/2012/08-09/4094303.shtml，最後訪問日期：2014年6月26日。

[9]. 中國新聞網：《外報：台灣商人將很快知道能有多快的經濟成長》。資料來源：http://www.chinanews.com/tw/gjgc/news/2008/06-16/1282854.shtml，最後訪問日期：2014年6月29日。

[10]. 人民網：《服貿抗爭之後如何解「鎖」》，資料來源：http://tw.people.com.cn/n/2014/0421/c14657-24920395.html，最後訪問日期：2014年6月30日。

[11]. 華夏經緯網：《兩岸經貿如何跨越「深水區」》，資料來源：http://www.huaxia.com/tslj/jjsp/2014/01/3691919.html，最後訪問日期：2014年6月29日。

[12]. 《人民日報》（海外版）：《兩岸「三通」之後還有幾通？》，資料來源：http://paper.people.com.cn/rmrbhwb/html/2013-01/22/content_1189188.htm?div=-1，最後訪問日期：2014年5月24日。

[13]. 《中時電子報》：《台聯：全民反併吞 救台灣》，資料來源：http://www.chinatimes.com/realtimenews/20130630002550-260407，最後訪問日期：2014年6月20日。

[14]. 新華網：《寫在兩會領導人第六次會談成功落幕之際》，資料來源：http://news.xinhuanet.com/2010-12/22/c_12908720.htm，最後訪問日期：2014年6月1日。

[15]. 中國新聞網：《兩會復談寫歷史 交出15年間第二份亮麗成績單》，資料來源：http://www.chinanews.com/tw/thsp/news/2008/06-15/1282326.shtml，最後訪問日期：2014年5月29日。

[16]. 新華網：《海峽時評：連戰率領中國國民黨跨出歷史新步伐》，資料來源： http://news.xinhuanet.com/taiwan/2005-04/26/content_2881251.htm，最後訪問日期：2014年6月22日。

[17]. 中國新聞網：《網友賦詩贊連宋大陸行〈跨越海峽的握手〉出版》，資料來源：http://www.chinanews.com/news/2005/2005-06-14/26/586220.shtml，最後訪問日期：2014年5月1日。

[18]. 中國台灣網：《台灣著名政治評論家趙少康：兩岸和解是大勢所趨》，資料來源：http://www.taiwan.cn/zt/szzt/lianzhaninterviewed/newsoftaiwan/200807/t200，最後訪問日期：2014年6月29日。

[19]. 中評網：《聯合早報：胡連搭上歷史潮流大巴士》，資料來源：http://www.crntt.com/crn-webapp/doc/docDetailCreate.jsp?coluid=9&kindid=72&docid=100000990&mdate=0911123624，最後訪問日期：2014年6月18日。

[20]. 中國新聞網：《連宋相繼「登陸」 兩岸春意濃濃》，資料來源：http://www.chinanews.com/news/2005/2005-04-26/26/567275.shtml，

最後訪問日期：2014年5月20日。

[21]. 新華網：《兩會復談：斷橋不斷》，資料來源：http://news.xinhuanet.com/newscenter/2008-06/11/content_8349537.htm，最後訪問日期：2014年6月16日。

[22]. 新華網：《商漢視點：兩會復談的信心與耐心》，資料來源：http://news.xinhuanet.com/herald/2008-06/12/content_8353694.htm，最後訪問日期：2014年5月19日。

[23]. 中國新聞網：《兩岸兩會將重啟協商 申請採訪媒體人數「爆量」》，資料來源：http://www.chinanews.com/tw/mswx/news/2008-06-05/1273528.shtml，最後訪問日期：2014年6月29日。

[24]. 中國台灣網：《台媒評兩會復談：建立在雙方默契上的大躍進》，資料來源：http://www.taiwan.cn/plzhx/hxshp/200806/t20080612_662521.htm，最後訪問日期：2014年6月5日。

[25]. 海峽兩岸出版交流中心：《兩岸關係新里程》，第134頁。

[26]. 海峽兩岸出版交流中心：《兩岸關係新里程》，第139–145頁。

[27]. 中評網《中時：是世紀首航，也是歷史新頁》，資料來源：http://www.crntt.com/crn-webapp/doc/docDetailCreate.jsp?coluid=9&kindid=3650&docid=100688945&mdate=0706090451，最後訪問日期：2014年6月30日。

[28]. 謝必震，吳巍巍：《「三通」潮》，福建教育出版社2011年版，第3頁。

[29]. 中國台灣網：《兩會良性互動：增進兩岸福祉 揭開發展新

章》，資料來源：

http://www.taiwan.cn/plzhx/hxshp/200806/t20080613_671126.htm，最後訪問日期：2014年6月24日。

[30]. 中國台灣網：《聯晚：兩會復談成果得來不易 值得珍惜》，資料來源：

http://www.taiwan.cn/plzhx/hxshp/200806/t20080613_671551.htm，最後訪問日期：2014年6月27日。

[31]. 鳳凰網：《兩岸邁向成熟理性 共創雙贏可以期待》，資料來源：http://news.ifeng.com/opinion/200806/0614_23_596832.shtml，最後訪問日期：2014年5月20日。

[32]. 中評網：《大陸居民赴台旅遊週末包機啟動 外媒積極評價》，資料來源：http://www.crntt.com/crn-webapp/doc/docDetailCreate.jsp?coluid=9&kindid=3650&docid=100689159&mdate=0706122559，最後訪問日期：2014年6月24日。

[33]. 中國台灣網：《民進黨拒直航七年 週末包機一週謠言不攻自破》，資料來源：

http://www.taiwan.cn/zt/jlzt/lvyoubaoji/fenxipinglun/200807/t20080711_692659. 最後訪問日期：2014年6月24日。

[34]. 中評網：《陳雲林抵台 台灣朝野冷熱兩樣情》，資料來源：http://www.crntt.com/crn-webapp/doc/docDetailCreate.jsp?coluid=46&kindid=0&docid=100787123&mdate=1103011119，最後訪問日期：2014年6月18日。

[35]. 新華網：《跨越新里程 兩岸正春風》，資料來源：http://news.xinhuanet.com/newscenter/2008-

11/03/content_10301555_1.htm，最後訪問日期：2014年6月18日。

[36]. 新華網：《珍惜新局 共創未來——寫在陳雲林訪台成行之際》，資料來源：http://news.xinhuanet.com/newscenter/2008-11/03/content_10299005.htm，最後訪問日期：2014年6月12日。

[37]. 中國台灣網：《務實「江陳會」：最是「民生」掛心間》，資料來源：
http://www.taiwan.cn/zt/szzt/haixiehaiji_1/fenxi/200811/t20081104_772627.htm，最後訪問日期：2014年6月24日。

[38]. 中國新聞網：《香港輿論關注陳雲林「歷史性」訪問台灣》，資料來源：http://www.chinanews.com/tw/thsp/news/2008/11-03/1434437.shtml，最後訪問日期：2014年6月18日。

[39]. 中國新聞網：《「江陳會」台北登場 港台媒體關注大三通正式實現》，資料來源：http://www.chinanews.com/tw/lajl/news/2008/11-04/1436356.shtml，最後訪問日期：2014年6月1日。

[40]. 新華網：《兩會簽署四項協議 兩岸「三通」框架成形》，資料來源：http://news.xinhuanet.com/tw/2008-11/04/content_10307501_1.htm，最後訪問日期：2014年5月28日。

[41]. 中評網：《為「大三通」29年圓夢歡呼叫好！》，資料來源：http://www.crntt.com/crn-webapp/doc/docDetailCreate.jsp?coluid=126&docid=100790139&kindid=3973&mdate=1107231609，最後訪問日期：2014年6月24日。

[42]. 中國新聞網：《台北「江陳會談」敲定兩岸「大三通」港台報章熱議》，資料來源：
http://www.chinanews.com/tw/thsp/news/2008/11-05/1437514.shtml，最後訪問日期：2014年6月27日。

[43]. 中國新聞網：《香港輿論關注陳雲林「歷史性」訪問台灣》，資料來源：http://www.chinanews.com/tw/thsp/news/2008/11-03/1434437.shtml，最後訪問日期：2014年6月18日。

[44]. 鳳凰網：《外媒矚目「江陳會」簽署四協議 稱是「歷史性突破」》，資料來源：http://news.ifeng.com/taiwan/special/chenyunlinfutai/comments/200811/1105最後訪問日期：2014年6月27日。

[45]. 中國台灣網：《用心經營 兩岸「三通」直航是新經濟之始》，資料來源：http://www.taiwan.cn/plzhx/hxshp/jj/200812/t20081215_797781.htm，最後訪問日期：2014年6月18日。

[46]. 中國台灣網：《一年三次「江陳會」 完成辜汪一輩子心願》，資料來源：http://www.taiwan.cn/zt/szzt/lianghuidisanci/pinglun/200904/t20090430_883，最後訪問日期：2014年6月27日。

[47]. 轉引自人民日報：《台灣各界肯定兩會領導人會談成果——將促進兩岸經貿關係持續順利發展》，資料來源：http://www.taiwan.cn/zt/szzt/lianghuidisanci/yaowen/200904/t20090428_879最後訪問日期：2014年6月18日。

[48]. 中國台灣網：《澳媒評「兩會」：青山擋不住 畢竟東流去》，資料來源：http://www.taiwan.cn/zt/szzt/lianghuidisanci/fanying/200904/t20090427_879最後訪問日期：2014年6月28日。

[49]. 中國台灣網：《促發展保和諧 共同打擊犯罪造福兩岸》，資料來源：

http://www.taiwan.cn/zt/szzt/lianghuidisanci/pinglun/200905/t20090505_885，最後訪問日期：2014年6月26日。

[50]. 轉引自鳳凰網：《輿論批民進黨把街頭抗議當「催情迷藥」》，資料來源：http://news.ifeng.com/taiwan/special/chenyunlinzaifangtai/pinglun/200912/1223_8921_14

最後訪問日期：2014年6月28日。

[51]. 轉引自中國台灣網：《民進黨阻撓兩會領導人第四次會談 日媒批其愚蠢》，資料來源：

http://www.taiwan.cn/zt/szzt/lhldrdscht/gffy/200912/t20091222_1198456.htm，最後訪問日期：2014年6月12日。

[52]. 轉引自中國台灣網：《外界評兩會協議極具實務 民進黨空洞抗議現原形》，資料來源：

http://www.taiwan.cn/zt/szzt/lhldrdscht/gffy/200912/t20091223_1199906.htm，最後訪問日期：2014年6月28日。

[53]. 新華網：《斌華觀察：望潭興嘆》，資料來源：
http://news.xinhuanet.com/tw/2009-12/24/content_12701303.htm，最後訪問日期：2014年6月3日。

[54]. 中國台灣網：《從兩會商談看兩岸協商未來規律走向》，資料來源：http://www.taiwan.cn/zt/szzt/lhldrdscht/fxpl/200912/t20091223_1199242.htm，最後訪問日期：2014年6月22日。

[55]. 新華網：《第四次兩會會談·斌華觀察：「三缺一」很務實》，資料來源：http://news.xinhuanet.com/tw/2009-12/22/content_12690152.htm，最後訪問日期：2014年6月2日。

[56]. 中評網：《世界日報：海外華人樂見兩岸經貿真正攜手》，

資料來源：http://www.crntt.com/crn-webapp/doc/docDetailCreate.jsp?coluid=9&kindid=6130&docid=101370994&mdate=0702180042，最後訪問日期：2014年6月26日。

[57]. 中國台灣網：《回應台商呼籲 兩岸應速簽ECFA》，資料來源：
http://www.taiwan.cn/plzhx/mtshy/tga/zhyrb/201006/t20100609_1405767.htm，最後訪問日期：2014年6月19日。

[58]. 中評網：《工商時報：兩岸猿聲啼不住，輕舟已過萬重山》，資料來源：http://www.crntt.com/crn-webapp/doc/docDetailCreate.jsp?coluid=9&kindid=6130&docid=101373086&mdate=0705103530，最後訪問日期：2014年6月19日。

[59]. 中國台灣網：《台媒籲台當局放棄讓利心態 促ECFA 後續協商》，資料來源：
http://www.taiwan.cn/zt/jmkj/gzlasqjjhzkjxy/mtpl/201204/t20120428_2497986.h最後訪問日期：2014年6月19日。

[60]. 中評網：《澳門日報社論：兩岸跨進互惠共榮新時代》，資料來源：http://www.crntt.com/crn-webapp/doc/docDetailCreate.jsp?coluid=9&kindid=6130&docid=101368428&mdate=0630153116，最後訪問日期：2014年6月19日。

[61]. 中評網：《兩岸簽署ECFA CNN、BBC 首頁快報》，資料來源：http://www.crntt.com/crn-webapp/doc/docDetailCreate.jsp?coluid=9&kindid=6130&docid=101368040&mdate=0630095629，最後訪問日期：2014年6月19日。

[62]. 中評網：《WTO 祕書長：ECFA 助台灣融入全球經濟》，資

料來源：http://www.crntt.com/crn-webapp/doc/docDetailCreate.jsp?coluid=9&kindid=6130&docid=101373154&mdate=0705112210，最後訪問日期：2014年6月19日。

[63].　轉引自新華網：《為何不報導「我們是兄弟」》，資料來源：http://news.xinhuanet.com/tw/2010-03/18/c_121654.htm，最後訪問日期：2014年6月19日。

[64].　中國台灣網：《從「兩岸醫藥衛生合作協議」看民生》，資料來源：
http://www.taiwan.cn/plzhx/pltt/201012/t20101222_1658108.htm，最後訪問日期：2014年6月26日。

[65].　新華網：《兩岸中醫藥交流合作步入「新天地」》，資料來源：http://news.xinhuanet.com/tw/2010-12/21/c_13658665.htm，最後訪問日期：2014年6月1日。

[66].　轉引自中國台灣網：《兩岸制度化協商行穩致遠 民進黨兩岸政策悄然變化》，資料來源：
http://www.taiwan.cn/zt/szzt/lh5thht_1/dlc_5/201012/t20101222_1658094.htm，最後訪問日期：2014年6月26日。

[67].　新華網：《記者手記：百年修得同船渡》，資料來源：http://news.xinhuanet.com/2011-10/19/c_122177286.htm，最後訪問日期：2014年6月20日。

[68].　轉引自中國台灣網：《不畏浮雲遮望眼——兩岸兩會第七次領導人會談》，資料來源：
http://www.taiwan.cn/zt/szzt/lhdqcldrht/dqcplfx/201110/t20111021_2115028_1.htm，最後訪問日期：2014年6月20日。

[69].　中國新聞網：《休戚相關 兩岸將共謀「核」心力量》，資料

來源：http://www.chinanews.com/tw/2011/10-20/3403753.shtml，最後訪問日期：2014年6月26日。

[70]. 中國新聞網：《台媒：從江丙坤12 字箴言看第7 次「江陳會」》，資料來源：http://www.chinanews.com/hb/2011/10-26/3416048.shtml，最後訪問於日期：2014年6月26日。

[71]. 轉引自中國台灣網：《兩岸投保協議兩大看點：重在保護 貴在雙向》，資料來源：
http://pol.special.taiwan.cn/2012/arats_sef_8th/dqcplfx/201208/t20120810_2
最後訪問日期：2014年6月20日。

[72]. 新華網：《新成果與新期待——寫在兩岸兩會領導人第八次會談舉行之日》，資料來源：http://news.xinhuanet.com/tw/2012-08/09/c_112680024.htm，最後訪問日期：2014年6月20日。

[73]. 中評網：《簽投保 台商讚遲來春天有四好》，資料來源：http://www.crntt.com/crn-webapp/doc/docDetailCreate.jsp?coluid=9&kindid=8510&docid=102195472&mdate=0809160547，最後訪問日期：2014年7月3日。

[74]. 中評網：《台灣工商時報：「兩岸投保」帶給台商實惠》，資料來源：http://www.crntt.com/crn-webapp/doc/docDetailCreate.jsp?coluid=9&kindid=8510&docid=102196312&mdate=0810110142，最後訪問日期：2014年6月20日。

[75]. 中評網：《機場未見抗議群眾 江陳會圓滿落幕》，資料來源：http://www.crntt.com/crn-webapp/doc/docDetailCreate.jsp?coluid=9&kindid=8510&docid=102196493&mdate=0810144107，最後訪問日期：2014年6月10日。

[76]. 中評網：《社評：民進黨顧腹肚還是顧佛祖？》，資料來

源：http://www.crntt.com/crn-webapp/doc/docDetailCreate.jsp?coluid=9&kindid=8510&docid=102198388&mdate=0814000624，最後訪問日期：2014年6月20日。

[77]. 中國新聞網：《港報：兩岸交流熱潮迭起 兩會會談別具意義》，資料來源：http://www. chinanews.com/hb/2012/08-09/4094303.shtml，最後訪問日期：2014年6月26日。

[78]. 中國新聞網：《華媒：兩岸兩會第九次會談收割成果 開放新格局》，資料來源：http://www. chinanews.com/hb/2013/06-21/4954561.shtml，最後訪問日期：2014年6月26日。

[79]. 轉自中國新聞網：《評論：服務貿易商機至 兩岸交流飆高溫》，資料來源：http://www.chinanews.com/tw/2013/06-25/4965154.shtml，最後訪問日期：2014年6月29日。

[80]. 轉引自中國台灣網：《台灣學者：兩岸服務與貿易協議機遇與挑戰並存》，資料來源：http://www.taiwan.cn/jl/pl/201306/t20130627_4377134.htm，最後訪問日期：2014年6月23日。

[81]. 台海網：《邱毅：兩岸簽服貿協議，台灣有四大好處》，資料來源：http://www.taihainet.com/news/twnews/bilateral/2013-06-25/1089930.html，最後訪問日期：2014年6月30日。

[82]. 中國台灣網：《民進黨「逢中必反」徒增民眾厭惡不滿》，資料來源：http://www.taiwan.cn/plzhx/hxshp/zhzh/201403/t20140319_5857175.htm，最後訪問日期：2014年6月19日。

[83]. 中央日報網路報：《318學運後台灣未來與大陸簽訂經濟協議之評析》，資料來源：http://www.

cdnews.biz/cdnews_site/docDetail.jsp?coluid=375&docid=102733111&page=1，最後訪問日期：2014年6月30日。

[84]. 鳳凰網：《旺報：學運完成台獨世代交替 但受五因素制約不可能實現》，資料來源：http://news.ifeng.com/a/20140505/40150958_0.shtml，最後訪問日期：2014年6月30日。

[85]. 中評網：《太陽花學運　觀察與解讀》，資料來源：http://www.crntt.com/crn-webapp/doc/specDetail.jsp?coluid=9&kindid=11390，最後訪問日期：2014年5月20日。

[86]. 中國台灣網：《台媒：兩岸服務業合作前景寬廣》，資料來源：http://www.taiwan.cn/local/jingmaohezuoyujiaoliu/201405/t20140526_6214463.h，最後訪問日期：2014年6月19日。

[87]. 中評網：《紅綠之間的初步信任完全被踐踏》，資料來源：http://www.crntt.com/doc/1031/2/9/0/103129098.html?coluid=9&kindid=11390&docid=103129098&mdate=0416095932，最後訪問日期：2014年6月29日。

[88]. 中評網：《服貿貨貿何時上路？馬危機變轉機關鍵》，資料來源：http://www.crntt.com/doc/1031/4/0/4/103140470.html?coluid=9&kindid=11390&docid=103140470&mdate=0421012310，最後訪問日期：2014年6月29日。

[89]. 新華網：《兩岸進了深水區怎麼走？》，資料來源：http://news.xinhuanet.com/tw/2013-05/09/c_115692954.htm，最後訪問日期2014年6月20日。

[90]. 中時電子報：《服貿協議為何孤掌難鳴》，資料來源：http://www.chinatimes.com/newspa-pers/20140503001107-260310，最後訪問日期2014年6月30日。

[91]. 中國台灣網：《女網「海峽組合」案例成兩岸合作典範》，資料來源：http://www.taiwan.cn/plzhx/hxshp/201406/t20140612_6303892.htm，最後訪問日期：2014年6月14日。

兩岸協議紀實
兩岸協議執行前後的整體樣貌，重要七年全記錄

第五部分 理論篇

　　隨著兩岸兩會復談的實現,兩岸關係進入和平發展階段,海峽兩岸大批學者也開始將目光轉向兩岸談判、兩岸協議等相關議題,開始對相關議題展開理論探討。近年來,尤其是2008年以來,針對這些議題,兩岸學者形成了大批理論成果,這些成果一方面對兩岸事務性商談和兩岸協議進行了理論梳理,從一個側面對兩岸關係和平發展的局面的形成進行了分析,另一方面則對兩岸制度化協商機制和兩岸協議進行了理論建構和預測,對兩岸關係和平發展持續前進奠定了理論基礎。因此,本書擬對這些理論成果進行整理、歸納和總結,以便我們能夠進一步瞭解這些理論成果的相關內容,為我們分析兩岸關係和平發展的走向提供幫助。目前,理論界對於兩岸協議的討論很多,形成了許多重要的研究成果,具體來說,現有理論成果主要集中在三個研究方向:一是以兩岸協議本身為研究對象,兼及兩岸談判;二是以兩岸協議的宏觀背景——兩岸關係為主要研究對象;三是以影響兩岸協議簽署和實施的台灣內部政治問題為研究對象。近年來,兩岸學者在上述三個方向中均有較多的理論成果產出,這些成果對於兩岸關係和平發展框架的構建有著一定的參考價值和借鑑意義。

一、以兩岸協議為研究對象的相關理論成果

　　在兩岸範圍內,直接以兩岸事務性協議為研究對象的理論成果並不少見,學者們的研究成果主要集中於以下幾個領域:一是兩岸協議的定位問題,二是兩岸和平協議問題,三是兩岸協議實施問題,四是

兩岸談判問題。在這四個領域之中出現了一批具有重要參考價值的理論成果，這充分體現出隨著兩岸關係和平發展的不斷深入，學界對兩岸協議的重視，也體現出兩岸協議相關問題對兩岸關係發展的重要意義。

（一）以兩岸協議法理定位問題為研究對象的相關理論成果

兩岸協議的定位問題，是對於「兩岸協議是什麼」這一問題的回應，它與兩岸協議的接受（包括協議的監督機制）、適用等現實問題密切相關。明確協議的法理定位，將會對大陸和台灣構建和完善兩岸協議的實施制度造成重要作用。目前，在學界，兩岸學者都針對這一問題提出過自己的觀點，其中代表性的觀點包括「國內法說」、「分別敘述說」、「行政協議說」、「共同政策說」、「條約說」、「準條約說」、「兩岸協議說」和「階段定位說」等理論觀點，其中大陸學者往往以「一個中國」框架為出發點，強調兩岸協議是「一個中國」的內部協議，而台灣學者則以「台灣主體性」為出發點，強調兩岸協議是兩個對等主體簽署的協議。

1、大陸學者對兩岸協議法理定位問題的主要觀點

杜力夫教授在《論兩岸和平發展的法治化形式》一文中指出，與兩岸各自域內法一樣，兩岸協議也是兩岸關係法治化的形式之一，是「兩岸跨越政治對立達成的對雙方均有約束力的法律文件，是兩岸直接接觸達成共識後對未來雙方行為規則的約定」[1]。基於「大陸和台灣同屬一個中國」的命題之下，兩岸「為『兩岸關係治理』透過各種方式簽訂的協議對兩岸雙方領域內的執政當局和民眾、法人以及其他組織，同樣具有法律約束力」，因此，兩岸協議「是一種同時在兩岸全部領域內，也就是全中國領域內發生法律效力的國內法」。[2]

王建源先生在《兩岸授權民間團體的協議行為研究》一文中指出，「兩岸協議行為是國家統一前，兩岸特定民間團體接受官方授權

或者委託,就解決兩岸交往中衍生的具體問題進行商談,達成相關協議的法律行為」[3]。從協議行為的主體、授權和效力的差異來看,大陸和台灣對於兩岸協議的定位持不同立場,在大陸,「兩岸協議⋯⋯具有相當於部委規章或最高法院司法解釋的效力」,台灣當局則將協議定位為「準國際條約」、「準行政協定」。[4]

張亮教授在《ECFA的法律性質研究》一文中指出,「ECFA不僅是一個主權國家中央政府與地方政府授權民間團體簽訂的協議,也是WTO成員方之間的協議」。[5]由於兩岸尚未統一,中央政府的統治暫時並不及於台灣,因此,台灣「在對內事務上⋯⋯享有近似於絕對的自治權」,正是這種「自治權」使台灣在進行談判的過程中享有與中央「平等的地位」,「作為中國中央政府與台灣『政府』之間的協議,ECFA的法律性質應界定為國內法上的行政協議」。[6]

周葉中教授和段磊博士生合作撰寫的《論兩岸協議的法理定位》一文是大陸首篇專門以兩岸協議的法理定位問題為研究對象的理論成果。該文認為,要對兩岸協議做出合理的定位,應當既能夠滿足大陸和台灣對於兩岸協議定位的立場需求,盡量避免「國家」、「主權」等爭議概念的負面影響,又能夠為兩岸協議在創制和實施過程中出現的各種現實問題提供策略支持。因而,必須透過使用一些無關兩岸爭議因素的理論工具,如軟法理論、歐盟共同政策理論針對兩岸協議創制與實施過程中的各類現實問題,對協議做出定位。運用這些理論工具,從兩岸協議的效力、創制與實施方式等方面進行分析,兩岸協議應當被定位為一種具有軟法特徵的兩岸共同政策。[7]

2、台灣學者對兩岸協議法理定位問題的主要觀點

姜皇池教授在分析「ECFA的審查程序」時指出,從主體上看,ECFA的協議主體應當為「『台灣、澎湖、金門及馬祖個別關稅領域』與『中國』(China)兩個在WTO結構下之『國際法主體』(subjects of international law）」，而「釋字第329號解釋」「僅明白排除兩岸協議並非憲法所稱之條約（國際書面協定），但並不當然代表該號解釋認定兩岸協議不是『廣義之條約』」，因而應當將ECFA認定為「國際條約」，在審議時採取「條約案」的審議程序。[8]

曾建元教授、林啟驊博士在《ECFA時代的兩岸協議與治理法制》一文中指出，兩岸「乃處於分裂、分治的局面……雖然兩岸皆非以國際關係處理雙邊關係，但各由一主權國家之政府分別管轄則為一客觀事實」，因而兩岸關係應比照兩德關係，「乃為『特殊國與國關係』或『準國際關係』」，因此，「兩岸協議自為『準國際協議』」，應交由立法院審議。[9]

蘇永欽教授在論述ECFA和《海峽兩岸知識產權保護合作協議》（台灣稱《海峽兩岸智慧財產權保護合作協議》）的審議程序時提出，「兩岸協議案不因『兩岸人民關係條例』第5條的特別規定，就變成法律案……（也）不因同樣涉及與統治權所不及的其他證券，不宜逐條審議，而變成條約案……所以，兩岸協議案就是兩岸協議案」。「ECFA就是中華民國政府和其統治權所不及的大陸地區政府間接簽訂的行政協議，這不是法律或預算案，按大法官『第三二九號解釋』，當然也不是條約案……兩岸協議案就是兩岸協議案。」[10]

具有大陸學術背景的台灣律師戴世瑛在《論兩岸協議的法律定位》一文中指出，將兩岸協議「定位為『準國際條約』，論理上原無不妥……但盱衡現實，於『一中』基本原則下，大陸方不可能承認兩岸協議的『國際性』」，因此不如依照「法的形成過程」將兩岸協議，「於簽署成立時，均先定位於『民間協議』，俟各自實踐完備法制化程序後，再分別將各該協議轉化定性為國內『行政命令』、『行政規章』或『司法解釋』，俾使雙方公權力機關，得以各自遵守適從」。[11]亦即是說，將兩岸協議分為兩個階段進行定位，在簽署之時

定位為「民間協議」，而在兩岸完成各自的接受程序後定位為各自域內法律。

（二）以兩岸和平協議問題為研究對象的相關理論成果

中共十七大報告首次在兩岸範圍內提出了「達成和平協議，構建兩岸關係和平發展框架」的戰略思考，因此「和平協議」開始成為兩岸矚目的議題之一。兩岸和平協議是以「結束兩岸敵對狀態」為議題的兩岸政治性協議，亦屬兩岸協議的一種，但就目前形勢而言，和平協議尚處於理論設想階段，距離著手簽署尚存在相當的距離。兩岸學界都有一些以兩岸和平協議為研究對象的研究成果，其中以台灣學者張亞中教授所著的《〈兩岸和平發展基礎協定〉芻議》和大陸學者祝捷副教授著的《海峽兩岸和平協議研究》為其典型代表。

《〈兩岸和平發展基礎協定〉芻議》一文是張亞中教授於2008年所著的學術論文，該文提出的《兩岸和平發展基礎協定》曾在兩岸引起廣泛關注。在該文中，張亞中教授草擬了共計七條的《兩岸和平發展基礎協定》的文本，對該協定的性質進行了說明，並對協定的條文進行了詳細說明。該文指出，《兩岸和平發展基礎協定》為一「臨時協定」而非「終極狀態」，該協定尊重簽約雙方的主體性，從人民的角度提出，以「積極性的和平發展」而非「消極性的結束敵對狀態」為目標。[12]該文認為，在兩岸簽署協定後，該協定透過解決兩岸定位、合作發展方向和未來方向三個方面的問題，為兩岸未來的合作奠定基礎。張亞中教授起草的《兩岸和平發展基礎協定》，以「整個中國」取代「一個中國」，作為兩岸共同的上位概念，並提出雙方以「統合」方式，即成立共同體的方式推動兩岸關係的進一步發展，雙方應當承認彼此的「平等地位」，並同意不使用武力威脅對方，雙方在國際組織中共同出現，並互設常設代表處，協定則以「北京中國」和「台北中國」加以署名。張亞中教授提出的這一協定草案成為台灣

學者提出的「兩岸和平協議」眾多草案中的重要代表之一,為兩岸探討簽署和平協議,做出了重要理論貢獻。

《海峽兩岸和平協議研究》一書是祝捷副教授於2010年出版的學術專著,全書約30萬字。該書從和平協議的性質、主體、內容、談判和實施五個方面,創建了和平協議研究的理論框架,並對其中的若干理論問題進行探討,回答了和平協議是什麼、誰去簽、簽什麼、怎麼簽和簽了以後怎麼辦等重要問題。作者在該書中運用了羅爾斯的「重疊共識理論」、民族認同理論、整合理論、歐盟治理理論等理論工具,提出了兩岸和平協議是「中華民族認同基礎上的法理共識」[13]的性質定位,指出大陸和台灣應當將「兩岸」作為現階段的政治關係定位模式,在這一描述性模式之下展開和平協議的談判和實施。同時,該書還指出應當以兩岸政治互信為和平協議的優先性內容,以兩岸協商機制為和平協議的主幹內容,構建以和平協議為基礎,以兩岸事務性協議為主幹的兩岸協議體系。最後,作者還在上述理論基礎上撰寫了《海峽兩岸和平協議》(建議稿)。《海峽兩岸和平協議研究》是大陸首部以兩岸和平協議為主要研究對象的研究成果,書中運用了大量理論工具,構建出了一套完整的和平協議理論框架,對兩岸關係和平發展框架的建構具有重要理論意義。同時,該書在對和平協議進行理論分析時,兼及了眾多兩岸事務性協議的論述,對於兩岸協議的研究具有重要參考意義。

(三)以兩岸協議的實施為研究對象的相關理論成果

兩岸協議的實施是指兩岸協議在正式產生法律效力之後,在兩岸域內和兩岸間貫徹和落實的制度的總稱。當兩岸簽署了眾多事務性協議之後,理論界亦對兩岸協議的實施這一問題保持了較高的關注度,兩岸學者亦圍繞這一問題形成了一批具有代表性的學術成果。在這些成果中,既有以兩岸協議的實施這一宏觀問題為研究對象形成的理論

成果,亦有以各項兩岸協議的實施效果及其實施過程中可能遇到的問題等微觀問題為研究對象形成的理論成果。

周葉中教授、段磊博士生合作撰寫的《論兩岸協議在大陸地區的適用——以立法適用為研究對象》和《論兩岸協議的接受》兩篇論文均係從宏觀視角研究兩岸協議的整體實施問題的代表性成果。兩位學者認為,自兩岸協議簽署之後,大陸和台灣應當分別依照各自規定完成其各自的協議接受程序,以實現使兩岸協議從兩個民間組織之間的「私協議」,到對兩岸具有普遍約束力的法律規範的轉變。[14]在完成協議的接受程序後,兩岸亦應當按照各自規定,以直接或間接方式適用兩岸協議,使協議的相關規定得以貫徹落實。兩位學者還指出,與台灣較為完善的兩岸協議適用程序相比,大陸的兩岸協議適用實踐尚存在較為混亂的情形,大陸應當透過及時規範兩岸協議的接受程序、制定統一的兩岸協議適用規則、開展法律清理工作等方式,逐步構建起法制化的兩岸協議適用制度。[15]

彭莉教授撰寫的《論ECFA框架下兩岸經貿爭端解決機制的建構》一文,重點分析了《海峽兩岸經濟合作框架協議》(ECFA)實施機制中雙方建構爭端解決機制這一問題。在該文中,作者提出,隨著ECFA的簽署和實施,兩岸原有的以「民間協商與以WTO作為平台處理的雙重模式」已經無法滿足兩岸解決貿易爭端的需要,因此兩岸應當以積極態度促成爭端解決機制的建立。作者認為,在借鑑現有爭端解決機制的基礎上,兩岸經貿爭端解決機制的主體應當謹慎納入私人間訴權,有限受理私人與另一方官方層面的爭端,並注意將地方政府包含在機制運行主體之中;爭端解決機制的客體應包含貨物貿易爭端、服務貿易爭端、投資爭端、知識產權爭端等各領域;爭端解決機制的運行模式則應當廣泛採用AFR模式。[16]

季燁博士撰寫的《台灣立法院審議兩岸服務貿易協議的實踐評

析》一文則集中分析了台灣立法院審議《海峽兩岸服務貿易協議》的個案,是分析兩岸協議實施機制中具體問題的代表性成果。在該文中,作者將台灣立法院審議服貿協議的法律爭議點總結為三點,即兩岸服貿協議的「備查」與「審議」之爭、兩岸服貿協議可否逕付二讀之爭和兩岸服貿協議可否「保留」之爭,並透過對服貿協議本身的積極意義、台灣立法院的藍綠力量對比和民進黨反對兩會協議的既往實踐三個角度,分析了影響服貿協議生效的具體要素。[17]最後,作者認為,服貿協議在未來的生效情勢仍值得樂觀,但台灣方面審議兩岸協議中體現出的「泛政治化」問題依然值得大陸警惕。

台灣中央研究院林正義研究員撰寫的《立法院監督兩岸協議的機制》一文,以台灣立法院在兩岸協議審議、監督過程中的地位與作用為研究對象,集中分析了立法院介入兩岸協議實施過程中的利弊,並分析了在兩岸協議簽署與實施過程中立法院可有的作為,最終得出立法院對於台灣方面在認同分歧、政黨競爭之下,能夠更好地處理兩岸關係之結論。[18]該文指出,立法院以適當角色參與至兩岸協議商簽與實施過程中,能夠有效尋求台灣內部共識,消解台灣內部部分不安意見。《立法院監督兩岸協議的機制》一文是台灣在兩岸恢復事務性商談後,較早提出兩岸協議應當在島內受到立法院監督的論文,該文儘管較為簡略,但卻能為我們研究兩岸協議在台灣的立法監督問題提供重要參考。

(四)以兩岸談判為研究對象的相關理論成果

和平談判是兩岸和平統一的重要手段,也是近年來大陸和台灣解決兩岸關係中出現的各種問題的重要方式。兩岸談判是指兩岸未解決雙方交流中的糾紛或為達成國家統一目標,而進行的一系列、多層次、多回合的協商溝通協調活動,以便整合彼此歧見。[19]大陸和台灣都有一些以兩岸談判作為研究對象的研究成果,其中以大陸學者黃嘉

樹、劉杰兩位學者合著的專著《兩岸談判研究》、王建源先生撰寫的論文《兩岸授權民間團體的協議行為研究》、餘克禮研究員撰寫的論文《對後ECFA時代深化兩岸協商、談判、對話的幾點看法》和台灣學者初國華博士撰寫的博士學位論文《不對稱權力結構下的兩岸談判：辜汪會談個案分析》等為代表。

《兩岸談判研究》一書是黃嘉樹、劉杰兩位學者合著的，專門以兩岸談判為研究對象的學術專著，全書約20萬字，研究內容涉及兩岸談判總論、兩岸事務性談判歷程、對兩岸事務性談判的整體評價、兩岸圍繞政治談判的鬥爭以及新世紀、新條件下兩岸談判面臨的機遇和挑戰等問題。作者在該書中提出了兩岸政治性和事務性談判的理論區分，並將兩岸談判與兩德談判、朝韓談判、國共談判、香港談判等相區別，指出了兩岸談判的特殊性。同時，該書對兩岸事務性談判（主要是1986年—1997年間）的歷程進行了回顧和總結，並基於此提出了兩岸協議的談判類型劃分。除此之外，該書還對兩岸事務性談判進行了理論評價，包括對談判特點、策略、目標的總結，並就此指出事務性談判帶給我們的啟示。《兩岸談判研究》一書是大陸首部以兩岸談判為研究對象的學術專著，它首次系統地總結了兩岸談判中的各類基礎性問題，對兩岸協議的相關研究具有重要參考意義。

王建源先生撰寫的《兩岸授權民間團體的協議行為研究》是大陸較早以兩岸事務性談判為研究對象的理論建構型的學術成果。該文認為，兩岸協議行為（即兩岸以簽署事務性協議為目的的談判行為）源於兩岸對秩序建構的需要，形成於兩岸雙向需求之平衡，現階段兩岸協議在大陸具有相當於部委規章或最高法院司法解釋的效力，兩岸協議在台灣則被定位為「準國際條約」、「準行政協定」。[20]該文指出，兩岸協議行為的基本特點包括，協議行為主體的民間性特點、協議行為內容的事務性特點、協議行為作用的功能性特點。文章還從兩岸協議行為的主體、授權和效力角度分析了系惡意行為的法律定位，

並指出兩岸商談應當超越事務性範圍,透過將政治議題提上議事日程,實現政治談判,為兩岸經濟性、事務性協商創造更好的條件。

余克禮研究員在《對後ECFA時代深化兩岸協商、談判、對話的幾點看法》一文中,深入探討了兩岸在簽署《海峽兩岸經濟合作框架協議》(ECFA)之後,應當如何抓住契機,進一步推動兩岸協商和兩岸關係向縱深方向發展。在該文中,作者指出,在兩岸透過兩會商談機制取得重大成績的背景下,兩岸應當進一步增進與擴大政治互信,為雙方協商談判的持續發展奠定政治基礎,不斷深化兩岸協商談判機制,加快兩岸關係和平發展進程,造福兩岸同胞。[21]在後ECFA時代,兩岸應將簽署文化教育交流協議提上雙方談判議程,並透過適當的方式就台灣方面關心的問題(包括台灣參與國際組織活動問題等政治性議題)展開溝通與對話。文章最後指出,破解兩岸政治難題,深化兩岸關係和平發展是未來兩岸協商談判對話所必須面對和解決的重要問題,雙方應對這一問題做好相應的準備。

《不對稱權力結構下的兩岸談判:辜汪會談個案分析》一文是台灣學者初國華博士的博士學位論文,成文於2007年。該文主要以兩岸談判為主要研究對象,以「辜汪會談」的個案為主要分析對象,全文應用了「老子道德經弱勢哲學」、「Habeeb不對稱談判理論」等理論工具,對辜汪會談的內外在因素、會談的議題爭議和談判策略進行了分析,提出了一套完整的解釋模型。該文主體結構由系統論和Habeeb的不對稱理論為指導,其理論聚焦於「小國於大國互動中如何發揮大影響以獲得較佳的談判條件或結果」[22]的問題,以期利用該理論解決兩岸談判中台灣如何「以小博大」,亦即「台灣應如何面對崛起的中國」[23]的問題。該文對兩岸間存在的「一中爭議」問題作出了分析和評論,指出在其所提出的「柔性策略」或「彈性策略」之中,其核心關鍵應當是不挑戰「一中」立場,以促進兩岸間的政治穩定與經濟繁榮。該文是台灣學者運用理論建構的研究範式對兩岸談判問題進行研

究的學術著作,在理論運用上有一定的可取之處,且提出了一些對兩岸談判具有建設性的意見,對於我們研究兩岸談判具有重要參考價值。

二、以兩岸關係為研究對象的相關理論成果

　　兩岸協議研究是兩岸關係研究的一個組成部分,離開兩岸關係研究,兩岸協議研究無從立足。要對兩岸協議展開研究,就必須對兩岸關係這一兩岸協議存在的背景性問題進行整理和研究。目前,兩岸有關兩岸關係的研究成果頗豐,限於篇幅,本書對相關成果無法一一詳述,只能將其中具有代表性的部分論著做一簡述。目前,兩岸學者對兩岸關係的研究成果主要集中在四個領域,即以兩岸關係宏觀發展為研究對象的理論成果、以兩岸政治關係定位為主要研究對象的理論成果、以台灣參與國際空間問題為主要研究對象的成果和以台灣「國家認同」問題為主要研究對象的成果。

　　(一)以兩岸關係宏觀發展為研究對象的相關理論成果

　　兩岸關係的宏觀發展問題是兩岸學者研究這一問題的重要視角,從宏觀視角出發,能夠以全景式的視角觀察到兩岸關係的走向與變化,也能夠建立起一套完整的兩岸關係理論架構,因而這一視角為許多學者所青睞。目前,按照研究方法分類,這些以兩岸關係的宏觀發展為研究對象的綜合性理論成果主要可以分為兩類,即政策言說類和理論建構類,其中前者以台灣學者邵宗海所著的《兩岸關係》和《新形勢下的兩岸政治關係》兩本著作為代表,後者則以包宗和、吳玉山主編的《爭辯中的兩岸關係理論》及其新版《重新檢視爭辯中的兩岸關係理論》和張亞中教授所著的《兩岸主權論》、《兩岸統合論》以

及《全球化與兩岸統合》以及周葉中教授、祝捷副教授主編的《構建兩岸關係和平發展框架的法律機制研究》等著作為代表。

　　《兩岸關係》一書是台灣學者邵宗海教授所著的以兩岸關係為研究對象的一本學術專著，該書出版於2006年，全書共約50萬字。[24]該書以大陸和台灣領導人和相關事務負責人的講話和數十年來雙方的主導性兩岸政策為依據，透過對台北的大陸政策和北京的對台政策的系統性分析，對兩岸談判、衝突、交流和前景展望進行了全景式的敘述。作者透過對兩岸間政策文獻的梳理和總結，依照兩岸關係中研究的類別，綜合成書，其內容涉及「一個中國」、兩岸政治定位、「台灣本土意識」、兩岸軍事衝突、外交角逐、經貿文化與人道交流、兩岸直航、兩岸中止敵對狀態、領導人會晤、兩岸政治性談判等存在於兩岸間的核心問題，並為兩岸關係的發展提出了若干建議。2011年，作者在該書的基礎上，結合兩岸關係2008年以來的發展實際出版了《新形勢下的兩岸政治關係》[25]一書，對相關資料進行了補充，並提出了若干新的觀點。邵宗海教授的兩部專著是台灣學者以政策言說為主要研究範式，對兩岸關係進行研究的一本重要學術專著，對兩岸關係、兩岸談判和兩岸協議研究有著重要參考價值。

　　《爭辯中的兩岸關係理論》一書首次出版於1999年，是由台灣學者包宗和、吳玉山領銜，集合9位兩岸關係研究的學者合作的一本學術專著。[26]該書分別從整合理論、分裂國家理論、博弈理論、大小政治實體理論、選票極大化策略、發展性國家理論、心理學、國際體系理論等來自於國際關係學、政治學、社會學、心理學等不同學科的理論模式，對兩岸關係研究各個面向進行了深入研究。2009年，該書的第二版《重新檢視爭辯中的兩岸關係理論》出版，新版增加了「名分秩序論」、全球化與兩岸關係、台灣民眾統「獨」立場、台灣選舉的影響等理論，提出了若干新的理論。[27]這兩本專著是台灣學者所著的以理論建構為主要研究範式的代表作品，書中提出的理論觀點在方法論

上對兩岸關係研究有著較大的學術價值，對兩岸協議研究也具有重要的參考價值。

　　張亞中教授於1998年、2000年和2003年分別出版了《兩岸主權論》、《兩岸統合論》和《全球化與兩岸統合》三本學術專著，構建了以「統合」為核心的一套兩岸關係理論體系。這一系列著作對「兩岸主權」、兩岸一體化（即台灣學者所稱的「統合」或「整合」）和「兩岸治理」等問題進行了詳盡的論證，逐漸形成了一套張氏特有的理論體系。這套理論體系以「統合」為核心概念，以「一種屋頂」、「一中三憲」等概念為支撐，嘗試以歐盟模式解決兩岸問題。然而，由於兩岸關係的特殊性，大陸和台灣都很難接受這套以「統合」為核心的理論體系，因而上述觀點在兩岸間並未形成現實影響。儘管如此，張亞中教授的上述理論觀點依然能夠為我們研究兩岸關係，研究兩岸協議提供積極地支持。

　　周葉中和祝捷兩位學者主編的專著《構建兩岸關係和平發展框架的法律機制研究》是兩岸範圍內首部從法學視角關注兩岸關係和平發展框架這一涉及兩岸關係宏觀面問題的專著。該書認為，法律是社會關係的調節器，法律機制應該、也能夠在構建兩岸關係和平發展框架中發揮重要作用，構建法律機制既是兩岸關係和平發展的必然要求，是運用憲法思維處理台灣問題的必然結果，也是反對和遏制「台灣法理獨立」的必然選擇。[28]該書共分為八章，分別從兩岸關係和平發展框架的憲法機制及其具體應用手段（憲法解釋手段對兩岸關係定位的意義、兩岸和平協議及其實施）、構建兩岸關係和平發展框架的法律障礙及其解決機制（兩會協議實施機制、兩岸行政機關合作機制、兩岸司法協調機制）和兩岸具體法律障礙的解決實例（陸資入台的法律障礙及其解決）等方面，全景式地論述了法律機制在兩岸關係和平發展框架構建中的價值及其具體應用。

(二)以兩岸政治關係定位為研究對象的相關理論成果

大陸和台灣的政治關係定位,是兩岸關係研究的核心問題之一,它直接關係到兩岸啟動政治對話的基本條件,也直接關係到兩岸未來重歸統一的基本方式,對兩岸政治關係定位問題得出不同的結論,將直接導致對兩岸關係各個領域問題研究的差別。因此,兩岸範圍內,眾多有影響力的學者均對這一問題做出過不同角度的論述,其中大陸學者黃嘉樹教授、王英津教授提出的「主權構成研究」、李義虎教授提出的「區間定位」理論、周葉中教授和祝捷副教授提出的「兩岸治理」理論和台灣學者張亞中教授等提出的「一中三憲、兩岸統合」理論、張五嶽教授等提出的「分裂國家」理論等具有一定的代表意義。

黃嘉樹、王英津兩位學者合作撰寫的《主權構成研究及其在台灣問題上的應用》和《主權構成:對主權理論的再認識》兩篇論文中提出了「主權構成」理論,並將之運用於台灣問題的解決上。該理論依據主權本身的所有與執行的二重權能以及主權內涵的歷史演變,將主權從構成上區分為主權所有權與主權行使權兩大部分,詳細論述了這兩類權力的聯繫與區別,並指出在一定條件下,主權的這兩個部分是可以分離的。[29]在完成這一理論構建的基礎上,兩位學者嘗試將這一理論應用於台灣問題上,他們認為中國的主權所有權屬於全體中國人民,而台灣的主權行使權則由中國政府和台灣當局共同擁有。[30]兩位學者提出的「主權構成研究」,在相當程度上解決了所謂「絕對主權論」、「相對主權論」之間的抽象爭議,對主權進行了比較具體和直觀的要件分析,同時,主權構成研究所提出的理論模型也能對大陸對兩岸關係的定位進行比較合理的理論解釋,具有一定參考價值。

李義虎教授在《台灣定位問題:重要性及解決思路》一文中重點分析了台灣定位問題對於兩岸關係和平發展和國家完全統一的重要意義,並在此基礎上提出了建構台灣定位體系的新思路。作者將「台灣

定位問題」作為全文核心研究對象，分別對這一議題的背景與重要性、特點與變化和解決思路進行了分析和論述。在文章中，作者提出，所謂台灣定位問題並不僅涉指台灣當局定位問題，同時包括台澎金馬地區的管轄權、公權力的性質和特點、台灣人民的地位和尊嚴問題，其核心為「台灣是中國什麼樣的一部分」的問題。針對這一問題，作者提出，應當按照兩岸各自觀點的上限與下限，實行區間定位的定位方法，為兩岸政治協商談判尋找空間，同時，應當按照存量不動，增量改革的原則，探討「一國兩憲」方案的可行性，並將兩岸整合和國家統一進程視為國家結構調整的過程，務實探討「國家尚未統一情況下的兩岸政治關係」。[31]

朱松嶺教授在其所著《國家統一憲法學問題研究》一書中，從民法上的宣告死亡制度來闡述「中華民國」的政治地位，提出了「中華民國宣告死亡」理論，以此理論解釋了台灣當局的政治定位問題。[32] 作者認為，中華人民共和國成立時，對「中華民國」所稱「法統」的廢除不容置疑。但是，兩岸關係的客觀現實又需要對「中華民國」的政治地位予以交待，這就需要在堅持既有理論基礎的前提下，尋求解釋之道。為此，作者認為，宣告死亡的基本原理可以適用於定位「中華民國」的政治地位。新中國成立後宣告廢除「六法全書」等行為，實際上構成了對「中華民國」的宣告死亡，而這種「宣告死亡」的重點在於「宣告」，而非「死亡」。基於「中華民國」被宣告死亡，作者認為，「中華民國」與中華人民共和國之間是政府繼承關係，而非國家繼承關係。兩岸之間存在著「主權」的「重疊宣示」，因此，「中華民國」和中華人民共和國在「國家」概念體系下，只是宣示主體不同。從國內法的角度，兩岸根本法對於「主權」、「人民」、「領土」的規定是一致的，只是在實際控制過程中效力沒有及於對方控制區。「在國內法上，新舊政權並存時期兩岸是主權宣示重疊、互相否認的、相互競爭的平等主體。」[33]朱松嶺教授藉用「宣告死亡」

的理論來闡釋台灣當局的地位以及大陸和台灣的政治關係定位，具有一定的新意，尤其是對於台灣當局在國際社會和其島內行為「有效性」的分析，對於解釋台灣當局的地位也有著較強的啟示意義。

周葉中和祝捷兩位學者在《兩岸治理：一個形成中的結構》一文中，嘗試改變用「實體」範疇分析兩岸關係的方法論，轉而用「結構」代替「實體」，將兩岸關係描述成一種「治理結構」（the governance system），將「兩岸治理」作為兩岸間「去主權化」的替代性方案。該文在對張亞中提出的「兩岸治理」理論和歐洲學者提出的「歐盟治理」理論進行回顧總結的基礎上指出，作為一種新結構，兩岸治理與「兩黨」、「兩體」或者「兩國」的政治關係定位不同，亦不是一種被創造的新政治模式，而毋寧是對兩岸現狀的一種理論描述。在這一描述的過程中，「主權」被作為一個已經自證成的背景，以「兩岸」這一超越主權的概念作為考察對象。該文指出，兩岸治理是一個「私名義、公主導」的結構，其功能在於為兩岸關係和平發展提供制度供給，而其治理工具即作為軟法的兩會協議。該文最後指出，由於兩岸間尚不存在一種「超兩岸」的實體，兩岸治理之中的決策權力轉移尚不完全，且由於缺乏有序的民眾參與機制，因而這一結構的正當性存在一定欠缺，故兩岸治理尚屬於一種「形成中的結構」。[34]周葉中、祝捷兩位學者提出的「兩岸治理」理論，超越了長期以來兩岸學者提出的「主權之爭」，以「結構」範疇替代「實體」範疇，從而改變了將兩岸關係類比為政治實體的方法論，而著重於從動態角度建構兩岸關係的理論模型。這種方法論的提出，使當前殊為敏感和複雜的兩岸政治關係定位產生了新的理論思路。

以張亞中教授為代表的一批台灣學者提出了「一中三憲、兩岸統合」的理論對兩岸政治關係定位問題做出了自己的論述。「一中三憲、兩岸統合」是台灣「兩岸統合學會」長期以來共同醞釀、提出的兩岸政治關係安排的理論體系，其核心論點可表述為「反對分離、接

受分治、推動統合、共議統一」[35]。張亞中教授撰寫的《「兩岸統合」：和平發展時期政治安排的可行之路》一文是運用這一理論體系提出兩岸政治定位方案的代表作品。文章在對試圖指導和推動兩岸關係和平發展的諸種理論進行理論歸納與梳理的基礎上，提出「主權與治權」是處理兩岸政治關係合情合理安排必須處理的議題。作者指出，所謂「合情合理安排」，必須以兩岸最終走向統一為前提，不能出現「永久維持現狀」或「走向台獨」的局面，同時亦必須符合和反映兩岸政治的現實狀況，能夠為雙方所接受。作者指出，「兩岸統合」與兩岸各方提出的諸種見解相比，既能夠顧及到兩岸法理與政治現實，又能夠有助於邁向「兩岸統一」，因而應當這一理論為核心，在增量改革的思路之下發展兩岸關係，最終透過「兩岸統合」實現兩岸統一。[36]

美國學者韓德遜提出的「分裂國家」理論常常被部分台灣學者用於詮釋兩岸政治關係，張五嶽教授的專著《分裂國家互動模式與統一政策之比較研究》一書是運用「分裂國家」理論解釋兩岸政治關係定位問題的代表作。該書首先對分裂國家的概念進行了梳理，以東西德、南北韓兩個典型的分裂國家與兩岸進行對比，分析三對主體的「分裂背景」、「統一政策」，「影響統一的因素」的問題，並對「德國模式」和「韓國模式」的主要意涵與特色進行歸納總結，最後提出德、韓模式與兩岸模式之比較。張五嶽教授在該書中指出，德、韓、中三者同屬「分裂國家」，在1970年代前三者的互動關係基本大同小異，但在1970年代兩德簽訂《基礎條約》後，共同加入聯合國，進行各項正常化互動交流後，直至1990年完成統一，而南北韓已進至政府間正式會談，開始就《和平互不侵犯協定》進行談判。[37]與南北韓相比較，兩岸仍處於「單一代表權」與「唯一合法政府」的「零和」狀態，並未完全按照「分裂國家」理論所描述的那樣繼續走向相互「承認」。作者認為，分裂國家理論若能適用於兩岸關係，則既有

利於大陸,也有利於台灣,然而這一理論的適用卻遭遇著種種現實障礙。

(三)以台灣「國際空間」問題為研究對象的相關理論成果

台灣參與國際空間問題,既可以理解為台灣當局和台獨分子主張所謂「台灣主體性」的一種手段,但也可以據此認識到台灣人民對於參加國際活動的主觀願望和客觀需求。因此,如何以適當的方式,妥善解決台灣參與國際空間問題對於滿足台灣人民的這種願望和需求,對於有理有利地打擊台獨分裂勢力,都具有重大現實意義。因此,部分大陸學者對這一問題也提出了許多具有重要意義的理論成果,其中以饒戈平教授的《對台灣「國際空間」問題的思考》、祝捷副教授的《兩岸關係定位與國際空間——台灣地區參與國際活動問題研究》和黃志瑾博士的《中國台灣地區「國際空間」法律模式初探——以兩岸法律關係為視角》等成果最具代表性。

饒戈平教授的《對台灣「國際空間」問題的思考》對台灣「國際空間」問題的定義、性質和處理這一問題的基本原則與策略問題進行了較為詳盡地闡釋。作者認為,台灣「國際空間」問題主要是指台灣方面要求更多地參與國際社會的活動,尤其是想更多地參加各類國際組織,藉以在國際社會立足和發展。[38]作者指出,台灣「國際空間」問題具有雙重屬性,一方面,台灣謀求「國際空間」在客觀上存在著一定的合理性,其拓展「國際空間」活動潛存著危險性與破壞性,因此應當將台灣「國際空間」問題納入兩岸和平發展戰略的考慮之中。作者提出,在解決台灣「國際空間」和參與國際組織活動的過程中,應當堅守「一個中國」原則立場,堅守國際法和國際組織章程,協助贊同「九二共識」的台灣當局合理解決「國際空間問題」。在具體策略上,應當充分考慮到台灣參與「國際空間」和國際組織的具體名義、身分,以靜制動,後發制人,堅持以個案方式處理相關問題,並

注意處理好台灣參與非政府國際組織的具體策略。[39]

祝捷副教授將兩岸政治關係定位和台灣參與國際空間問題關聯起來,形成宏觀思考,其著作《兩岸關係定位與國際空間——台灣地區參與國際活動問題研究》即以兩岸政治關係定位的相關思維為工具,對台灣參與國際活動問題提出了許多重要的因應對策。兩岸政治關係定位和台灣參加國際活動問題,看似兩個可以相互獨立的問題,然而,二者實際上具有高度的關聯性。該書透過對兩者之間關聯性的挖掘,將兩者視為一個整體,並基於此展開論述。該書為解決兩岸政治關係定位和台灣參加國際活動問題進行理論上的準備,並形成具有現實可行性的方案,以期助益於「一個中國」框架內的兩岸關係和平發展。該書認為,儘管兩岸關係在2008年後出現了良好的發展態勢,但是兩岸政治關係定位和台灣參加國際活動問題仍然屬於兩岸最為敏感和柔軟的部分。要解決這一問題,既需要堅持「一個中國」原則的基本立場,又需要兩岸中國人的智慧。與既有的研究成果所遵循的「立場定位」的研究範式不同,該書立基於「策略」定位的範式,從「立場可實現性」的角度思考和探索在特定立場之下解決現實問題的策略問題。[40]

黃志瑾博士所著的《中國台灣地區「國際空間」法律模式初探——以兩岸法律關係為視角》一文從國內法與國際法兩個層面分析了台灣「國際空間」問題的發展進路。在該文中,作者首先對台灣參與「國際空間」與大陸法律的合憲性問題進行瞭解讀,並提出《中華人民共和國憲法》和《反分裂國家法》並不反對台灣加入政府間國際組織,一個中國原則亦為台灣加入政府間國際組織提供了空間。目前,台灣參與國際空間的主要模式包括「漁業實體」模式、獨立關稅區模式、觀察員模式和義務多於權利的參與模式等,台灣在現有參與「國際空間」的活動中往往處於不利於維護台灣人民福祉的地位。[41]因此,該文最後提出構建符合國際組織本身規則、以「中華台北」為名

稱的台灣參與國際空間的法律模式。《中國台灣地區「國際空間」法律模式初探——以兩岸法律關係為視角》一文以國際法與國內法相結合的視角，對台灣參與「國際空間」問題做出了較為深入地分析，其提出的最終結論具有重要的理論與實踐意義。

（四）以台灣「國家認同」問題為研究對象的相關理論成果

「國家認同」是台灣社會存在的爭議最大的問題之一，這一問題對台灣政治生態的演進有著至關重要的作用。正是由於這一議題的重要性，「國家認同」問題在台灣的歷次選舉中均受到各方政治勢力的關注，台獨分裂勢力也不斷嘗試利用這一議題從事分裂活動。長期以來，由於各種內外原因，目前台灣民眾在「國家認同」問題上已經產生了較為嚴重的現實問題。基於台灣「國家認同」問題的重要意義，眾多兩岸學者對這一問題也相繼發表過一些重要理論成果，其中以林勁教授的《淺析現階段台灣的「國家認同」危機》、劉紅教授的《台灣「國家認同」問題概論》和胡文生博士的《台灣民眾「國家認同」問題的由來、歷史及現實》等成果為代表。

林勁教授是大陸較早意識到台灣「國家認同」問題的學者之一，其所撰寫的論文《淺析現階段台灣的「國家認同」危機》較為全面地分析了台灣社會「國家認同」的具體內容和台灣社會出現「國家認同」的主要原因。該文指出，在1980年代末90年代初期間，在台執政的國民黨對其一個中國政策作出了重大調整，國民黨開始調整原有的一個中國原則，致力於重新確立海峽兩岸的政治關係、推行分離主義路線，與此同時，民進黨作為島內第一大在野黨堅持台獨黨綱，其分裂主張不斷升級。在這一背景之下，在台灣「憲政改革」的過程中，「總統直選」和「中央政府體制」兩個問題突顯台灣「國家認同」問題日趨突顯。另外，台灣當局在處理兩岸關係及台灣前途和外交方面，開始選擇實質上的「兩個中國」、「一中一台」的分裂政策，因

而使台灣「國家認同」問題更為嚴峻。[42]

劉紅教授所著的《台灣「國家認同」問題概論》是一部專注於台灣社會「國家認同」問題的學術專著。在該書中，作者認為，台灣的「國家認同」問題，有其特殊性，其基本特點表現為「國家認同」與島內現狀和台灣社會對大陸的看法相關聯，表現出多元性、可塑性、功能性等基本特徵。該書運用民意調查數據等論據，以量化的研究方法對台灣「國家認同」問題進行了深入剖析，嘗試建構出一套完善的台灣「國家認同」評估體系，並就這一體系得出的相關結論提出對策與建議。全書共分為六章，分別對台灣「國家認同」的基本特點、影響因素和現實難點等問題進行了深入分析，並就影響和引導台灣「國家認同」的變化路徑提出了相應的對策建議。[43]在現階段，抓住有利機會，有針對性地影響和引導台灣社會一個中國認同的提升，對於兩岸關係和平發展和實現祖國完全統一具有重要意義，因而《台灣「國家認同」問題概論》一書對於我們深入認識台灣社會的「國家認同」問題具有重要參考意義。

胡文生博士撰寫的《台灣民眾「國家認同」問題的由來、歷史及現實》一文則從歷史發展的角度，全面解析了台灣民眾「國家認同」問題產生的根源及其現狀。在該文中，作者指出，「國家認同」問題是台灣社會中爭議最大的問題之一，也是歷次選舉中為台獨勢力重點操弄的政治議題之一，這一問題對於兩岸關係和平發展，乃至兩岸和平統一均具有重要意義。作者認為，台灣民眾「國家認同」問題產生的根源在於1895年清政府割讓台灣後，台灣淪為殖民地給台灣民眾帶來了心理傷痕。而國民黨接收台灣後，其在台統治的失誤，尤其是「二二八事件」的影響對台灣民眾心中的中國意識產生了嚴重打擊，在台灣社會轉型的過程中，台灣民主化與本土化的進程直接影響著台灣民眾的國家認同，這種影響在民進黨和李登輝的操縱下，最終得到擴大。[44]《台灣民眾「國家認同」問題的由來、歷史及現實》一文對

於台灣民眾「國家認同」的轉變過程進行了深入剖析，這對於我們進一步思考如何將「台灣主體性意識」與對中華民族的國家認同結合起來有著重要的參考價值。

三、以台灣內部政治問題為研究對象的相關理論成果

作為兩岸的一方，台灣內部政治局勢的變化對於兩岸關係的整體發展曾產生過重要影響。回顧歷史，兩岸在長時間內未能結束對峙、展開談判，正是由於台灣當局堅持其所謂「三不」原則，1995年和1999年兩岸事務性談判兩次中斷，也正是由於台灣當局部分領導人提出分裂祖國的錯誤言論，而2008年以來兩岸關係進入和平發展的新階段也離不開台灣內部政治局勢的重大變化。因此，兩岸學界十分重視台灣內部政治問題的研究，近年來亦產生了眾多學術成果，這些成果主要集中在三個方面，即台灣「憲政改革」問題的相關研究、台灣政黨政治問題的相關研究和台灣內部族群關係問題的相關研究。

（一）以台灣政治轉型問題為研究對象的相關理論成果

自1990年以來，台灣內部政治局勢發生了重大變化，國民黨一黨執政的權威即將被打破，其民主轉型正在進行。此時，台灣的各方政治勢力嘗試以發動「憲政改革」的方式解決民主轉型中的台灣政治結構。一些學者以台灣政治轉型為研究對象，產出了許多重要理論成果。在這些成果中，以大陸學者孫代堯教授的《台灣威權體制及其轉型研究》和周葉中教授、祝捷副教授的《台灣地區「憲政改革」研究》為代表。

孫代堯教授所著的《台灣威權體制及其轉型研究》是大陸範圍內第一部系統研究台灣威權體制及其轉型的著作，該書以台灣長期以來

堅持的威權體制為研究對象,對台灣威權體制、現代化與政治轉型之間的關係,政治轉型的特點,政治轉型對於台灣政治生態和兩岸關係的影響等問題進行了深入剖析。該書共分為五章,分別對現代化進程中威權主義的基本內涵、威權體制在台灣的形成、台灣威權體制的滲透性和結構性缺陷、台灣的「政治威權」與「經濟成長」以及台灣實現從威權政治到政黨政治的轉型過程等問題進行了論述。[45]《台灣威權體制及其轉型研究》一書對於學術界與理論界深入瞭解台灣威權體制的緣起、發展與變化的全過程,並進而瞭解這一體制轉變過程中對台灣內部政治環境和兩岸關係的現實影響有著重要參考價值。

周葉中、祝捷兩位學者合著的《台灣地區「憲政改革」研究》,是大陸首部以台灣「憲政改革」為研究對象的學術專著,該書共分為八章,在系統回顧台灣「憲政改革」歷程的基礎上,對台灣「憲政改革」的基本特點做出理論歸納,並分別從制度框架的內外兩個層面提出了台灣「憲政改革」中存在的矛盾,即「五權憲法」與「三權分立」的矛盾、「總統制」與「內閣制」的矛盾、「國民大會」改革中的矛盾、「省籍」矛盾、藍綠矛盾和統「獨」矛盾。[46]除此之外,該書還全面分析了與台灣「憲政改革」相關的憲法學問題,如「憲政改革」以來台灣出現的「憲法危機」事件、台灣「地方自治」的變革、台灣人權狀況的發展與變化以及「憲政改革」活動中的台獨理念等。《台灣地區「憲政改革」研究》一書對於我們系統認識台灣自1990年代以來發動的歷次「憲政改革」活動,防止台獨分裂勢力透過「憲政改革」實現「台灣法理獨立」有著重要理論和實踐意義。

(二)以台灣「政黨政治」問題為研究對象的相關理論成果

1990年代至今,台灣在完成對原有威權體制的轉型後,逐漸進入「政黨政治」時代,其內部政治的運作均與各主要政黨之間權力鬥爭與平衡有著重要關係,這種台灣政黨政治的運作也對兩岸關係的發展

走向產生著重要影響。自1990年代末至今,許多大陸學者對於台灣政黨政治,尤其是幾個主要政黨的運作表現出較高的學術志趣,因而也湧現出一批高水準的研究成果。在這些成果之中,以劉紅、鄭慶勇合著的《國民黨在台五十年》、陳星的《民進黨結構與行為研究》、《民進黨權力結構與變遷研究》、朱松嶺的《民進黨政商博弈研究》和王鴻志的《政治狂瀾的浪花:台灣第三勢力研究》為代表。

劉紅教授和鄭慶勇博士所著的《國民黨在台五十年》一書,系統地回顧了國民黨自1949年敗退台灣以來,推行專制統治、啟動政治改革和陷入分化瓦解危機、失去執政地位的全過程。全書共分為兩編,上編為「專制與調整——國民黨敗退台灣」,該編對國民黨敗退台灣後調整領導機構、推定專制統治、強化組安置機構、調整專制統治和啟動政治改革的過程進行了回顧和分析;下編為「『憲政』與『台獨』——國民黨在台灣的挫折」,該編自李登輝繼任國民黨主席開始,敘述和分析了國民黨在台灣民主轉型過程中因內部鬥爭而導致「百年老店」分為四家,內鬥不斷,縱容台獨和最終失去執政地位的歷程。[47]《國民黨台五十年》一書對於我們研究國民黨退台後的發展演變,以及國民黨在上世紀九十年代期間對台獨勢力的縱容態度有著重要參考價值。

陳星副教授長期致力於民進黨研究,其所著《民進黨結構與行為研究》、《民進黨權力結構與變遷研究》兩本專著較為全面地介紹和論述了民進黨的政治結構及其黨內權力鬥爭和變遷的歷程。《民進黨結構與行為研究》一書系統地研究了民進黨近年來在結構上的變化與發展,從學理上全面解構了民進黨的發展路徑及其內部結構,尤其是對民進黨台獨話語的建構和大陸政策的變遷進行了系統地回顧。作者認為,儘管台灣的政黨政治發展藉用了西方的基本模式,但卻由具備自己的特色。民進黨在建構自己價值體系的過程中體現出其獨有的特點。在民進黨在台執政後期,貪腐問題和台海格局的嬗變對民進黨的

轉型形成了巨大的壓力，在這種背景之下，民進黨受到其內部派系生態變遷、大陸政策調整、動員模式困境和價值重構等因素的影響，正走向艱難的重整。[48]《民進黨權力結構與變遷研究》一書以民進黨自建黨前後至其執政和下台後的黨內外權力鬥爭與世代變遷為主要研究對象，系統地介紹了黨外勢力及民進黨與國民黨的權力鬥爭和民進黨內部各派系的權力鬥爭及其世代交替等多個方面的內容。全書以時間為序，分別敘述了作為民進黨前身的黨外勢力的發展及其內部權力鬥爭、民進黨成立後的黨內鬥爭與第一次世代交替、民進黨上台後其黨內權力結構的變遷、民進黨執政後面臨的發展困境和民進黨下台後黨內資源的重新配置與新一輪的世代交替等內容。[49]陳星副教授的系列著作對於我們瞭解作為國家統一主要障礙的民進黨，瞭解其黨內外的權力鬥爭譜系及其基本特點有著重要參考價值。

與其他學者選擇從政黨內部權力運作形式出發進行研究不同，朱松嶺教授所著《民進黨政商博弈研究》一書從另一個側面——民進黨與台灣商界的博弈關係入手，深入地分析了2008年以前，民進黨為謀求選舉勝利與台灣商界展開博弈而產生的相關問題。該書共分為六章，自對李登輝治下的黑金政治之分析開始，對民進黨透過「反黑金」、塑造清廉形象取得執政地位的過程中的鄭商關係進行了分析，並對民進黨內部各派系與台灣商界的關係、民進黨正當關係的構造、本質及其後果和民進黨與台灣商界的權利博弈等問題進行了深入剖析，並分析了陳水扁的家族弊案與民進黨墮落的原因等。[50]作者認為，民進黨與台灣商界關係的演變與其自身「革命黨」的基本特點有著重要關聯，其對社會轉型特殊性所產生的內外規則缺失的利用值得我們進一步思考。

王鴻志副研究員所著《政治狂瀾的浪花：台灣第三勢力研究》一書以台灣第三方勢力為主要研究對象，係大陸首部以台灣政黨政治格局下，除國民黨、民進黨兩大政黨之外的「第三勢力」為主要研究對

象的學術專著。該書共分為五章,分別對「第三勢力」概念、內涵與特徵、第三勢力對台灣政黨版圖變遷的影響、台灣非政黨型第三勢力和台灣第三勢力的發展前景進行了介紹和論述。該書在對第三方勢力的概念加以界定的基礎上,詳細梳理了台灣第三方勢力的發展脈絡和發展概況,並揭示出第三方勢力存在的必然性和發展的侷限性。作者認為,從島內藍綠板塊角度來看,第三勢力的發展受到藍綠二元對立結構制約,僅能維持一定的生存空間,不可能無限壯大,但若從價值功能角度看,第三勢力的存在又具有實實在在的價值和作用。[51]《政治狂瀾的浪花:台灣第三勢力研究》系大陸範圍內對台灣藍綠兩大陣營外的第三勢力進行系統研究的首部學術專著,具有一定的開創性意義。

(三)以台灣族群關係問題為研究對象的相關理論成果

族群矛盾,又稱「省籍矛盾」,是指台灣不同省籍人群之間因省籍差異而產生的矛盾,主要表現為本省人和外省人之間的矛盾。在台灣,有所謂四大族群的劃分,包括福佬、客家、原住民和外省人,其中前三者合稱為「本省人」,是1945年前在台灣居住的民眾及其後裔的總稱,「外省人」則是1945年之後進入台灣居住的大陸籍民眾及其後裔。在台灣現有的政治格局中,族群矛盾有著深刻的政治含義,對島內的政治、經濟和社會產生了相當影響,而且亦對台灣民眾對大陸的感情和對「中國」的認同產生了影響。因此,台灣族群關係問題也成為許多學者的研究對象。

陳孔立教授是較早關注族群關係問題對台灣政治局勢影響的大陸學者,其所著的《台灣政治的「省籍—族群—本土化」研究模式》一文,提出以「省籍—族群—本土化」的模式研究和解釋台灣政治中的種種現象。作者在該文中指出,「省籍—族群」問題是台灣社會的一大特點,在1996年以來的歷次台灣總統選舉中,「省籍—族群」問題

均是參選各方參與博弈的重要議題之一,對這一議題處理的好壞會對參選各方的選舉結果產生重要影響。省籍、族群關係有其形成、演變的過程,本土化是一個必然的趨勢。作者認為,在當前的台灣社會中,省籍、族群的劃分在政治場合與平時有著不同的作用,它與政黨支持有關,但亦在發生相關變化,「本土化」對於台灣政治的發展既有正面影響,也有負面影響,並且有導致「國家認同」衝突的危險性。文章認為,新黨的誕生和舊政黨的重組、國民黨內部鬥爭的發展進程、民進黨的發展進程和若干重大政治事件的發展均能驗證「省籍—族群—本土化」的研究模式。[52]

郝時遠研究員所著的《台灣的「族群」與「族群政治」析論》一文亦是一篇以台灣族群關係對其政治局勢影響的代表作品。該文詳盡分析了「族群」這一概念在早期台灣民族學中的理解與應用,文章指出,台灣民族學中較早使用「族群」這一概念是在1970年代後期,且主要用於台灣少數民族研究。然而,當台灣學界開始研究「族群」問題時,也是台灣社會政治形勢中「反對運動」高漲之時,因而這一概念迅速被應用於政治活動之中。隨著台灣政治轉型的到來,作為「外省人」政黨的國民黨也加快了其自身的「本土化」過程,以期透過提高黨內「本省人」精英的地位來維護其政權的合法性。[53]與西方族群的劃分標準不同,台灣的族群劃分受政治多元化和台獨勢力的操縱,演化為少數民族族群、閩南人族群、客家人族群和外省人族群,這種族群劃分並不是人類學、民族學意義上的「族群」,而是表現在國家認同層面的分裂政治產物。在這一背景下,「族群」一詞,在台灣「國家認同」層面和統「獨」爭議之中發揮著分化作用,也是台獨勢力挑起「省籍矛盾」,消解中國「國家認同」的有力工具。

祝捷副教授所著的《台灣地區客家運動的法制敘述——以「客家基本法」(草案)為例》和《台灣地區族群語言平等的法制敘述》兩篇論文分別從台灣「客家基本法」和台灣族群語言法制兩個視角對台

灣的族群關係問題進行了分析。《台灣地區客家運動的法制敘述──以「客家基本法」（草案）為例》一文以台灣客家運動的法律規制為主要研究對象，該文認為，在台灣選舉政治的影響下，客家人逐漸實現從「雙重少數」走向「關鍵少數」的轉變，因而各政黨均力圖以各種方式爭取客家人在選舉中的支持。在這種背景下，台灣客家運動的訴求包括語言搶救、族群平等和政治參與等，為回應這一需求，台灣當局行政部門通過「客家基本法」（草案），該草案界定了「客家人」的基本範疇，對保障客家語言和客家文化、建構客家認同等問題均做出了規定。[54]《台灣地區族群語言平等的法制敘述》一文以台灣各個族群的語言平等的法律規制為主要研究對象，該文指出，台灣族群語言法制的發展，是評判台灣族群關係的標尺之一。文章認為，台灣語言立法的目的是確認和維護各族群語言的平等，表現各族群的平等關係。然而，由於台灣的政治生態以及在「國語」地位、通用語、少數族群語言地位等重大問題上還未達成共識，因而歷次「語言基準法」的立法活動均以失敗告終。[55]總之，目前台灣只能在大眾運輸領域進行工具性語言立法，並在「原住民基本法」、「客家基本法」等單一族群立法中載入語言條款的方式進行彌補。祝捷副教授的這兩篇論文從法制層面對台灣的族群關係問題做出了敘述與回應，對於我們從法學角度認識台灣族群關係問題有著重要參考價值。

　　綜上所述，在兩岸關係和平發展持續深入的同時，兩岸理論界對於兩岸協議及其相關理論問題的探討也隨之深入，兩岸學者對於兩岸協議的相關重要議題亦產生了眾多有價值的學術成果。我們相信，在兩岸關係和平發展逐步進入「深水區」的今天，兩岸理論界一定能夠在與兩岸關係相關聯的各個領域繼續深入研究，為兩岸關係的進一步發展提供智力支持，為祖國完全統一和中華民族偉大復興貢獻智慧。

注　釋

[1]. 杜力夫：《論兩岸和平發展的法治化形式》，《福建師範大學學報（哲學社會科學版）》2011年第5期。

[2]. 杜力夫：《論兩岸和平發展的法治化形式》，《福建師範大學學報（哲學社會科學版）》2011年第5期。

[3]. 王建源：《兩岸授權民間團體的協議行為研究》，《台灣研究集刊》2005年第2期。

[4]. 王建源：《兩岸授權民間團體的協議行為研究》，《台灣研究集刊》2005年第2期。

[5]. 張亮：《ECFA的法律性質研究》，《法律科學（西北政法大學學報）》2012年第5期。

[6]. 張亮：《ECFA的法律性質研究》，《法律科學（西北政法大學學報）》2012年第5期。

[7]. 周葉中、段磊：《論兩岸協議的法理定位》，《江漢論壇》2014年第8期。

[8]. 姜皇池：《論ECFA應適用條約審查程序》，《新世紀智庫論壇》第51期。

[9]. 曾建元、林啟驊：《ECFA時代的兩岸協議與治理法制》，《中華行政學報》2011年第6期。

[10]. 蘇永欽：《ECFA應當怎麼審？》，《中國時報》2010年7月1日。資料來源：http://www.np.org.tw/modules/tadnews/index.php?nsn=125，最後訪問日期：2013年7月16日。

[11]. 戴世瑛：《論兩岸協議的法律定位》，《檢察新論》第14

期。

[12]. 張亞中：《〈兩岸和平發展基礎協定〉芻議》，《中國評論》2008年10月號。

[13]. 祝捷：《海峽兩岸和平協議研究》，香港社會科學出版社2010年版，第87頁。

[14]. 周葉中、段磊：《論兩岸協議的接受》，《法學評論》2014年第4期。

[15]. 周葉中、段磊：《論兩岸協議在大陸地區的適用——以立法適用為主要研究對象》，《學習與實踐》2014年第5期。

[16]. 彭莉：《論ECFA框架下兩岸經貿爭端解決機制的建構》，《台灣研究集刊》2010年第6期。

[17]. 季燁：《台灣立法院審議兩岸服務貿易協議的實踐評析》，《台灣研究集刊》2014年第2期。

[18]. 林正義《立法院監督兩岸協議的機制》，《台灣民主季刊》第六卷第1期。

[19]. 黃嘉樹、劉杰：《兩岸談判研究》，九州出版社2003年版，第7頁。

[20]. 王建源：《兩岸授權民間團體的協議行為研究》，《台灣研究集刊》2005年第2期。

[21]. 餘克禮：《對後ECFA時代深化兩岸協商、談判、對話的幾點看法》，《台灣研究》2010年第5期。

[22]. 初國華：《不對稱權力結構下的兩岸談判：辜汪會談個案分析》，台灣政治大學中山人文社會科學研究所2007年博士學位論文，第27頁。

[23]. 初國華：《不對稱權力結構下的兩岸談判：辜汪會談個案分析》，台灣政治大學中山人文社會科學研究所2007年博士學位論文，第269頁。

[24]. 邵宗海：《兩岸關係》，五南圖書出版股份有限公司2006年版。

[25]. 邵宗海：《新形勢下的兩岸政治關係》，五南圖書出版股份有限公司2011年版。

[26]. 包宗和、吳玉山主編：《爭辯中的兩岸關係理論》，五南圖書出版股份有限公司1999年版。

[27]. 包宗和、吳玉山主編：《重新檢視爭辯中的兩岸關係理論》，五南圖書出版股份有限公司2011年版。

[28]. 周葉中、祝捷主編：《構建兩岸關係和平發展框架的法律機制研究》，九州出版社2013年版，第5—10頁。

[29]. 黃嘉樹、王英津：《主權構成：對主權理論的再認識》，《太平洋學報》2002年第4期。

[30]. 黃嘉樹、王英津：《主權構成研究及其在台灣問題上的應用》，《台灣研究集刊》2002年第2期。

[31]. 李義虎：《台灣定位問題：重要性及解決思路》，《北京大學學報（哲學社會科學版）》2014年第1期。

[32]. 朱松嶺：《國家統一憲法學問題研究》，香港社會科學出版社2011年版，第34—43頁。

[33]. 朱松嶺：《國家統一憲法學問題研究》，香港社會科學出版社2011年版，第40頁。

[34]. 周葉中、祝捷：《兩岸治理：一種形成中的結構》，《法學

評論》2010年第6期。

[35]. 張亞中：《論「接受分治」與「推動統合」：兩岸政治定位（二）》，《中國評論》2014年2月號。

[36]. 張亞中：《「兩岸統合」：和平發展時期政治安排的可行之路》，《北京大學學報（哲學社會科學版）》2014年第1期。

[37]. 張五嶽：《分裂國家互動模式與統一政策之比較研究》，業強出版社1992年版，第425頁以下。

[38]. 饒戈平：《對台灣「國際空間」問題的思考》，《北京大學學報（哲學社會科學版）》2012年第5期。

[39]. 饒戈平：《對台灣「國際空間」問題的思考》，《北京大學學報（哲學社會科學版）》2012年第5期。

[40]. 祝捷：《兩岸關係定位與國際空間——台灣地區參與國際活動問題研究》，九州出版社2013年版。

[41]. 黃志瑾：《中國台灣地區「國際空間」法律模式初探——以兩岸法律關係為視角》，《法學評論》2012年第3期。

[42]. 林勁：《淺析現階段台灣的「國家認同」危機》，《台灣研究集刊》1993年第3期。

[43]. 劉紅：《台灣「國家認同」問題概論》，九州出版社2013年版。

[44]. 胡文生：《台灣民眾「國家認同」問題的由來、歷史及現實》，《北京聯合大學學報（人文社會科學版）》2006年第2期。

[45]. 孫代堯：《台灣威權體制及其轉型研究》，中國社會科學出版社2003年版。

[46]. 周葉中、祝捷：《台灣地區「憲政改革」研究》，香港社會科學出版社有限公司2007年版。

[47]. 劉紅、鄭慶勇：《國民黨在台五十年》，九州出版社2001年版。

[48]. 陳星：《民進黨結構與行為研究》，九州出版社2011年版。

[49]. 陳星：《民進黨權力結構與變遷研究》，九州出版社2012年版。

[50]. 朱松嶺：《民進黨政商博弈研究》，九州出版社2011年版。

[51]. 王鴻志：《政治狂瀾的浪花：台灣第三勢力研究》，九州出版社2013年版。

[52]. 陳孔立：《台灣政治的「省籍—族群—本土化」研究模式》，《台灣研究集刊》2002年第2期。

[53]. 郝時遠：《台灣的「族群」與「族群政治」析論》，《中國社會科學》2004年第2期。

[54]. 祝捷：《台灣地區客家運動的法制敘述——以「客家基本法」（草案）為例》，《福建師範大學學報（哲學社會科學版）》2010年第3期。

[55]. 祝捷：《台灣地區族群語言平等的法制敘述》，《福建師範大學學報（哲學社會科學版）》2014年第3期。

兩岸協議紀實
兩岸協議執行前後的整體樣貌,重要七年全記錄

第六部分 大事記

2005年

2005年3月4日,中共中央總書記胡錦濤發表了「關於新形勢下發展兩岸關係的四點意見」:堅持一個中國原則絕不動搖;爭取和平統一的努力絕不放棄;貫徹寄希望於台灣人民的方針絕不改變;反對台獨分裂活動絕不妥協。

2005年3月14日,十屆全國人大三次會議高票通過《反分裂國家法》,這是中國歷史上第一部代表人民意願,以法律形式規範反對台獨分裂活動和促進祖國和平統一的特別法。

2005年3月28日至4月1日,中國國民黨副主席江丙坤率團參訪大陸,此次訪問既是「緬懷之旅」、「經貿之旅」也是「破冰之旅」。江丙坤一行走訪了北京、南京、廣州等地,所到之處受到大陸民眾熱烈歡迎,「開啟國共兩黨再次對話先河」。這是56年來中國國民黨首次正式組團訪問大陸;國台辦與國民黨參訪團會談取得12項初步成果;提升了兩岸交流政治層次,帶動了有實質內容並給兩岸帶來實惠的交流對話新潮流。

2005年3月31日,中共中央政治局常委、全國政協主席賈慶林在人民大會堂會見了中國國民黨副主席、中國國民黨參訪團團長江丙坤一行。賈慶林表示,我們一直希望並積極爭取在一個中國原則基礎上恢復兩岸對話和談判。兩岸同胞是血脈相連的一家人,我們要務實地多做促進兩岸經濟合作的實事、推動兩岸交流與往來的實事、為兩岸同胞謀利益的實事,以促進兩岸同胞相互理解,培養互信,發展共同利

益。

2005年4月26日至29日,國民黨主席連戰開始了為期8天的訪問大陸之旅,此次訪問定名為「和平之旅」。在此期間,中共中央總書記胡錦濤與連戰在北京舉行會談,雙方就促進兩岸關係改善和發展的重大問題及兩黨交往事宜,廣泛而深入地交換了意見,這是六十年來國共兩黨主要領導人首次會談,具有重大的歷史和現實意義。雙方共同發布名為《兩岸和平發展共同願景》的《會談公報》,兩黨共同體認到:堅持「九二共識」,反對台獨,謀求台海和平穩定,促進兩岸關係發展,維護兩岸同胞利益,是兩黨的共同主張;促進兩岸同胞的交流與往來,共同發揚中華文化,有助於消弭隔閡,增進互信,累積共識;和平與發展是二十一世紀的潮流,兩岸關係和平發展符合兩岸同胞的共同利益,也符合亞太地區和世界的利益。兩黨基於上述體認,共同促進以下工作:促進盡速恢復兩岸談判,共謀兩岸人民福祉;促進終止敵對狀態,達成和平協議;促進兩岸經濟全面交流,建立兩岸經濟合作機制;促進協商台灣民眾關心的參與國際活動的問題;建立黨對黨定期溝通平台。

2005年5月5日至13日,親民黨主席宋楚瑜率團到西安、南京、上海、長沙、北京等地訪問,展開九天八夜的「工作之旅」。在此期間,中共中央總書記胡錦濤與宋楚瑜在北京舉行正式會談,雙方就促進兩岸關係改善與發展的重大問題及兩黨交往事宜,坦誠、深入地交換了意見,並共同發表《會談公報》,就促進在「九二共識」基礎上,盡速恢復兩岸平等談判;堅持反對台獨,共謀台海和平;推動結束兩岸敵對狀態,促進建立兩岸和平架構;加強兩岸經貿交流,促進建立穩定的兩岸經貿合作機制;促進協商台灣民眾關心的參與國際活動的問題;推動建立「兩岸民間精英論壇」及台商服務機制等達成共識。

2005年7月6日至13日，新黨主席郁慕明率領代表團抵達廣州，展開為期八天七夜的「民族之旅」。在此期間，中共中央總書記胡錦濤與郁慕明率領的訪問團在北京人民大會堂舉行會談，胡錦濤就當前發展兩岸關係提出了四點看法：共同促進中華民族的偉大復興；堅持一個中國原則；堅決反對和遏制台獨；切實照顧和維護台灣同胞的切身權益。

2005年9月15日至16日，第一屆「兩岸民間精英論壇」在上海舉行，本屆論壇由中共中央台灣工作辦公室與親民黨中央黨部政策研究中心共同主辦，海峽兩岸關係研究中心與中華兩岸和平發展協會共同承辦。此次論壇是落實5月胡錦濤總書記與宋楚瑜主席會談公報的重要舉措。本屆論壇的主題是「促進兩岸經濟交流與合作」，與會人士就大陸經濟發展與台商在大陸投資、兩岸直接通航、兩岸農業交流合作、兩岸投資貿易正常化等四項議題，進行了廣泛而深入的研討，達成諸多共識。

2005年11月18日，國台辦與台陸委會同步公布明年春節包機方案，除原有上海、北京、廣州三個航點外，再增加廈門一個航點，營運班次從四十八班增到七十二班（兩岸雙方各飛三十六班），承載對象從今年涵蓋的台商負責人、員工及其眷屬，擴大到「持有雙方合法入出境證照之台灣居民」。

2005年12月3日，台灣「三合一」選舉（縣市長、縣市議員、鄉鎮市長）結果揭曉。在縣市長中，泛藍陣營獲得了17席，泛綠取得了6席。在縣市議員選舉中，國民黨取得了408席，民進黨得到192席，親民黨獲得31席，「台灣團結聯盟」得到11席，新黨2席，無黨籍人士合計獲得256席。在鄉鎮市長方面，中國國民黨獲得了173席，民進黨得到35席，親民黨獲得3席，「無黨團結聯盟」1席，無黨籍人士合計獲得107席。

2006年

2006年1月19日，台陸委會稱，台當局在1月20日至2月13日期間擴大實施金馬「小三通」項目，金馬旅台鄉親無需以組團方式，即可直接經由「小三通」出入大陸。

2006年2月7日，2006年兩岸春節包機圓滿結束，兩岸12家航空公司共飛行72個往返班次、1144個航班，運送台灣居民及台商眷屬27276人次。

2006年4月14日至15日，第一屆「兩岸經貿論壇」在北京舉行。該論壇由中共中央台辦海研中心與中國國民黨國政研究基金會主辦，海峽經濟科技合作中心與兩岸和平發展基金會共同承辦。是中國國民黨與中國共產黨繼2005年中國國民黨和平之旅後，再一次的雙方高層會晤。兩黨人士和兩岸企業界人士、專家學者、台商代表等共400餘人出席了會議。

2006年4月16日，中共中央總書記胡錦濤在北京會見國民黨主席連戰及參加兩岸經貿論壇的人士，對兩岸關係發展提出四點建議。

2006年6月14日，海峽兩岸航空運輸交流委員會宣布，海峽兩岸航空業民間組織就清明、端午、中秋、春節期間的兩岸客運包機和緊急醫療救援包機、殘疾人包機以及有特殊要求的貨運包機等的技術性、業務性問題達成共識，做出框架性安排，經雙方業務主管部門認可，自即日起實施。

2006年10月17日，兩岸農業合作論壇在博鰲舉行。論壇以「加強兩岸農業合作，實現兩岸農業互利互贏」為主題，由中共中央台灣辦公室海研中心與中國國民黨國政研究基金會共同舉辦。全國政協主席賈慶林就進一步推進兩岸農業交流與合作提出了四點建議：共同努

力,優化兩岸農業合作的環境和條件;統籌兼顧,拓展兩岸農業合作的深度和廣度;以人為本,切實維護和發展兩岸農民的利益;著眼長遠,逐步建立和完善兩岸農業合作機制。

2006年12月9日,台北、高雄市長選舉結果揭曉。國民黨參選人郝龍斌大勝對手民進黨參選人謝長廷,當選台北市長。民進黨參選人陳菊險勝國民黨參選人黃俊英,當選高雄市長。

2007年

2007年3月4日,陳水扁提出「四要一沒有」,即「台灣要『獨立』、台灣要『正名』、台灣要『新憲』、台灣要發展;台灣沒有左右路線、只有『統獨』問題」。

2007年3月5日,中共中央台辦、國務院台辦負責人發表談話表示,陳水扁公然拋出「四要一沒有」主張,是赤裸裸鼓吹台獨、在台獨分裂道路上又邁出危險一步;這再次表明,陳水扁是一個毫無誠信的台獨政客,他已經用「四要一沒有」取代了「四不一沒有」的承諾。

2007年4月28日,中共中央總書記胡錦濤在北京會見了國民黨主席連戰及參加兩岸經貿文化論壇的代表。胡錦濤指出,兩岸分則兩害,合則共贏。加強兩岸經貿文化的交流合作,增進兩岸同胞福祉,促進中華民族的偉大復興,是人心所向,大勢所趨。

2007年4月28日至29日,第三屆「兩岸經貿文化論壇」在北京舉行。論壇由中共中央台灣工作辦公室海研中心與中國國民黨國政研究基金會共同主辦,主題是「兩岸直航、旅遊觀光、教育交流」,國共兩黨及親民黨、新黨、無黨團結聯盟人士和兩岸企業界人士、專家學者、台商代表等共500餘人出席了會議。本屆論壇在前兩屆論壇的基礎

上提出以下共同建議：促進兩岸空中直航與航空業交流合作；動兩岸海上通航和救援合作；繼續拓展福建沿海與金門、馬祖、澎湖直接往來的範圍和層次；積極促進兩岸教育交流與合作；繼續推動實現大陸居民赴台旅遊；促進兩岸關係和平發展。

2008年

2008年1月12日，台灣舉行第七屆民意代表選舉。在總共113個民意代表席次中，中國國民黨獲得81席，民進黨獲得27席，其他政黨及無黨籍人士獲得5席。與本次選舉同時舉行的「反貪腐公投」和「討黨產公投」因投票人數未達總投票權人數的一半，兩項公投無效。當晚，陳水扁宣布辭去民進黨主席職務。

2008年3月22日，國民黨籍候選人馬英九當選台灣總統。

2008年4月12日，中共中央總書記胡錦濤在博鰲會見了蕭萬長先生率領的台灣兩岸共同市場基金會代表團一行，就兩岸經濟交流合作問題交換了意見。

2008年4月29日，中共中央總書記胡錦濤會見了中國國民黨榮譽主席連戰和夫人及隨行的訪問團成員。胡錦濤指出，當前台灣局勢發生了積極變化，兩岸關係呈現出良好發展勢頭。兩岸雙方應當共同努力，建立互信、擱置爭議、求同存異、共創雙贏，切實為兩岸同胞謀福祉、為台海地區謀和平，開創兩岸關係和平發展新局面。

2008年5月20日，馬英九就任台灣總統。馬英九在就職演說中說道，兩岸不論在台灣海峽或國際社會，都應該和解休兵，並在國際組織及活動中相互協助、彼此尊重。兩岸人民同屬中華民族，本應各盡所能，齊頭並進，共同貢獻國際社會，而非惡性競爭、虛耗資源。並將以「尊嚴、自主、務實、靈活」作為處理對外關係與爭取國際空間

的指導原則。

2008年5月26日,海峽交流基金會人事改組,江丙坤擔任海基會董事長,高孔廉任副董事長並兼任祕書長。陸委會正式授權海基會,就週末客貨運包機、中國觀光客來台等三項議題,與海峽會展開協商。

2008年5月28日,國民黨主席吳伯雄訪問大陸,並與中共中央總書記胡錦濤會見。胡錦濤在會談中強調,希望國共兩黨和兩岸雙方共同努力,「建立互信、擱置爭議、求同存異、共創雙贏」,繼續依循並切實落實「兩岸和平發展共同願景」。反對台獨、堅持「九二共識」,是雙方建立互信的根本基礎。

2008年6月11日至14日,海協會與海基會領導人再握手,陳雲林與江丙坤在京舉行會談,兩會協商談判正式恢復。在此次會談中,海協會與海基會就兩項協商議題簽署《海峽兩岸包機會談紀要》及《海峽兩岸關於大陸居民赴台灣旅遊協議》。

2008年6月12日,國台辦主任王毅會見海基會董事長江丙坤和海基會代表團成員。王毅表示,海協會與海基會在「九二共識」基礎上恢復商談,兩會透過平等協商就兩岸週末包機以及大陸居民赴台旅遊達成共識。

2008年6月13日,中共中央總書記胡錦濤會見海基會董事長江丙坤和海基會代表團成員。胡錦濤指出,海協會和海基會在「九二共識」的共同政治基礎上恢復商談並取得實際成果,只要雙方秉持「建立互信、擱置爭議、求同存異、共創雙贏」的精神,就一定能夠不斷推動兩岸商談進程。

2008年6月21日,大陸海峽兩岸旅遊交流協會發布《大陸居民赴台灣地區旅遊注意事項》、《大陸居民赴台灣地區旅遊領隊人員管理辦法》、《〈大陸居民赴台灣地區旅遊團名單表〉管理辦法》三項文

件。

2008年8月8日,胡錦濤對國民黨榮譽主席連戰前來出席北京奧運會開幕式表示歡迎,並再次對台灣各界支持大陸同胞抗擊四川汶川特大地震表示衷心感謝。

2008年11月3日至7日,海協會會長陳雲林與海基會董事長江丙坤在台北舉行第二次會談,即第二次「江陳會談」。在此次會談中,海協會與海基會簽署《海峽兩岸空運協議》、《海峽兩岸海運協議》、《海峽兩岸郵政協議》及《海峽兩岸食品安全協議》四項協議,兩岸「三通」大步邁進。

2008年11月22日,亞太經濟合作組織(APEC)第十六次領導人非正式會議在祕魯召開,中共中央總書記胡錦濤在與中國國民黨榮譽主席連戰會晤。胡錦濤在會晤中指出,兩岸關係已呈現良好發展局面,雙方已共同簽署兩岸空運、海運、郵政、食品安全等多項協議,希望兩岸雙方抓住當前難得的歷史機遇,多為兩岸同胞做實事、做好事,切實為兩岸同胞謀福祉、為台海地區謀和平。胡錦濤還表示,在國際金融危機正從局部向全球蔓延的關鍵時刻,兩岸更應該加強溝通,積極推動互惠互利的經貿合作,努力化挑戰為機遇。

2008年12月15日,《關於台灣海峽兩岸間海上直航實施事項的公告》和《台灣海峽兩岸直接通航船舶監督管理暫行辦法》正式實施。

2008年12月20日,第四屆「兩岸經貿文化論壇」在上海舉行。論壇由中共中央台灣工作辦公室海峽兩岸關係研究中心與中國國民黨「國政」研究基金會共同主辦,本屆論壇以「擴大和深化兩岸經濟交流與合作」為主題,兩岸各界人士、專家學者等400餘人出席會議。與會人士圍繞拓展兩岸金融及服務業合作、促進兩岸雙向投資、構建兩岸經濟交流合作機制三項議題進行了廣泛深入研討並達成以下共同意見:積極合作應對國際金融危機的衝擊;促進兩岸金融合作;相互參

與擴大內需及基礎建設；深化兩岸產業合作，拓展領域，提高層次；加強兩岸服務業合作；完善兩岸海空直航；加強兩岸漁業合作；加強投資權益保障；實現兩岸經濟關係正常化，推動建立兩岸經濟合作機制。

2008年12月31日，中共中央舉行紀念《告台灣同胞書》發表30週年座談會，胡錦濤總書記發展六點對台意見，即恪守一個中國，增進政治互信；推進經濟合作，促進共同發展；弘揚中華文化，加強精神紐帶；加強人員往來，擴大各界交流；維護國家主權，協商對外事務；結束敵對狀態，達成和平協議。

2009年

2009年3月3日，福建漳州市中級法院成立大陸首個「涉台案件審判庭」，將集中受理涉台民商事、刑事、行政案件，同時為在漳的台胞、台資企業提供法律諮詢等司法服務。

2009年4月17日至19日，海協會副會長鄭立中海基會副董事長高孔廉在台北舉行了第三次「江陳會談」預備性磋商。雙方確立了《海峽兩岸共同打擊犯罪及司法互助協議》、《海峽兩岸金融合作協議》與《海峽兩岸空運補充協議》三項協議文本，並對陸資入島事務的爭議點進行了磋商，最後商定了海基會協商代表團的主要行程。

2009年4月25日至27日，第三次「江陳會談」在南京舉行。海協會會長陳雲林與海基會董事長江丙坤代表雙方簽署《海峽兩岸共同打擊犯罪及司法互助協議》、《海峽兩岸金融合作協議》以及《海峽兩岸空運補充協議》等3項協議，並就共同推動陸資來台投資達成共識。

2009年5月15日至22日，「首屆海峽論壇」在福建省廈門、福州、泉州、莆田等地隆重舉行。海峽論壇是在已舉辦三屆的「海西論壇」

基礎上發展擴大並更名而來,由海峽兩岸54個機構聯合舉辦,上萬民眾共同參與,台灣25個縣市、20多個界別、8個黨派派代表參加。本次論壇以「擴大民間交流、加強兩岸合作、促進共同發展」為主題,是貫徹落實胡錦濤總書記在紀念《告台灣同胞書》發表30週年大會上講話的具體舉措。海峽論壇以科學發展觀為指導,依託福建「五緣」優勢,充分發揮海峽西岸經濟區先行先試的前沿平台作用,廣泛開展兩岸人民交流,形成兩岸多層次的交流合作格局,不斷促進和推動兩岸關係和平發展。

2009年5月26日,中共中央總書記胡錦濤在人民大會堂會見了國民黨主席吳伯雄及其率領的代表團。胡錦濤在會面中回顧了兩岸關係取得的一系列重要進展,並就在新的起點上進一步推動兩岸關係向前發展發表了關於增進兩岸政治互信、促進兩岸經濟合作、加強兩岸文化教育交流、發展涉外事務、結束兩岸敵對狀態並達成和平協議以及加強國共兩黨交流對話等重要意見。

2009年6月2日,國家質檢總局推出《關於進一步支持海峽西岸經濟區建設的意見》。建設海峽西岸經濟區是黨中央、國務院的重大戰略部署。國家質檢總局推出該意見的目的在於貫徹落實國務院關於支持福建省加快建設海峽西岸經濟區的若干意見,進一步推動海峽西岸經濟區又好又快發展。

2009年6月8日,台灣內政部發布「大陸地區人民進入台灣地區許可辦法」。該辦法放寬了大陸居民赴台探親及停留期間、探病或奔喪之親等限制,增加了大陸居民赴台接受醫療服務常態化等規定。

2009年6月9日,海協會理事周寧率領的大陸司法交流參訪團拜會海基會,並就兩岸共同打擊犯罪及司法互助的有關業務問題,與台灣方面專家進行座談。同行的還有公安部、司法部、人民法院、最高檢察院官員。此行主要目的在於透過兩岸司法、檢調官員的交流,針對

司法互助及共同打擊犯罪執行相關技術議題，做進一步溝通與意見交換。

2009年7月27日，全國政協主席賈慶林在人民大會堂會見了前來大陸參訪的中國國民黨榮譽主席連戰一行。賈慶林強調，2008年5月以來，兩岸關係之所以能夠不斷取得積極進展，最重要的是，兩岸雙方在反對台獨、堅持「九二共識」的基礎上建立了政治互信，切實依循並努力落實「兩岸和平發展共同願景」。這是兩岸關係發展的重要基礎和正確方向。

2009年7月11日，第五屆兩岸經貿文化論壇在湖南長沙召開。與會各界人士經過兩天的研討，提出以下共同建議：加強兩岸文化交流合作，共同傳承和弘揚中華文化；深化兩岸文化產業合作，增強兩岸文化產業的國際競爭力；促進兩岸教育交流與合作，提升兩岸教育品質；共同探討協商簽訂兩岸文化教育交流協議，建立兩岸文化教育合作機制；加強兩岸新聞交流；支持台資企業在大陸發展壯大，推動兩岸在節能環保和新能源產業領域的合作。

2009年9月4日，海協會理事李禮輝暨中國銀行台灣金融考察團赴台考察，海基會江丙坤會見李禮輝時表示：兩岸金融業應加強合作。李禮輝則表示，中國銀行希望成為兩岸金融監理MOU簽署後，第一家來台灣設立據點的大陸銀行。

2009年10月1日，中共中央總書記胡錦濤在慶祝中華人民共和國成立60週年大會表示：將堅定不移堅持「和平統一、一國兩制」的方針，推動海峽兩岸關係和平發展，繼續為實現祖國完全統一而奮鬥。

2009年10月21日，台灣政府制定的「大陸地區觀光事務非營利法人來台設立辦事處從事業務活動許可辦法」正式實施。台灣將正式受理大陸經貿團體申請赴台設立辦事處。該許可辦法主要規範大陸經貿團體赴台設立辦事處應備文件、許可範圍、許可條件、申請程序、申

報事項、審核方式、管理事項及其他應遵行事項等。

2009年10月28日,海協會會長陳雲林在北京人民大會堂會見由海基會董事長江丙坤率團的「海基會新聞交流團」。陳雲林表示,希望在兩岸關係新形勢下,兩岸新聞媒體及從業人員密切接觸,加強交流,為兩岸關係和平發展創造積極的輿論環境。

2009年11月3日,海協會常務副會長鄭立中與海基會副董事長高孔廉,針對第四次江陳會談準備事宜,在宜蘭舉行了程序性商談。雙方就兩岸農產品檢疫檢驗、避免雙重課稅及加強稅務合作、漁船船員勞務合作、標準計量檢驗認證合作等四項議題交換了協議文本,並對第四次「江陳會談」日程安排等事宜交換了意見。

2009年11月5日至8日,「兩岸農漁水利合作交流會」分兩階段在上海和浙江舉行。會議在中共中央台辦海峽經濟科技合作中心和親民黨政策研究中心指導下,由海峽兩岸農業交流協會、台灣省農會等民間團體共同主辦。本次交流會圍繞四項議題進行探討:兩岸自然災害預防及災後重建合作,兩岸農業技術及產業合作,兩岸漁業合作發展趨勢,兩岸水利合作願景。透過上述四項議題的交流,與會各界人士對涉及台灣民眾切身利益的農漁水利方面的合作提出了12項建議和期許。

2009年11月14日,第十七次APEC領導人非正式會議在新加坡舉行。中共中央總書記胡錦濤在新加坡會見了中國國民黨榮譽主席連戰。胡錦濤指出,希望國共兩黨和兩岸雙方加強交流對話,增強良性互動,增進政治互信,堅定信心,多做實事,積極推動兩岸關係取得新進展。要繼續按照「先易後難、先經後政」的步驟推進兩岸協商。

2009年11月15日,海基會副董事長高孔廉會見海協會副會長王在希率領的「文化教育交流團」,雙方就兩岸文化教育交流事項廣泛交換意見。

2009年12月10日，鄭立中高孔廉在福建福州第四次舉行「江陳會談」預備性磋商。雙方對四項議題達成多項共識，並商定了海協會協商代表團來訪主要日程。

2009年12月21日至23日，第四次「江陳會談」在台中市舉行。雙方簽署《海峽兩岸農產品檢疫檢驗合作》、《海峽兩岸標準計量檢驗認證合作》、《海峽兩岸漁船船員勞務合作》等3項協議，並將兩岸經合框架協議列為第五次會談重點議題。

2010年

2010年1月26日，《海峽兩岸經濟合作框架協議》首次專家工作商談在京舉行，並取得多項共識。本次商談的內容包括：對兩岸研究單位共同研究的結論和建議予以評價；商議兩岸經濟合作框架協議的正式名稱及基本結構；通報雙方專家工作小組的構成；溝通和相互交換商談所需的經貿管理規定等。

2010年3月13日，全國政協十一屆三次會議通過決議，要推動構建基礎堅實、支撐有力、內涵豐富的兩岸關係和平發展框架。政協要繼續堅持發展兩岸關係、促進祖國和平統一的大政方針，牢牢把握兩岸關係和平發展的主題，不斷擴大同台灣島內有關黨派團體、社會組織、各界人士和基層民眾的交往，增進兩岸經濟、文化、社會和人民思想感情的大融合，增強兩岸同胞對中華文化和中華民族的認同。

2010年3月19日，《海峽兩岸農產品檢疫檢驗合作協議》、《海峽兩岸標準計量檢驗認證合作協議》及《海峽兩岸漁船船員勞務合作協議》，在台完成相關程序程序，並於3月21日生效。

2010年3月24日，海協會會長陳雲林在長沙會見海基會董事長江丙坤和海基會大陸華中台商訪問團一行，該訪問團於3月24日至30日期

間,赴湖南長沙、安徽合肥、江西南昌等地訪問。

2010年3月31日,《海峽兩岸經濟合作框架協議》第二次專家工作商談在台舉行,並取得多項共識。此次協商為雙方業務層級的商談,屬事務性、技術性協商,雙方就早期收穫計劃、協議文本主要內容及未來協商工作安排等深入交換意見。

2010年4月10日,國家副主席習近平在「亞洲論壇」會見「兩岸共同市場基金會」最高顧問錢復。習近平強調,堅持大陸和台灣同屬一個中國,是兩岸關係和平發展的基本保證。錢復表示,兩岸人民是同胞兄弟,應當秉持民族大義,加強各方面合作,實現共同發展;並希望雙方積極努力,盡快促成簽署兩岸經濟合作框架協議。

2010年4月29日,「胡連會」5週年之際,中共中央總書記胡錦濤會見前來出席上海世博會開幕式的國民黨榮譽主席連戰等台灣各界人士。胡錦濤就兩岸關係發展提出增強「推動力、生命力、競爭力、凝聚力」。

2010年5月7日,全國政協主席賈慶林會見中國國民黨榮譽主席連戰。賈慶林指出,這幾年兩岸關係取得的最重要成果是,兩岸雙方、兩岸同胞共同探索並開闢了和平發展的道路。這條道路之所以成功開啟,關鍵在於雙方建立並維護了反對台獨、堅持「九二共識」的共同政治基礎。這條道路之所以越走越寬廣,關鍵在於雙方能夠透過推進交流合作和平等協商不斷解決面臨的問題,為兩岸同胞帶來實實在在的利益,從而使兩岸關係和平發展得到越來越多台灣同胞的支持和參與。

2010年6月19日至25日,第二屆「海峽論壇」在福建省九個設區市舉辦,主會場在廈門市。此次論壇是在中共中央總書記胡錦濤2010年春節在福建考察發表重要講話,國務院支持海西建設《意見》頒布一週年,兩岸大交流、大合作、大發展格局進一步形成的背景下舉辦,

主題為「擴大民間交流、加強兩岸協作、促進共同發展」。

2010年6月13日,《海峽兩岸經濟合作框架協議》第三次專家工作商談在京舉行,並取得多項共識。此次工作商談雙方就框架協議文本的主要內容與條文進行了磋商,並就貨物貿易和服務貿易的早期收穫計劃以及後續工作安排等交換意見。

2010年6月20日,中國民用航空局公布9項政策措施,進一步促進海峽西岸經濟區與兩岸航空運輸發展。這9項措施分別是:閩台直航,先行先試;發展貨運,增加航點;完善航路,保障通航;加快機場建設;支持ECFA工作;增加航班、航點;擴大交流,深化合作;兩岸攜手培養人才;降低票價惠及兩岸民眾。

2010年6月24日,海峽兩岸關係協會常務副會長鄭立中與海基會副董事長兼祕書長高孔廉等進行兩會第五次會談預備性磋商。雙方確立了《海峽兩岸經濟合作框架協議》與《海峽兩岸知識產權保護合作協議》兩項協議文本主要內容及架構,並商定了海基會協商代表團來訪主要行程。

2010年6月29日,第五次「江陳會談」在重慶召開,海協會會長陳雲林與海基會董事長江丙坤代表兩會簽署《兩岸經濟合作架構協議》與《兩岸知識產權保護合作協議》,就後續協商規劃達成共識,並將兩岸醫藥衛生合作和投資保護協議列入第六次會談議題。

2010年7月8日至11日,第六屆「兩岸經貿文化論壇」在廣州召開,本屆論壇以「加強新興產業合作,提升兩岸競爭力」為主題。與會各界人士經過充分交流研討,提出了積極促進兩岸經濟合作框架協議及早期收穫計劃等盡快生效和執行、推動兩岸新興產業全面合作、擴大兩岸產業合作領域、積極發展現代服務業、提升兩岸服務業競爭力、加強新能源、節能環保產業鏈優化整合等22項共同建議。

2010年7月12日,中共中央總書記胡錦濤在會見中國國民黨榮譽主席吳伯雄一行。胡錦濤強調,兩岸經濟合作框架協議的簽署,是我們兩黨和兩岸雙方努力落實「兩岸和平發展共同願景」的重要成果,向兩岸同胞展現了我們共同推動兩岸關係和平發展的決心。這也再次表明,在反對台獨、堅持「九二共識」的共同政治基礎上,只要雙方良性互動、平等協商,就能夠推動兩岸關係不斷向前發展,也能夠為逐步解決制約兩岸關係發展的難題找到可行辦法。

2010年9月9日,中共中央政治局常委、全國政協主席賈慶林會見中國國民黨榮譽主席連戰和夫人以及出席台胞社團論壇的部分代表。賈慶林表示,兩年多來,兩岸關係發展之所以能取得重要成果,首要的一條經驗就是兩岸雙方建立了政治互信、保持了良性互動,互信的政治基礎在於兩岸雙方都反對台獨、堅持「九二共識」。另一條經驗就是遵循了「先易後難、先經後政、把握節奏、循序漸進」這一基本思路,這個思路符合兩岸關係的實際情況和發展規律,也被實踐證明是行之有效的。

2010年9月10日至12日,首屆「台胞社團論壇」在上海舉辦,來自五大洲87家台胞社團、120餘位台胞社團領袖出席。中共中央政治局常委、全國政協主席賈慶林出席此次論壇並指出,台胞社團論壇對於推動全球台胞社團大合作、兩岸同胞大交流、兩岸關係大發展,具有十分重要的意義。

2010年9月12日,兩會所簽署的《海峽兩岸經濟合作架構協議》與《海峽兩岸知識產權保護合作協議》正式生效。

2010年9月19日至20日,紀念「金門協議」簽署20週年座談會在廈門舉行。海峽兩岸紅十字組織的代表與當年參與「金門協議」會談的有關人員齊聚一堂,共同回顧兩岸關係發展歷程,並展望兩岸關係和平發展前景。

2010年10月10日，馬英九發表「百年奮鬥·民主台灣」為題的談話。他在講話中指出，兩岸和平是台灣繁榮發展的必要條件，「政府在中華民國憲法」架構下，以「九二共識、一中各表」為基礎，推動兩岸關係，維持台海「不統、不獨、不武」現狀，並得以大幅降低台海緊張，贏得國際社會的肯定與支持。

2010年11月13日，第十八次APEC領導人非正式會議在日本橫濱舉行，中共中央總書記胡錦濤與國民黨榮譽主席連戰進行了會談。胡錦濤指出，兩岸關係取得一系列重要進展的關鍵在於兩岸雙方就反對台獨、堅持「九二共識」達成了一致，建立了互信，形成了良性互動。兩岸應當繼續在此基礎上求同存異，鞏固和增進互信。

2010年11月18日，大陸國家工商行政管理總局發布公告，決定自2010年11月22日起受理台灣商標註冊申請人提出的優先權申請。

2010年11月23日，大陸國家發改委、商務部、國台辦等聯合制訂《大陸企業赴台灣地區投資管理辦法》。該辦法指出，大陸企業赴台投資，應主動適應兩岸經濟和產業發展特點，認真瞭解並遵守當地法律法規，尊重當地風俗習慣，注重環境保護，善盡必要的社會責任。

2010年11月27日，台灣舉行五都選舉，在台北市、新北市、台中市、台南市和高雄市這五個「直轄市」市長選舉結果中，國民黨籍候選人分別當選台北市、新北市與台中市市長，民進黨籍候選人則當選台南市與高雄市市長。

2010年12月14日，海協會副會長鄭立中與海基會副董事長高孔廉在上海進行了第六次「江陳會談」預備性會談，雙方就兩岸醫藥衛生合作、投資保障兩項議題進行了磋商，確立了《海峽兩岸醫藥衛生合作協議》文本主要內容及架構，並商定了海協會協商代表團赴台主要日程。

2010年12月19日，海協會鄭立中副會長率領先遣人員抵達台北，並與海基會副董事長高孔廉等舉行準備性會議。

2010年12月20日，海協會與海基會舉行副會長、副董事長層級預備性磋商。

2010年12月20日至22日，第六次「江陳會談」在台北舉行，海協會會長陳雲林會長與海基會董事長江丙坤完成簽署《海峽兩岸醫藥衛生合作協議》，並將《兩岸投資保障協議》列為兩會第七次會談的重點推動議題。

2011年

2011年1月4日，台灣「教育部」公布「大陸地區人民來台就讀專科以上學校辦法」，首批陸生於9月赴台。

2011年1月6日，「兩岸經濟合作委員會」在兩會框架下正式成立。該委員會每半年召開一次例會，必要時經雙方同意可召開臨時會；委員會由海協會常務副會長鄭立中與海基會副董事長高孔廉擔任召集人；委員會可根據需要設工作小組，各工作小組可就本小組負責的單項協議或業務問題進行磋商；委員會根據框架協議推動商簽的單項協議，將由海協會與海基會確認並簽署。

2011年2月22日，「兩岸經濟合作委員會」首次例會在桃園舉行，並達成多項共識。這些共識包括，為執行ECFA後續工作，雙方同意設置貨品貿易、服務貿易、投資、爭端解決、產業合作、海關合作等6個工作小組等；啟動後續貨品貿易、服務業貿易及爭端解決等3項協議的協商等。

2011年2月23日，海協會會長陳雲林率「2011海協會經貿考察團」

於2月23日至28日赴台參訪，實現兩會交流正常化。本次考察團的主要任務是考察台灣投資環境、推動大陸企業赴台投資。

2011年4月20日至21日，為落實2010年兩會會談共識，海協會與海基會在北京舉行為期2天的「兩岸協議成效與檢討會議」會前會，組織專家初步總結已簽協議執行情況。

2011年4月25日，兩岸金融監理合作平台首次磋商在台北舉行。會議由銀監會主席劉明康與台灣「金管會主委」陳裕璋主持，雙方就兩岸銀行監管的具體事宜進行溝通。

2011年5月7日至8日，第七屆「兩岸經貿文化論壇」在成都舉行，此次論壇以「深化兩岸合作，共創雙贏前景」為主題，圍繞大陸「十二五」規劃和台灣「黃金十年」、ECFA實施與促進兩岸經濟發展等進行討論，並達成通過了十九項共同建議，兩岸關係取得新的重要進展。

2011年6月8日，第一次「兩岸協議成效與檢討會議」在台北舉行。海協會常務副會長鄭立中、海基會副董事長兼祕書長高孔廉各自率團出席會議，雙方就《大陸居民赴台灣旅遊協議》、《海峽兩岸空運協議》、《海峽兩岸農產品檢疫檢驗合作協議》、《海峽兩岸食品安全協議》和《海峽兩岸共同打擊犯罪及司法互助協議》中關心的執行等問題，進行了實質性檢討。

2011年6月12日，第三屆「海峽論壇」在廈門舉行，中共中央政治局常委賈慶林出席論壇並提出五點希望，即：切實打牢兩岸關係和平發展的政治基礎、不斷擴大兩岸關係和平發展的成果、努力推進改善民生的政策措施、著力促進兩岸基層的對接與互助、積極把握海峽西岸經濟區大發展的難得機遇。

2011年6月28日，兩岸關於大陸居民赴台「自由行」正式啟動。大

陸居民赴台個人旅遊第一批試點城市為北京、上海、廈門；赴台自由行的大陸遊客還是需要透過旅行社辦理赴台手續。同時，雙方同意開放福建居民赴金門、馬祖、澎湖地區個人旅遊。

2011年6月25日，海協會與海基會就《海峽兩岸醫藥衛生合作協議》相互完成生效通知。

2011年7月27日，海協會與海基會就福建居民赴金門、馬祖、澎湖地區個人旅遊完成換函通報，並於7月29日正式啟動。

2011年9月20日，海基會副董事長兼祕書長高孔廉率領「關懷浙江台商訪問團」赴浙江義烏、湖州、嘉興、嘉善、杭州等地參訪，並在22日與海協副會長鄭立中在湖州會面並交換意見。

2011年9月22日，第六屆台商論壇在淮安舉行，海協會副會長王富卿出席並會見了海基會董事長江丙坤。此次論壇以「國際化、品牌化、高端化」為方向，以「博鰲亞洲論壇」創造的品牌價值為標竿，確立了「兩岸智慧共話發展大計‧攜手合作共繪美好願景」的主旨。

2011年10月9日，紀念辛亥革命100週年大會在京舉行。中共中央總書記胡錦濤在大會講話時表示，以和平方式實現統一，最符合包括台灣同胞在內的全體中國人的根本利益；要牢牢把握兩岸關係和平發展主題，增強反對台獨、堅持「九二共識」的共同政治基礎，終結兩岸對立。

2011年10月16日，海基會副祕書長高文誠率領先遣團抵達天津，並與海協會一同展開先期準備工作。10月19日至21日，海協會會長陳雲林與海基會董事長江丙坤在天津進行了第七次會談，雙方簽署《海峽兩岸核電安全合作協議》，就「兩岸投保協議階段性協商成果」及「加強兩岸產業合作」達成共同意見，並對兩會下階段優先協商議題達成共識。

大事記

2011年10月20日，國家發展和改革委員會副主任張曉強在江蘇崑山的「第一屆兩岸產業合作論壇」，就兩岸產業合作提出5點建議，即：擴大兩岸產業合作範圍，加強模式研究；加強戰略性新興產業合作，提高合作水平；不斷完善兩岸投資環境，促進雙向投資；協助兩岸中小企業發展，發揮園區作用；強化組織協調服務功能，解決實際問題等。

2011年11月1日，兩岸經合會第二次例會在杭州舉行，海協會常務副會長鄭立中與海基會副董事長高孔廉作為雙方召集人主持例會並致詞。在此次例會中，雙方就《海峽兩岸經濟合作框架協議》（ECFA）早期收穫執行情況，經合會各工作小組的工作，下階段工作計劃，兩岸經貿社團互設辦事機構等議題深入交換了意見。

2011年11月11日，第十九次APEC領導人非正式會議在美國夏威夷檀香山舉行。胡錦濤會見連戰時強調，「九二共識」是客觀存在的事實，其精髓是求同存異，這體現了對待兩岸間政治問題的務實態度。雙方應該繼續堅持和維護「九二共識」，增進政治互信，繼續引領和推動兩岸關係開闢新的前景。

2011年12月16日，海協會成立20週年紀念大會在京舉行，全國政協主席賈慶林在大會致詞時表示，積極支持推進兩岸經濟合作框架協議後續協商，為深化兩岸經濟合作提供更有效的制度保障；希望積極推動商簽兩岸文化教育方面的交流協議，以利於兩岸文教事業發展；兩岸在涉外事務中避免不必要的內耗，理解和重視台灣同胞關心參與國際活動的問題，願意透過兩岸協商做出合情合理的安排。

2012年

2012年1月9日，大陸住房和城鄉建設部發出《關於支持平潭綜合

實驗區開發開放特殊政策意見的函》，允許台灣企業和個人在平潭綜合實驗區依法投資設立建築業企業、工程設計企業和工程服務企業。

2012年1月14日，國民黨籍候選人馬英九再次當選台灣總統。同時，台灣立法院選舉結果公布，在總共113個席次中，中國國民黨獲得64席，民進黨獲得40席，親民黨獲得3席，「台聯黨」獲得3席，「無黨團結聯盟」獲得2席，無黨籍及未經政黨推薦者獲得1席。

2012年3月21日至25日，國民黨榮譽主席吳伯雄率團訪問大陸。中共中央總書記胡錦濤在22日與其會見時強調，在反對台獨、認同「九二共識」的基礎上推動兩岸關係和平發展，符合兩岸同胞的共同願望，符合中華民族的整體利益，符合時代發展進步的潮流。我們應該沿著這條正確道路繼續向前邁進，不斷鞏固成果、深化合作，努力再創新局，為台海地區謀和平，為兩岸同胞謀福祉，為中華民族謀復興。

2012年4月1日至3日，博鰲亞洲論壇在海南舉行，台灣兩岸共同市場基金會代表團名譽團長吳敦義率團參加。國務院副總理李克強會見了吳敦義一行，並強調，當前兩岸關係又迎來發展的新機遇，面臨著繼往開來的新形勢。希望兩岸各界進一步攜手合作，增進相互信任，厚植共同利益，融洽同胞感情，不斷推動兩岸關係向前邁進。兩岸雙方應共同努力，促進兩岸經濟合作在新的起點上開拓創新，更好地適應兩岸經濟發展的要求，更多地讓兩岸廣大民眾共享和平發展成果。

2012年4月26日，「兩岸經濟合作委員會」召開第3次例會。此次例會由海協會常務副會長鄭立中及海基會副董事長高孔廉共同召集，大陸方面由經合會首席代表蔣耀平主談，台灣方面由經合會首席代表梁國新主談。雙方回顧了ECFA貨物及服務貿易早期收穫計劃執行情況，總結了貨物貿易、服務貿易、投資、爭端解決、產業合作、海關合作等6個小組工作進展，探討了兩岸經貿社團互設辦事機構的推動情

況,交流了各自應對全球經濟形勢變化和開拓國際市場的經驗,並就未來工作規劃交換意見。

2012年6月16至19日,第四屆「海峽論壇」在廈門舉行。此次論壇以「匯聚民意 共謀福祉」為主議題,繼續堅持以「擴大民間交流、加強兩岸合作、促進共同發展」為主題,以基層民眾為主角,突出民間、立足基層、受益民眾。

2012年6月28日, 兩會就「海峽兩岸核電安全合作協議」相互完成生效通知。

2012年7月18日,國台辦與國家開發銀行完成簽署「促進兩岸經濟繁榮與企業共同發展合作協議」。2012年至2015年間,國開行將提供大陸台企總額500億等值人民幣融資,促進兩岸經濟共同發展。這是雙方繼2005年簽署《支持台灣同胞投資企業發展開發性金融合作協議》後的第二次攜手合作,也是助推兩岸企業發展和兩岸經貿合作的又一實質性舉措。

2012年8月8日至10日,海協會會長陳雲林與海基會董事長江丙坤在台北進行了第八次「江陳會談」,雙方簽署《海峽兩岸投資保障和促進協議》及《海峽兩岸海關合作協議》,共同發表投保協議《人身自由與安全保障共識》,並對兩岸後續協商議題做出了安排。

2012年9月7日,第二十次APEC領導人非正式會議在俄羅斯符拉迪沃斯托克舉行。中共中央總書記胡錦濤會見中國國民黨榮譽主席連戰時,就鞏固和深化兩岸關係和平發展闡述三點看法,即:要堅定不移地走兩岸關係和平發展道路;要不斷鞏固兩岸關係和平發展的政治基礎,反對台獨、堅持「九二共識」的共同政治基礎;要在世界格局變化和民族復興的歷史進程中把握兩岸關係的前途等。

2012年9月10日,海協會陳雲林會長率「海協會文化創意產業暨書

畫藝術交流團」赴台進行為期10天的參訪。此次參訪旨在進一步加強兩岸文化創意產業交流，尋求擴大合作的途徑；同時，為兩岸的書畫藝術界搭建交流平台，深化兩岸的文化藝術交流。

2012年9月14日，中央和國務院33個部門共同參與的台商權益保障工作聯席會議第四次會議在北京召開。此次會議是適應兩岸關係和平發展由開創期進入鞏固深化新階段，落實《海峽兩岸投資保護和促進協議》的重要舉措，充分表明大陸方面致力於維護台胞和台商合法權益的誠意和善意。

2012年10月16日，海基會董事長林中森率文化經貿參訪團赴大陸參訪，並赴北京、湖北、上海、崑山等地展開為期6天的「精進之旅」。中共中央政治局常委、全國政協主席賈慶林17日下午在人民大會堂會見了林中森一行。賈慶林指出，海協會和海基會作為兩岸分別授權的民間團體，承擔著兩岸制度化協商的重要任務。2008年6月以來，兩會在「九二共識」基礎上恢復協商，解決了兩岸交往中面臨的許多問題，推進了交流合作的制度化進程，對於促進雙方良性互動、增進兩岸同胞福祉、深化兩岸互利合作，發揮了不可替代的重要作用。希望兩會繼往開來，更加積極地推動兩岸協商進程，以更多的協商成果造福兩岸同胞。

2012年10月18日，交通運輸部在海運領域公布四項對台政策措施。具體措施包括：增加兩個直航港口，提升運輸服務能力；深化兩岸搜救合作，共同建設平安海峽；強化「打非治違」，鞏固直航成果；建立健全市場監管制度，確保直航企業得到實惠等。

2012年12月11日，兩會子廣州舉行ECFA「兩岸經濟合作委員會」第四次例會，並達成多項共識。會上，雙方回顧了ECFA貨物及服務貿易早期收穫計劃執行情況，總結了貨物貿易、服務貿易、投資、爭端解決、產業合作、海關合作等6個小組工作進展，並就未來工作規劃交

換意見。

2013年

2013年2月1日，　海協會與海基會1月31日換函通報，雙方已完成《海峽兩岸投資保護和促進協議》及《海峽兩岸海關合作協議》實施的相關準備。根據協議生效條款的相關規定，兩項協議於2月1日生效。

2013年2月26日，　中共中央總書記習近平在北京人民大會堂會見中國國民黨榮譽主席連戰時表示，務實促進兩岸交流合作取得新的成就，維護台灣同胞權益，發展台灣同胞福祉，是新一屆中共中央領導集體的鄭重承諾。大陸將保持對台工作大政方針的連續性，持續推進兩岸交流合作，努力促進兩岸同胞團結奮鬥，鞏固和深化兩岸關係和平發展的政治、經濟、文化、社會基礎。

2013年3月20日，兩會就修改《海峽兩岸關於大陸居民赴台灣旅遊協議》一事完成換文。將大陸旅客赴台配額調高為每天5000人次，並於4月1日生效。

2013年4月8日，中共中央總書記習近平在博鰲會見台灣兩岸共同市場基金會榮譽董事長蕭萬長一行，並表示，希望兩岸加強經濟領域高層次對話和協調，共同推動經濟合作，同時加快經濟合作框架協議後續協議商談進程，提高經濟合作制度化。

2013年4月26日，國台辦主任張志軍出席於北京舉行的海協會第三屆理事會第一次會議暨紀念「辜汪會談」20週年活動時表示，要做到兩岸關係和平發展的四個「不動搖」，即：牢牢把握兩岸關係和平發展這一主題；鞏固反對台獨、堅持「九二共識」這一政治基礎；堅持先易後難、循序漸進的務實思路；堅持以人為本、為民謀利的政策理

念等。

2013年4月27日,海協會舉行第三屆理事會第一次會議暨紀念「辜汪會談」二十週年活動,此次會議推舉陳德銘為會長,鄭立中為常務副會長,副會長由孫亞夫、葉克冬、蔣耀平、李亞飛擔任。

2013年6月13日,中共中央總書記習近平在人民大會堂會見了中國國民黨榮譽主席吳伯雄和他率領的中國國民黨訪問團全體成員。習近平強調,我們應該堅定不移走兩岸關係和平發展道路,鞏固和深化兩岸關係和平發展的政治、經濟、文化、社會基礎,推動兩岸關係不斷取得新的成就。習近平就此提出4點意見:堅持從中華民族整體利益的高度把握兩岸關係大局;堅持在認清歷史發展趨勢中把握兩岸關係前途;堅持增進互信、良性互動、求同存異、務實進取;堅持穩步推進兩岸關係全面發展。

2013年6月14日,鄭立中與高孔廉在台北進行了兩岸第九次高層預備性會談,雙方確立《海峽兩岸服務貿易協議》文本主要內容及架構,並商定了海基會協商代表團來訪主要行程。6月18日,海基會先遣團在副祕書長馬紹章的率領下,先行前往上海進行先期準備工作。

2013年6月16日至21日,第五屆「海峽論壇」在廈門舉行。本屆論壇大會的主議題為「聚焦親情、共圓夢想」,兩岸嘉賓將圍繞親情鄉親暢談未來兩岸關係的美好夢想,繼續堅持以「擴大民間交流、加強兩岸合作、促進共同發展」為主題,以基層民眾為主角,保持民間性、廣泛性、草根性特色,面向基層、面向民間、突出民生。

2013年6月21日至22日,海協會會長陳德銘與海基會董事長林中森在上海進行了兩會第九次高層會談。雙方簽署了《海峽兩岸服務貿易協議》,就有關解決金門用水問題達成共同意見,並對兩岸後續協商議題做出安排。

2013年8月20日至23日，兩岸兩會在8月下旬就兩會互設辦事機構進行第四次業務溝通，並就協議文本架構、保障及便利措施、行為規範內容等進行意見交換。

2013年9月27日，國台辦主任張志軍在杭州會見中國國民黨榮譽主席連戰。張志軍指出，近幾年來，兩岸在堅持「九二共識」、反對台獨的共同政治基礎上，不斷推動兩岸關係和平發展。未來應繼續增進互信、保持良性互動，不斷鞏固和深化兩岸關係和平發展的政治、經濟、文化、社會基礎，共同為實現中華民族偉大復興而努力。

2013年10月26日　第九屆「兩岸經貿文化論壇」在廣西南寧舉行。本屆論壇的主題是「擴大交流合作、共同振興中華」，論壇圍繞推進兩岸經濟科技合作、加強兩岸文化產業合作、深化兩岸教育交流合作等三項議題進行研討，以鞏固和深化兩岸關係和平發展，共同推進中華民族復興大業。中國國民黨榮譽主席吳伯雄率團出席。國共兩黨及其他台灣黨派人士，兩岸有關部門、經濟科技界、文化產業界、教育界代表人士出席論壇。

2013年11月26日至12月3日，海協會會長陳德銘率「海協會經貿交流團」啟程赴台進行為期8天的參訪。此次參訪是兩會制度化往來框架下的交流活動，旨在持續落實兩會高層互訪，發揮兩會在推動兩岸經貿交流與合作方面的積極作用。在海基會安排下，交流團一行參觀考察了台灣的企業、產業和園區，特別是「六海一空自由經濟示範區」的規劃與建設，探尋進一步加強與深化兩岸經濟合作的可行途徑。這也是陳德銘擔任海協會會長後，首次率團赴台訪問。

2013年12月16日，第四屆「ECFA海峽兩岸暨香港民間經貿合作論壇」在北京舉行。此次論壇以「整合資源、深化合作、聯合競爭、共同發展」為主題，全國政協副主席李海峰，海協會顧問陳雲林，台灣「三三企業交流會」會長、海基會前董事長江丙坤，世界華商聯合促

進會會長許榮茂等出席了論壇。來自兩岸三地政商界精英和經貿團體五百餘位代表在論壇上共商經貿合作發展新空間。

2013年12月10日,「兩岸經合會」第五次例會在台北舉行。大陸方面召集人、海協會常務副會長鄭立中和首席代表、商務部副部長高燕率大陸方面經合會代表出席了例會,並與台方召集人、海基會副董事長高孔廉和首席代表、台「經濟部」次長卓士昭等人進行會談。本次例會回顧了經合會各工作小組協議執行情況,規劃了下階段工作安排,交流了兩岸最新經貿政策以及共同關心的熱點議題。

2014年

2014年1月4日,大陸首家專門為海峽兩岸農產品貿易提供檢驗檢疫技術服務的專業檢測機構「海峽兩岸農產品檢驗檢疫技術廈門中心」正式啟用,首日共受理檢驗檢疫業務60批。檢疫中心設5個實驗室和1個分中心,主要從事食品、農產品、動植物及其產品的檢測業務及檢測技術開發、技術諮詢、培訓等工作。

2014年1月24日,2014年對台工作會議在北京舉行。會議由國務委員楊潔篪主持,國台辦主任張志軍做工作報告,中共中央政治局常委俞正聲出席會議並發表談話。會議要求:2014年各地各部門要更加全面深化兩岸關係和平發展各項基礎,促進兩岸交往取得新進展;繼續推進兩岸協商談判;爭取完成兩岸經濟合作架構協議後續商談;切實加強台商權益保護工作;出台惠及台灣民眾的政策措施,擴大深化文化、教育、科技等各領域交流;深化兩岸共同打擊犯罪和司法互助;繼續支持和促進兩岸民間政治對話。

2014年2月17日至20日,國民黨榮譽主席連戰來大陸參訪交流。2月18日,習近平在北京釣魚台國賓館與連戰進行了會晤並表示,由於

台灣的歷史原因，民眾有自己的心結，大陸完全理解台灣同胞的心情；大陸尊重台灣同胞選擇的社會制度和生活方式，願在一個中國框架內，與台灣方面進行平等協商。

2014年2月20日至21日，海峽兩岸兩會協議執行成果總結會在長沙舉行。海協會常務副會長鄭立中率協商代表團與海基會副董事長張顯耀等率海基會協商代表團進行了商談，會中針對兩岸所簽署協議之執行情況及成效進行了檢視，並就部分協議在執行過程中應予強化或改善方向，共同確認後續處理的作法。此外，雙方還就兩岸兩會第十次高層會談舉行工作性商談，針對會談安排交換意見。

2014年2月21日，第九屆「兩岸產業共同市場論壇」在台北舉行，本屆論壇以「兩岸攜手合作、開拓共同市場」為主題，兩岸產業共同市場基金會董事長詹火生、中國社科院台灣研究所副所長張冠華、廣西社科院院長呂餘生、廣西台辦副主任李文等六十餘人出席論壇。論壇達成以下共識：兩岸攜手共同參與區域經濟合作已是現實所需、當務之急；台商在廣西的發展可以充分利用ECFA和CAFTA的優惠政策，在大陸西部和東南亞地區進一步獲得發展；共同推動桂台兩地產業合作深入發展，探討產業合作的新途徑。

2014年2月27日，第十次兩岸兩會高層會談在台北舉行，海協會會長陳德銘與海基會董事長林中森簽署《海峽兩岸氣象合作協議》及《海峽兩岸地震監測合作協議》。兩項協議的簽署，有助於保障兩岸民眾財產和生命的安全，具體落實了以人民為核心的兩岸關係願景。氣象合作方面，透過合作聯繫管道，雙方可更精確掌握兩岸天氣系統的資訊；地震監測合作，有助於更精確監測及掌握兩岸地震活動的資訊，提升雙方地震監測的能力。

2014年3月18日至4月10日，台灣發生反對《海峽兩岸服務貿易協議》的「太陽花事件」，台灣部分團體和學生衝入立法院，佔領議

場。在此期間，部分參與事件的人員還試圖進入行政院，因該行為違反台灣有關規定而被當地警察驅散。在台灣政府多名重要人士對有關人員所提出的訴求進行回應後，佔領立法院議場的學生於4月10日全部退出「議場」。

2014年4月3日，台灣行政院院會通過「台灣地區與大陸地區訂定協議處理及監督條例（草案）」，共計25條，草案內容要點如下：兩岸協議協商應恪遵對等、尊嚴、互惠及確保「國家」安全之原則；協議權責主管機關應會同行政院大陸委員會及議題相關機關，與立法院及社會大眾進行溝通、諮詢之程序；兩岸協議送立法院審議或備查之程序；兩岸協議經立法院審議未通過或審查未予備查之處理方式；兩岸協議於立法院完成有關程序後，應經協議雙方交換文件，始生效力；經立法院審議通過之兩岸協議與法律之關係等。

2014年4月8日，台灣移民署金門縣服務站宣布，大陸民眾以旅行事由申請許可入出金門，5月1日起全面改線上申辦，不再受理紙本送件申請。這項規定包括「小三通團體旅遊」、「小三通個人旅遊」及「金門2日以下旅遊」3類入出境許可證；其中申辦「小三通個人旅遊」證件，自備妥合格的文件後24小時即可發證；「小三通團體旅遊」及「金門2日以下旅遊」，只需4小時即可辦妥入台許可證。

2014年4月9日至11日，博鰲亞洲論壇2014年年會在海南舉行。中共中央政治局常委、國務院總理李克強於10日下午會見了兩岸共同市場基金會榮譽董事長蕭萬長一行。李克強表示，當前兩岸關係和平發展的良好局面來之不易，值得我們倍加珍惜。只要我們堅持在共同的政治基礎上良性互動，共同努力，兩岸關係和平發展的道路就會越走越寬廣，兩岸同胞就會越走越近，越走越親。

2014年4月16日，《海峽兩岸共同打擊犯罪及司法互助協議》簽署實施五年，協議的執行成效非常顯著，有力地保障了兩岸同胞權益和

交往秩序；尤其是兩岸警方聯合打擊涉兩岸的電信詐騙、毒品犯罪、非法傳銷等方面，取得重大成效；兩岸相互委託送達文書，調查取證，執行順利。

2014年5月29日，第五屆「ECFA海峽兩岸暨香港民間經貿合作論壇」在台北舉行，來自浙江、香港和台灣的百餘位企業家與會，共議民間經貿合作的大勢與前景。中國國民黨榮譽主席連戰會見參加論壇的企業家們時表示，這一論壇是海峽兩岸交流中重要的一環，在ECFA的大背景下，兩岸三地精英們應衝破障礙，敞開心胸彼此學習交流，加強兩岸工商和企業各界之間的聯繫，共同打造未來新世界。

附錄：兩岸協議文本（1993—2014）[1]

辜汪會談共同協議

財團法人海峽交流基金會（以下簡稱海基會）辜振甫董事長與海峽兩岸關係協會（以下簡稱海協）汪道涵會長代表兩會於本年4月27日至29日在新加坡進行會談。本次會議為民間性、經濟性、事務性與功能性之會談，海基會邱進益副董事長與海協常務副會長唐樹備、副會長兼祕書長鄒哲開等參加會談。雙方達成以下協議：

一、本年度協商議題

雙方確定今年內就「違反有關規定進入對方地區人員之遣返及相關問題」、「有關共同打擊海上走私、搶劫等犯罪活動問題」、「協商兩岸海上漁事糾紛之處理」、「兩岸智慧財產權（知識產權）保護」及「兩岸司法機關之相互協助（兩岸有關法院之間的聯繫與協助）」（暫定）等議題進行事務性協商。

二、經濟交流

雙方均認為應加強兩岸經濟交流，互補互利。雙方同意就台商在大陸投資權益及相關問題、兩岸工商界人士互訪等問題，擇時擇地繼續進行商談。

三、能源資源開發與交流

雙方同意就加強能源、資源之開發與交流進行磋商。

四、文教科技交流

雙方同意積極促進青少年互訪交流、兩岸新聞界交流以及科技交流。在年內舉辦青少年才藝競賽及互訪。促成青年交流、新聞媒體負責人及資深記者互訪。促進科技人員互訪、交換科技研究出版物以及探討科技名詞統一與產品規格標準化問題，共同促進電腦及其他產業科技之交流，相關事宜再行商談。

五、簽署生效

本共同協議自雙方簽署之日起三十日生效實施。

本共同協議於四月二十九日簽署，一式四份，雙方各執兩份。

財團法人海峽交流基金會董事長：辜振甫、邱進益

海峽兩岸關係協會會長：汪道涵、唐樹備

兩會聯繫與會談制度協議

海峽兩岸關係協會（以下簡稱海協）與財團法人海峽交流基金會（以下簡稱海基會）為建立聯繫與會談制度，經協商達成以下協議：

一、會談

海協會長與海基會董事長，視實際需要，經雙方同意後，就兩會會務進行會談，地點及相關問題另行商定。

海協常務副會長與海基會副董事長或兩會祕書長，原則上每半年一次，在兩岸輪流和商定之第三地，就兩會會務進行會談。

兩會副祕書長、處長、主任級人員，就主管之業務，每季度在兩

岸擇地會商。

二、事務協商

雙方同意就兩岸交流中衍生且有必要協商之事宜,盡速進行專案協商,並簽署協議。

三、專業小組

雙方同意因業務需要,各自成立經濟小組與綜合事務小組。

四、緊急聯繫

雙方同意各自指定副祕書長作為緊急事件之聯絡人,相互聯繫並採行適當措施。

五、入出境往來便利

雙方同意因本協議所定之事由,相互給予經商定之兩會會務人員適當之入出境往來與查驗通關等便利,其具體辦法另行商定。

六、協議履行、變更與終止

雙方應遵守協議。

協議變更或終止應經雙方協商同意。

七、未盡事宜

本協議如有未盡事宜,雙方得以適當方式另行商定。

八、簽署生效

本協議自雙方簽署之日起三十日生效。

財團法人海峽交流基金會董事長:辜振甫、邱進益

海峽兩岸關係協會會長:汪道涵、唐樹備

兩岸公證書使用查證協議

　　海峽兩岸關係協會、中國公證員協會與財團法人海峽交流基金會，就兩岸公證書使用查證事宜，經協商達成以下協議：

　　一、聯繫主體

　　（一）關於寄送公證書副本及查證事宜，雙方分別以中國公證員協會或有關省、自治區、直轄市公證員協會與財團法人海峽交流基金會相互聯繫。

　　（二）本協議其他相關事宜，由海峽兩岸關係協會與財團法人海峽交流基金會聯繫。

　　二、寄送公證書副本

　　（一）雙方同意相互寄送涉及繼承、收養、婚姻、出生、死亡、委託、學歷、定居、扶養親屬及財產權利證明公證書副本。

　　（二）雙方得根據公證書使用需要，另行商定增、減寄送公證書副本種類。

　　三、公證書查證

　　（一）查證事由

　　公證書有下列情形之一，雙方應相互協助查證：

1.違反公證機關有關受理範圍規定；

2.同一事項在不同公證機關公證；

3.公證書內容與戶籍資料或其他檔案資料記載不符；

4.公證書內容自相矛盾；

5.公證書文字、印鑑模糊不清，或有塗改、擦拭等可疑痕跡；

6.有其他不同證據資料；

7.其他需要查明事項。

（二）拒絕事由

未敘明查證事由，或公證書上另加蓋有其他證明印章者，接受查證一方得附加理由拒絕該項查證。

（三）答覆期限

接受查證一方，應於收受查證函之日起三十日內答覆。

（四）查證費用

提出查證一方應向接受查證一方支付適當費用。

查證費用標準及支付方式由雙方另行商定。

四、文書格式

寄送公證書副本、查證與答覆，應經雙方協商使用適當文書格式。

五、其他文書

雙方同意就公證書以外的文書查證事宜進行個案協商並予協助。

六、協議履行、變更與終止

雙方應遵守協議。

協議變更或終止，應經雙方協商同意。

七、爭議解決

因適用本協議所生爭議,雙方應盡速協商解決。

八、未盡事宜

本協議如有未盡事宜,雙方得以適當方式另行商定。

九、簽署生效

本協議自雙方簽署之日起三十日後生效實施。

財團法人海峽交流基金會董事長:辜振甫、邱進益

海峽兩岸關係協會會長:汪道涵、唐樹備

兩岸掛號函件查詢、補償事宜協議

　　海峽兩岸關係協會、中國通信學會郵政專業委員會與財團法人海峽交流基金會,就兩岸掛號函件查詢及補償事宜,經過協商,達成以下協議:

　　一、開辦範圍

　　本協議所稱掛號函件係指信函、明信片、郵簡、印刷物、新聞紙、雜誌及盲人文件。上述開辦範圍雙方得以書面協議增減。

　　二、聯繫方式

　　掛號函件之查詢由中國通信學會郵政專業委員會與財團法人海峽交流基金會或其指定之郵件處理中心(航郵中心)相互聯繫。

　　其他相關事宜由海峽兩岸關係協會與財團法人海峽交流基金會相互聯繫。

三、傳遞方法

掛號函件透過第三地轉運辦理。

四、查詢期限

掛號函件查詢，應自原寄件人交寄次日起十二個月內提出。

五、答覆期限

接受查詢一方應於收受查詢文件之日起三個月內答覆。

六、繕發驗單

一方接收他方封來之函件總包，遇有掛號函件遺失、被竊或毀損等情形，應即繕發驗單，由對方迅予查復。

七、各自理賠

掛號函件發生遺失、被竊或毀損等情形，概由原寄一方負責補償，不相互結算。

八、文件格式

雙方各依郵政慣例印製查詢表格、驗單、答覆函及簡函，相互認可後使用。

九、協議履行、變更與終止

雙方應遵守協議。

協議變更與終止，應經雙方協商同意。

十、爭議解決

因適用本協議所生爭議，雙方應盡速協商解決。

十一、未盡事宜

本協議如有未盡事宜，雙方得以適當方式另行商定。

十二、生效實施

本協議自雙方簽署之日起三十日後生效實施。

財團法人海峽交流基金會董事長：辜振甫、邱進益
海峽兩岸關係協會會長：汪道涵、唐樹備

海峽兩岸包機會談紀要

　　海峽兩岸關係協會與財團法人海峽交流基金會認為，近年來兩岸節日包機、緊急醫療包機、人道包機及專案貨運包機相繼開通，促進了兩岸人民往來和經濟交流。為盡早實現兩岸直接通航，雙方就開通兩岸客運包機和貨運包機等事宜，經平等協商，形成會談紀要如下：

　　一、承運人。雙方同意在航班總量相等的情形下，各自指定包機承運人，並事先知會對方。

　　二、搭載對象。雙方同意凡持有效旅行證件往返兩岸的旅客均可搭乘客運包機。

　　三、飛行航路。雙方同意盡快協商開通兩岸直達航路和建立雙方空管方面的直接交接程序。在直達航路開通前，包機航路得暫時繞經香港飛行（航）情報區。

　　四、通關便利。雙方同意簡化客、貨通關手續，為旅客及機組人員提供便利。

　　五、保稅措施。雙方同意對承運人租用機場公共保稅倉庫儲備飛機維修配件，提供便利並予以保稅監管。

六、互設機構。雙方同意包機承運人得在對方航點設立辦事機構。在本紀要簽署後，大陸包機承運人即可派出員工駐台，辦理有關業務，設立辦事機構籌備處。台灣方面同意大陸承運人於六個月內設立辦事機構。

七、輔助安排。雙方同意有關地面代理、銷售途徑、票款結算、航空器及機組證照證明與檢查、機務及飛行前安全檢查、檢驗檢疫等事宜，比照節日包機做法處理。如遇飛行安全、急難救助等特殊情況，雙方同意以個案方式協商處理，並提供必要協助。

八、申請程序。包機承運人按照各方規範逐月申請飛行班次，每次飛行前十五日提出申請。

九、準用事項。雙方同意節日包機、緊急醫療包機等仍暫按雙方已經公布的框架性安排執行，並得準用本紀要搭載對象等條款。

十、貨運事宜。雙方同意在週末客運包機實施後三個月內就兩岸貨運包機進行協商，並盡速達成共識付諸實施。

十一、定期航班。雙方同意盡快就開通兩岸定期直達航班進行協商，以實現兩岸人民的共同願望、增進兩岸人民的福祉。

十二、聯繫機制。本會談紀要議定事項，由海峽兩岸航空運輸交流委員會與台北市航空運輸商業同業公會相互聯繫。必要時，經雙方同意得指定其他單位進行聯繫。

十三、簽署生效。本會談紀要自雙方簽署之日起七日後生效。紀要的附件與本紀要具有同等效力。

本會談紀要於六月十三日簽署，一式四份，雙方各執兩份。

（附件：海峽兩岸週末包機時段、航點及班次）

海峽兩岸關係協會會長 陳雲林

財團法人海峽交流基金會董事長 江丙坤

海峽兩岸關於大陸居民赴台灣旅遊協議

　　為增進海峽兩岸人民交往，促進海峽兩岸之間的旅遊，海峽兩岸關係協會與財團法人海峽交流基金會，就大陸居民赴台灣旅遊等有關兩岸旅遊事宜，經平等協商，達成協議如下：

　　一、聯繫主體

　　（一）本協議議定事宜，雙方分別由海峽兩岸旅遊交流協會（以下簡稱海旅會）與台灣海峽兩岸觀光旅遊協會（以下簡稱台旅會）聯繫實施。

　　（二）本協議的變更等其他相關事宜，由海峽兩岸關係協會與財團法人海峽交流基金會聯繫。

　　二、旅遊安排

　　（一）雙方同意赴台旅遊以組團方式實施，採取團進團出形式，團體活動，整團往返。

　　（二）雙方同意按照穩妥安全、循序漸進原則，視情對組團人數、日均配額、停留期限、往返方式等事宜進行協商調整。具體安排詳見附件一。

　　三、誠信旅遊

　　雙方應共同監督旅行社誠信經營、誠信服務，禁止「零負團費」等經營行為，倡導品質旅遊，共同加強對旅遊者的宣導。

　　四、權益保障

　　（一）雙方應積極採取措施，簡化出入境手續，提供旅行便利，

保護旅遊者正當權益及安全。

（二）雙方同意各自建立應急協調處理機制，相互配合，化解風險，及時妥善處理旅遊糾紛、緊急事故及突發事件等事宜，並履行告知義務。

五、組團社與接待社

（一）雙方各自規範組團社、接待社及領隊、導遊的資質，並以書面方式相互提供組團社、接待社及領隊、導遊的名單。

（二）組團社和接待社應簽訂商業合作合約（契約），並各自報備，依照有關規定辦理業務。

（三）組團社和接待社應按市場運作方式，負責旅遊者在旅遊過程中必要的醫療、人身、航空等保險。

（四）組團社和接待社在旅遊者正當權益及安全受到威脅和損害時，應主動、及時、有效地妥善處理。

（五）雙方對損害旅遊者正當權益的旅行社，應分別予以處理。

（六）雙方應分別指導和監督組團社和接待社保護旅遊者正當權益，依合約（契約）承擔旅行安全保障責任。

六、申辦程序

組團社、接待社應分別代辦並相互確認旅遊者的通行手續。旅遊者持有效證件整團出入。

七、逾期停留

雙方同意就旅遊者逾期停留問題建立工作機制，及時通報訊息，經核實身分後，視不同情況協助旅遊者返回。任何一方不得拒絕送回或接受。

八、互設機構

雙方同意互設旅遊辦事機構,負責處理旅遊相關事宜,為旅遊者提供快捷、便利、有效的服務。

九、協議履行及變更

(一)雙方應遵守協議。協議附件與本協議具有同等效力。

(二)協議變更,應經雙方協商同意,並以書面形式確認。

十、爭議解決

因適用本協議所生爭議,雙方應盡速協商解決。

十一、未盡事宜

本協議如有未盡事宜,雙方得以適當方式另行商定。

十二、簽署生效

本協議自雙方簽署之日起七日後生效。

本協議於六月十三日簽署,一式四份,雙方各執兩份。

(附件:一、海峽兩岸旅遊具體安排

二、海峽兩岸旅遊合作規範)

海峽兩岸關係協會會長 陳雲林

財團法人海峽交流基金會董事長 江丙坤

海峽兩岸海運協議

為實現海峽兩岸海上客貨直接運輸,促進經貿交流,便利人民往來,海峽兩岸關係協會與財團法人海峽交流基金會就兩岸海運直航事

宜，經平等協商，達成協議如下：

一、經營資格

雙方同意兩岸資本並在兩岸登記的船舶，經許可得從事兩岸間客貨直接運輸。

二、直航港口

雙方同意依市場需求等因素，相互開放主要對外開放港口。

三、船舶識別

雙方同意兩岸登記船舶自進入對方港口至出港期間，船舶懸掛公司旗，船艉及主桅暫不掛旗。

四、港口服務

雙方同意在兩岸貨物、旅客通關入境等口岸管理方面提供便利。

五、運力安排

雙方按照平等參與、有序競爭原則，根據市場需求，合理安排運力。

六、稅收互免

雙方同意對航運公司參與兩岸船舶運輸在對方取得的運輸收入，相互免徵營業稅及所得稅。

七、海難救助

雙方積極推動海上搜救、打撈機構的合作，建立搜救聯繫合作機制，共同保障海上航行和人身、財產、環境安全。發生海難事故，雙方應及時通報，並按照就近、就便原則及時實施救助。

八、輔助事項

雙方在船舶通信導航、證照查驗、船舶檢驗、船員服務、航海保障、汙染防治及海事糾紛調處等方面，依航運慣例、有關規範處理，並加強合作。

九、互設機構

雙方航運公司可在對方設立辦事機構及營業性機構，開展相關業務。

十、聯繫主體

（一）本協議議定事項，由海峽兩岸航運交流協會與台灣海峽兩岸航運協會聯繫實施。必要時，經雙方同意得指定其他單位進行聯繫。

（二）本協議其他相關事宜，由海峽兩岸關係協會與財團法人海峽交流基金會聯繫。

十一、協議履行及變更

（一）雙方應遵守協議。協議附件與本協議具有同等效力。

（二）協議變更，應經雙方協商同意，並以書面方式確認。

十二、爭議解決

因適用本協議所生爭議，雙方應盡速協商解決。

十三、未盡事宜

本協議如有未盡事宜，雙方得以適當方式另行商定。

十四、簽署生效

本協議自雙方簽署之日起四十日內生效。

本協議於十一月四日簽署，一式四份，雙方各執兩份。

（附件：海峽兩岸直航船舶、港口安排）

海峽兩岸關係協會會長　陳雲林

財團法人海峽交流基金會董事長　江丙坤

海峽兩岸食品安全協議

　　為增進海峽兩岸食品安全溝通與互信，保障兩岸人民安全與健康，海峽兩岸關係協會與財團法人海峽交流基金會就兩岸食品安全事宜，經平等協商，達成協議如下：

　　一、訊息（訊息）通報

　　雙方同意相互通報涉及兩岸貿易的食品安全訊息（訊息），並就涉及影響兩岸民眾健康的重大食品安全訊息（訊息）及突發事件，進行即時通報，提供完整訊息（訊息）。

　　針對前項查詢請求，應迅速回應並提供必要協助。

　　二、協處機制

　　雙方同意建立兩岸重大食品安全事件協處機制，採取下列措施妥善處理：

　　（一）緊急磋商、交換相關訊息（訊息）；

　　（二）暫停生產、輸出相關產品；

　　（三）即時下架、召回相關產品；

　　（四）提供實地瞭解便利；

　　（五）核實發布訊息（訊息），並相互通報；

　　（六）提供事件原因分析及改善計劃；

（七）督促責任人妥善處理糾紛，並就確保受害人權益給予積極協助；

（八）雙方即時相互通報有關責任查處情況。

三、業務交流

雙方同意建立兩岸業務主管部門專家定期會商及互訪制度，就雙方食品安全制度規範、檢驗技術及監管措施進行業務交流及訊息（訊息）交換。

四、文書格式

雙方訊息（訊息）通報、查詢及業務聯繫，使用雙方商定的文書格式。

五、聯繫主體

（一）本協議議定事項，由雙方食品安全等業務主管部門指定的聯絡人相互聯繫實施。必要時，經雙方同意得指定其他單位聯繫實施。

（二）本協議其他相關事宜，由海峽兩岸關係協會與財團法人海峽交流基金會聯繫。

六、協議履行及變更

雙方應遵守協議。

協議變更，應經雙方協商同意，並以書面方式確認。

七、爭議解決

因適用本協議所生爭議，雙方應盡速協商解決。

八、未盡事宜

本協議如有未盡事宜，雙方得以適當方式另行商定。

九、簽署生效

本協議自雙方簽署之日起七日後生效。

本協議於十一月四日簽署，一式四份，雙方各執兩份。

海峽兩岸關係協會會長　陳雲林

財團法人海峽交流基金會董事長　江丙坤

海峽兩岸空運協議

為促進海峽兩岸經貿關係發展，便利兩岸人民往來，海峽兩岸關係協會與財團法人海峽交流基金會就兩岸空運直航事宜，經平等協商，達成協議如下：

一、空中航路

雙方同意開通台灣海峽北線空中雙向直達航路，建立兩岸空（航）管部門的直接交接程序。

雙方同意繼續磋商開通台灣海峽南線空中雙向直達航路及其他更便捷的航路。

二、承運人

雙方同意兩岸資本在兩岸登記註冊的航空公司，經許可得從事兩岸間航空客貨運輸業務。

三、直航航點

雙方同意根據市場需求開放適宜客貨直航的航點。

四、定期航班

雙方同意盡可能在本協議實施半年內就定期客貨運航班作出安

排。

五、貨運包機

雙方同意開通兩岸貨運直航包機，運載兩岸貨物。

六、客運包機

雙方同意在兩岸週末包機的基礎上，增加包機航點、班次，調整為客運包機常態化安排。

七、公務（商務）包機

雙方同意視情開辦非營利性公務（商務）包機。

八、準用條款

雙方同意客貨運包機等相關事宜，準用《海峽兩岸包機會談紀要》的規定。

九、聯繫主體

（一）本協議議定事項，由海峽兩岸航空運輸交流委員會與台北市航空運輸商業同業公會相互聯繫。必要時，經雙方同意得指定其他單位進行聯繫。

（二）本協議其他相關事宜，由海峽兩岸關係協會與財團法人海峽交流基金會聯繫。

十、協議履行及變更

（一）雙方應遵守協議。協議附件與本協議具有同等效力。

（二）協議變更，應經雙方協商同意，並以書面方式確認。

十一、爭議解決

因適用本協議所生爭議，雙方應盡速協商解決。

十二、未盡事宜

本協議如有未盡事宜,雙方得以適當方式另行商定。

十三、簽署生效

本協議自雙方簽署之日起四十日內生效。

本協議於十一月四日簽署,一式四份,雙方各執兩份。

(附件:海峽兩岸空中航路、客貨運包機安排)

海峽兩岸關係協會會長　陳雲林

財團法人海峽交流基金會董事長　江丙坤

海峽兩岸郵政協議

為擴大兩岸郵政業務合作,便利兩岸人民聯繫與交流,海峽兩岸關係協會與財團法人海峽交流基金會就兩岸直接郵政合作事宜,經平等協商,達成協議如下:

一、業務範圍

雙方同意開辦兩岸直接平常和掛號函件(包括信函、明信片、郵簡、印刷品、新聞紙、雜誌、盲人文件)、小包、包裹、特快專遞(快捷郵件)、郵政匯兌等業務,並加強其他郵政業務合作。

二、封發局

大陸方面郵件封發局為:北京、上海、廣州、福州、廈門、西安、南京、成都;台灣方面郵件封發局為:台北、高雄、基隆、金門、馬祖。雙方可視需要,增加或調整郵件封發局,並由增加或調整一方通知對方。

三、郵件運輸

雙方同意透過空運或海運直航方式將郵件總包運送至對方郵件處理中心。

四、規格及限定

雙方同意商定郵件尺寸、重量等規格,並尊重對方禁限寄規定。

五、帳務結算

雙方同意建立郵政業務帳務處理直接結算關係。

六、文件格式

處理郵件使用的袋(吊)牌、清單、郵袋、查詢表格等,依雙方認可之格式。

七、郵件查詢

掛號函件、小包、包裹及特快專遞(快捷郵件)等郵件業務的查詢,由雙方郵件處理中心相互聯繫,並應提供便捷的業務聯繫管道。

八、查詢期限

掛號函件、包裹之查詢,應自原寄件人交寄之次日起六個月內提出;特快專遞(快捷郵件)自交寄之次日起三個月內提出。

九、補償責任

雙方對於互相寄遞的掛號函件、包裹發生遺失及其內容全部或一部分遺失、被竊或毀損等情形,應由責任方負責補償,並相互結算。

特快專遞(快捷郵件)之遺失、內件被竊或毀損等情形,概由原寄一方自行負責補償,不相互結算。

十、聯繫主體

（一）本協議議定事項，由海峽兩岸郵政交流協會與財團法人台灣郵政協會相互聯繫。具體郵政業務由雙方郵件處理中心聯繫實施。

（二）本協議其他相關事宜，由海峽兩岸關係協會與財團法人海峽交流基金會聯繫。

十一、協議履行及變更

雙方應遵守協議。

協議變更，應經雙方協商同意，並以書面方式確認。

十二、爭議解決

因適用本協議所生爭議，雙方應盡速協商解決。

十三、未盡事宜

本協議如有未盡事宜，雙方得以適當方式另行商定。

十四、簽署生效

本協議自雙方簽署之日起四十日內生效。

本協議於十一月四日簽署，一式四份，雙方各執兩份。

海峽兩岸關係協會會長　陳雲林

財團法人海峽交流基金會董事長　江丙坤

海峽兩岸空運補充協議

海峽兩岸關係協會與財團法人海峽交流基金會，根據《海峽兩岸空運協議》第一條、第三條、第四條規定，就開通兩岸定期客貨運航班等事宜，經平等協商，達成補充協議如下：

一、飛行航路

雙方同意在台灣海峽北線航路的基礎上開通南線和第二條北線雙向直達航路，並繼續磋商開通其他更便捷的新航路。

二、運輸管理

雙方同意兩岸定期航班使用的運輸憑證及責任條款，參照兩岸現行作業方式管理。

三、承運人

雙方同意可各自指定兩岸資本在兩岸登記註冊的航空公司，在本補充協議附件規定的航點上經營分別或混合載運旅客、行李、貨物及郵件的定期和不定期航空運輸業務，並事先知會對方。撤銷或更改上述指定時亦同。

四、通航航點

雙方同意兩岸通航航點沿用《海峽兩岸空運協議》的規定，並可根據市場需求經雙方協商確定增開新的航點。

五、航空運價

雙方同意兩岸航空公司應向兩岸航空主管部門提交定期航班的運價。

六、代表機構

雙方同意兩岸航空公司可在對方區域通航地點設立代表機構，並自行或指定經批准的代理人銷售航空運輸憑證、從事廣告促銷及運行保障（運務）等與兩岸航空運輸有關的業務。上述代表機構的工作人員應遵守所在地規定。

七、互免稅費

雙方同意在互惠的基礎上，磋商對兩岸航空公司與經營活動有關

的設備和物品，相互免徵關稅、檢驗費和其他類似稅費，具體免稅費項目及商品範圍由雙方共同商定，並對兩岸航空公司參與兩岸航空運輸在對方取得之運輸收入，相互免徵營業稅及所得稅。

八、收入匯兌

雙方同意兩岸航空公司可隨時將其在對方區域內取得的收入按照所在地規定的程序兌換並匯至公司總部所在地或其他指定地點。

九、航空安全

雙方同意建立航空安全聯繫機制，相互提供一切及時和必要的協助，共同保障兩岸航空運輸的飛行安全及旅客的人身財產安全。發生危及航空安全事件或威脅時，雙方應相互協助，採取適當的措施，以便迅速、安全地結束上述事件或威脅。

十、輔助事項

雙方同意有關證照查驗、適航認證、機場安檢、檢驗檢疫、地面代理、資料提供、服務費率等事宜，參照航空運輸慣例和有關規定辦理，並加強合作，相互提供便利。

十一、適用規定

雙方同意兩岸航空公司在對方區域內從事兩岸航空運輸，應適用所在地有關規定。

十二、聯繫機制

雙方同意兩岸航空主管部門建立聯繫機制，視必要隨時就兩岸航空運輸的相關事宜進行溝通並交換意見。

十三、實施方式

本補充協議議定事項的實施，由雙方航空主管部門指定的聯絡

人，使用雙方商定的文書格式相互聯繫，並相互通報訊息、答復查詢等。

雙方對協議的實施或者解釋發生爭議時，由兩岸航空主管部門協商解決。

十四、簽署生效

本補充協議自簽署之日起各自完成相關準備後生效，最遲不超過六十日。

本補充協議於四月二十六日簽署，一式四份，雙方各執兩份。

（附件：海峽兩岸航路及航班具體安排）

海峽兩岸關係協會會長　陳雲林
財團法人海峽交流基金會董事長　江丙坤

海峽兩岸金融合作協議

為促進海峽兩岸金融交流與合作，推動兩岸金融市場穩定發展，便利兩岸經貿往來，海峽兩岸關係協會與財團法人海峽交流基金會就兩岸金融監督管理與貨幣管理合作事宜，經平等協商，達成協議如下：

一、金融合作

雙方同意相互協助履行金融監督管理與貨幣管理職責，加強金融領域廣泛合作，共同維護金融穩定。

（一）金融監督管理

雙方同意由兩岸金融監督管理機構就兩岸銀行業、證券及期貨

業、保險業分別建立監督管理合作機制，確保對互設機構實施有效監管。

雙方銀行業、證券及期貨業、保險業等金融監督管理機構得依行業慣例，就合作事宜作出具體安排。

（二）貨幣管理

雙方同意先由商業銀行等適當機構，透過適當方式辦理現鈔兌換、供應及回流業務，並在現鈔防偽技術等方面開展合作。逐步建立兩岸貨幣清算機制，加強兩岸貨幣管理合作。

（三）其他合作事項

雙方同意就兩岸金融機構準入及開展業務等事宜進行磋商。

雙方同意鼓勵兩岸金融機構增進合作，創造條件，共同加強對雙方企業金融服務。

二、交換資訊

雙方同意為維護金融穩定，相互提供金融監督管理與貨幣管理資訊。對於可能影響金融機構健全經營或金融市場安定的重大事項，雙方盡速提供。

提供資訊的方式與範圍由雙方商定。

三、保密義務

雙方同意對於所獲資訊，僅為金融監督管理與貨幣管理目的使用，並遵守保密要求。

有關第三方請求提供資訊之處理方式，由雙方監督管理機構另行商定。

四、互設機構

雙方同意在本協議生效後，由兩岸金融監督管理機構考量互惠原則、市場特性及競爭秩序，盡快推動雙方商業性金融機構互設機構。

有關金融機構赴對方設立機構或參股的資格條件以及在對方經營業務的範圍，由雙方監督管理機構另行商定。

雙方同意對於金融機構赴對方設立機構或參股的申請，相互徵求意見。

五、檢查方式

雙方同意依行業慣例與特性，採取多種方式對互設金融機構實施檢查。檢查方式由雙方監督管理機構另行商定。

六、業務交流

雙方同意透過人員互訪、培訓、技術合作及會議等方式，加強金融監督管理與貨幣管理合作。

七、文書格式

雙方資訊交換、徵詢意見等業務聯繫，使用雙方商定的文書格式。

八、聯繫主體

（一）本協議議定事項，由雙方金融監督管理機構、貨幣管理機構指定的聯絡人相互聯繫實施。必要時，經雙方同意得指定其他單位進行聯繫。

（二）本協議其他相關事宜，由海峽兩岸關係協會與財團法人海峽交流基金會聯繫。

九、協議履行及變更

雙方應遵守協議。

協議變更，應經雙方協商同意，並以書面形式確認。

十、爭議解決

因執行本協議所生爭議，雙方應盡速協商解決。

十一、未盡事宜

本協議如有未盡事宜，雙方得以適當方式另行商定。

十二、簽署生效

本協議自簽署之日起各自完成相關準備後生效，最遲不超過六十日。

本協議於四月二十六日簽署，一式四份，雙方各執兩份。

海峽兩岸關係協會會長　陳雲林

財團法人海峽交流基金會董事長　江丙坤

海峽兩岸共同打擊犯罪及司法互助協議

為保障海峽兩岸人民權益，維護兩岸交流秩序，海峽兩岸關係協會與財團法人海峽交流基金會就兩岸共同打擊犯罪及司法互助與聯繫事宜，經平等協商，達成協議如下：

第一章 總則

一、合作事項

雙方同意在民事、刑事領域相互提供以下協助：

（一）共同打擊犯罪；

（二）送達文書；

（三）調查取證；

（四）認可及執行民事裁判與仲裁裁決（仲裁判斷）；

（五）移管（接返）被判刑人（受刑事裁判確定人）；

（六）雙方同意之其他合作事項。

二、業務交流

雙方同意業務主管部門人員進行定期工作會晤、人員互訪與業務培訓合作，交流雙方制度規範、裁判文書及其他相關資訊。

三、聯繫主體

本協議議定事項，由各方主管部門指定之聯絡人聯繫實施。必要時，經雙方同意得指定其他單位進行聯繫。

本協議其他相關事宜，由海峽兩岸關係協會與財團法人海峽交流基金會聯繫。

第二章 共同打擊犯罪

四、合作範圍

雙方同意採取措施共同打擊雙方均認為涉嫌犯罪的行為。

雙方同意著重打擊下列犯罪：

（一）涉及殺人、搶劫、綁架、走私、槍械、毒品、人口販運、組織偷渡及跨境有組織犯罪等重大犯罪；

（二）侵占、背信、詐騙、洗錢、偽造或變造貨幣及有價證券等經濟犯罪；

（三）貪汙、賄賂、瀆職等犯罪；

（四）劫持航空器、船舶及涉恐怖活動等犯罪；

（五）其他刑事犯罪。

一方認為涉嫌犯罪，另一方認為未涉嫌犯罪但有重大社會危害，得經雙方同意個案協助。

五、協助偵查

雙方同意交換涉及犯罪有關情資，協助緝捕、遣返刑事犯與刑事嫌疑犯，並於必要時合作協查、偵辦。

六、人員遣返

雙方同意依循人道、安全、迅速、便利原則，在原有基礎上，增加海運或空運直航方式，遣返刑事犯、刑事嫌疑犯，並於交接時移交有關證據（卷證）、簽署交接書。

受請求方已對遣返對象進行司法程序者，得於程序終結後遣返。

受請求方認為有重大關切利益等特殊情形者，得視情決定遣返。

非經受請求方同意，請求方不得對遣返對象追訴遣返請求以外的行為。

第三章 司法互助

七、送達文書

雙方同意依己方規定，盡最大努力，相互協助送達司法文書。

受請求方應於收到請求書之日起三個月內及時協助送達。

受請求方應將執行請求之結果通知請求方，並及時寄回證明送達與否的證明資料；無法完成請求事項者，應說明理由並送還相關資料。

八、調查取證

雙方同意依己方規定相互協助調查取證，包括取得證言及陳述；

提供書證、物證及視聽資料；確定關係人所在或確認其身分；勘驗、鑑定、檢查、訪視、調查；搜索及扣押等。

受請求方在不違反己方規定前提下，應盡量依請求方要求之形式提供協助。

受請求方協助取得相關證據資料，應及時移交請求方。但受請求方已進行偵查、起訴或審判程序者，不在此限。

九、罪贓移交

雙方同意在不違反己方規定範圍內，就犯罪所得移交或變價移交事宜給予協助。

十、裁判認可

雙方同意基於互惠原則，於不違反公共秩序或善良風俗之情況下，相互認可及執行民事確定裁判與仲裁裁決（仲裁判斷）。

十一、罪犯移管（接返）

雙方同意基於人道、互惠原則，在請求方、受請求方及被判刑人（受刑事裁判確定人）均同意移交之情形下，移管（接返）被判刑人（受刑事裁判確定人）。

十二、人道探視

雙方同意及時通報對方人員被限制人身自由、非病死或可疑為非病死等重要訊息，並依己方規定為家屬探視提供便利。

第四章 請求程序

十三、提出請求

雙方同意以書面形式提出協助請求。但緊急情況下，經受請求方同意，得以其他形式提出，並於十日內以書面確認。

請求書應包含以下內容：請求部門、請求目的、事項說明、案情摘要及執行請求所需其他資料等。

如因請求書內容欠缺致無法執行請求，可要求請求方補充資料。

十四、執行請求

雙方同意依本協議及己方規定，協助執行對方請求，並及時通報執行情況。

若執行請求將妨礙正在進行之偵查、起訴或審判程序，可暫緩提供協助，並及時向對方說明理由。

如無法完成請求事項，應向對方說明並送還相關資料。

十五、不予協助

雙方同意因請求內容不符合己方規定或執行請求將損害己方公共秩序或善良風俗等情形，得不予協助，並向對方說明。

十六、保密義務

雙方同意對請求協助與執行請求的相關資料予以保密。但依請求目的使用者，不在此限。

十七、限制用途

雙方同意僅依請求書所載目的事項，使用對方協助提供之資料。但雙方另有約定者，不在此限。

十八、互免證明

雙方同意依本協議請求及協助提供之證據資料、司法文書及其他資料，不要求任何形式之證明。

十九、文書格式

雙方同意就提出請求、答覆請求、結果通報等文書，使用雙方商

定之文書格式。

二十、協助費用

雙方同意相互免除執行請求所生費用。但請求方應負擔下列費用：

（一）鑑定費用；

（二）筆譯、口譯及謄寫費用；

（三）為請求方提供協助之證人、鑑定人，因前往、停留、離開請求方所生之費用；

（四）其他雙方約定之費用。

第五章 附則

二十一、協議履行與變更

雙方應遵守協議。

協議變更，應經雙方協商同意，並以書面形式確認。

二十二、爭議解決

因適用本協議所生爭議，雙方應盡速協商解決。

二十三、未盡事宜

本協議如有未盡事宜，雙方得以適當方式另行商定。

二十四、簽署生效

本協議自簽署之日起各自完成相關準備後生效，最遲不超過六十日。

本協議於四月二十六日簽署，一式四份，雙方各執兩份。

海峽兩岸關係協會會長 陳雲林

財團法人海峽交流基金會董事長 江丙坤

海協會與海基會就陸資赴台投資達成共識

　　雙方一致認為，目前兩岸關係面臨難得的歷史機遇，為促進兩岸雙向直接投資創造了良好的環境，尤其是面對國際金融危機對兩岸經濟的影響和衝擊，雙方應秉持優勢互補、互利雙贏的原則，積極鼓勵並推動大陸企業赴台考察、投資，以利於加強和深化兩岸產業合作，實現兩岸經貿關係正常化和制度化。

　　雙方希望兩岸業務主管部門以適當方式建立溝通機制，共同推動大陸企業赴台投資。

　　海基會表示：台灣方面誠摯地歡迎陸資來台投資。將盡速發布相關規定及配套措施，並循序漸進擴大開放投資領域，持續推動相關工作，協助解決投資所衍生之問題，以利陸資來台投資。

　　海協會表示：大陸方面將積極支持大陸企業赴台投資。鼓勵有條件的大陸企業赴台考察，瞭解投資環境，尋找投資機會。根據頒布的有關規定，為大陸有實力的企業赴台投資提供便利。

海峽兩岸漁船船員勞務合作協議

　　為維護海峽兩岸漁船船員、漁船船主正當權益，促進兩岸漁船船員勞務合作，海峽兩岸關係協會與財團法人海峽交流基金會就兩岸漁船船員勞務合作事宜，經平等協商，達成協議如下：

　　一、合作範圍

雙方同意在符合雙方各自僱用漁船船員規定下，進行近海、遠洋漁船船員（以下簡稱船員）勞務合作，並對近海與遠洋勞務合作分別採取不同的管理方式。

二、合作方式

雙方同意兩岸船員勞務合作應透過雙方各自確定的經營主體辦理，並各自建立風險保證制度約束其經營主體。

三、合約（契約）要件

雙方同意商定船員勞務合作合約（契約）要件。

四、權益保障

（一）雙方同意保障船員以下基本權益：

1．船員受簽訂合約（契約）議定的工資保護；

2．同船同職務船員在船上享有相同福利及勞動保護；

3．在指定場所休息、整補或回港避險；

4．人身意外及醫療保險；

5．往返交通費；

6．船主應履行合約（契約）的義務；

7．雙方商定的其他權益。

（二）雙方同意保障漁船船主（以下簡稱船主）以下基本權益：

1．船員體檢及技能培訓應符合雙方各自規定；

2．船員應遵守相關管理規定；

3．船員應接受船主、船長合理的指揮監督；

4．船員應履行合約（契約）的義務；

5．雙方商定的其他權益。

五、核發證件

雙方同意各自核發船員身分或查驗證件。

六、協調機制

雙方同意各自建立船員、船主申訴制度和兩岸船員勞務合作突發事件處理機制，並指導經營主體解決勞務糾紛和突發事件。

如遇重大安全事件等情形，雙方應及時通報，共同採取措施，妥善處理。並嚴格處理違反協議的經營主體。

七、交流互訪

雙方同意定期進行工作會晤、交流互訪，評估協議執行情況。

八、文書格式

雙方同意訊息通報、查詢及業務聯繫，使用商定的文書格式。

九、聯繫主體

（一）本協議議定事項，由雙方業務主管部門指定的聯絡人相互聯繫實施，經雙方同意可指定其他單位負責實施。

（二）本協議其他事宜，由海峽兩岸關係協會與財團法人海峽交流基金會聯繫。

十、協議履行及變更

（一）雙方應遵守協議。協議附件與本協議具有同等效力。

（二）協議變更，應經雙方協商同意，並以書面方式確認。

十一、爭議解決

因適用本協議所生爭議，雙方應盡速協商解決。

十二、未盡事宜

本協議如有未盡事宜，雙方可以適當方式另行商定。

十三、簽署生效

本協議自簽署之日起各自完成相關準備後生效，最遲不超過九十日。

本協議於十二月二十二日簽署，一式四份，雙方各執兩份。

海峽兩岸關係協會會長　陳雲林

財團法人海峽交流基金會董事長　江丙坤

海峽兩岸農產品檢疫檢驗合作協議

為保障海峽兩岸農業生產安全與人民健康，促進兩岸農產品貿易發展，海峽兩岸關係協會與財團法人海峽交流基金會就兩岸農產品檢疫檢驗合作事宜，經平等協商，達成協議如下：

一、合作原則與目標

雙方同意本著互信互惠原則，在科學務實的基礎上，加強檢疫檢驗合作與交流，協商解決農產品（含飼料）貿易中的檢疫檢驗問題，防範動植物有害生物傳播擴散，確保農產品質量安全。

二、業務交流

雙方同意建立業務會商、研討、互訪、考察及技術合作機制。必要時，可成立工作小組開展檢疫檢驗專項領域技術合作研究。

三、訊息查詢

（一）雙方同意提供檢疫檢驗規定、標準、程序等訊息查詢，並

給予必要協助。

（二）雙方同意加強農藥及動物用藥殘留等安全衛生標準交流，協調處理標準差異問題。

四、證明文件核查

雙方同意建立檢疫檢驗證明文件核查及確認機制，防範偽造、假冒證書行為。

五、通報事項

（一）雙方同意及時通報進出口農產品重大疫情及安全衛生事件訊息。

（二）雙方同意定期通報進出口農產品中截獲的有害生物、檢出的有毒有害物質及其他不合格情況。

六、緊急事件處理

雙方同意建立重大檢疫檢驗突發事件協處機制，及時通報，快速核查，緊急磋商，並相互提供協助。

七、考察確認

雙方同意建立農產品安全管理追溯體系，協助進口方到出口農產品生產加工場所考察訪問，對確認符合檢疫檢驗要求的農產品，實施便捷的進口檢疫檢驗措施。

八、文書格式

雙方同意訊息通報、查詢及業務聯繫，使用商定的文書格式。

九、聯繫主體

（一）本協議議定事項，由雙方業務主管部門指定的聯絡人相互聯繫實施。必要時，經雙方同意可指定其他單位聯繫實施。

（二）本協議其他相關事宜，由海峽兩岸關係協會與財團法人海峽交流基金會聯繫。

十、協議履行及變更

　　（一）雙方應遵守協議。

　　（二）協議變更，應經雙方協商同意，並以書面方式確認。

十一、爭議解決

因適用本協議所生爭議，雙方應盡速協商解決。

十二、未盡事宜

本協議如有未盡事宜，雙方得以適當方式另行商定。

十三、簽署生效

本協議自簽署之日起各自完成相關準備後生效，最遲不超過九十日。

本協議於十二月二十二日簽署，一式四份，雙方各執兩份。

海峽兩岸關係協會會長　陳雲林

財團法人海峽交流基金會董事長　江丙坤

海峽兩岸標準計量檢驗認證合作協議

　　為便利海峽兩岸經貿往來，促進兩岸產業合作，創造良好投資環境，提升兩岸貿易產品質量（品質）及安全，保護消費者權益，海峽兩岸關係協會與財團法人海峽交流基金會就兩岸標準、計量、檢驗、認證認可（驗證認證）及消費品安全合作事宜，經平等協商，達成協議如下：

一、合作範圍

雙方同意共同採取措施，開展下列領域的交流合作：

（一）標準領域：積極探索和推動重點領域共通標準的制定；開展標準訊息（資訊）交換，並推動兩岸標準訊息（資訊）平台建設；加強標準培訓資源共享。

（二）計量領域：促進兩岸法制（法定）計量合作、計量技術和計量管理訊息（資訊）交流；合作研究最高量值準確可靠的裝置，並開展相關裝置的比對；推動測量儀器溯源校準（校正）的技術合作。

（三）檢驗領域：溝通兩岸檢驗標準和程序；建立兩岸貿易中商品檢驗合作與磋商機制；開展商品安全檢驗檢測技術合作。

（四）認證認可（驗證認證）領域：溝通兩岸認證認可（驗證認證）標準和程序；共同推動兩岸新領域認證認可（驗證認證）制度的建立和實施；推動兩岸認證認可（驗證認證）結果的互信，就雙方同意的項目作出具體安排。

（五）消費品安全領域：建立兩岸消費品安全訊息（訊息）通報聯繫機制；建立兩岸貿易消費品安全協處機制；加強對不合格消費品處理的溝通與協調。

（六）加強上述合作領域內相關制度規範的訊息（資訊）交換。

（七）雙方同意的其他合作事項。

二、合作形式

雙方同意就前述合作領域採取如下措施：

（一）分別成立兩岸標準、計量、檢驗、認證認可（驗證認證）及消費品安全合作工作組，共同商定具體實施計劃，明確活動範圍等，並可根據需要形成相關領域的合作文件。

（二）以技術合作、專家會議、訊息（資訊）交流、人員互訪及業務培訓等方式開展標準、計量、檢驗、認證認可（驗證認證）及消費品安全領域的交流與合作。

（三）雙方業務主管部門負責指導、協調各工作組開展工作，並指定聯絡人負責各領域業務的日常聯絡及工作方案的實施。

三、相互協助

雙方同意對執行本協議的相關活動提供必要的協助。

四、保密義務

雙方同意對於在執行本協議相關活動中所獲訊息（資訊），遵守約定的保密要求。

五、文書格式

雙方同意訊息（資訊）交換、通報、查詢及業務聯繫，使用商定的文書格式。

六、聯繫主體

（一）本協議議定事項，由雙方業務主管部門指定的聯絡人相互聯繫實施。

（二）本協議其他事宜，由海峽兩岸關係協會與財團法人海峽交流基金會聯繫。

七、協議履行及變更

雙方應遵守協議。

協議變更，應經雙方協商同意，並以書面方式確認。

八、爭議解決

因適用本協議所生爭議，雙方應盡速協商解決。

九、未盡事宜

本協議如有未盡事宜，雙方可以適當方式另行商定。

十、簽署生效

本協議自簽署之日起各自完成相關準備後生效，最遲不超過九十日。

本協議於十二月二十二日簽署，一式四份，雙方各執兩份。

海峽兩岸關係協會會長　陳雲林

財團法人海峽交流基金會董事長　江丙坤

海協會與海基會就兩岸共同防禦自然災害達成共識

12月22日，海峽兩岸關係協會會長陳雲林與台灣海峽交流基金會董事長江丙坤22日上午在台中市裕元花園酒店舉行兩會恢復協商以來的第四次會談。

會談中，兩會均認為，兩岸自然災害頻發，造成人民生命財產的損失。由於兩岸在防禦重大自然災害方面已經累積許多的經驗，雙方可在地震、風災、水災等自然災害的預報、預警及監測等方面加強資訊分享與交流，以共同提升各自在災害防禦及應變等方面的能力。兩岸應強化在這一領域的合作，並鼓勵雙方專業機構透過舉辦學術研討會、專業人員的交流互訪、短期研究等方式建立合作的機制，作為資訊及經驗交流等方面聯繫與合作的平台。

海峽兩岸經濟合作框架協議

序言

海峽兩岸關係協會與財團法人海峽交流基金會遵循平等互惠、循序漸進的原則,達成加強海峽兩岸經貿關係的意願;

雙方同意,本著世界貿易組織(WTO)基本原則,考慮雙方的經濟條件,逐步減少或消除彼此間的貿易和投資障礙,創造公平的貿易與投資環境;透過簽署《海峽兩岸經濟合作框架協議》(以下簡稱本協議),進一步增進雙方的貿易與投資關係,建立有利於兩岸經濟繁榮與發展的合作機制;

經協商,達成協議如下:

第一章 總則

第一條 目標

本協議目標為:

一、加強和增進雙方之間的經濟、貿易和投資合作。

二、促進雙方貨物和服務貿易進一步自由化,逐步建立公平、透明、便利的投資及其保障機制。

三、擴大經濟合作領域,建立合作機制。

第二條 合作措施

雙方同意,考慮雙方的經濟條件,採取包括但不限於以下措施,加強海峽兩岸的經濟交流與合作:

一、逐步減少或消除雙方之間實質多數貨物貿易的關稅和非關稅壁壘。

二、逐步減少或消除雙方之間涵蓋眾多部門的服務貿易限制性措施。

三、提供投資保護,促進雙向投資。

四、促進貿易投資便利化和產業交流與合作。

第二章 貿易與投資

第三條 貨物貿易

一、雙方同意,在本協議第七條規定的「貨物貿易早期收穫」基礎上,不遲於本協議生效後六個月內就貨物貿易協議展開磋商,並盡速完成。

二、貨物貿易協議磋商內容包括但不限於:

(一)關稅減讓或消除模式;

(二)原產地規則;

(三)海關程序;

(四)非關稅措施,包括但不限於技術性貿易壁壘(TBT)、衛生與植物衛生措施(SPS);

(五)貿易救濟措施,包括世界貿易組織《關於實施1994年關稅與貿易總協定第六條的協定》、《補貼與反補貼措施協定》、《保障措施協定》規定的措施及適用於雙方之間貨物貿易的雙方保障措施。

三、依據本條納入貨物貿易協議的產品應分為立即實現零關稅產品、分階段降稅產品、例外或其他產品三類。

四、任何一方均可在貨物貿易協議規定的關稅減讓承諾的基礎上自主加速實施降稅。

第四條 服務貿易

一、雙方同意,在第八條規定的「服務貿易早期收穫」基礎上,不遲於本協議生效後六個月內就服務貿易協議展開磋商,並盡速完

成。

二、服務貿易協議的磋商應致力於：

（一）逐步減少或消除雙方之間涵蓋眾多部門的服務貿易限制性措施；

（二）繼續擴展服務貿易的廣度與深度；

（三）增進雙方在服務貿易領域的合作。

三、任何一方均可在服務貿易協議規定的開放承諾的基礎上自主加速開放或消除限制性措施。

第五條 投資

一、雙方同意，在本協議生效後六個月內，針對本條第二款所述事項展開磋商，並盡速達成協議。

二、該協議包括但不限於以下事項：

（一）建立投資保障機制；

（二）提高投資相關規定的透明度；

（三）逐步減少雙方相互投資的限制；

（四）促進投資便利化。

第三章 經濟合作

第六條 經濟合作

一、為強化並擴大本協議的效益，雙方同意，加強包括但不限於以下合作：

（一）知識產權保護與合作；

（二）金融合作；

（三）貿易促進及貿易便利化；

（四）海關合作；

（五）電子商務合作；

（六）研究雙方產業合作布局和重點領域，推動雙方重大項目合作，協調解決雙方產業合作中出現的問題；

（七）推動雙方中小企業合作，提升中小企業競爭力；

（八）推動雙方經貿社團互設辦事機構。

二、雙方應盡速針對本條合作事項的具體計劃與內容展開協商。

第四章 早期收穫

第七條 貨物貿易早期收穫

一、為加速實現本協議目標，雙方同意對附件一所列產品實施早期收穫計劃，早期收穫計劃將於本協議生效後六個月內開始實施。

二、貨物貿易早期收穫計劃的實施應遵循以下規定：

（一）雙方應按照附件一列明的早期收穫產品及降稅安排實施降稅；但雙方各自對其他所有世界貿易組織成員普遍適用的非臨時性進口關稅稅率較低時，則適用該稅率；

（二）本協議附件一所列產品適用附件二所列臨時原產地規則。依據該規則被認定為原產於一方的上述產品，另一方在進口時應給予優惠關稅待遇；

（三）本協議附件一所列產品適用的臨時貿易救濟措施，是指本協議第三條第二款第五項所規定的措施，其中雙方保障措施列入本協議附件三。

三、自雙方根據本協議第三條達成的貨物貿易協議生效之日起，

本協議附件二中列明的臨時原產地規則和本條第二款第三項規定的臨時貿易救濟措施規則應終止適用。

第八條 服務貿易早期收穫

一、為加速實現本協議目標,雙方同意對附件四所列服務貿易部門實施早期收穫計劃,早期收穫計劃應於本協議生效後盡速實施。

二、服務貿易早期收穫計劃的實施應遵循下列規定:

(一)一方應按照附件四列明的服務貿易早期收穫部門及開放措施,對另一方的服務及服務提供者減少或消除實行的限制性措施;

(二)本協議附件四所列服務貿易部門及開放措施適用附件五規定的服務提供者定義;

(三)自雙方根據本協議第四條達成的服務貿易協議生效之日起,本協議附件五規定的服務提供者定義應終止適用;

(四)若因實施服務貿易早期收穫計劃對一方的服務部門造成實質性負面影響,受影響的一方可要求與另一方磋商,尋求解決方案。

第五章 其他

第九條 例外

本協議的任何規定不得解釋為妨礙一方採取或維持與世界貿易組織規則相一致的例外措施。

第十條 爭端解決

一、雙方應不遲於本協議生效後六個月內就建立適當的爭端解決程序展開磋商,並盡速達成協議,以解決任何關於本協議解釋、實施和適用的爭端。

二、在本條第一款所指的爭端解決協議生效前,任何關於本協議

解釋、實施和適用的爭端,應由雙方透過協商解決,或由根據本協議第十一條設立的「兩岸經濟合作委員會」以適當方式加以解決。

第十一條 機構安排

一、雙方成立「兩岸經濟合作委員會」(以下簡稱委員會)。委員會由雙方指定的代表組成,負責處理與本協議相關的事宜,包括但不限於:

(一)完成為落實本協議目標所必需的磋商;

(二)監督並評估本協議的執行;

(三)解釋本協議的規定;

(四)通報重要經貿訊息;

(五)根據本協議第十條規定,解決任何關於本協議解釋、實施和適用的爭端。

二、委員會可根據需要設立工作小組,處理特定領域中與本協議相關的事宜,並接受委員會監督。

三、委員會每半年召開一次例會,必要時經雙方同意可召開臨時會議。

四、與本協議相關的業務事宜由雙方業務主管部門指定的聯絡人負責聯絡。

第十二條 文書格式

基於本協議所進行的業務聯繫,應使用雙方商定的文書格式。

第十三條 附件及後續協議

本協議的附件及根據本協議簽署的後續協議,構成本協議的一部分。

第十四條 修正

本協議修正，應經雙方協商同意，並以書面形式確認。

第十五條 生效

本協議簽署後，雙方應各自完成相關程序並以書面通知另一方。本協議自雙方均收到對方通知後次日起生效。

第十六條 終止

一、一方終止本協議應以書面通知另一方。雙方應在終止通知發出之日起三十日內開始協商。如協商未能達成一致，則本協議自通知一方發出終止通知之日起第一百八十日終止。

二、本協議終止後三十日內，雙方應就因本協議終止而產生的問題展開協商。

本協議於六月二十九日簽署，一式四份，雙方各執兩份。四份文本中對應表述的不同用語所含意義相同，四份文本具有同等效力。

海峽兩岸關係協會會長 陳雲林

財團法人海峽交流基金會董事長 江丙坤

附件一 貨物貿易早期收穫產品清單及降稅安排

附件二 適用於貨物貿易早期收穫產品的臨時原產地規則

附件三 適用於貨物貿易早期收穫產品的雙方保障措施

附件四 服務貿易早期收穫部門及開放措施

附件五　適用於服務貿易早期收穫部門及開放措施的服務提供者定義

海峽兩岸知識產權保護合作協議

為保障海峽兩岸人民權益，促進兩岸經濟、科技與文化發展，海峽兩岸關係協會與財團法人海峽交流基金會就兩岸知識產權（智慧財產權）保護合作事宜，經平等協商，達成協議如下：

一、合作目標

雙方同意本著平等互惠原則，加強專利、商標、著作權及植物新品種權（植物品種權）（以下簡稱品種權）等兩岸知識產權（智慧財產權）保護方面的交流與合作，協商解決相關問題，提升兩岸知識產權（智慧財產權）的創新、應用、管理及保護。

二、優先權利

雙方同意依各自規定，確認對方專利、商標及品種權第一次申請日的效力，並積極推動作出相應安排，保障兩岸人民的優先權權益。

三、保護品種

雙方同意在各自公告的植物品種保護名錄（植物種類）範圍內受理對方品種權的申請，並就擴大植物品種保護名錄（可申請品種權之植物種類）進行協商。

四、審查合作

雙方同意推動相互利用專利檢索與審查結果、品種權審查和測試等合作及協商。

五、業界合作

雙方同意促進兩岸專利、商標等業界合作，提供有效、便捷服務。

六、認證服務

雙方同意為促進兩岸著作權貿易，建立著作權認證合作機制，於

一方音像（影音）製品於他方出版時，得由一方指定之相關協會或團體辦理著作權認證，並就建立圖書、軟體（電腦程式）等其他作品、製品認證制度交換意見。

七、協處機制

雙方同意建立執法協處機制，依各自規定妥善處理下列知識產權（智慧財產權）保護事宜：

（一）打擊盜版及仿冒，特別是查處經由網路提供或幫助提供盜版圖書、音像（影音）及軟體（電腦程式）等侵權網站，以及在市場流通的盜版及仿冒品；

（二）保護馳名（著名）商標、地理代表或著名產地名稱，共同防止惡意搶注行為，並保障權利人行使申請撤銷被搶注馳名（著名）商標、地理代表或著名產地名稱的權利；

（三）強化水果及其他農產品虛偽產地標識（示）之市場監管及查處措施；

（四）其他知識產權（智慧財產權）保護事宜。

在處理上述權益保護事宜時，雙方可相互提供必要的資訊，並通報處理結果。

八、業務交流

雙方同意開展知識產權（智慧財產權）業務交流與合作事項如下：

（一）推動業務主管部門人員進行工作會晤、考察參訪、經驗和技術交流、舉辦研討會等，開展相關業務培訓；

（二）交換制度規範、數據文獻資料（資料庫）及其他相關資訊；

（三）推動相關文件電子交換合作；

（四）促進著作權集體管理組織交流與合作；

（五）加強對相關企業、代理人及公眾的宣導；

（六）雙方同意之其他合作事項。

九、工作規劃

雙方同意分別設置專利、商標、著作權及品種權等工作組，負責商定具體工作規劃及方案。

十、保密義務

雙方同意對於在執行本協議相關活動中所獲資訊予以保密。但依請求目的使用者，不在此限。

十一、限制用途

雙方同意僅依請求目的使用對方提供之資料。但雙方另有約定者，不在此限。

十二、文書格式

雙方同意交換、通報、查詢資訊及日常業務聯繫等，使用商定的文書格式。

十三、聯繫主體

本協議議定事項，由雙方業務主管部門指定的聯絡人相互聯繫實施。必要時，經雙方同意得指定其他單位進行聯繫。

本協議其他相關事宜，由海峽兩岸關係協會與財團法人海峽交流基金會聯繫。

十四、協議履行與變更

雙方應遵守協議。

本協議變更，應經雙方協商同意，並以書面形式確認。

十五、爭議解決

因適用本協議所生爭議，雙方應盡速協商解決。

十六、未盡事宜

本協議如有未盡事宜，雙方得以適當方式另行商定。

十七、簽署生效

本協議簽署後，雙方應各自完成相關程序並以書面通知對方。本協議自雙方均收到對方通知後次日起生效。

本協議於六月二十九日簽署，一式四份，雙方各執兩份。

海峽兩岸關係協會會長　陳雲林

財團法人海峽交流基金會董事長　江丙坤

海峽兩岸醫藥衛生合作協議

本於維護人的健康價值，保障海峽兩岸人民健康權益，促進兩岸醫藥衛生合作與發展，海峽兩岸關係協會與財團法人海峽交流基金會就兩岸醫藥衛生合作事宜，經平等協商，達成協議如下：

第一章 總則

一、合作領域

雙方同意本著平等互惠原則，在下列領域進行交流合作：

（一）傳染病防治；

（二）醫藥品安全管理及研發；

（三）中醫藥研究與交流及中藥材安全管理；

（四）緊急救治；

（五）雙方同意的其他領域。

二、合作方式

雙方同意以下列方式進行醫藥衛生業務交流與合作：

（一）推動業務主管部門人員定期工作會晤、考察參訪、技術交流及舉辦研討會等；

（二）交換、通報、查詢及公布相關業務資訊、制度規範及實際運作措施；

（三）雙方同意的其他合作方式。

三、聯繫主體

本協議議定事項，由雙方相關業務主管部門指定的聯絡人相互聯繫實施。必要時，經雙方同意得指定其他單位進行聯繫。

本協議其他相關事宜，由海峽兩岸關係協會與財團法人海峽交流基金會聯繫。

四、工作規劃

雙方同意分別設置下列工作組，負責商定具體工作規劃、方案：

（一）傳染病防治工作組；

（二）醫藥品安全管理及研發工作組；

（三）中醫藥研究與交流及中藥材安全管理工作組；

（四）緊急救治工作組；

（五）檢驗檢疫工作組；

（六）雙方商定設置的其他工作組。

各工作組應於本協議生效後三個月內召開會議，商討資訊交換和通報項目、內容、格式、頻率及聯繫窗口等相關事宜。

必要時，各工作組得商定變更相關事宜，並得另設工作分組。

第二章 傳染病防治

五、合作範圍

雙方同意就可能影響兩岸人民健康之傳染病的檢疫與防疫、資訊交換與通報、重大傳染病疫情處置、疫苗研發及其他事項，進行交流與合作。

傳染病範圍、類別依雙方各自規定及商定辦理。

六、檢疫與防疫措施

雙方同意依循公認檢疫防疫準則所規範的核心能力，加強合作，採取必要檢疫及防疫措施，避免或減少傳染病傳播至對方。

雙方同意對在己方發現對方的疑似或確診傳染病病人，進行適當處置或協助返回原居住地治療。

七、傳染病疫情資訊交換與通報

雙方同意平時應以書面方式定期互相交換傳染病疫情及衛生檢疫等資訊。

雙方同意盡速通報可能或已構成重大突發公共衛生事件的傳染病疫情，並持續溝通及通報相關資訊。如接獲對方查詢時，應盡速給予回應與協助。

重大疫情通報的內容，包括病例定義、實驗室檢驗數據、疫情來

源、病例數、死亡數及採取的防治措施等。必要時,雙方得商定變更通報內容。

如有對方人民在發生重大疫情方受感染的資訊,該方應通報對方。

八、重大疫情處置

發生重大疫情方,應即時採取有效監測及處置措施;必要時,得請求對方積極提供協助。

發生重大疫情方,於對方請求時,應提供疫情調查情況,並積極考量協助對方實地瞭解疫情。

九、共同關切的傳染病防治交流與合作

雙方同意就共同關切的傳染病防治策略、檢疫標準、處置措施及其實務演練、檢驗技術與實驗室標本以及疫苗研發等,進行交流與合作。

第三章 醫藥品安全管理及研發

十、合作範圍

本協議所稱醫藥品,指藥品、醫療器材、保健食品(健康食品)及化妝品,不包括中藥材。

雙方同意就兩岸醫藥品的非臨床檢測、臨床試驗、上市前審查、生產管理、上市後管理等制度規範,及技術標準、檢驗技術與其他相關事項,進行交流與合作。

十一、品質與安全管理

雙方同意就下列兩岸醫藥品事項,建立合作機制:

(一)非臨床試驗管理規範(GLP)、臨床試驗管理規範

（GCP）及生產管理規範（GMP）的檢查；

（二）不良反應及不良事件通報、處置與追蹤；

（三）偽、劣、禁及違規醫藥品的稽查，並交換資訊及追溯其來源。

十二、協處機制

雙方同意建立兩岸重大醫藥品安全事件協處機制，採取下列措施妥善處理：

（一）緊急磋商，交換相關資訊；

（二）採取控制措施，防止事態蔓延；

（三）提供實地瞭解便利；

（四）核實發布資訊，並相互通報；

（五）提供事件原因分析，及時通報調查及處理結果；

（六）督促應負責的廠商及其負責人妥善處理糾紛，並就受損害廠商及消費者權益的保障，給予積極協助。

十三、標準規範協調

雙方同意在醫藥品安全管理公認標準（ICH、GHTF等）的原則下，加強合作，積極推動雙方技術標準及規範的協調性，以提升醫藥品的安全、有效性。

在上述基礎上，進行醫藥品檢驗、審批（查驗登記）及生產管理規範檢查合作，探討逐步採用對方執行的結果。

十四、臨床試驗合作

雙方同意就彼此臨床試驗的相關制度規範、執行機構及執行團隊的管理、受試者權益保障和臨床試驗計劃及試驗結果審核機制等，進

行交流與合作。

在符合臨床試驗管理規範（GCP）標準下，以減少重複試驗為目標，優先以試點及專案方式，積極推動兩岸臨床試驗及醫藥品研發合作，並在此基礎上，探討逐步接受雙方執行的結果。

第四章 中醫藥研究與交流及中藥材安全管理

十五、合作範圍

雙方同意就中藥材品質安全保障措施、中醫藥診療方法研究、中醫藥學術研究及其他相關事項，進行交流與合作。

十六、品質安全

雙方同意進行下列合作：

（一）中藥材品質安全標準及檢驗方法的交流合作；

（二）相互協助中藥材檢驗證明文件查核及確認。

十七、輸出檢驗措施

雙方同意採取措施，保障輸往對方的中藥材符合品質安全要求：

（一）輸入方應及時通知輸出方最新制度規範、檢驗標準、檢測方法及限量要求，並由輸出方轉知相關機構及企業，要求企業對輸往對方的中藥材，依輸入方要求取得檢驗證明文件，保證品質和安全；

（二）輸出方應對申報輸出的中藥材實施檢驗，並對輸入方多次通報的品質安全不合格項目，根據需要實施密集輸出檢驗。

十八、通報及協處機制

雙方同意建立兩岸中藥材重大的安全事件、不良反應及品質安全問題通報及協處機制，並依第十二條所定措施妥善處理。

十九、中醫藥研究與交流

雙方同意共同商定中醫藥研究與交流優先合作項目,建立交流平台,積極舉辦交流活動,促進中醫藥發展。

第五章 緊急救治

二十、合作範圍

雙方同意就兩岸重大意外事件所致傷病者的緊急救治措施、資訊交換及傷病者轉送等事項,進行交流與合作。

二十一、緊急救治措施

雙方同意對在己方因重大意外事件所致傷病的對方人民,提供緊急救治,協助安排收治醫院,並採取其他適當醫療措施。

二十二、緊急救治資訊交換

雙方同意重大意外事件發生方,應盡速提供對方傷病者名冊、傷病情形、收治醫院和聯繫方式,以及其他相關資訊。

二十三、緊急傷病者轉送協助

雙方同意重大意外事件發生方,於對方請求時,應積極協助辦理傷病者轉送事宜。

第六章 附則

二十四、保密義務

雙方同意對於執行本協議相關活動所獲個人資料、營業祕密及其他資訊予以保密。但依請求目的使用者,不在此限。

二十五、限制用途

雙方同意僅依請求目的使用對方提供的資料。但雙方另有規定者,不在此限。

二十六、文書格式

雙方同意資訊交換、通報、查詢及業務聯繫等，使用商定的文書格式。

二十七、協議履行與變更

雙方應遵守協議。

本協議變更，應經雙方協商同意，並以書面形式確認。

二十八、爭議解決

因適用本協議所生爭議，雙方應盡速協商解決。除另有約定外，協商應於請求提出後十五個工作日內舉行。

二十九、未盡事宜

本協議如有未盡事宜，雙方得以適當方式另行商定。

三十、簽署生效

本協議簽署後，雙方應各自完成相關程序並以書面通知對方。本協議自雙方均收到對方通知後次日起生效。

本協議於十二月二十一日簽署，一式四份，雙方各執兩份。

海峽兩岸關係協會會長　陳雲林

財團法人海峽交流基金會董事長　江丙坤

海協會與海基會關於推進兩岸投保協議協商的共同意見

海峽兩岸關係協會會長陳雲林與海峽交流基金會董事長江丙坤10月20日在天津舉行會談。會談中，雙方就繼續推進兩岸投保協議協商達成如下共同意見：

附錄

　　兩岸投保協議協商經一年來雙方協商團隊多次積極、深入的業務溝通，已取得重要和積極進展。雙方就協議內容形成諸多共識並基本達成一致，兩會對此表示充分肯定。鑒於協議涉及面廣、專業性強，且雙方管理體制存在差異，還需要各自內部及相互之間進行必要的溝通協調，兩會同意繼續並加快最後階段的商談，在下一次兩會會談時簽署協議。

　　雙方認為，兩岸投保協議是《海峽兩岸經濟合作框架協議》（以下簡稱框架協議）後續商談的重要內容，對促進兩岸經貿關係制度化發展具有重要意義。雙方同意依據框架協議相關規定盡速完成協商，以保護兩岸投資者權益、促進相互投資、創造公平的投資環境、增進兩岸經濟繁榮。

　　雙方同意，協議內容應參考一般投保協議的基本框架、考慮兩岸特殊性、回應雙方投資者關切，並強化協議的可操作性。文本內容包括定義、適用範圍和例外、投資待遇、透明度、逐步減少投資限制、投資便利化、徵收、損失補償、代位、轉移、拒絕授予利益、爭端解決、聯繫機制等重要議題：

　　──妥善定義投資及投資者，明確協議的適用範圍。

　　──投資待遇的規定兼顧投資及投資者待遇，將對投資者人身自由和安全保護作出適當安排，並依據框架協議的規定，就逐步減少雙方相互投資的限制、提高投資相關規定的透明度、促進投資便利化等進行規範。

　　──雙方同意徵收（包括間接徵收）應符合公共利益等基本原則，並按公平市場價值予以補償；損失補償、代位、轉移及拒絕授予利益等條文，則參考通行慣例妥善處理。

　　──雙方已就爭端解決的機制架構進行充分溝通，並將就協議雙

方的爭端解決、投資者與投資所在地一方的爭端解決、雙方投資者商事合約爭議解決進行深入討論，以期達成有效解決相關爭端的機制安排。

——雙方將建立聯繫平台及相關協處機制，以有效執行協議，強化對雙方投資者的相關服務。

兩會肯定雙方團隊在協商過程中積極謀求共識的善意及誠意，並表示將繼續積極溝通，早日完成協商。

海協會與海基會關於加強兩岸產業合作的共同意見

海峽兩岸關係協會會長陳雲林與海峽交流基金會董事長江丙坤20日在天津舉行會談。會談中，雙方討論了加強兩岸產業合作事宜，就合作願景、目標及先期合作項目達成如下共同意見：

雙方同意，合作願景包括繼續完善兩岸投資環境，發揮產業互補優勢，研究雙方產業合作布局，擴大產業合作範圍，提高產業合作層次，強化合作創新能力，發展自主品牌，促進兩岸產業轉型升級，共同培育兩岸企業參與國際競爭合作的新優勢和競爭力，繁榮兩岸經濟。

雙方表示，將積極推動重大項目合作，協調解決合作中出現的問題，促進中小企業發展，增加兩岸人民就業機會。

雙方選定，以LED照明、無線城市、冷鏈物流、TFT—LCD和電動汽車作為先期合作項目，並將繼續優先在雙方的重點發展產業中選擇合作項目。

雙方同意，將定期舉辦兩岸產業合作論壇，協助推動產業合作，

以達到凝聚共識、加強交流和深化合作的成效。

海峽兩岸核電安全合作協議

「安全第一」是核電應用普遍遵守的基本原則，攸關人的健康、安全、財產及環境。為保障兩岸人民福祉，提升兩岸核電運轉安全，加強核電安全資訊透明化，促進兩岸核電安全資訊及經驗交流，海峽兩岸關係協會與財團法人海峽交流基金會就兩岸核電安全合作事宜，經平等協商，達成協議如下：

一、合作範圍

雙方同意本著平等互惠原則，就兩岸核電安全及事故緊急通報等事宜，在下列領域進行交流合作：

（一）核電安全法規與標準

核電安全相關之法規、標準、導則、參考文獻等資訊交流。

（二）核電安全分析與審查評估經驗

核電安全分析與審查評估之方法、流程、報告、參考文獻及安全分析審查評估所需使用之相關工具發展等資訊交換及經驗交流。

（三）核電安全監督方法與經驗

核電安全監督架構作業方式、報告、參考文獻等資訊交換及經驗交流。

（四）核電廠基本資訊

核電廠機組運轉、工作人員輻射劑量、環境輻射監測、安全指標、異常事件及機組興建進度等相關基本資訊定期交換。

（五）核安事件安全評估與運轉經驗回饋

就國際核安事件分級（INES）各級之重要核電機組異常事件，定期交換調查報告、改進措施及後續安全監督報告，並進行經驗交流。

（六）核電廠老化管理

核電廠老化管理、評估、監督、現場查證等資訊交換及經驗交流。

（七）核電安全研究經驗

核電安全研究發展，包含燃料安全、熱傳流力、數位儀控、防火安全、人因工程、風險評估、地震與海嘯防護、事故分析與評估及非破壞檢測品質驗證等資訊交換及經驗交流。

（八）核電廠事故緊急通報

任一方發生國際核安事件分級（INES）二級及二級以上或引發大眾關注之事件，事故（件）方在通報相關方面的同時，應通報對方，並持續溝通及通報完整即時之相關資訊，如接獲對方查詢時，應盡速給予回應與協助。雙方指定聯繫及事故通報的單位與人員，平時定期進行通報測試。

核電廠事故通報內容包括事故電廠名稱、事故發生時間及可能原因、機組最新狀況、放射性物質外釋狀況、未來可能影響及進行評估的相關資料、已採取的防護措施等。必要時，雙方得商定增加通報內容。

事故方應積極協助確認對方人民在事故方受影響地區的安全情況，並提供必要協助。

（九）核電廠環境輻射監測資訊

進行環境輻射監測資訊交換及符合公認標準之環境樣品放射性分

析比對之交流。

（十）核電廠事故緊急應變及準備之經驗

核電廠事故緊急應變經驗交流，包含應變計劃、平時準備、民眾防護行動、復原規劃等。

（十一）核電安全資訊公開之經驗

核電安全資訊公開，包含資訊透明化、民眾參與、科普實務等經驗交流。

（十二）雙方同意之其他核電安全合作事項。

二、合作方式

雙方同意核電安全及緊急應變主管部門以下列方式進行核電安全事宜的交流與合作：

（一）雙方人員每年至少舉行一次工作業務交流會議，由雙方輪流主辦。

（二）推動人員參訪、舉辦研討會等交流活動。

（三）發生核電廠重要事件或緊急事故時，進行通報、資訊交換、查詢與公開。

（四）雙方同意的其他增進核電安全之合作方式。

三、聯繫主體

本協議議定事項，由雙方核電安全及緊急應變主管部門指定的聯絡人相互聯繫實施。

本協議其他事宜，由海峽兩岸關係協會與財團法人海峽交流基金會聯繫。

四、工作規劃

雙方同意設置工作組，負責商定具體工作規劃、方案。

工作組應於本協議生效後二個月內召開首次會議，商討雙方聯繫及事故通報窗口、資訊交換與通報的項目、內容、格式、方式、頻率及工作業務交流會議、交流活動等相關事宜。

五、限制用途

雙方同意僅依請求目的使用對方提供的資料。但雙方另有約定者，不在此限。

六、文書格式

雙方同意資訊交換、通報、查詢及業務聯繫等，使用商定的文書格式。

七、協議履行及變更

雙方應遵守協議。

協議變更，應經雙方協商同意，並以書面方式確認。

八、爭議解決

因適用本協議所生爭議，雙方應盡速協商解決。除另有約定外，協商應於請求提出後十個工作日內舉行。

九、未盡事宜

本協議如有未盡事宜，雙方得以適當方式另行商定。

十、簽署生效

本協議簽署後，雙方應各自完成相關程序並以書面通知對方。本協議自雙方均收到對方通知後次日起生效。

本協議於十月二十日簽署，一式四份，雙方各執兩份。

海峽兩岸關係協會會長 陳雲林

財團法人海峽交流基金會董事長 江丙坤

海協會與海基會有關《海峽兩岸投資保護和促進協議》人身自由與安全保護共識

　　為落實《海峽兩岸投資保護和促進協議》，進一步加強對兩岸投資者及相關人員的人身自由與安全保護，經海峽兩岸關係協會與財團法人海峽交流基金會協商同意，就兩岸相關業務主管部門採取以下具體措施達成共識：

　　雙方將依據各自規定，對另一方投資者及相關人員，自限制人身自由時起24小時內通知。同時依據《海峽兩岸共同打擊犯罪及司法互助協議》建立的聯繫機制，及時通報對方指定的業務主管部門，並且應盡量縮短通報的時間。如果當事人家屬透過一方業務主管部門向另一方業務主管部門進行查詢，另一方應將查詢結果盡快回覆。

　　大陸公安機關對台灣投資者個人及其隨行家屬，和台灣投資企業中的台方員工及其隨行家屬，在依法採取強制措施限制其人身自由時，應在24小時內依法通知當事人在大陸的家屬；當事人家屬不在大陸的，公安機關可以通知其在大陸的投資企業。

　　台灣法務及司法警察機關對大陸投資者及其隨行家屬，和大陸投資企業中的陸方員工及其隨行家屬，在依法採取強制措施限制其人身自由時，應在24小時內依法通知當事人在台灣的家屬或所投資企業。

　　雙方認為，《海峽兩岸共同打擊犯罪及司法互助協議》實施以來，雙方透過已建立的通報機制，及時相互通報了依法被限制人身自

由者的重要訊息,並依據各自規定,為家屬探視及律師會見提供了便利。在此基礎上,《海峽兩岸投資保護和促進協議》的簽署,實為更進一步加強兩岸投資者及其相關人員的人身自由與安全保護。雙方在既有協議的基礎之上,將持續完善相關機制,深化協議成效,以確保兩岸民眾的權益。

海峽兩岸海關合作協議

為促進兩岸經貿交流與發展,海峽兩岸關係協會與財團法人海峽交流基金會依據《海峽兩岸經濟合作框架協議》(以下簡稱ECFA)第六條有關規定,就兩岸海關合作事宜,經平等協商,達成協議如下:

第一章 總則

第一條 定義

在本協議中,

海關程序指雙方海關及行政相對人應遵守的相關程序及規定;

海關合作指雙方為執行海關規定而進行的各項合作;

運輸工具指用以載運人員、貨物、物品進出境的各種船舶、車輛及航空器;請求方海關指請求協助的一方海關;

被請求方海關指被請求協助的一方海關。

第二條 範圍

本協議適用於執行海關程序及進行海關合作的相關事宜。

第三條 目標

本協議目標為:

一、促進雙方海關程序的簡化及協調,提高通關效率,便利ECFA的執行。

二、便利兩岸人員及貨物的往來,促進兩岸貿易便利與安全。

第二章 海關程序

第四條 便利化

一、雙方應確保海關程序及其執行具有可確定性、一致性及透明性,其海關估價、商品歸類等規定應與世界貿易組織或世界海關組織有關規定相一致。

二、雙方應採取適當措施,以便利貨物、物品及運輸工具的通關,並逐步應用訊息技術,促進無紙化通關的發展。

第五條 風險管理

雙方海關應注重識別高風險企業及貨物,實施經認證的經營者(以下簡稱AEO)認證制度,便利貨物通關。

第六條 透明度

雙方海關應採取包括但不限於以下措施提高透明度:

一、公布與行政相對人權利義務有關的規定。

二、設置必要的諮詢點,受理行政相對人相關業務諮詢。

三、一方海關規定有重大修正,且可能對本協議的實施產生實質影響時,應及時通知另一方海關。

四、應一方海關請求,另一方海關應就已公布並影響行政相對人規定的變動情況提供訊息。

第七條 行政救濟

雙方海關的規定應賦予行政相對人對海關作出的決定申請行政救

濟的權利。

第三章 海關合作

第八條 合作內容

雙方海關在包括但不限於以下領域內進行合作：

一、相互通報有關海關規定；及時交換與ECFA貨物貿易有關的海關估價、商品歸類及原產地確定所需的證件、文書等相關資料。

二、為正確計征ECFA貨物貿易進口貨物關稅，主動或應請求提供及核查海關估價、商品歸類及原產地確定有關訊息。

三、進行查處走私相關合作與技術交流，主動或應請求提供查處走私及其他違反海關規定行為的情報資料與協助。

四、對通關過程中產生的問題應及時進行溝通協調，採取必要措施予以解決。

五、對各自海關監管中應用的風險管理方法，選取可行項目進行合作。

六、逐步實施AEO相互承認並給予通關便利。

七、對各自海關監管中應用無線射頻識別技術（RFID）的方法，進行交流與合作。

八、加強在海關特殊監管區域海關管理方面的交流與合作。

九、建立與ECFA貨物貿易有關的海關電子訊息交換系統。

十、對暫準貨物通關事項進行合作。

十一、進行海關貿易統計合作，定期交換貿易統計數據，進行貿易統計制度、方法、統計數據差異分析等技術交流。

十二、進行人員互訪、交流、觀摩學習及專題研討。

第四章 請求程序

第九條 請求的方式

請求方海關應以書面方式提出請求,並附所需文件。如情況緊急,請求方海關可提出口頭請求,但應盡速以書面方式加以確認。

第十條 請求的內容

一、依據本協議所提出的請求應包括下列內容:

(一)提出請求的海關;

(二)請求的目的及理由;

(三)請求事項的相關情況;

(四)請求採取的措施;

(五)涉及有關規定的說明;

(六)答覆時限及聯絡方式;

(七)其他經雙方海關同意應說明的事項。

二、被請求方海關必要時可要求請求方海關對上述請求進行更正或補充。

第十一條 請求的執行

一、被請求方海關應在其權限及能力範圍內採取合理的執行措施。

二、被請求方海關可依請求提供經過適當認證的文件資料及其他物件。除被特別要求書面文件外,被請求方海關可傳送電子訊息並提供必要的說明。

三、若請求事項涉及被請求方海關以外的其他相關部門,被請求

方海關應將該項請求轉送相關部門，並將處理情況通知請求方海關。

四、被請求方海關可按請求方海關的要求執行有關請求，除非該要求與被請求方海關的規定或做法相牴觸。

第五章 其他

第十二條 聯繫機制

一、雙方同意，由兩岸經濟合作委員會海關合作工作小組負責處理本協議及海關合作相關事宜，由雙方海關各自指定的聯絡人負責聯絡，並建立聯絡熱線，以保障協議的順利實施。必要時，經雙方同意，可指定其他單位負責聯絡特定事項。

二、海關合作工作小組可視需要成立工作分組負責處理本協議有關事宜，並向海關合作工作小組報告。

三、雙方海關視需要舉行會議，以評估本協議執行情況及研究解決有關問題。

第十三條 保密義務

一、依據本協議所取得的任何訊息，應受到在接受方取得同類訊息所應受到相同程度的保護。

二、一方海關對所提供訊息的保密性有特殊要求並說明理由，另一方海關應給予特殊保護。

三、如未事先獲得被請求方海關的書面同意，請求方海關不得將取得的訊息轉交其他單位及人員，亦不得在司法及行政程序中作為證據使用。

第十四條 費用

一、雙方海關就執行請求所產生的一切費用，原則上應放棄獲得

補償的要求。如執行請求需要支付巨額或特別性質的費用，雙方海關應商定執行該項請求的條件及有關費用負擔的辦法。

二、雙方海關可就執行本協議第八條規定的合作事項所產生費用的補償問題另行商定。

第十五條 文書格式

基於本協議所進行的業務聯繫，應使用雙方商定的文書格式。

第十六條 修正

本協議修正，應經雙方協商同意，並以書面形式確認。

第十七條 生效

本協議簽署後，雙方應各自完成有關程序並以書面通知另一方。本協議自雙方均收到對方通知後次日起生效。

本協議於八月九日簽署，一式四份，雙方各執兩份。四份文本中對應表述的不同用語所含意義相同，四份文本具有同等效力。

海峽兩岸關係協會會長　陳雲林

財團法人海峽交流基金會董事長　江丙坤

海峽兩岸投資保護和促進協議

為保護海峽兩岸投資者權益，促進相互投資，創造公平投資環境，增進兩岸經濟繁榮，依據《海峽兩岸經濟合作框架協議》第五條規定，海峽兩岸關係協會與財團法人海峽交流基金會經平等協商，達成協議如下：

第一條 定義

本協議內：

一、「投資」指一方投資者依照另一方的規定，在該另一方所投入的具有投資特性的各種資產，包括但不限於：

（一）動產、不動產及其他財產權利；

（二）企業的股份或出資額及其他形式的參股；

（三）金錢請求權或其他具有經濟價值的履行請求權；

（四）知識產權、企業名稱及商號、商譽；

（五）交鑰匙、工程建造、管理、生產、收益分配及其他類似合約權利；

（六）經營特許權，包括培育、耕作的特許權利，以及勘探、開採、提煉或開發自然資源的特許權利；

（七）各種擔保債券、信用債券、貸款及其他形式的債。

投資特性指資本或其他資源的投入、對收益或利潤的期待和對風險的承擔。作為投資的資產發生任何符合投資所在地相關規定的形式上變化，不影響其作為投資的特性。

二、「投資者」指在另一方從事投資的一方自然人或一方企業：

（一）一方自然人指持有一方身分證明文件的自然人；

（二）一方企業指根據一方規定在該方設立的實體，包括公司、信託、商行、合夥或其他組織；

（三）根據第三方規定設立，但由本款第一項或第二項的投資者所有或控制的任何實體，亦屬一方企業。

三、「收益」指投資所產生的收入，包括利潤、股息、利息、資本利得、提成費和其他合法收入。

四、「措施」指包括任何影響投資者或投資的規定、政策或其他行政行為。

五、「兩岸投資爭端解決機構」指本協議生效後,經雙方確認並書面通知的仲裁機構、調解中心及其他調解機構。

第二條 適用範圍和例外

一、本協議應適用於一方對另一方投資者及其投資採取或維持的措施。

二、本協議應適用於一方投資者在另一方於本協議生效前或生效後的投資,但不適用於本協議生效前已解決的本協議第十三條第一款所指的「投資爭端」。

三、本協議適用於任一方各級主管部門及該類部門授權行使行政職權的機構所採取或維持的措施。

四、一方可採取、維持或執行其認為必要的任何措施,以確保其重大的安全利益。

五、一方基於非任意與非不合理歧視的原則,且對貿易或投資不構成隱性限制,可於下列情形採取或維持對投資的限制措施:

(一)為遵守與本協議不相牴觸的規定所採取的必要措施;

(二)為保護人類、動物或植物的生命或健康所採取的必要措施;

(三)為保護可耗盡的自然資源所採取的必要措施。

六、一方基於審慎理由可採取或維持與金融服務有關的措施。該等措施包括但不限於:

(一)為保護投資者、存款人、保單持有人或金融服務提供者對

其負有忠實義務的人所採取的措施；

（二）為確保金融體系運作與穩定所採取的措施。

七、本協議不適用於：

（一）公共採購；

（二）由一方提供的補貼或補助。

八、除下列情形外，本協議不適用於任一方的稅收措施：

（一）如一方投資者以書面形式向另一方稅收主管部門主張該另一方的稅收措施涉及本協議第七條的規定，雙方稅收主管部門應於六個月內共同決定該措施是否構成徵收。如該稅收措施構成徵收，則本協議應適用於該措施。

（二）如雙方稅收主管部門未能在六個月內一致認定該稅收措施不構成徵收，該一方投資者可依本協議第十三條及附件的規定尋求解決。

第三條 投資待遇

一、一方應確保給予另一方投資者及其投資公正與公平待遇，並提供充分保護與安全：

（一）「公正與公平待遇」指一方的措施應符合正當程序原則，且不得對另一方投資者拒絕公正與公平審理，或實行明顯的歧視性或專斷性措施。

（二）「充分保護與安全」指一方應採取合理、必要的措施，保護另一方投資者及其投資的安全。

一方違反本協議其他條款，不構成對本款的違反。

二、雙方應加強投資者及相關人員在投資中的人身自由與安全保

障，依各自規定的時限履行與人身自由相關的通知義務，完善既有通報機制。

三、一方對另一方投資者就其投資的運營、管理、維持、享有、使用、出售或其他處置所給予的待遇，不得低於在相似情形下給予該一方投資者及其投資的待遇。

四、一方對另一方投資者就其投資的設立、擴大、運營、管理、維持、享有、使用、出售或其他處置所給予的待遇，不得低於在相似情形下給予任何第三方投資者及其投資的待遇。

五、本條第三款及第四款不適用於一方現有的不符措施及其修改，但一方應逐步減少或消除該等不符措施，且對該等不符措施的任何修改或變更，不得增加對另一方投資者及其投資的限制。

六、另一方投資者不得援引本條第四款的規定，要求適用本協議以外的爭端解決程序。

第四條 透明度

一、一方應依其規定及時公布或用其他方式使公眾知悉普遍適用的或針對另一方與投資有關的規定、措施、程序等。

二、應另一方請求，一方應依其規定，就已公布並影響另一方投資者的規定、措施、程序的變化提供訊息。

第五條 逐步減少投資限制

一、雙方同意，本著互利互惠的原則接受並保護相互投資。

二、雙方同意，逐步減少或消除對相互投資的限制，創造公平的投資環境，努力促進相互投資。

第六條 投資便利化

一、雙方同意逐步簡化投資申請文件和審核程序。

二、雙方同意相互提供投資便利，包括：

（一）一方對另一方投資者取得投資訊息、相關營運證照，以及人員進出和經營管理等提供便利；

（二）一方對另一方及其投資者舉辦說明會、研討會及其他有利於投資的活動提供便利。

第七條 徵收

一、除符合下列所有條件外，一方不得對另一方投資者在該一方的投資或收益採取徵收（包括直接徵收和間接徵收）：

（一）基於公共利益；

（二）依照一方規定及正當程序；

（三）非歧視性且非任意的；

（四）依據本條第四款給予補償。

二、間接徵收指效果等同於直接徵收的措施。確定一項或一系列措施是否構成間接徵收應以事實為依據逐案評估，並應考慮以下因素：

（一）該措施對投資的經濟影響，但僅對投資的經濟價值有負面影響，不足以推斷構成間接徵收；

（二）該措施在範圍或適用上對另一方投資者及其投資的歧視程度；

（三）該措施對另一方投資者明顯、合理的投資期待的干預程度；

（四）該措施的採取是否出於善意並以公共利益為目的，且措施

和目的之間是否符合比例原則。

三、雙方為保護公眾健康與安全、環境等正當公共福利所採取的非歧視性管制措施,不構成間接徵收。

四、本條第一款所稱的補償應以徵收時或徵收為公眾所知時(以較早者為準)被徵收投資或收益的公平市場價值為基準,並應加計徵收之日起至補償支付之日止,按合理商業利率計算的利息。補償的支付不應遲延,並應可有效實現、兌換及自由轉移。

第八條 損失補償

一方投資者在另一方的投資或收益,如因發生在該另一方的武裝衝突、緊急狀態或其他類似事件而遭受損失,另一方給予其恢復原狀、補償或其他解決方式的待遇,應不低於相似條件下給予該另一方投資者或任何第三方投資者的待遇中最優者。

第九條 代位

一、一方指定的機構根據其與投資有關的貨幣匯兌、徵收等非商業風險的擔保、保證或保險合約給付一方投資者後,可以在與投資者同等的範圍內代位行使該投資者的權利和請求權,並承擔該投資者與投資相應的義務。

二、一方應將其依本條第一款指定的機構及其變更通知另一方。

第十條 轉移

一、一方應依其規定准許另一方投資者轉移其投資及收益,包括但不限於:

(一)設立、維持和擴大投資的資本;

(二)利潤、股息、利息、資本利得、提成費及其他與知識產權相關的費用;

（三）與投資合約相關的支付，包括貸款協議產生的相關款項；

（四）出售或清算全部或部分投資所得款項；

（五）自然人投資者與該項投資相關的收入和報酬；

（六）根據第七條和第八條所獲得的款項；

（七）依本協議附件第三款所獲得的補償。

二、除本協議另有規定外，雙方應保證本條第一款轉移以可自由兌換的貨幣或雙方同意且按當時規定可匯兌的貨幣，以轉移當日的市場匯率不延遲地進行。

三、基於公平、公正、非歧視的原則，一方可於下列情況下，誠信適用相關規定阻止或延遲轉移，不受本條第一款及第二款的限制：

（一）破產、無力償還或保護債權人利益；

（二）有價證券、期貨、期權和其他衍生品的發行、買賣、交易、處理；

（三）刑事犯罪偵查或行政處罰調查中的必要保全措施；

（四）現金或其他貨幣工具必要的轉移申報；

（五）確保司法裁判或行政處罰決定的執行。

四、一方對外收支出現或可能出現嚴重失衡時，可依規定或慣例暫時限制轉移，但實施該等限制應遵循公平、非歧視和善意的原則。

第十一條 拒絕授予利益

第三方的自然人或企業所有或控制的一方企業如在該一方未從事實質性商業經營，則另一方有權拒絕授予該企業在本協議項下的利益。

第十二條 本協議雙方的爭端解決

雙方關於本協議解釋、實施和適用的爭端，應依《海峽兩岸經濟合作框架協議》第十條規定處理。

第十三條 投資者與投資所在地一方爭端解決

一、一方投資者主張另一方相關部門或機構違反本協議規定的義務，致該投資者受到損失所產生的爭端（以下稱「投資爭端」），可依下列方式解決：

（一）爭端雙方友好協商解決；

（二）由投資所在地或其上級的協調機制協調解決；

（三）由本協議第十五條所設投資爭端協處機制協助解決；

（四）因本協議所產生的投資者與投資所在地一方的投資補償爭端，可由投資者提交兩岸投資爭端解決機構透過調解方式解決，兩岸投資爭端解決機構應每半年將投資補償爭端的處理情況通報本協議第十五條的投資工作小組；

（五）依據投資所在地一方行政復議或司法程序解決。

二、投資者根據本條第一款第四項解決投資補償爭端，適用本協議附件的規定。

三、協議生效後，雙方應盡快交換並公布本條第一款第四項規定的兩岸投資爭端解決機構名單。雙方經協商可調整該機構名單。

四、如投資者已選擇依本條第一款第五項解決，除非符合投資所在地一方相關規定，投資者不得再就同一爭端提交兩岸投資爭端解決機構調解。

五、本協議生效前已進入司法程序的本條第一款所指的「投資爭端」，除非當事雙方同意並符合投資所在地一方相關規定，不適用本條第一款第四項規定的調解程序。

第十四條 投資商事爭議

一、雙方確認，一方投資者與另一方自然人、法人、其他組織依相關規定及當事人意思自治原則簽訂商事合約時，可約定商事爭議的解決方式和途徑。

二、一方投資者與另一方自然人訂立商事合約時，可就有關投資所產生的商事爭議訂立仲裁條款。如未訂立仲裁條款，可於爭議發生後協商提交仲裁解決。

三、一方投資者與另一方法人或其他組織訂立商事合約時，可就有關投資所產生的商事爭議訂立仲裁條款。如未訂立仲裁條款，可於爭議發生後協商提交仲裁解決。

四、商事爭議的當事雙方可選擇兩岸的仲裁機構及當事雙方同意的仲裁地點。如商事合約中未約定仲裁條款，可於爭議發生後協商提交兩岸的仲裁機構，在當事雙方同意的仲裁地點解決爭議。

五、雙方確認，商事合約當事人可依據相關規定申請仲裁裁決的認可與執行。

第十五條 聯繫機制

一、雙方同意由兩岸經濟合作委員會投資工作小組負責處理本協議相關事宜，由雙方業務主管部門各自指定的聯絡人負責聯絡。

二、投資工作小組設立下列工作機制，處理與本協議相關的特定事項：

（一）投資爭端協處機制：協助處理投資者與投資所在地一方的投資爭端，並相互通報處理情況；

（二）投資諮詢機制：交換投資訊息、開展投資促進、推動投資便利化、提供糾紛處理及與本協議相關事項的諮詢；

（三）經雙方同意的其他與本協議相關的工作機制。

第十六條 文書格式

基於本協議所進行的業務聯繫，應使用雙方商定的文書格式。

第十七條 修正

本協議的修正，應經雙方協商同意，並以書面形式確認。

第十八條 生效

本協議簽署後，雙方應各自完成相關程序並以書面通知另一方。本協議自雙方均收到對方通知後次日起生效。

本協議於八月九日簽署，一式四份，雙方各執兩份。本協議的附件構成本協議的一部分。四份文本中對應表述的不同用語所含意義相同，四份文本具有同等效力。

海峽兩岸關係協會會長 陳雲林

財團法人海峽交流基金會董事長 江丙坤

海峽兩岸服務貿易協議

為加強海峽兩岸經貿關係，促進服務貿易自由化，依據《海峽兩岸經濟合作框架協議》及世界貿易組織《服務貿易總協定》，海峽兩岸關係協會與財團法人海峽交流基金會經平等協商，達成協議如下：

第一章 總則

第一條 目標

本協議致力於：

一、逐步減少或消除雙方之間涵蓋眾多部門的服務貿易限制性措

施，促進雙方服務貿易進一步自由化及便利化；

二、繼續擴展服務貿易的廣度和深度；

三、增進雙方在服務貿易領域的合作。

第二條 定義

就本協議而言：

一、「服務貿易」指：

（一）自一方內向另一方內提供服務；

（二）在一方內向另一方的服務消費者提供服務；

（三）一方服務提供者透過在另一方內的商業存在提供服務；

（四）一方服務提供者透過在另一方內的自然人存在提供服務。

二、「服務部門」指：

（一）對於一具體承諾，指一方承諾表中列明的該項服務的一個、多個或所有次部門；

（二）在其他情況下，指該服務部門的全部，包括其所有的次部門。

三、「人」指自然人或法人。

四、「法人」指根據兩岸任一方相關規定在該方設立的實體。

五、「服務提供者」指兩岸任一方提供服務的任何人。如該服務不是由法人直接提供，而是透過分支機構或代表處等其他形式的商業存在提供，則該服務提供者（即該法人）仍應透過該商業存在享有本協議所給予的待遇。此類待遇應擴大至提供該服務的存在方式，但不需擴大至該服務提供者位於提供服務的一方之外的任何其他部分。

六、「服務消費者」指接受或使用服務的任何人。

七、「措施」指兩岸任一方的規定、規則、程序、決定或任何其他形式的措施。

八、「一方影響服務貿易的措施」包括關於下列事項的措施：

（一）服務的購買、支付或使用；

（二）與服務提供有關，且該方要求向公眾普遍提供的服務的獲得和使用；

（三）另一方的人為在該方內提供服務的存在，包括商業存在。

九、「商業存在」指任何類型的商業或專業機構，包括以下列方式在一方內提供服務：

（一）設立、收購或維持一法人，或

（二）設立或維持一分支機構或代表處。

第三條 範圍

一、本協議適用於雙方影響服務貿易的措施。

二、本協議不適用於：

（一）公共採購；

（二）在一方內為行使公共部門職權時提供的服務；

（三）一方提供的補貼或補助，或者附加於接受或持續接受這類補貼的任何條件。但如果前述補貼顯著影響一方在本協議下所作具體承諾，另一方可請求磋商，以友好解決該問題。應另一方請求，一方應盡可能提供與本協議下所作具體承諾有關的補貼訊息；

（四）兩岸間航空運輸安排，即《海峽兩岸空運協議》與《海峽兩岸空運補充協議》及其後續修正文件所涵蓋的措施及內容；

（五）與兩岸間航空運輸安排的行使直接有關的服務，但不包括《海峽兩岸經濟合作框架協議》及其後續協議項下的服務貿易市場開放承諾表所列措施；

（六）雙方有關海運協議的相關措施，但不包括《海峽兩岸經濟合作框架協議》及其後續協議項下的服務貿易市場開放承諾表所列措施；

（七）雙方同意的其他服務或措施。

三、世界貿易組織《服務貿易總協定》關於自然人流動的附件經必要調整後適用於本協議。

四、雙方各級業務主管部門及其授權的機構應履行本協議項下的義務和承諾。

第二章 義務與規範

第四條 公平待遇

一、一方對於列入其在世界貿易組織中所作服務貿易具體承諾減讓表、《海峽兩岸經濟合作框架協議》附件四「服務貿易早期收穫部門及開放措施」及本協議附件一「服務貿易具體承諾表」的服務部門，在遵守前述減讓表、開放措施或承諾表所列任何條件和資格的前提下，就影響服務提供的所有措施而言，對另一方的服務和服務提供者所給予的待遇，不得低於其給予該一方同類服務和服務提供者的待遇。

二、本條第一款不適用於一方現有的不符措施及其修改，但該一方應逐步減少或消除該等不符措施，且對該等不符措施的任何修改或變更，不得增加對另一方服務和服務提供者的限制。

三、根據本條第一款所作的具體承諾不得解釋為要求任一方對於

因相關的服務或服務提供者的非當地特性而產生的任何固有的競爭劣勢作出補償。

四、一方可對另一方的服務和服務提供者給予與該一方同類服務和服務提供者形式上相同或不同的待遇,以滿足本條第一款要求。如此類形式上相同或不同的待遇改變競爭條件,且與另一方的同類服務或服務提供者相比有利於該一方的服務或服務提供者,則應被視為較為不利的待遇。

五、關於一方影響服務貿易的措施,除符合世界貿易組織《服務貿易總協定》第二條第二款規定的豁免外,該一方對另一方的服務和服務提供者所給予的待遇,不得低於該一方給予的普遍適用於其他任何世界貿易組織成員的同類服務和服務提供者的待遇。

六、本條第五款不適用於一方現有的不符措施及其修改,但該一方應逐步減少直至消除該等不符措施,且對該等不符措施的任何修改或變更,不得增加對另一方服務和服務提供者的限制。

第五條 訊息公開與提供

一、一方應依其規定,及時公布或用其他方式使公眾知悉普遍適用的或針對另一方與服務貿易有關的措施。

二、應另一方請求,一方應依其規定,及時就已公布並影響另一方服務提供者的措施的變化提供訊息。

三、一方不得要求另一方提供一經披露即妨礙執行相關規定或有違公共利益,或損害特定企業正當商業利益的機密訊息。

第六條 管理規範

一、一方對已作出具體承諾的部門,應確保所有影響服務貿易的普遍適用措施以合理、客觀且公正的方式實施。

二、雙方應依其規定賦予受影響的服務提供者對業務主管部門作出的決定申請行政救濟的權利，並確保該行政救濟程序提供客觀和公正的審查。

三、對已作出具體承諾的服務，如提供此種服務需要取得許可，則一方業務主管部門應依其規定在申請人提出完整的申請資料後的一定期間內，將申請的審核結果通知申請人。應申請人請求，該一方業務主管部門應提供有關申請的訊息，不得有不當遲延。

四、為確保有關資格要求、資格程序、技術標準和許可要求的各項措施不構成不必要的服務貿易壁壘，對於一方已作出具體承諾的部門，該方應致力於確保上述措施：

（一）依據客觀及透明的標準，例如提供服務的能力；

（二）不得比為確保服務品質所必需的限度更難以負擔；

（三）如屬許可程序，則該程序本身不成為對服務提供的限制。

五、一方可依其規定或其他經雙方同意的方式，承認另一方服務提供者在該另一方已獲得的實績、經歷、許可、證明或已滿足的資格要求。

六、在已就專業服務作出具體承諾的部門，一方應提供適當程序，以驗證另一方專業人員的能力。

第七條 商業行為

一、一方應確保該方內的任何壟斷服務提供者在相關市場提供壟斷服務時，並未採取違反其在本協議附件一及《海峽兩岸經濟合作框架協議》附件四中所作承諾的行為。

二、一方的壟斷服務提供者直接或經關聯企業，參與其壟斷權範圍外且屬該方具體承諾表中服務的競爭時，該方應確保該服務提供者

不濫用其壟斷地位在該方內採取違反此類承諾的行為。

三、一方有理由認為另一方的壟斷服務提供者的行為違反本條第一款或第二款規定時，在該方請求下，經雙方協商，可由另一方提供有關經營的訊息。

四、一方在形式上或事實上授權或設立且實質性阻止少數幾個服務提供者在該方內相互競爭時，本條第一款及第二款規定應適用於此類服務提供者。

五、除本條第一款至第四款所指的商業行為外，服務提供者的相關商業行為可能會抑制競爭，從而限制服務貿易。在此情形下，一方應就另一方請求進行磋商，以期消除此類商業行為。被請求方對此類請求應給予充分和積極的考慮，並盡可能提供與所涉事項有關且可公開獲得的非機密訊息。被請求方依其規定，在與請求方就保障機密性達成一致的前提下，應向請求方提供其他可獲得的訊息。

第八條 緊急情況的磋商

若因實施本協議對一方的服務部門造成實質性負面影響，受影響的一方可要求與另一方磋商，積極尋求解決方案。

第九條 支付和轉移

除本協議第十條規定的情況外，一方不得對與其具體承諾有關的經常項目交易的對外資金轉移和支付實施限制。

第十條 確保對外收支平衡的限制

一方對外收支出現或可能出現嚴重失衡時，可依規定或慣例暫時限制與服務貿易相關的資金轉移和支付，但實施該等限制應遵循公平、非歧視和善意的原則。

第十一條 例外

本協議的任何規定不得解釋為妨礙一方採取或維持與世界貿易組織《服務貿易總協定》規則相一致的例外措施。

第十二條 合作

雙方應本著互惠互利的原則，加強各個服務部門的合作，以進一步提升雙方服務部門的能力、效率與競爭力。

第三章 具體承諾

第十三條 市場開放

對於本協議第二條第一款所指的服務提供模式的市場開放，一方對另一方的服務和符合本協議附件二及本協議其他所列條件的服務提供者給予的待遇，不得低於該方在本協議附件一及《海峽兩岸經濟合作框架協議》附件四中列明的內容和條件。對以本協議第二條第一款第一項、第三項所指模式提供的服務，如一方就其作出市場開放承諾，則該方應允許相關的資本移動。

第十四條 其他承諾

雙方可就影響服務貿易，但不屬於依本協議第十三條列入具體承諾表的措施，包括資格、標準、許可事項或其他措施，展開磋商，並將磋商結果列入具體承諾表。

第十五條 具體承諾表

一、雙方經過磋商達成的具體承諾表，作為本協議附件一。

二、具體承諾表應列明：

（一）作出承諾的部門或次部門；

（二）市場開放承諾；

（三）本協議第十四條所述其他承諾；

（四）雙方同意列入的其他內容。

三、本協議附件一所列金融服務部門的開放承諾方式不受本條第二款規定的限制。

四、本協議附件一及《海峽兩岸經濟合作框架協議》附件四所列服務部門及市場開放承諾適用本協議附件二關於服務提供者的具體規定。

第十六條 逐步減少服務貿易限制

一、為逐步減少或消除雙方之間涵蓋眾多部門的服務貿易限制性措施，促進服務貿易自由化，經雙方同意，可在互惠互利的基礎上，就服務貿易的進一步市場開放展開磋商。

二、依據本條第一款展開磋商形成的結果，構成本協議的一部分。

三、任一方均可在本協議規定的開放承諾的基礎上自主加速開放或消除限制性措施。

第十七條 承諾表的修改

一、在承諾表中任何承諾實施之日起三年期滿後的任何時間，一方可依照本條規定修改或撤銷該承諾。如該承諾不超出其在世界貿易組織承諾水平，則對該承諾的修改不得比修改前更具限制性。

二、修改一方應將本條第一款所述修改或撤銷承諾的意向，在不遲於實施修改或撤銷的預定日期前三個月通知另一方。

三、應受影響一方的請求，修改一方應與其進行磋商，以期就必要的補償性調整達成一致，調整後結果不得低於磋商前具體承諾的總體開放水平。

四、如雙方無法就補償性調整達成一致，可根據本協議第二十條

規定解決。修改一方根據爭端解決結果完成補償性調整前,不得修改或撤銷其承諾。

第四章 其他條款

第十八條 聯繫機制

一、雙方同意由兩岸經濟合作委員會服務貿易工作小組負責處理本協議及與服務貿易相關事宜,由雙方業務主管部門各自指定的聯絡人負責聯繫,必要時,經雙方同意,可指定其他單位負責聯絡。

二、服務貿易工作小組可視需要設立工作機制,處理本協議及與服務貿易相關的特定事項。

第十九條 審議

自本協議生效之日起十二個月後,雙方可每年召開會議審議本協議,以及雙方同意的其他與服務貿易相關的議題。

第二十條 爭端解決

雙方關於本協議解釋、實施和適用的爭端,應依《海峽兩岸經濟合作框架協議》第十條規定處理。

第二十一條 文書格式

基於本協議所進行的業務聯繫,應使用雙方商定的文書格式。

第二十二條 附件

本協議的附件構成本協議的一部分。

第二十三條 修正

本協議修正,應經雙方協商同意,並以書面形式確認。

第二十四條 生效

一、本協議簽署後，雙方應各自完成相關程序並以書面通知另一方。本協議自雙方均收到對方通知後次日起生效。

二、本協議附件一所列內容應於本協議生效後盡速實施。

本協議於六月二十一日簽署，一式四份，雙方各執兩份。四份文本中對應表述的不同用語所含意義相同，四份文本具有同等效力。

（附件一 服務貿易具體承諾表

附件二 關於服務提供者的具體規定）

海峽兩岸關係協會財團法人會長 陳德銘

海峽交流基金會董事長 林中森

海峽兩岸氣象合作協議

為保障兩岸人民福祉及生命財產安全，提升兩岸氣象觀測、預報及氣象災害警報能力，促進兩岸氣象合作與發展，海峽兩岸關係協會與財團法人海峽交流基金會就兩岸氣象合作事宜，經平等協商，達成協議如下：

一、合作範圍

雙方同意進行下列交流合作：

（一）氣象業務交流與合作：

1.災害性天氣業務合作；

2.氣象資料與訊息交換；

（二）氣象業務技術交流合作；

（三）氣象業務人員交流；

（四）雙方同意的其他氣象合作事項。

二、合作事宜

（一）氣象業務交流與合作

1.災害性天氣業務合作

就台風、暴雨、熱浪、寒潮等重大災害性天氣系統，在觀測、監測、預測、預報及警報等方面進行及時、持續通報與溝通。如接獲對方查詢，應盡快給予回應及協助。

雙方指定聯繫及通報溝通的單位與人員，應建立通報業務流程，平時定期進行通報溝通測試。

2.氣象資料與訊息交換

就氣象業務相關規定及制度規範等訊息進行交流。

就氣象觀測、監測、預測、預報及警報等訊息與產品，定期進行交換及經驗交流。

雙方商定的其他氣象資料和產品的交換。

（二）氣象業務技術交流合作

就開發氣象相關業務系統、災害潛勢預報警報、氣候資源利用、氣象災害風險評估等業務技術進行交流及合作開發。

就氣象業務發展，包括最新氣象業務技術、天氣監測和預報在防災減災的應用、特定或個案天氣監測及預報等成果進行交流。

就台風、暴雨及強對流天氣進行聯合觀測實驗，並針對兩岸共同關注的氣象業務技術進行合作研究。

（三）氣象業務人員交流

雙方人員每年原則上舉行一次工作業務交流會議，或氣象業務相

關研討會，由雙方輪流主辦。

積極推動氣象業務人員互訪，進行技術交流以提升業務人員的專業素質。

（四）雙方同意的其他氣象合作事項。

三、聯繫主體

本協議議定事項，由雙方氣象業務主管部門指定的聯絡人相互聯繫實施。

本協議其他事宜，由海峽兩岸關係協會與財團法人海峽交流基金會聯繫。

四、工作規劃

雙方同意設置工作組，負責商定具體工作規劃、方案。

工作組應於本協議生效後二個月內召開首次會議，商討雙方聯繫及通報溝通窗口等相關事宜。

五、保密義務

雙方同意對於執行本協議相關活動所獲相關資料及其他訊息予以保密。但依請求目的使用者，不在此限。

六、限制用途

雙方同意僅依請求目的使用對方提供的資料，不得以任何形式轉讓、提供給第三方。但雙方另有約定者，不在此限。

七、文書格式

雙方同意訊息交換、通報、查詢及業務聯繫等，使用商定的文書格式。

八、協議履行及變更

雙方應遵守協議。

本協議變更，應經雙方協商同意，並以書面形式確認。

九、爭議解決

因適用本協議所生爭議，雙方應盡速協商解決。除另有約定外，協商應於請求提出後十五個工作日內舉行。

十、未盡事宜

本協議如有未盡事宜，雙方得以適當方式另行商定。

十一、簽署生效

本協議簽署後，雙方應各自完成相關程序並以書面通知對方。本協議自雙方均收到對方通知後次日起生效。

本協議於二月二十七日簽署，一式四份，雙方各執兩份。四份文本中對應表述的不同用語所含意義相同，四份文本具有同等效力。

海峽兩岸關係協會會長　陳德銘
財團法人海峽交流基金會董事長　林中森

海峽兩岸地震監測合作協議

為保障兩岸人民福祉及生命財產安全，提升兩岸地震防災減災能力，促進兩岸地震合作與發展，海峽兩岸關係協會與財團法人海峽交流基金會就兩岸地震監測合作事宜，經平等協商，達成協議如下：

一、合作範圍

雙方同意本著平等互惠原則，就兩岸地震監測業務等事宜進行下列交流合作：

（一）地震監測業務合作：

1.地震活動監測合作;

2.災害性地震的溝通;

（二）地震監測應用技術交流合作;

（三）地震防災宣傳和科普教育;

（四）雙方同意的其他地震合作事項。

二、合作事宜

雙方同意地震監測業務主管部門進行下列地震監測交流與合作事宜：

（一）地震監測業務合作

1.地震活動監測合作

透過雙方商定的地震站數據資料及時交換，監測台灣海峽及鄰近地區地震活動。

就地震監測技術進行經驗交流及合作開發。

雙方地震速報訊息交換，任一方發布地震相關訊息時，依雙方商定方式立即傳達相關報告。

2.災害性地震的溝通

任一方發生災害性地震，應通知對方。如接獲對方查詢時，應盡速給予響應及協助，雙方可就餘震相關訊息交換意見。

雙方加強地震預測研究的交流，但任一方不得以任何形式發布對方可能發生災害性地震的預測訊息。

雙方指定聯繫及通報溝通的單位和人員，應建立通報溝通作業流

程，平時定期進行通報溝通測試。

（二）地震監測應用技術交流合作

就地震監測的前瞻性發展、地震速報預警的技術開發、地震背景與前兆分析、地震預測研究及地震監測在防災減災的應用等議題進行經驗交流與合作開發。

（三）地震防災宣傳和科普教育

定期交流地震防災宣傳和科普教育經驗，交換最新公眾宣傳資料。

（四）雙方同意的其他地震合作事項。

三、合作方式

雙方同意就上述合作範圍與事宜採取如下方式：

（一）以合作研究、工作會議、考察訪問、技術人員交流及舉辦研討會等方式進行交流與合作；

（二）原則上每年舉行一次工作業務交流會議或研討會，由雙方輪流主辦；

（三）雙方同意的其他增進地震合作方式。

四、聯繫主體

本協議議定事項，由雙方地震業務主管部門指定的聯絡人相互聯繫實施。

本協議其他事宜，由海峽兩岸關係協會與財團法人海峽交流基金會聯繫。

五、工作規劃

雙方同意設置工作組，負責商定具體工作規劃、方案。

工作組應於本協議生效後三個月內召開首次會議，商討雙方聯繫及通報溝通窗口、訊息交換與通報的項目、內容、格式、方式、頻率及工作業務交流會議、交流活動等相關事宜。

六、保密義務

雙方同意對於執行本協議相關活動所獲得訊息，遵守約定的保密要求。

七、限制用途

雙方同意僅依請求目的使用對方提供的資料，不得以任何形式轉讓、提供給第三方。但雙方另有約定者，不在此限。

八、文書格式

雙方同意訊息交換、通報、查詢及業務聯繫等，使用商定的文書格式。

九、協議履行及變更

雙方應遵守協議。

本協議變更，應經雙方協商同意，並以書面形式確認。

十、爭議解決

因適用本協議所生爭議，雙方應盡速協商解決。除另有約定外，協商應於請求提出後十五個工作日內舉行。

十一、未盡事宜

本協議如有未盡事宜，雙方得以適當方式另行商定。

十二、簽署生效

本協議簽署後，雙方應各自完成相關程序並以書面通知對方。本協議自雙方均收到對方通知後次日起生效。

本協議於二月二十七日簽署，一式四份，雙方各執兩份。四份文本中對應表述的不同用語所含意義相同，四份文本具有同等效力。

海峽兩岸關係協會會長　陳德銘

財團法人海峽交流基金會董事長　林中森

注　釋

　　[1]. 關於兩岸協議的範圍並無權威表述，本書以國務院台灣事務辦公室網站「兩岸相關協議」一欄所列為準，數據截止日期：2014年7月10日，資料來源：http://www.gwytb.gov.cn/lhjl/laxy/，最後訪問日期：2014年7月10日。

參考文獻

一、專著、譯著

〔奧〕漢斯·凱爾森：《法與國家的一般理論》（沈宗靈譯），中國大百科全書出版社1996年版。

〔德〕馬迪亞斯·赫蒂根：《歐洲法》（張恩民譯），法律出版社2003年版。

《兩岸關係》雜誌社編：《海協會紀事》，台海出版社2011年版。

包宗和、吳玉山主編：《爭辯中的兩岸關係理論》，五南圖書出版股份有限公司1999年版。

包宗和、吳玉山主編：《重新檢視爭辯中的兩岸關係理論》，五南圖書出版股份有限公司2011年版。

陳星：《民進黨結構與行為研究》，九州出版社2011年版。

陳星：《民進黨權力結構與變遷研究》，九州出版社2012年版。

韓德培主編：《國際私法問題專論》，武漢大學出版社2004年版。

黃嘉樹、劉杰：《兩岸談判研究》，九州出版社2003年版。

李浩培：《條約法概論》，法律出版社2003年版。

劉紅、鄭慶勇：《國民黨在台五十年》，九州出版社2001年版。

劉紅：《台灣「國家認同」問題概論》，九州出版社2013年版。

邵宗海：《兩岸關係》，五南圖書出版股份有限公司2005年版。

邵宗海：《新形勢下的兩岸政治關係》，五南圖書出版股份有限公司2011年版。

蘇起、鄭安國編：《「一個中國、各自表述」共識的史實》，翰蘆圖書出版有限公司2003年版。

孫代堯：《台灣威權體制及其轉型研究》，中國社會科學出版社2003年版。

王鴻志：《政治狂瀾的浪花：台灣第三勢力研究》，九州出版社2014年版。

吳志成：《治理創新——歐洲治理的歷史、理論與實踐》，天津人民出版社2003年版。

曾令良：《歐洲聯盟法總論——以〈歐洲憲法條約〉為新視角》，武漢大學出版社2007年版。

張五嶽：《分裂國家互動模式與統一政策之比較研究》，業強出版社1992年版。

張亞中：《全球化與兩岸統合》，聯經出版事業股份有限公司2003年版。

鄭劍：《潮起潮落：海協會海基會交流交往紀實》，九州出版社2013年版。

周葉中、祝捷：《台灣地區「憲政改革」研究》，香港社會科學出版社有限公司2007年版。

周葉中、祝捷主編：《構建兩岸關係和平發展框架的法律機制研究》，九州出版社2013年版。

朱松嶺：《國家統一憲法學問題研究》，香港社會科學出版社2011年版。

朱松嶺：《民進黨政商博弈研究》，九州出版社2011年版。

祝捷：《海峽兩岸和平協議研究》，香港社會科學出版社有限公司2010年版。

祝捷：《兩岸關係定位與國際空間——台灣地區參與國際活動問題研究》，九州出版社2013年版。

二、論文類

〔德〕貝婭特·科勒—科赫、貝特霍爾德·裡騰伯格：《歐盟研究中的「治理轉向」》（陳新譯，金玲校），《歐洲研究》2007年第5期。

〔德〕貝婭特·科勒—科赫：《對歐盟治理的批判性評價》（金玲譯），《歐洲研究》2008年第2期。

曾建元、林啟驊：《ECFA時代的兩岸協議與治理法制》，《中華行政學報》2011年第6期。

陳孔立：《台灣政治的「省籍—族群—本土化」研究模式》，《台灣研究集刊》2002年第2期。

初國華：《不對稱權力結構下的兩岸談判：辜汪會談個案分析》，台灣政治大學中山人文社會科學研究所2007年博

士學位論文。

戴世瑛：《論兩岸協議的法律定位》，《檢察新論》第14期。

杜力夫：《論兩岸和平發展的法治化形式》，《福建師範大學學報（哲學社會科學版）》2011年第5期。

郝時遠：《台灣的「族群」與「族群政治」析論》，《中國社會科學》2004年第2期。

賀衛平：《「澳門模式」探析》，《統一論壇》2007年第4期。

胡文生：《台灣民眾「國家認同」問題的由來、歷史及現實》，《北京聯合大學學報（人文社會科學版）》2006年第2期。

黃嘉樹、王英津：《主權構成：對主權理論的再認識》，《太平洋學報》2002年第4期。

黃嘉樹、王英津：《主權構成研究及其在台灣問題上的應用》，《台灣研究集刊》2002年第2期。

黃舒芃：《多元民主中的自由保障——Hans Kelsen的多元主義民主觀暨其對議會與憲法法院的證立》，《政大法學評論》2007年第96期。

黃志瑾：《中國台灣地區「國際空間」法律模式初探——以兩岸法律關係為視角》，《法學評論》2012年第3期。

季燁：《台灣立法院審議兩岸服務貿易協議的實踐評析》，《台灣研究集刊》2014年第2期。

姜皇池：《論ECFA應適用條約審查程序》，《新世紀智

庫論壇》第51期。

李義虎：《台灣定位問題：重要性及解決思路》，《北京大學學報（哲學社會科學版）》2014年第1期。

林勁：《淺析現階段台灣的「國家認同」危機》，《台灣研究集刊》1993年第3期。

林正義：《立法院監督兩岸協議的機制》，《台灣民主季刊》第六卷第1期。

裴普：《一國兩制架構下海峽兩岸區際私法構想——兼評台灣「兩岸人民關係條例」》，《重慶大學學報》（社會科學版）2004年第2期。

彭莉：《論ECFA框架下兩岸經貿爭端解決機制的建構》，《台灣研究集刊》2010年第6期。

饒戈平：《對台灣「國際空間」問題的思考》，《北京大學學報（哲學社會科學版）》2012年第5期。

蘇宏達：《以「憲政主權建造」概念解釋歐洲統合之發展》，《歐美研究》2001年第31卷第4期。

王建源：《兩岸授權民間團體的協議行為研究》，《台灣研究集刊》2005年第2期。

王建源：《涉台民商事案件法律適用的現狀與展望》，《台灣研究集刊》2007年第4期。

余克禮：《對後ECFA時代深化兩岸協商、談判、對話的幾點看法》，《台灣研究》2010年第5期。

張惠玲：《歐盟「共同外交暨安全政策」之整合談判過程與台灣兩岸協商經驗之比較》，台灣中山大學大陸研究所

2002年博士論文。

張亮：《ECFA的法律性質研究》，《法律科學（西北政法大學學報）》2012年第5期。

張啟雄：《「法理論述」vs.「事實論述」：中華民國與國際奧委會的會籍認定交涉，1960—1964》，《台灣史研究》第十七卷第二期。

張亞中：《「兩岸統合」：和平發展時期政治安排的可行之路》，《北京大學學報（哲學社會科學版）》2014年第1期。

張亞中：《〈兩岸和平發展基礎協定〉芻議》，《中國評論》2008年10月號。

張亞中：《論「接受分治」與「推動統合」：兩岸政治定位（二）》，《中國評論》2014年2月號。

周葉中、段磊：《海峽兩岸公權力機關交往的回顧、檢視與展望》，《法制與社會發展》2014年第3期。

周葉中、段磊：《論兩岸協議在大陸地區的適用——以立法適用為主要研究對象》，《學習與實踐》2014年第5期。

周葉中、段磊：《論兩岸協議的接受》，《法學評論》2014年第4期。

周葉中、段磊：《論兩岸協議的法理定位》，《江漢論壇》2014年第8期。

周葉中、祝捷：《兩岸治理：一種形成中的結構》，《法學評論》2010年第6期。

祝捷：《台灣地區客家運動的法制敘述——以「客家基

本法」（草案）為例》，《福建師範大學學報（哲學社會科學版）》2010年第3期。

祝捷：《台灣地區族群語言平等的法制敘述》，《福建師範大學學報（哲學社會科學版）》2014年第3期。

祝捷：《通過釋憲的權力控制——一種詮釋學的詮釋》，肖金明主編：《人權保障與權力制約》，山東大學出版社2007年版。

三、網路資料

國務院台灣事務辦公室網站www.gwytb.gov.cn

海峽兩岸關係協會網站www.arats.com.cn

新華網www.xinhuanet.com

中國台灣網www.taiwan.cn

新浪網www.sina.com.cn

網易網www.163.com

鳳凰網www.ifeng.com

中評網www.crntt.com/

台灣政府立法院網站www.ly.gov.tw

台灣政府「大陸委員會」網站www.mac.gov.tw

財團法人海峽兩岸交流基金會網站www.sef.org.tw

四、規範性文件

《中華人民共和國憲法》

《反分裂國家法》

《海峽兩岸關係協會章程》

《司法部關於增加寄送公證書副本種類事宜的通知》

《海峽兩岸公證書使用查證協議實施辦法》

《關於海峽兩岸間貨櫃班輪運價備案實施的公告》

《關於海峽兩岸海上直航發展政策措施的公告》

《關於海峽兩岸海上直航政策措施的公告》

《關於公布進一步促進海峽兩岸海上直航政策措施的公告》

《關於促進兩岸海上直航政策措施的公告》

《關於台灣海峽兩岸間海上直航實施事項的公告（2008年第38號）》

《關於促進當前水運平穩較快發展的通知》

《台灣海峽兩岸直航船舶監督管理暫行辦法》

《關於核定大陸至台灣地區相關郵資業務資費試行標準的通知》

《關於進一步規範人民法院涉港澳台調查取證工作的通知》

《關於人民法院辦理海峽兩岸送達文書和調查取證司法互助案件的規定》

《〈海峽兩岸經濟合作框架協議〉項下進出口貨物原產地管理辦法》

《關於對海關總署令第200號有關條款適用事宜的解釋》

《台灣地區商標註冊申請人要求優先權有關事項的規定》

《台灣投資者經第三地轉投資認定暫行辦法》

「中華民國憲法」及其增修條文

「台灣地區和大陸地區人民關係條例」

「台灣地區與大陸地區人民關係條例施行細則」

台灣「司法院大法官」「釋字第329號解釋」

《財團法人海峽兩岸交流基金會章程》

五、兩岸協議

《辜汪會談共同協議》

《兩會聯繫與會談制度協議》

《兩岸公證書使用查證協議》

《兩岸掛號函件查詢、補償事宜協議》

《海峽兩岸包機會談紀要》

《海峽兩岸關於大陸居民赴台灣旅遊協議》

《海峽兩岸海運協議》

《海峽兩岸食品安全協議》

《海峽兩岸空運協議》

《海峽兩岸郵政協議》

《海峽兩岸空運補充協議》

《海峽兩岸金融合作協議》

《海峽兩岸共同打擊犯罪及司法互助協議》

《海協會與海基會就陸資赴台投資達成共識》

《海峽兩岸漁船船員勞務合作協議》

《海峽兩岸農產品檢疫檢驗合作協議》

《海峽兩岸標準計量檢驗認證合作協議》

《海協會與海基會就兩岸共同防禦自然災害達成共識》

《海峽兩岸經濟合作框架協議》

《海峽兩岸知識產權保護合作協議》

《海峽兩岸醫藥衛生合作協議》

《海協會與海基會關於推進兩岸投保協議協商的共同意見》

《海協會與海基會關於加強兩岸產業合作的共同意見》

《海峽兩岸核電安全合作協議》

《海協會與海基會有關〈海峽兩岸投資保護和促進協議〉人身自由與安全保護共識》

《海峽兩岸海關合作協議》

《海峽兩岸投資保護和促進協議》

《海峽兩岸服務貿易協議》

《海峽兩岸氣象合作協議》

《海峽兩岸地震監測合作協議》

後記

　　本書是集體合作的成果，根據分工和實際完成的情況，各部分的作者分別是：

　　總報告：周葉中、祝捷、段磊

　　背景篇：段磊

　　商談篇：張培

　　效果篇：段磊、莫廣明

　　媒體篇：向雪寧

　　理論篇：祝捷、段磊

　　大事記：莫廣明、張培

　　全書由周葉中、祝捷統稿。

　　我們的研究和本書的出版得到了諸多朋友的關心和支持。特別感謝九州出版社欣然將本書列入出版計劃，感謝九州出版社、王守兵老師一直以來的大力支持，感謝責任編輯的辛勤工作。感謝長期以來與我們共同開展兩岸關係研究的周甲祿、王青林、劉山鷹、張艷、伍華軍、易賽鍵、劉文戈、黃振等。

　　用藍皮書的方式記錄與評析兩岸關係，是我們的一項嘗試，因而我們真誠地期待各位讀者的批評與指正。我們堅信：沒有大家的批評，我們就很難正確認識自己，也就不可能真正戰勝自己，更不可能超越自己。

周葉中

國家圖書館出版品預行編目(CIP)資料

兩岸協議紀實：兩岸協議執行前後的整體樣貌，重要七年全記錄 / 武漢大學兩岸及港澳法制研究中心 編.
-- 第一版. -- 臺北市：崧燁文化，2019.01
　面 ； 公分

ISBN 978-957-681-766-3(平裝)

1.兩岸關係 2.兩岸政策

581.26　　　107023528

書　名：兩岸協議紀實：兩岸協議執行前後的整體樣貌，重要七年全記錄
作　者：武漢大學兩岸及港澳法制研究中心 編
發行人：黃振庭
出版者：崧燁文化事業有限公司
發行者：崧燁文化事業有限公司
E-mail：sonbookservice@gmail.com
粉絲頁　　　　　　　網　址：
地　址：台北市中正區重慶南路一段六十一號八樓 815 室
8F.-815, No.61, Sec. 1, Chongqing S. Rd., Zhongzheng Dist., Taipei City 100, Taiwan (R.O.C.)
電　話：(02)2370-3310　傳　真：(02) 2370-3210
總經銷：紅螞蟻圖書有限公司
地　址：台北市內湖區舊宗路二段 121 巷 19 號
電　話：02-2795-3656　傳真：02-2795-4100　網址：
印　刷：京峯彩色印刷有限公司（京峰數位）

　　本書版權為九州出版社所有授權崧博出版事業股份有限公司獨家發行電子書繁體字版。若有其他相關權利及授權需求請與本公司聯繫。

定價：750 元
發行日期：2019 年 01 月第一版
◎ 本書以POD印製發行